明代卫所时空地理研究

郭红 等著

上海大学出版社
·上海·

图书在版编目(CIP)数据

明代卫所时空地理研究 / 郭红等著. -- 上海：上海大学出版社，2024.11. -- ISBN 978-7-5671-5103-1

Ⅰ.E294.8

中国国家版本馆 CIP 数据核字第 20246PD534 号

责任编辑　徐雁华
封面设计　缪炎栩
技术编辑　金　鑫　钱宇坤

明代卫所时空地理研究

郭　红　等著

上海大学出版社出版发行
(上海市上大路99号　邮政编码200444)
(https://www.shupress.cn　发行热线 021-66135112)
出版人　余　洋

*

南京展望文化发展有限公司排版
上海华业装潢印刷厂有限公司印刷　各地新华书店经销
开本 787mm×1092mm　1/16　印张 17.5　字数 343 千
2024年11月第1版　2024年11月第1次印刷
ISBN 978-7-5671-5103-1/E·17　定价　68.00元

版权所有　侵权必究
如发现本书有印装质量问题请与印刷厂质量科联系
联系电话：021-56475919

目 录

>>>>>> 明代卫所时空地理研究

绪 论 001

    一、研究目的与意义 001
    二、研究综述 005
    三、研究重点与方法 026

第一章 驾驭为难：卫所与府州县的空间关系 028

第一节 明人对卫所与府州县地理关系的认知 029
    一、从并称到层级对应 029
    二、洪武时期地方志中的卫所 031
    三、洪武时期的府卫同城 034

第二节 万历十年（1582）卫所与府州县同治地理 036
    一、府治与卫所设置 038
    二、县级政区治城的卫所 044
    三、府州县治城外的卫所 044

第三节 同城而治的困惑 046
    一、同治下的地理关系 046
    二、"军民杂处"下的同城管理 052

小结 058

第二章　洪武时期驿路与卫所设置地理　　059

第一节　卫所与驿路之关系　　060
第二节　洪武前期军事推进与卫所的交通线分布　　064
　　一、洪武元年(1368)的多中心、辐射状分布　　065
　　二、洪武二年至五年(1369—1372)：卫所与驿路空间雏形　　070
　　三、洪武六年至十五年(1373—1382)：卫所与驿路空间关系的初备　　073
　　四、洪武中后期边疆的驿路与卫所　　078
第三节　洪武卫所与交通之空间关系　　083
　　一、北边纵横结合的卫所与交通　　083
　　二、山川之间的卫所与交通　　085
　　三、海路与海岸线卫所　　086
　　四、交通与卫所分布的疏密　　087
小结　　088

第三章　明代行都司时空地理　　089

第一节　明代行都司源流与盈缩　　093
　　一、从行枢密院到明代的行都司　　094
　　二、行都司在明代的卫所盈缩　　099
第二节　明代行都司的设置因素　　105
　　一、山川与犬牙：行都司辖区的形成　　105
　　二、行都司与人口安置　　108
　　三、交通地理下的行都司　　113
第三节　行都司与三司　　114
　　一、平行机构：行都司与都司　　114
　　二、辖区与职权交叠：行都司与布政使司　　116
　　三、绳愆纠缪：行都司与提刑按察使司　　118

第四节　督抚体系下的行都司　120
一、行都司所处的督抚辖区　121
二、行都司的困境：以郧阳兵变为例　125

小结　137

第四章　明代卫所进士的时空分布　*139*

第一节　明代卫所进士考辨　140
一、考证原则和卫所进士的区分　140
二、卫所进士总数和时间分布特征　147

第二节　卫所进士的空间分布　159
一、北多南少——卫所进士的整体空间分布　160
二、京畿重地：卫所科举发达区　164
三、九边的卫所进士　170
四、进士过半自卫所——西南多民族地区　174
五、科举发达地区的另类——沿海卫所进士　179
六、中规中矩——中部卫所进士　184

第三节　卫所进士的教育与社会流动　186
一、何地不生材：卫所人员的教育　186
二、卫所进士的社会流动性　197
三、卫所进士家族　201
四、省际移民进士主力——双籍卫所进士　207

小结　213

第五章　明代卫所城墙遗址调研：以浙东沿海卫所为中心　*214*

第一节　明清浙江沿海卫所城池与城墙　215
一、洪武时期卫所独立城池的选址　215
二、明代卫所城墙的建造与修缮　220

三、清代以来卫所城池的命运 ·············· 226
第二节　浙东卫所遗址现状与保护 ·············· 229
　　一、全国卫所城墙遗址分布地理 ·············· 229
　　二、浙东卫所城墙遗址现状 ·············· 230
　　三、浙东卫所遗址的保护 ·············· 236
小结 ·············· 238

余　论　239

　　一、卫所地理区的划分 ·············· 239
　　二、卫所与明清人文地理 ·············· 243

参考文献　245

　　一、历史文献 ·············· 245
　　二、今人论著 ·············· 253

后　记　269

图表目录

表1-1	现存部分洪武方志中所记卫所的内容特征	033
表1-2	洪武元年(1368)十二月卫所与府州县治所关系	035
表1-3	万历十年(1582)各省府州县不同治卫所占比	037
表1-4	万历十年(1582)府治一卫分布超半数的各布政司	040
表1-5	境内只有府治一卫的府级政区	040
表1-6	万历十年(1582)府级政区治城无在外卫所统计	043
表2-1	洪武《寰宇通衢》所录驿站连通的边远卫所	083
表2-2	弘治《漕河总图》中有分段堤岸的沿岸卫所	086
表3-1	明代行都司沿革表	091
表3-2	管辖陕西行都司境时的陕西巡抚、甘肃巡抚设罢情况	122
表4-1	元代军籍种类	144
表4-2	明代各科卫所进士数量及所占比例统计	148
表4-3	明代各省科举发达程度分等	160
表4-4	明代各都司卫所进士数量	160
表4-5	南北卫所进士数量差异	162
表4-6	两京京卫进士人数统计	165
表4-7	1537年前贵州卫所进士分布	176
表4-8	卫学卫所进士分布	188
表4-9	卫所进士入学地统计	190
表4-10	国子监卫所进士乡试地与户籍统计	193
表4-11	卫所进士专经时间分布	195
表4-12	卫所进士专经地域分布	196
表4-13	卫所进士户籍统计	198

表4-14	南方四省卫所广义军籍进士统计	199
表4-15	卫所进士家族分布状况	205
表4-16	明代历朝双籍卫所进士分布	208
表4-17	双籍卫所进士的分布与流向	211
表4-18	双籍卫所进士省际等级流动去向	212
表5-1	浙东沿海部分卫所宋元建置	216
表5-2	浙东沿海独立卫所城池信息	222
表5-3	浙东卫所城墙遗址统计	231
图3-1	明代行都司及其同名都司下辖卫所数量变化趋势	099
图3-2	洪武年间行都司及其同名都司的卫所数量变化趋势	101
图3-3	永乐年间行都司及同名都司下辖卫所数量变化趋势	102
图3-4	万历年间行都司卫所数量变化趋势	104
图3-5	宣大、大同、宣府三巡抚析出与合并过程	121
图4-1	明代三类进士时间分布图	153
图4-2	全局莫兰指数与空间聚类分析	163
图4-3	明代学校体系	187
图4-4	国子监卫所进士时间分布图	192
图4-5	余姚孙氏进士家族	204
图4-6	双籍卫所进士时间分布图	209

绪 论

一、研究目的与意义

(一) 卫所的地理意义与卫所地理

卫所地理指明清时期以卫所设废为中心,其相关军事防守、政区、人口、聚落、土地、人群、家族、文化等要素在地理上的表现,有显著的综合性与区域性特征。

卫所是明代基本军事组织形式,同时也是明清人文地理的重要组成部分。作为与布政司府州县系统相对应的另一套疆土管理系统①,管理着明朝"隐匿的疆土"与人口,具有强烈的地理意义。卫所与地域紧密结合,存在着复杂的时空地理关系,对军事、政区、边疆、区域社会与文化等都产生了深刻影响,是明清史研究的一个重要内容,也成为历史地理学关注的对象。以"卫所地理"来概括其在明代复杂的空间关系与地域特征,可为今日研究者从历史地理学角度探讨卫所提供概念支持,亦为明清史学界的各种卫所研究寻找思路与方法。

对于卫所的地理意义,从1934年《〈禹贡〉半月刊》发刊词中谭其骧对于明代卫所作为沿革地理重要组成部分的研究必要性的强调②,到90年代初周振鹤"军管型政区"③概念的提出,是对卫所从历史政治地理角度的肯定,成为其后郭红、李新峰、傅林祥等学者从政区角度探讨卫所的理论支撑。80年代后期顾诚明确提出卫所亦是明朝疆土管理系统,为"地理单位"④,在历史政治地理基础上又扩展了卫所地理所涉及的范畴,为90年代以来卫所研究中涉及历史地理的方法与视角奠定了基础。2000年

---

① 顾诚:《明帝国的疆土管理体制》,《历史研究》1989年第3期,第135—150页。
② 顾颉刚、谭其骧:《〈禹贡〉半月刊》发刊词,此观点在致靳润诚的信件中亦有强调。参见顾颉刚、谭其骧:《发刊词》,《禹贡》1934年第1卷第1期,第2—5页;靳润成:《明朝总督巡抚辖区研究》附件,天津:天津古籍出版社,1996年。
③ 周振鹤:《体国经野之道——新角度下的中国行政区划沿革史》,香港:中华书局(香港)有限公司,1990年,第252页。
④ 顾诚:《明帝国的疆土管理体制》,第135—150页;《卫所制度在清代的变革》,《北京师范大学学报》1988年第5期,第17页;《谈明代的卫籍》,《北京师范大学学报》1989年第5期,第60页。

以来,郭红、孟凡松陆续从不同角度提出卫所为"地理单元"①。在卫所研究逐渐成为明史中的"显学"的过程中,不同学科、不同层面、不同地域选择的成果都无法避免对卫所地理的探讨。对此,彭勇认为:"顾诚把卫所视为军、政管理组织,类似于独立的地理单位,就把都司卫所与明清两朝的政治、军事、经济、社会、文化教育、生活习俗、边疆管理和民族关系等历史的诸层面紧紧联系在一起,由此开拓了明清史研究和卫所制度研究的新领域。"②

明代文献中谈及卫所地理时,有两种含义:一种是综合性的,有如洪武十六年(1383)朝廷所要求的图志,包含多种地理要素;另一种则仅指里距,即"地理远近"③,"各该卫所布列三边八府,以地理计之,东西南北纡绕营回,不下七千余里"④。以前者计,综合性是地理学的重要特征,对于卫所地理而言,亦有此特征。卫所在设置之初就与驻守的地域紧密联系在一起,这是制度设计本身的目的之一。世袭兵制、防守堡塞、屯田与屯田聚落、数量庞大的具有移民特征的迁移人口及相应的地方管理职能等促成了卫所与驻守之地剪不断的地缘关系。同时,这种地理因缘也是制度实施后的长期影响所在,与卫所的强弱、在卫人口的流动、军地关系等一起困扰着政府与基层社会,还带来了区域性的社会地理与文化地理变迁。在时间上,卫所地理不仅在明代表现突出,入清之后卫所裁撤、职能变化等也有强烈的地域性,变化复杂,且明代以来卫所管理与人群对区域地理方方面面的影响还在持续。以浙东为例,虽然顺治十七年(1660)府治之外的沿海卫所被裁撤,后又经迁界、展复,区域内的人口、聚落地理发生了变化,但与卫所有关的聚落分布、宗族地理、民间信仰分布等仍是当地地理中的重要因素,至晚近犹有余绪。就中国历史人文地理学的分支而言,卫所地理的表现与相关研究涉及其中大部分:历史军事地理、历史政治地理、历史交通地理、历史人口地理、历史聚落地理、历史文化地理、边疆史地等,已有的研究成果重区域轻整体,笔者认为卫所地理于明清的深刻影响及意义被低估了。

洪武时期朝廷对于卫所的地理意义已有明确的认识。洪武十六年(1383)七月"诏天下都司:凡所属卫所城池及境内道里远近、山川险易、关津亭堠、舟车漕运、仓

---

① 郭红较早提出"卫所本是军事机构,但是由于其制度的特点,又成为一个别具特色的地理单元"(郭红:《别具特色的地理单元的体现——明清卫所方志》,《中国地方志》2003年第2期,第80页。);孟凡松认为贵州卫所屯堡"都可以理解为卫所的基层实践形态——民居、屯田与军事防御相结合的聚落形态的地理单元"。(孟凡松:《论卫所与屯堡研究之通路——第十九届明史国际学术研讨会暨首届明代屯堡国际学术研讨会综述》,《安顺学院学报》2019年第2期,第6页。)
② 彭勇:《30年来明代卫所制度研究的进展与突破》,《明清论丛》第20辑,北京:故宫出版社,2021年,第31页。
③ 何孟春:《何文简公文集》卷15《杂著·武选对事二条》,沈乃文主编:《明别集丛刊》第一辑,合肥:黄山书社,2016年,第94册,第182页。
④ 范钦:《嘉靖事例·仍设陕西布按管粮管屯官》,《北京图书馆古籍珍本丛刊》,北京:书目文献出版社,1998年,史部,第51册,第135页。

库邮传、土地所产,悉绘图以献"①,至嘉靖以后的明代文献中此句演变为"令都司上卫所城池水陆地理图"②。洪武这条诏令可以看出都司及卫所在当时都被朝廷视为不同层级的地理单位,且含有丰富的地理要素。我们已无法看到洪武时期都司上报的卫所图志,只能从后世的卫所地图中推测明初时的样子。弘治《贵州图经新志》中有14卫、2千户所的"地理之图"③,地图中含四至八到、山川、城池、桥梁、关隘、演武厅、土司、同城或邻近州县、各类衙署、驿站(图中标为驿、站、递运所三类)、坛庙、仓储、儒学等要素,洪武年间朝廷要求的地图基本信息均包含在内。冠名以"地理之图"及相似的入图要素,推测可能参考了洪武十六年(1383)贵州都司上呈朝廷的地图。作为明代疆土管理的组成部分,其又涉及诸多的地理要素,如果从明代地图角度加以解释,卫所完全可以形成独立的图层,且有丰富的入图要素。传世的明代地图中有大量以卫所为主题的图幅即是一证,嘉靖以后丰富的九边图、海疆图等中卫所相关地理信息是重要的入图要素。

明中期官修《寰宇通志》《大明一统志》重视对实土卫所地理的记载,忽视与府州县同治的大部分卫所的地理意义。嘉靖以后,卫所地理则成为地理类文献关注的重点。

卫所地理可以在地图中以独立图层来表示,但在现实中与明代其他地理要素紧密结合在一起。其中既有自然地理因素,如卫所的选址受区域自然地理所呈现的军事价值影响,更受军事地理、地方行政制度、交通、民族等人文地理因素的制约。因此卫所地理的另一个特征是其既有整体性也有区域性,两者交织在一起,可以从不同的角度进行区域划分。与府州县之地理关系、与驿路交通的空间格局、移民地理等,既可以将明代疆土视为整体去考虑,亦可借不同地理要素形成的区域去展现。卫所在明清丰富的地理表现,即意味着今天研究视角的丰富性。

从历史地理学科出发的卫所地理研究,或在研究中引入历史地理的方法与视角对卫所进行探讨,都将有助于卫所制度更丰满地呈现。已有的卫所研究成果存在着重区域轻整体的特点,对卫所地理整体变迁规律的分析与总结尚可进一步探讨。一方面,卫所数量大,分布广泛,本身区域特征明显;另一方面,卫所地理要素丰富,已有卫所研究成果区域性多角度的探讨虽触及各个方面,但缺少整合机制,缺乏可供使用

---

① 《明太祖实录》卷155,洪武十六年七月丁未。
② 见郑晓:《吾学编》卷1《大政记一》,《续修四库全书》,上海:上海古籍出版社,2002年,史部,第424册,第142页;涂山辑:《明政统宗》卷4《庚申洪武十三年至戊辰二十一年》,《四库禁毁书丛刊》,北京:北京出版社,1997年,史部,第2册,第192页。这一史料对月份有四月、五月之说,如在陈建的《皇明从信录》卷八记为"四月",(陈建:《皇明从信录》卷8,《四库禁毁书丛刊》,史部,第1册,第131页。)而在《皇明书》中为"五月",(邓元锡:《皇明书》卷1《太祖高皇帝帝典》,《续修四库全书》,史部,第315册,第529页。)盖因《明太祖实录》卷155的记载时间是四月至七月,后人误读所致。
③ 弘治《贵州图经新志》所附卫所地图均以"某某卫地理之图""某某所地理之图"来命名(弘治《贵州图经新志》卷11、卷12、卷13、卷14、卷15、卷16、卷17,《中国地方志集成·贵州编》,成都:巴蜀书社,2006年,第1册,第119、124、127、133、137、146、150、156、162、166、172、176、180、185、187页)。

的卫所地理信息系统性数据,这使得整体性分析不易。因此,构造一个综合性卫所地理数据,使整体性和区域性研究相结合,并尽可能多地包含各种相关地理要素,为深入的空间探讨奠定基础,是本书的出发点。

(二) GIS 与卫所地理信息处理

地理信息系统(GIS)在历史地理学中主要用于处理有一定规模数据量的地理信息,卫所及其相关地理要素数量大,有相当多的信息可数据化,同时分布面积广,跨越时间长,非常适宜于以 GIS 来呈现,即张萍所言的第一步——数据量化,"转化为一整套标准化的数据,确定它的空间属性,形成图形数据与属性数据,建立空间数据库"[①],然后进行多要素、动态空间分析。利用 GIS 关联卫所地理信息,在数字化地图与数据分析基础上对明代卫所时空地理变迁进行研究,可为从不同层面进行数据扩充与卫所地理要素分析提供基础,有利于卫所研究的深入。对明代卫所时空地理变迁进行整体与区域相结合的多层次深入分析,厘清卫所的地理意义,可进一步确立卫所制在明代历史中的地位。

受卫所分布广泛、地理要素复杂及技术限制诸条件的影响,传统卫所地理研究存在重区域与个案、轻整体的特征,区域比较亦少,无法把握卫所时空地理变迁全貌。目前从历史地理角度对卫所进行研究的整体性成果中最重要的《中国历史地图集》(第七册·元、明时期)与《中国行政区划通史·明代卷》第二编都有不足。前者明时期宣德八年(1433)、万历十年(1582)两幅总图只标西北、东北、沿海少数军卫,万历十年分省图则着重标出边疆与沿海卫所,内地卫所则有所取舍,无法展现明代卫所在时间与空间上的设废全景和丰富的地理要素;后者从政区地理角度对明代在外卫所进行相对整体性考证,对以都司为单位的区域地理变迁规律有所分析,但因重在置废考据,亦无法全面、动态地展示卫所地理变化趋势。

学界利用 GIS、与卫所地理相关的区域性研究成果有突出的学科交叉性,不仅涉及历史地理学、明史等领域,亦与建筑学、考古、遗产保护等学科关联。天津大学张玉坤团队以 GIS 为方法,对明清长城、聚落、交通等相关研究多有涉及卫所,在其研究方法与视角的引领下,近年涌现出一批以建筑、遗产保护、城市规划等角度与卫所有关的研究成果。其优点在于技术的运用与从现代地理学角度的分析,研究角度、方法均对从历史地理角度对卫所地理探讨有启迪作用。近年谢湜等从历史地理角度对局部区域的卫所聚落进行研究,受到历史人类学影响,也与地理学专业学者开展合作。

在历史地理学或明史研究中已有利用 GIS 的有关卫所成果,多以复旦大学中国历史地理研究中心的中国历史地理信息系统(GHGIS)为底图,在其中添加所需的卫

---

① 张萍:《地理信息系统(GIS)与中国历史研究》,《史学理论研究》2018 年第 2 期,第 45 页。

所相关地理要素,形成地图,以配合自己的研究,明显受技术的制约,在分析时的地理视角还有较大的拓展空间。

本书利用GIS将卫所地理信息数据化,并在此基础上加入府州县、驿路、行都司、进士、卫学、卫所城池遗产等信息,从相关角度对时空关系及变化规律进行探讨。

(三)研究时段及卫所选择

卫所制涉及元明清三代,明对元在制度方面有承袭,也有重大的改革与完善。而明清卫所从设到废,各方面都有很强的继承性,一直以来是卫所研究关注的重点时段,从时间角度上可视明清卫所为一体,亦可分段讨论。卫所地理要素及变化的延续性更强,其研究亦可如此。本书以明代为时间主体,部分内容涉及清代。

明初是卫所设置的高峰期,宣德五年(1430)万全都司设置以后进入稳定期,虽然万历时有行都司设废的困局,但对卫所地理的整体影响相对较小。入清后,经历了顺治、康熙、雍正三朝,大部分卫所才被废除,但卫所的地理影响并未消失,而是长期存在。因此卫所地理与明代共存却并未共亡,其影响绵长深远。明代可谓是卫所地理塑造期,其因素有些稳定性强,有些则随着制度调整及局势的不同而变化,均是清代卫所地理的基础。顺康雍面对的主要任务是裁撤卫所,在这个过程中,卫所与府州县、防御体系、人口和人群、区域文化等都极具历史地理学研究价值,和明代既有关联又有明显的时代特色。虽然本书以明代为研究时段,亦期望以后能将清代纳入探讨范围。

卫所在明代以两京为坐标被分为在京(在内)、在外两类,这种划分在洪武初只是考虑卫所与京师的地理关系,后亦有区分管理、职责、品秩之意。虽京卫亦与京师周围地区有地理上的各种联系,但在明代地理表现上最为突出的还是在外卫所,因此从历史地理角度对在外卫所地理进行研究是本书的主要任务。

二、研究综述

卫所研究在近20年逐渐成为中国史研究的热点,讨论的角度呈多样化,介入的学科从历史学相关学科扩展至建筑学、考古与文博、文化遗产、城乡规划、民族学、语言学等。由于卫所地理的综合性,各学科的研究都有所涉及,交叉性明显,对此彭勇提出"学术的路径大有不同,理论和方法可以互相借鉴,但每一学科有其的基本属性,必须遵守学术创新的共同要求"[①]。关于过去100年,尤其是近20年的卫所研究动态,邓庆平、于志嘉、彭勇、张金奎、吴才茂、郭红等在卫所研究领域颇有著述的学者已

---

① 彭勇:《30年来明代卫所制度研究的进展与突破》,第37页。

经做过多次清晰的阐述梳理①。由于卫所制度在地理上的特殊性，前人研究成果都会涉及卫所某一层面的时空变迁。受制于地域与史料的庞杂，从历史地理角度对卫所的分析以局部和个案为多。本书将不再对卫所研究状况进行全面整理，而是紧扣近20年历史地理领域的卫所地理研究特征进行归纳，并对各章主题所涉前人成果进行重点综述，兼顾其他学科的相关成果。

需要强调的是，与历史地理相关的卫所研究中，多数并不是纯粹从历史地理学角度所做的探讨，而是将其与制度史、经济史、军事史、区域史等相关联，这也体现了卫所与地理的紧密关系，使得学者在研究中无法回避其地理意义。本书在综述时将有所选取，以突出重点。

(一) 历史地理视野中的卫所地理研究

1. 历史政治地理

从沿革地理角度对卫所地理的研究始于20世纪初日本学者箭内亘、清水泰次对兀良哈三卫及大宁都司的考订②，至30年代在东北边疆危机的触发下，明代东北辽东都司及奴儿干都司下的卫所渐为中国与日本学者所共同关注，均有考证成果③。谭其骧在1934年《〈禹贡〉半月刊》发刊词④及1935年《释明代都司卫所制度》⑤中已经将卫所与沿革地理、"地方区划"联系在一起，当时尚处于中国历史地理学学科发展的初期，相关的研究成果多以传统的沿革地理为出发点，但谭其骧已经开始从实土角度关注卫所与政区之关系，为后世从政区地理角度探讨卫所拉开了序幕。1937年，王文山在探讨明代地方行政制度过程中论及都指挥使与都司"协管民政司法之权利，颇为明代地方制度之特点"⑥，1940年，解毓才在《明代卫所制度兴衰考（二）》中对实土卫所有与谭其骧相同的观点⑦。

---

① 赵明：《明代兵制研究六十年之回顾》，《中国史研究动态》1993年第8期，第14—20页；张金奎：《二十年来明代军制研究回顾》，《中国史研究动态》2002年第10期，第7—15页；邓庆平：《明清卫所制度研究述评》，《中国史研究动态》2008年第4期，第14—21页；于志嘉：《明代军制史研究的回顾与展望》，《卫所、军户与军役：以明清江西地区为中心的研究》，北京：北京大学出版社，2010年，第322—355页；彭勇：《30年来明代卫所制度研究的进展与突破》，第25—37页；吴才茂：《20世纪以来明代卫所制度研究述评》，《中国社会历史评论》第18卷，天津：天津古籍出版社，2017年，第195—213页；郭红：《明代卫所与"民化"：法律·区域》，上海：上海大学出版社，2019年，第6—14页。

② 清水泰次：《大宁都司の内徙につきて》，《东洋学报》1918年第8卷第1号，第125—141页。

③ 参考郭红：《20世纪以来有关卫所研究的成果》（郭红：《明代卫所与"民化"：法律·区域》，第7页）。当时中国学者的研究有孟森：《建州卫地址变迁考》，《国学季刊》第3卷第4期，1932年，第541—561页；张维华：《明辽东"卫"、"都卫"、"都司"建置年代考略》，《禹贡》1934年第1卷第4期，第10—14页；张维华：《明代辽东卫建制考略》，《禹贡》1934年第1卷第7期，第6—19页；李晋华：《明代辽东归附及卫所都司建制沿革》，《禹贡》1934年第2卷第2期，第30—34页。

④ 顾颉刚、谭其骧：《发刊词》，第2—5页。

⑤ 谭其骧：《释明代都司卫所制度》，《禹贡》1935年第3卷第10期，第1—7页。

⑥ 王文山：《明代地方行政制度之研究》，《经世》1937年第1卷第6期，第58页。

⑦ 解毓才：《明代卫所制度兴衰考（二）》，《说文月刊》1941年第2卷第10期，第77—86页。

绪 论

50年代至80年代,虽然就历史地理学与沿革地理学的关系已经有了较多的探讨,学科分支愈加清晰,侯仁之提出沿革地理"还不能满足历史地理学的要求。如果在完成这一工作之后,还要继续前进"[①],但是当时的卫所地理研究仍以沿革地理为主要特征,受中苏关系影响,东北卫所的考证依然是重点[②]。70年代后期谭其骧主编的《中国历史地图集》出版,明代部分以地图的形式呈现了边地的实土卫所治所、部分堡塞、疆域和内地部分卫所,并标出了沿海与西南等地理位置特殊的卫所,再一次表明了谭其骧对卫所于政区、聚落、边疆等地理意义的肯定。1989年,顾诚提出卫所与府州县是明代两大疆土管理系统,强调都司卫所是一种地理单位,不仅为历史政区地理角度的卫所研究提供支撑,更是其后众多卫所制度研究的基础[③]。

80年代初,部分学者开始以"历史政治地理"代称"历史政区地理"[④],至90年代开始,周振鹤在谭其骧政区思想的基础上,开始构建历史政治地理的理论与相关概念,与卫所地理有关的为"军管型政区"[⑤],郭红对卫所作为军管型政区的特征又进行了进一步阐述[⑥],彭勇在其综述中对"军管型政区"的使用频次进行了统计,认为其"被广泛采用"[⑦],"军管型政区"成为2000年以来从政区角度讨论卫所政区意义的一个关键词。郭红在《中国行政区划通史·明代卷》第二编对明代在外卫所进行了考证,并以都司为单位分析卫所地理特征,书中沿革考证及提出的"准实土"概念对其后的卫所研究影响较大,亦是本书卫所设置数据的基础来源。

与历史政治地理相关的重要成果还有李新峰的《明代卫所政区研究》[⑧]、毛亦可的《清代卫所归并州县研究》[⑨]。李新峰以制度史为出发点,对卫所地理的探讨多从区域个案入手,从卫所的政区意义角度提出"沿海卫所不拥有独立的行政区划","省府州县体系与府司卫所存在主次关系"等论点,引起傅林祥等学者的商榷[⑩]。毛亦可对清代卫所裁革、归并过程进行了细致梳理,更重视其中各项制度的演变。

近20年来是卫所政区地理研究的繁荣时期,吴才茂将近期的卫所研究形容为"多元化",对卫所从历史政治地理角度的探索亦是"多元化"。区域性的沿革考订或卫所个案类成果颇为丰富,一般以都司、军镇、督抚辖区、今省域为中心,或以河西、华北、西北、西南等特定地理范围作区域的选择。彭勇对湖广行都司的制度运行与政区

---

① 侯仁之:《历史地理学刍议》,《北京大学学报》1962年第1期,第76页。
② 吴才茂:《20世纪以来明代卫所制度研究述评》,第199页。
③ 顾诚:《明帝国的疆土管理体制》,第135—150页。
④ 华林甫:《中国历史地理学》,济南:山东教育出版社,2009年,第212页。
⑤ 周振鹤:《体国经野之道——新角度下的中国行政区划沿革史》,第252页。
⑥ 郭红、于翠艳:《明代都司卫所制度与军管型政区》,《军事历史研究》2004年第4期,第78—87页。
⑦ 彭勇:《30年来明代卫所制度研究的进展与突破》,第27页。
⑧ 李新峰:《明代卫所政区研究》,北京:北京大学出版社,2016年。
⑨ 毛亦可:《清代卫所归并州县研究》,北京:社会科学文献出版社,2018年。
⑩ 参见彭勇:《30年来明代卫所制度研究的进展与突破》,第27页。

变化等进行考察[①]。邓庆平[②]、谢湜[③]对蔚州、太仓州等州卫的个案研究关注卫所与政区间的关系，引导学界更加细致地探讨两者的互动。罗勇以金齿军民指挥使司为个案探讨其对滇西边疆的意义[④]，蔡亚龙则对军民指挥使司建置标准进行了更深入的探讨[⑤]，将不同类型、区域的卫所与政区间关系的研究进一步深化。

2. 历史军事地理

卫所军事地理研究多与制度史相结合，区域性特征明显。九边与东南海疆是明朝防御外患的主要区域，因此军事地理相关研究亦集中于此。

九边各镇防务区的形成、长城与聚落等最受关注，其中都会涉及卫所，重要的著作有刘景纯《明代九边史地研究》[⑥]、肖立军《明代中后期九边兵制研究》[⑦]、赵现海《明代九边长城军镇史》[⑧]、胡凡《明代九边形成及演变研究》[⑨]等。此类成果以九边为重点，卫所只是其中考虑的一个要素，虽符合明代中后期北边特征，但是在深入地展现卫所军事层面的地理变迁上还有探讨空间。张玉坤团队从聚落角度对北边、西北、沿海军事地理的系列分析中[⑩]，卫所地理相关要素也是重要组成部分，其分析方法为深层次的探讨卫所基层军事地理设施奠定了基础。近年此类从跨学科领域进入明代历史军事地理研究的成果逐渐增多，但存在历史分析不足的问题，这使得学科间的合作成为必须。彭勇关于京操、边操班军的研究亦与北边有关，为探索班卫的空间流动奠定了基础[⑪]。

随着国家对海洋的重视，近年关于明代东部海防地理的研究趋热，著述迭出，有

---

① 彭勇：《从"边区"到"政区"：明代湖广行都司的制度运行与社会秩序》，《求是学刊》2018年第3期，第134—144页。

② 邓庆平：《州县与卫所：政区演变与华北边地的社会变迁——以明清蔚州为中心》，博士学位论文，北京师范大学，2006年；《卫所制度变迁与基层社会的资源配置——以明清蔚州为中心的考察》，《求是学刊》2007年第6期，第150—155页；《华北乡村的堡寨与明清边镇的社会变迁——以河北蔚县为中心的考察》，《清史研究》2009年第3期，第19—27页。

③ 谢湜：《明代太仓州的设置》，《历史研究》2012年第3期，第29—43页。

④ 罗勇：《明代云南金齿军民指挥使司设置研究》，《中国历史地理论丛》2015年第1期，第68—79页。

⑤ 蔡亚龙：《明初金齿军民指挥使司建立考论》，《民族史研究》2016年，第231—242页；《明代设置的军民指挥使司考论》，《中国历史地理论丛》2016年第4期，第94—101页；《明代军民指挥使司建置标准考论》，《中国历史地理论丛》2018年第1期，第66—76页；《明初广西置废军民指挥使司考论》，《中国边疆史地研究》2020年第3期，第22—35页。

⑥ 刘景纯：《明代九边史地研究》，北京：中华书局，2014年。

⑦ 肖立军：《明代中后期九边兵制研究》，长春：吉林人民出版社，2001年。

⑧ 赵现海：《明代九边长城军镇史》，北京：社会科学文献出版社，2012年。

⑨ 胡凡：《明代九边形成及演变研究》，北京：高等教育出版社，2021年。

⑩ 主要成果有杨申茂、张玉坤、张萍：《明长城宣府镇防御体系与军事聚落》，北京：中国建筑工业出版社，2018年；魏琰琰、张玉坤、王琳峰：《明长城辽东镇防御体系与军事聚落》，北京：中国建筑工业出版社，2018年；王琳峰、张玉坤、魏琰琰：《明长城蓟镇防御体系与军事聚落》，北京：中国建筑工业出版社，2018年；刘建军、张玉坤、谭立峰：《明长城甘肃镇防御体系与军事聚落》，北京：中国建筑工业出版社，2018年；李严、张玉坤、解丹：《明长城九边重镇防御体系与军事聚落》，北京：中国建筑工业出版社，2018年；范熙晅、张玉坤、李严：《明长城军事防御体系规划布局机制研究》，北京：中国建筑工业出版社，2019年；曹迎春、张玉坤：《明长城宣大山西三镇军事防御聚落体系宏观系统关系研究》，北京：中国建筑工业出版社，2020年。

⑪ 彭勇：《明代班军制度研究：以京操班军为中心》，北京：中央民族大学出版社，2006年；彭勇：《明代北边防御体制研究：以边操班军的演变为线索》，北京：中央民族大学出版社，2009年。

关明清浙江卫所海防成果尤多,宋烜①、宫凌海②、钟铁军③等在著述中均将卫所及其下的堡塞、烽墩、巡检司等视为海防体系中的重要一环进行地理分析。浙江海防研究成果和张金奎《明代山东海防研究》④、赵红《明清山东海防研究(1368—1912)》⑤、陈博翼《防海之道：明代南直隶海防研究》⑥、陈贤波《重门之御：明代广东海防体制的转变》⑦、韩虎泰《明代广东海防指挥体系时空演变研究》⑧、赵树国《明代北部海防体制研究》⑨等众成果中所言体系或体制包含不同层级、时段的制度、建置等,卫所地理是其中稳定的黏合剂,相对而言,与辽东、福建两地卫所有关的海防地理成果较少。因为这些研究以军事为主体,并不是专从历史军事地理学入手,因此对地图的利用及地理的分析都有进一步发展的空间,近年利用 GIS 从海防聚落角度进行研究的成果正是向这个方向的探索⑩。

九边与海疆之外,其他区域的卫所军事地理研究相对较少,且多隐于卫所其他主题之下。西南虽是边疆重地,但因民族、自然地理等原因,卫所面对的防御形势多样化,在都司之下更小的区域层面研究稍多。

3. 历史聚落地理

从边防与区域发展两个角度进行的与卫所有关的历史聚落地理研究近年成果较多,且跨学科性明显。卫所聚落包括独立的卫所城池、堡塞、相关村落,由于地图及GIS 的运用,卫所聚落地理研究的重点已经从卫所城池本身向卫所下属村落转移。

相对而言,历史地理学界对历史聚落地理的探讨相对较早,卫所屯堡,又称堡塞或军屯,是明代卫所基层村落与社会文化载体,90 年代韩光辉、李新峰对北京地区明长城沿线聚落进行探讨时,已经对卫所城池及卫所军屯村落进行统计分析,认为"其聚落自然应该是驻防与屯种相结合的家族集聚体,而又独立于州县所属一般聚落之外的军事性质的聚落"⑪。孟凡松总结屯堡"因卫所及其屯田制度在民族边疆地区的实施而产生；或谓其是都司卫所制度下地方的防御性军事设施——聚落形态下的军

---

① 宋烜:《明代浙江海防研究》,北京：社会科学文献出版社,2013 年。
② 宫凌海:《明清浙江海防体制变迁与地方互动：以温州卫所为中心》,哈尔滨：黑龙江教育出版社,2019 年；《控扼东南：明代浙江卫所与海洋管理研究》,上海：上海人民出版社,2021 年。
③ 钟铁军:《明代浙江沿海海防地理研究》,《中国边疆研究文库·海疆卷》,哈尔滨：黑龙江教育出版社,2019 年。
④ 张金奎:《明代山东海防研究》,北京：中国社会科学出版社,2014 年。
⑤ 赵红:《明清山东海防研究(1368—1912)》,济南：山东人民出版社,2023 年。
⑥ 陈博翼:《防海之道：明代南直隶海防研究》,北京：社会科学文献出版社,2023 年。
⑦ 陈贤波:《重门之御：明代广东海防体制的转变》,上海：上海古籍出版社,2017 年。
⑧ 韩虎泰:《明代广东海防指挥体系时空演变研究》,北京：中国社会科学出版社,2020 年。
⑨ 赵树国:《明代北部海防体制研究》,济南：山东人民出版社,2015 年。
⑩ 见谭立峰、张玉坤、尹泽凯:《明代海防御体系与军事聚落》,北京：中国建筑工业出版社,2019 年；邢浩:《明福建地区海防军事聚落布局研究》,硕士学位论文,天津大学,2019 年；严欢:《明福建沿海卫所防御体系的空间量化研究》,硕士学位论文,华东理工大学,2016 年；等等。
⑪ 韩光辉、李新峰:《北京地区明长城沿线聚落的形成与发展》,《长城国际学术研讨会论文集》,长春：吉林人民出版社,1994 年,第 200 页。

事工程"①。因此,它们是卫所村落中与军事防守有关的组成部分,其地理分布特征及与卫所地理关系渐受重视。对于地理分布,肖立军认为屯堡主要分布于"西南少数民族地区、东南防倭地区、北边防蒙地区"三大地区,明中后期分布有加密趋势,"明代前期屯堡主要由都司卫所官管理。明代中后期,北边等地屯堡纳入了省镇营兵制管理范畴;而在内地,文臣包括府县官员也逐渐介入管理"②。研究成果的集中区域为贵州,与卫所对明清贵州地方历史的巨大影响相关,在八九十年代多从民族学、屯堡文化角度探讨,2005年后从聚落地理出发的成果大增,屯堡与明代贵州城镇、文化地理、经济、区域人群、语言地理等已有较多研究③。云南、西北、晋北或以卫所为个案亦有零散的成果。

九边与沿海、贵州卫所聚落是近年跨学科研究热点区域,一方面与其地实土卫所或卫强郡弱有关,卫所在明清当地聚落及区域发展历史中有较强的影响;另一方面史料丰富,便于数据化。前述天津大学张玉坤团队在国家自然科学基金项目的支持下,从北边长城开始,对华北、西北、沿海明清军事聚落在考订、统计、绘图的基础上,进行不同地理层面的分析,已经形成系列研究成果。北京、宣大、山西一带聚落成为关注重点,各研究针对具体区域归纳出不同的聚落设置与变迁特征。近年此类著述多从建筑学、文化遗产保护角度作探索,所选地域一般较大,虽亦有如西宁卫、河州卫、岷州卫等单个卫所的聚落研究,但数量较少。在地域选择上,此类研究一般会将相邻军镇关联在一起,有时会突破传统明代地理认识,有以防区④、山区⑤、宁夏地区⑥、黔中地区⑦、延庆地区⑧等来界定,不重视明代都司和卫所地理范围。

与建筑学、城乡规划学、文化遗产保护等学科有从现代地理学角度去作分析的倾向相比,历史学界的研究有自己的特征:选择地域小,有利于深挖史料,对历史时期区域地理特征解释更细致;研究方法传统,但长于文献与史学分析,更关注卫所制度

---

① 孟凡松:《论卫所与屯堡研究之通路——第十九届明史国际学术研讨会暨首届明代屯堡国际学术研讨会综述》,第6页。
② 肖立军:《明代屯堡分布密度及修建规制浅探》,《明长陵营建600周年学术研讨会论文集》,北京:社会科学文献出版社,2009年,第409—417页。
③ 见范同寿:《明代屯堡导致历史上贵州经济重心的转移》,《当代贵州》2023第43期,第78—79页;范同寿:《明代屯堡与贵州城镇兴起的历史关联》,《当代贵州》2023年第44期,第78—79页;武安东、吕燕平:《屯堡方言初探》,《安顺学院学报》2004年第1期,第17—20页;彭恩:《明清贵州城镇地理研究(1368—1850)》,博士学位论文,西南大学,2022年;等等。
④ 见张玉坤、李松洋、谭立峰、吴一龙:《明长城居庸关防区军事聚落与驻军聚集特征》,《中国文化遗产》2022年第6期,第91—101页;张玉坤、李松洋、李哲:《明长城居庸关防区军事聚落空间布局研究》,《西部人居环境学刊》2022年第2期,第103—117页。
⑤ 见蔡超:《明长城对北京北部山区聚落空间格局的影响研究》,《北京建筑大学学报》2022年第2期,第1—7页。
⑥ 见常玮:《宁夏地区明长城军事防御聚落的修筑特点与演变》,《齐鲁学刊》2016第1期,第54—61页。
⑦ 因关注贵州安顺一带的屯堡较多,"黔中"常用,见周政旭、封基铖:《黔中地区屯堡聚落调查研究》,北京:中国建筑工业出版社,2022年;闫慧鹏:《黔中屯堡聚落空间分布特征及其影响机制》,硕士学位论文,华中科技大学,2021年;邓晗:《黔中地区屯堡聚落空间形态及适应性研究》,硕士学位论文,北京建筑大学,2019年;等等。
⑧ 见陈婉蓉:《北京延庆地区明长城城堡型村落保护研究》,硕士学位论文,北京建筑大学,2019年。

对相关聚落地理的影响。各学科研究各有侧重,近年跨学科的合作扬长避短,促进了卫所聚落地理研究,代表性的成果有欧阳琳浩等的《明清时期军屯制度对南岭山地乡村聚落变迁的影响——以蓝山县南部村落为例》[①]和周政旭等的《明代黔中卫所屯堡聚落体系研究——兼与长城和海防沿线卫所比较》[②],这两篇都体现了历史地理学、历史人类学、经济地理学、建筑学等学科的合作。

对卫所城池从城市地理角度进行研究的成果多以单个卫所为单位,对城池选址与布局、城镇功能、军事地理等多借助实地考察、卫星地图、布局平面图进行分析,同样具有跨学科的研究特点。孙昌麒麟《江南寻城:上海卫所城市历史形态研究》对上海诸卫所城镇的选址、平面形态、水体、时空及功能变化等做了细致的考察,是近年卫所城镇地理研究的代表性成果[③]。

4. 历史经济地理

在卫所经济地理要素中最为重要的是卫所屯田地理。60年代王毓铨著有《明代的军屯》[④]。军屯与区域经济、社会紧密相关,80年代以来有了更多的区域性研究成果,新史料和人类学方法的引入也使得探讨更深入,研究角度呈现多样化的特点。

80年代,顾诚针对明代耕地数的研究中指出不同区域都司卫所土地的特征[⑤],其后军屯研究多从区域着手。由于资料与数据处理的复杂性,虽相关成果丰富,但从制度和经济史考虑的较多。于志嘉等在研究中多能考虑具体的区域差异,后屯田分布地理及其与聚落、州县、人群的关系逐渐受到重视。李大伟从环境地理角度通过对榆林卫军屯与榆林镇民屯进行复原,分析其时空变化,提出"在明中后期发生的大规模流沙侵袭边墙、壅塞镇城等事件并不能全部归于人为因素,而与气候变化息息相关"[⑥]。王友华则分析了山西都司卫所屯田的分布、屯地民化以及对地方社会、聚落的影响[⑦]。邓辉等对明代延绥镇、榆林镇一带军垦进行的地理分析,则是少有的利用GIS从历史地理学角度涉及卫所屯田的研究[⑧]。

农牧分界线变迁是历史经济地理的传统主题,明代北边卫所都与此有关,尤其是明初塞外诸卫所内迁造成的变化。冯玉新在对黄河上游甘、青、宁明清农牧交错带的分析时,关注到关西四卫与河西走廊诸卫所一带在明清政区的变化及其与地方社会

---

① 欧阳琳浩、谢湜、梁育填:《明清时期军屯制度对南岭山地乡村聚落变迁的影响——以蓝山县南部村落为例》,《中国历史地理论丛》2020年第3期,第58—68页。
② 周政旭、王念、封基铖、吕燕平:《明代黔中卫所屯堡聚落体系研究——兼与长城和海防沿线卫所比较》,《现代城市研究》2020年第12期,第89—96页。
③ 孙昌麒麟:《江南寻城:上海卫所城市历史形态研究》,上海:上海书店出版社,2022年。
④ 王毓铨:《明代的军屯》,北京:中华书局,1965年。
⑤ 顾诚:《明前期耕地数新探》,《中国社会科学》1986年第4期,第194—213页。
⑥ 李大伟:《明代榆林镇沿边屯田与环境变化关系研究》,硕士学位论文,陕西师范大学,2006年,第91页。
⑦ 王友华:《明清时期山西都司卫所屯田研究》,硕士学位论文,陕西师范大学,2019年。
⑧ 舒时光、邓辉、吴承忠:《明后期延绥镇长城沿线屯垦的时空分布特征》,《地理研究》2016年第4期,第790—802页。

的关系①;张小永探讨了东胜诸卫的内迁对东胜至河套一带生产方式及政治力量的影响②。

卫所与区域经济也为不同学科所关注,有从月粮、地方赋役征调、商业、茶马贸易、粮食市场、水利、漕运等多方面的探讨。

5. 历史人口地理

主要有人口、移民两个方向。对于卫所人口数量,学者多是依据史料或卫所数量进行估算。吴晗、葛剑雄、王育民、曹树基等都对明代卫所人口数量进行过估计,由于估算标准与方法不同,差距较大,曹树基估为620万人③,路遇等则认为卫所代管人口为1 700万人④。曹树基在《中国人口史》中对洪武时期北边及西南边地都司的人口数进行了推算⑤。由于史料零散及地理差异大等原因,目前仍缺乏对卫所人口及其时空变化、明代后期实际在卫军数等的细致分析。

以都司为单位的人口地理分析,主要是对文献、人口数字进行考证,总结分布规律,以辽东都司成果较多⑥,对陕西行都司亦有研究⑦,研究方法较传统。

卫所人群为明初最大的移民群体,是洪武、永乐大移民的重要组成部分,与卫所人口变迁及驻地经济、社会、文化等方方面面都关联在一起,而且影响绵延至晚近。从移民人口数量估算、来源、移民与地域社会及文化、边疆开发、移民与区域经济等方面进行探讨的各类成果众多,在防御体系、军屯、民俗、地理等相关研究中也会涉及,是卫所研究避不开的话题。曹树基在《中国移民史》中推算了洪武时期边地诸都司的移民数量及构成,并指出卫所外来移民约占当地总人口的53%,在福建、浙江及两广则比重很小⑧。郭红指出移民是卫所驻地形成独具特色文化地理单元的基础,"尤以北方、西北、西南边疆卫所及沿海卫所所在地区表现最为突出"⑨,这一观点对其后卫所移民及文化、地理研究有较大影响。卫所移民相关成果的地域选择以海陆边疆之地为主,其中河西与云贵最为集中,这是由卫所在边疆、民族地区所扮演的重要角色所决定的。张金奎以山东半岛为例探讨卫所移民来源的复杂性,分析明初山东的长

---

① 冯玉新:《界域变动与地方社会——以明清民国时期黄河上游农牧交错带为中心》,博士学位论文,陕西师范大学,2011年。
② 张小永:《明代河套地区汉蒙关系研究》,博士学位论文,陕西师范大学,2015年。
③ 曹树基:《中国移民史·明时期》,上海:复旦大学出版社,2022年,第419页。
④ 路遇、滕泽之:《中国人口通史》,济南:山东人民出版社,2000年。
⑤ 曹树基:《中国人口史·明时期》,上海:复旦大学出版社,2000年,第152—190页。
⑥ 毕洪娜:《明初辽东都司人口及其地理分布探究——以〈辽东志〉为中心》,硕士学位论文,东北师范大学,2012年;孟艳霞、裴永亮:《明中期辽东都司人口规模考述》,《渤海大学学报(哲学社会科学版)》2023年第2期,第57—62页;张士尊:《明代辽东都司人口问题分析》,《第十届明史国际学术讨论会论文集》,北京:人民日报出版社,2005年,第651—658页。
⑦ 马顺平:《明代都司卫所人口数额新探——方志中两组明代陕西行都司人口数据的评价》,《苏州科技学院学报(社会科学版)》2011年第4期,第49—53页。
⑧ 曹树基:《中国移民史·明时期》,第235—283页。
⑨ 郭红:《明代卫所移民与地域文化的变迁》,《中国历史地理论丛》2003年第2期,第152页。

久战事、山东军人的外流等使沿海卫所建立时军人多来自外省,在《明代山东海防研究》中他对卫所移民有更全面的探讨①,这提醒我们在卫所移民史研究中区域因素须仔细判读。

有关卫所移民的史料种类丰富,但非常分散,如果采用历史人类学、GIS 等方法,微观与整体相结合,则会使研究更深入、客观。

(二) 各章相关的卫所地理研究

1. 卫所与府州县同治地理

卫所以地方守御为主责,除边疆实土外,其余均位于两京十三布政司下各类政区境内,政区治所的防守是明初卫所选址的最主要考虑因素,因此形成卫所与政区治所同治、不同治两种地理分布情况,从而也影响了相应的行政管理和地域社会。

对于明代府州县与卫所共城现象在全国的大致情况,何一民指出明朝在重要位置的城市,尤其是在省会和府州城设置卫所时,"经常出现府卫同城和州卫同城的普遍现象",府卫同城时以府为主、以卫为辅,州县与府同理②。此观点只适用于行政区划设置与管理相对成熟的区域,每个卫所所在区域发展状态不同,孰主孰辅因时因人变化,偏远地区更是情况不同。

事实上,目前学界对"府卫共治"现象的研究并不多见,常是在研究明朝某区域性问题上才会涉及,而这些区域以云贵等西南边地为集中,说明了学界通常将同城这一普遍现象放在特殊环境下讨论。钟铁军以徐霞客所言"州卫同治"分析贵州的同治,文中以"卫所城镇""郡邑城镇"来区分,认为影响卫所城镇选址主因是军事与交通,建城早;"郡邑城镇"的主因则是理民与理苗。文中将 13 个同城分为 4 种情况:先设卫所,筑卫城,后置郡邑于城;卫所、郡邑各有城,后郡邑迁与卫所同城;卫所、府城同处一地,形成二城制形态;先设卫所,后将卫所改建为"郡邑",还分析了同城对贵州经济、城镇地理的影响③。

在探讨明清卫所军屯与移民进入民族地区的管理与社会时,学者对同城下的状况有所关注。陆韧认为明代以汉族移民为主力的筑城运动在云南大规模开展,使云南城镇出现了"以武卫文"的特点,"军卫的指挥机关与地方行政机构并居一城,大多形成军政同城而治的格局"④。伍莉提到云南明代僰人地区的军事移民人数众多,军事卫所与流官知府的统治相结合,形成了府卫同治或府卫相参的局面⑤。除府州县与

---

① 张金奎:《明代山东海防研究》;张金奎:《明初海防建设与山东半岛人口的迁移》,《明代国家与社会——明史研究论丛》第十一辑,北京:故宫出版社,2013 年,第 32—47 页。
② 何一民、吴朋彦:《明代卫所军城的修筑、空间分布与意义》,《福建论坛》2015 年第 1 期,第 77 页。
③ 钟铁军:《释明代贵州之"州卫同治"》,《中国历史地理论丛》2004 年第 1 期,第 32—44 页。
④ 陆韧:《变迁与交融——明代云南汉族移民研究》,昆明:云南教育出版社,2001 年,第 151 页。
⑤ 伍莉:《明清时期云南藏缅语诸族关系研究》,昆明:云南人民出版社,2007 年,第 60 页。

卫所同城外，土司与卫所、军民府与卫所的同城也存在于西南边地。林凡彬认为"司卫同城"现象在贵州仅有省城、新添卫城、永宁卫城、黄平所城四个，"司卫同城是卫所权力扩张的重要表现形式"①，有利于强化国家对土司的管理；随着贵州地区设置了大批军民府以遏卫所，这些军民府均有节制同城卫所的权力，贯彻了明代"以文辖武"的传统②。马楚婕则进一步以军民府与卫所同城为出发点，认为："明代中晚期，朝廷对军民府制度有了新的思考，既继承了军民府高于一般府的政治地位和军民共管的治理原则，又依当地实际情况和行政成本的考虑拓展为流官治理的经制府，地位居卫所之上，注重制衡与分权。"③

相对而言，在贵州与湖南、四川、云南交界处最引人注目的还是同城分隶问题。吴春宏以府卫同城分隶为切入点来研究五开卫与黎平府④，后又分析了整个黔东地区的分隶，认为其给地方管理带来了许多弊端，"引发了贵州、湖广两省关于黔东地区府卫归属的长期争议"⑤。郑宁则分析隆庆二年(1568)至万历五年(1577)思州府调与平溪卫同治分隶的因缘及同城下卫强府弱、管理土司不便等问题，以至于朝廷对黔东南土司管控力始终无法达到预期效果⑥。颜丙震探讨川贵、云贵川交界处永宁卫与永宁宣抚司、乌撒卫与乌撒土府同城分隶，认为明代后期同城分隶造成大量问题，已经不能适应统治需要，但又一直得不到解决⑦。随后他将分析的地域扩大到整个西南，指出犬牙相制"遂成为影响整个明王朝西南土司治理成效的重要因素"⑧。

一些卫所个案研究中也会涉及府卫同城。陈龙考辨了秦州卫与秦州同治一城的情况⑨；曾杰将庆阳卫与庆阳府对公共设施维护、信仰体系构建、婚姻等方面的作用进行了分析⑩。卫与王府同城是一个相对特殊的现象，河南怀庆府、卫、藩王府"三者同城的布局结构增加地方行政事务处理的难度"⑪；彰德卫也存在与王府同城下的矛盾与通婚问题⑫。

城镇史领域将同城作为明清某城镇得以较为平稳和安定发展的重要因素。王珊

---

① 林凡彬：《卫所制度与明代贵州边地内化研究》，博士学位论文，山东大学，2023年，第108页。
② 林凡彬：《卫所制度与明代贵州边地内化研究》，第155—156页。
③ 马楚婕：《以府辖卫：明代军民府的制度嬗变》，《历史地理研究》2023年第3期，第40—41页。
④ 吴春宏：《明清时期黔楚边境的府卫纠纷——以黎平府与五开卫为例》，《中国历史地理论丛》2011年第2期，第32—43页。
⑤ 吴春宏：《明清时期黔东地区的府卫归属变迁》，《贵州文史丛刊》2022年第2期，第72—83页。
⑥ 郑宁：《明代黔东南的府卫设置与配合——以思州府为个案的研究》，《民族史研究》第12辑，北京：中央民族大学出版社，2015年，第345—364页。
⑦ 颜丙震：《明代"司卫同城分隶"现象与改隶之议——基于永宁、乌撒地区的考察》，《中国历史地理论丛》2018年第1期，第77—84页。
⑧ 颜丙震：《"犬牙相制"与明代西南土司治理》，《中国历史地理论丛》2022年第3期，第105—113页。
⑨ 陈龙：《明代秦州卫考略》，《天水师范学院学报》2022年第4期，第49页。
⑩ 曾杰：《明代庆阳卫研究》，硕士学位论文，兰州大学，2022年，第93—104，110—116页。
⑪ 李杏华：《明代怀庆卫研究》，硕士学位论文，河南师范大学，2022年，第73页。
⑫ 孟祥晓、赵洁：《"天下之要"与王府同城：明代彰德卫的建置特色》，《南都学坛》2023年第3期，第18—25页。

琼瑶认为湘西州卫同城使当地得到有力的军事保护,维护了明清市镇、经济发展①。彭恩在《明清贵州城镇地理研究(1368—1850)》中认为贵州同城城镇在明代由单一的军城向城镇转化,强调其对城镇与地方发展的影响②。

近年,建筑史与城市规划领域的学者逐渐参与到明清卫所城池的相关研究中,其优势在于利用 GIS 等技术对城池结构的复原及地理分析,如樊一铭、李晓宇等皆对府卫同城的安顺城的城池面貌、形态特征、空间结构等从建筑学的角度进行分析③;倪千惠等以蔚州城中州卫并置为背景,探讨民居空间模式及演变④。隆癸等从考古学角度对岢岚城和镇西卫的同治城池发展历史进行了考证⑤。

对于同治之下的卫所政区性质,学界有不同观点。对郭红所提出沿海卫所有准实土性质,李新峰则认为无论是沿海有独立城池的卫所还是内地与州县同城的卫所,所在州县的原有人口田地管领状况都不会改变,内地与府州县同城的卫所只能视为州县内的军事组织,并不存在政区意义⑥。但其也提到西南边地卫所情况有所不同,如永宁卫等在西南边地与民政机构同城的卫所,也可以是与民政机构相当的实土卫所⑦。陈文元同样认为与都匀卫同城的都匀府的设置并不影响都匀卫的实土性质,军事移民群体使卫保留了"实土"性质⑧。李新峰对于北边及西南多卫同城的实土卫所政区性质也提出质疑,认为它们"在城内的分野,略具分区色彩",而在防区、屯田、驿传等方面"平等分享或主客共享同一个总辖区","难以视为双附郭县或其他实土卫所那样的行使综合管理权的政区"⑨。对于此种看法,傅林祥从"实土"概念出发进行商榷,肯定边区同城卫所的政区意义⑩。

已有成果重视边地特殊的同治空间关系,忽视了明代内地大量的同治地理,本书将重点置于明代府州县境同治的地理分析上。

2. 卫所设置与驿路交通

洪武时期是卫所设置的高峰期,影响朝廷选址的因素很多,如山川地形、军事形势、府州县位置、民族分布、交通等,前期战争推进路线与交通主线的维护、日常驻防与军事调动等都要求卫所多设置于交通要道上并有保障其畅通之责,因此洪武时期

---

① 王珊琼瑶:《明清湘西军事卫所与城镇发展研究》,硕士学位论文,江西师范大学,2018 年,第 41—42、51 页。
② 彭恩:《明清贵州城镇地理研究(1368—1850)》,第 100—101 页。
③ 樊一铭:《安顺古城变迁及建筑空间研究》,硕士学位论文,东南大学,2019 年,第 31—33 页;李晓宇:《安顺旧州古镇街巷空间结构与形态特征研究》,硕士学位论文,深圳大学,2020 年,第 14 页。
④ 倪千惠、龙癸、刘文炯:《州卫并置背景下的蔚州城民居空间模式研究》,《建筑史学刊》2023 第 2 期,第 130—141 页。
⑤ 隆癸:《山西岢岚城空间格局复原研究》,硕士学位论文,中央民族大学,2022 年,第 50—54、59 页。
⑥ 李新峰:《明代卫所政区研究》,第 33—34 页。
⑦ 李新峰:《明代卫所政区研究》,第 133 页。
⑧ 陈文元:《从"卫治"到"府治"——明代贵州都匀府设置始末》,《历史教学》2023 年第 7 期,第 51 页。
⑨ 李新峰:《明代同城实土卫所的区划》,《中国历史地理论丛》2016 年第 2 期,第 115—127 页。
⑩ 傅祥林:《"实土卫所"含义探析》,韩宾娜主编:《丙申舆地新论——2016 年中国历史地理学术研讨会文集》,长春:东北师范大学出版社,2017 年,第 400—405 页。

是明代卫所与交通空间关系形成的关键期。

庞乃明认为明代交通史研究"相当匮乏",全国性的研究更是如此①;蓝勇则从交通地理研究角度总结"专门考证明代交通路线的成果并不是太多",他指出主要原因是历史文献中关于明代交通线路的记载已经比较详细②。目前从全国视野研究明代交通路线的著作只有最早于1994年出版的杨正泰《明代驿站考》③,已有的其他成果多集中在运河等主要交通线路或区域性研究上,反映在卫所与交通的相关研究上则亦是呈现重区域轻整体的态势,与西南云、滇、黔卫所相关的成果最为集中。郭红在《中国行政区划通史·明代卷》里从实土、边防与交通等角度思考其地理分布模式④,对一些都司设置地理中的交通因素也有涉及,但因其研究主要从卫所设废考订出发,对交通并无细致分析,更缺乏对明代整个疆域地理或者跨都司的全局性研究。

《中国历史地图集》中明时期万历十年(1582)贵州分图中最引人注目的地理特征便是卫所的线状分布,天启《滇志》等明代文献对云贵川交通线与卫所已多有记载,这也是今人讨论贵州及相邻湖南、四川、云南卫所地理时所必提的。80年代以来,陈国安、史继忠⑤、刘如仲⑥、郭红⑦等学者在探讨贵州卫所建置问题过程中比较早地关注卫所沿交通线分布的特征。王继红、罗康智进一步指出明代贵州卫所密集地沿驿路主干线分布,在发挥拱卫驿路畅通的战略作用的同时,导致了境内各卫所空间分布不均衡⑧。吴才茂认为戍守、屯垦、日常生活需求是影响贵州卫所选址的三大条件,而"三个条件的选择前提,还是出于贯通交通线的考虑",贵州地区"很多铺、堡、驿站先于卫所而设"⑨。吴春宏着眼于贵州东部卫所设置"集中在驿道沿线"的特征,提出"在潕阳河形成了以镇远卫为核心的狭长防御带"⑩。周超等人则通过GIS对贵州卫所的交通线特征进行了空间分析⑪。

贵州卫所维护的交通网络是为保障中央对西南的控制及西南诸省间的跨省交流,因此云、川、湖广诸省的相关主题都受到学者的重视。黄彩文以澜沧卫为个案,认

---

① 庞乃明:《评〈明代交通设施管理研究〉》,《鲁东大学学报(哲学社会科学版)》2010年第1期,第96页。
② 蓝勇:《近70年来中国历史交通地理研究的回顾与思考》,《中国历史地理论丛》2019年第7期,第9页。
③ 杨正泰:《明代驿站考》,上海:上海古籍出版社,1994年。
④ 郭红、靳润成:《中国行政区划通史·明代卷》,第258页。
⑤ 陈国安、史继忠:《试论明代贵州卫所》,《贵州文史丛刊》1981年第3期,第92—96页。
⑥ 刘如仲:《明代贵州卫所的建置》,《中国历史博物馆刊》1984年,第81页。
⑦ 郭红:《明代贵州都司建置研究》,《贵州文史丛刊》2002年第1期,第28—29页。
⑧ 王继红、罗康智:《论明代贵州卫所建置的特点及其职能》,《贵州大学学报(社会科学版)》,2007年第6期,第59页。
⑨ 吴才茂:《明代卫所制度与贵州地域社会形成研究》,北京:中国社会科学出版社,2021年,第88—95页。
⑩ 吴春宏:《军事管理与郡县历程:卫所制度在贵州东部的实践》,《保山学院学报》2022年第6期,第70、73页。
⑪ 周超、王可欣、黄楚梨等:《明代贵州军事聚落的布局与选址研究》,《中国园林》2022年第38卷第12期,第110—112页。有关成果还有覃朗:《明代贵州都司卫城浅述》,《贵州文史丛刊》2015年第3期,第107页;唐莉:《明代贵州省建置研究》,博士学位论文,中央民族大学历史文化学院,2016年;林凡彬:《卫所制度与明代贵州边地内化研究》,第107页,等等。

为明王朝在云南各重要城镇设置卫所后,在滇川交通沿线修筑了许多驿、堡、哨、铺,加强了明朝在滇西北地区的军事防御体系①,至明代中期,遍布云南广大区域的卫所成为控制云南交通线的重要军事力量②。陆韧、夏自金关注到明代乌撒道实行的特殊的交通护卫措施,即由贵州都司统领下的卫所官军负责乌撒道全线的防护,沿线卫所不断增设驿、站、递运所等交通设施③。除驿道交通外,王珊琼瑶指出为保障通往西南要道的通畅无阻,明廷在湘西广设卫所,且各卫所大多都濒临沿河流域,交通便利④。

交通史研究中亦有涉及卫所与交通。《中国古代道路交通史》一书在系统梳理明代全国卫所干线道路的基础上,指出出于军事、政治的需要,明王朝将治理交通的重点放在边防屯田、水陆并举调运漕粮上,洪武年间的"卫所道路与驿路相互贯通"⑤。《中国长城志》第四篇系统梳理了长城区域的军事交通,也指出明代长城区域水陆驿线路多与卫所相连⑥。周元刚复原了明代河州、洮州、岷州三卫所辖区域的交通网络,"这个交通网络以驿道为中心,其余道路为辅助"⑦。姜建国在探析明代云南、贵州驿路交通变迁因素过程中提出"交通机构的设置与卫所的设置交相辉映",设于驿路沿线的卫所带来了大量的军事移民,带动了沿线经济开发,从而确保了道路畅通与安全⑧。

近年张玉坤团队将明代长城与海防聚落、驿路交通等关联在一起,涉及卫所与交通,且突破都司地理,以更广阔的区域作为对象⑨。何一民关注到明朝各类卫所军城的分布变化,指出与漕运密切相关的卫所军城"主要分布在直隶、山东、湖广、江西、安徽等省区运河沿岸的交通要冲"⑩。

已有成果重视区域性的明代卫所与交通空间关系研究,且主要集中在西南各省,全国整体性的研究不足,对洪武时期这个两者关系形成的关键期亦未关注。

---

① 黄彩文:《明代澜沧卫与滇西北交通沿线社会重构》,赵敏、廖迪生编:《云贵高原的"坝子社会"道路、资源与仪式诠释》,昆明:云南大学出版社,2018年,第44—45、60页。
② 黄彩文:《明清时期永北高氏土军与滇川交通线管控模式变迁》,《广西民族大学学报(哲学社会科学版)》2020年第6期,第34页。
③ 陆韧、夏自金:《交通安全与边疆稳定:明代乌撒道的特殊作用与交通管控模式探析》,《中国边疆史地研究》2019年第29卷第4期,第77—86、215页;夏自金:《明代川滇黔三省分治下乌撒地区军政管控与交通护卫探析》,《地方文化研究》2020年第8卷第6期,第59—67、85页。
④ 王珊琼瑶:《明清湘西军事卫所与城镇发展研究》,第32—33页。
⑤ 中国公路交通史编审委员会:《中国古代道路交通史》,北京:人民交通出版社,1994年,第516—517页。
⑥ 刘庆:《中国长城志·军事》,南京:江苏凤凰科学技术出版社,2016年,第616—617页。
⑦ 周元刚:《明代河洮岷地区交通研究》,博士学位论文,陕西师范大学,2013年,第17—35页。
⑧ 姜建国:《明代云南驿道交通的变迁及其原因》,《烟台大学学报(哲学社会科学版)》2016年第29卷第6期,第94—95页;《明代贵州驿道交通变迁及其原因》,《历史地理》2018年第1期,第141页。
⑨ 谭立峰、张玉坤、林志森:《明代海防驿递系统空间分布研究》,《城市规划》2018年第42期,第92—96、140页;尹泽凯、张玉坤、谭立峰:《明代海防层次和聚落体系研究》,《建筑与文化》2016年第1期,第104—105页;曹迎春、张玉坤:《基于Voronoi图的明代长城军事防御聚落空间分布》,《河北大学学报(自然科学版)》2014年第2期,第129—136页;谭立峰:《明代沿海防御体系研究》,《南京林业大学学报(人文社会科学版)》2012年第1期,第100—106页;尹泽凯:《明代海防聚落体系研究》,博士学位论文,天津大学,2016年。
⑩ 何一民、吴朝彦:《明代卫所军城的修筑、空间分布与意义》,第79页。

3. 明代行都司地理

洪武八年(1375)后,卫所体制的军事管理层级在省一级上一直是都司、行都司及留守司,都司与行都司并行,在设立的原因和区域上有很大区别,行都司的地理位置、管理及地位演变有其特殊性。

对于行都司是都司的派出机构还是两者并列这个重要话题,学者们探讨较多。谢忠志关注到行都司与前元行政机构的联系,认为行都司是继承元代行省遗意的临时机构,"'行都司'则因特殊军务关系,乃为都司所分设"[①]。彭勇认为四川行都司与四川都司同在布政司区域,以"行"称之的原因是其建立的时间在后,并且"行"有"行省""行署""行在"之"行"的含义,因此四川行都司是派出的省级管理机构[②]。刘永安则从军事角度考虑,"行都司是因为特定地区的军事需要,由都司(都指挥使司的简称)直接派驻该地的军事机构,设官与都司同,因在省府外,故称'行都司'"[③]。

持并列观的郭红认为"行都司在层级上与都司是平等的,对自己所属的都督府负责。其设置的主要原因是便于管理,但也有地域差异"[④]。陈文俊也持此种看法,"'行都司'为中央都督府管辖,为中央派出在某省省府之外的军事重地设置的另一个军事机构,与本省都司对立"[⑤]。崔永红提出,从名称上判断陕西行都司是陕西都司的派出机构的观点是错误的,两者是并列关系,而非隶属关系[⑥]。

对行都司性质的讨论,使得辽东都司与山东的关系引人注目。丛佩远、张士尊、李新成和杜洪涛等学者从不同角度探讨了辽东都司与山东在地理、管理体制、人员流动方面实为一省[⑦]。杜洪涛在《戍鼓烽烟:明代辽东的卫所体制与军事社会》中也有对辽东与山东"名为一省"关系的探讨[⑧]。笔者认为辽东都司有行都司的特征,并将其纳入行都司考虑范围。

明代行都司及其下卫所考订在行都司研究中属于成果相对集中的一类。除郭红在《中国行政区划通史·明代卷》第二编中分别考证和梳理了所有行都司设废与地理特征外[⑨],其他均属于对单个行都司建置沿革的考订。梁志胜、马顺平、宋建莹等对陕

---

① 谢忠志:《明代的五行都司》,《明史研究专刊》第16期,台北:大立出版社,2008年,第79页。
② 彭勇:《卫所制度与边疆社会:明代四川行都司的官员群体及其社会生活》,《文史哲》2016年第6期,第99页。
③ 刘永安:《郧阳抚治形成时期的三位一体结构及其历史地位》,《湖北大学学报(哲学社会科学版)》2011年第4期,第53页。
④ 郭红、靳润成:《中国行政区划通史·明代卷》,第247页。
⑤ 陈文俊:《明代陕西行都司建置与土官研究》,北京:光明日报出版社,2020年,第51页。
⑥ 崔永红:《明代青海疑难历史地理问题考证》,《青海民族大学学报(社会科学版)》2016年1期,第83—84页。
⑦ 丛佩远:《试论明代东北地区管辖体制的几个特点》,《北方文物》1991年第4期,第110—119页;张士尊:《明代辽东都司与山东行省关系论析》,《东北师大学报(哲学社会科学版)》2008年第2期,第30—34页;杜洪涛:《明代辽东与山东的关系辨析——兼论地方行政的两种管理体制》,《中国边疆史地研究》2014年第1期,第96—105页;李新成:《明代辽东与山东关系研究》,硕士学位论文,辽宁师范大学,2011年;等等。
⑧ 杜洪涛:《戍鼓烽烟:明代辽东的卫所体制与军事社会》,上海:上海古籍出版社,2021年,第31—40页。
⑨ 郭红、靳润成:《中国行政区划通史·明代卷》,第266—289、393—414、439—448、606—607、617—622、689—693页。

西行都司及卫所沿革做了考证和梳理①,梁志胜对洪武时期行都司设废的梳理有助于厘清文献中的混乱记载。陈文俊对陕西行都司的建置、土民关系以及社会状况做了大致探讨②。对山西行都司最早系统翔实考证的是郭红,其《山西行都司建置沿革考实》③初次对大同都卫、山西行都司及其所辖卫所的设废时间、统辖结构和卫所性质进行了研究。王蕊重点分析山西行都司辖区变迁及其影响因素④。对湖广行都司建置沿革的研究比较少,冷遇春等的《郧阳抚治二百年》第六篇对湖广行都司的建置经过和变化做了大致梳理⑤。

北平行都司因建文末永乐初即内迁,极少受到关注。日本学者清水泰次在1918年发表的《大宁都司の内徙につきて》是最早注意到北平行都司的论文⑥。有学者从洪武时北部防御体系来论北平行都司⑦,彭勇在《建文政局与明前期都司卫所管理体制的变革》中对靖难之役前后的北平行都司卫所做了梳理⑧。

近年万历时期行都司的撤废问题开始受到关注,杨园章《明代福建行都司的设置与裁撤缘由探析》提出福建行都司于万历二十二年(1594)被废,从福建的地理形势与制度变革分析福建行都司设置与裁撤的原因,认为"福建行都司的设置是基于福建特殊的山、海形势,是对自唐宋以来形成的福州、建州并立的格局的继承;而行都司的裁撤则是由于明代兵制的变化,其基本职能被逐渐取代,又逢明末福建地方财政拮据,因而遭到裁撤"⑨。该研究是对福建行都司设废考证的突破,和彭勇关于四川、湖广二行都司⑩的论述使学者们开始重视万历朝行都司的设废危机,思考行都司存在的意义。

行都司的本职是军事,但少有直接从行都司角度出发的军事研究。张鹏对山西行都司的空间特征及其战略意义、卫所格局、防御布局进行了分析⑪。张金奎对军额做了考辨后指出山西行都司在册军额可能存在"按籍有兵,而实在则无兵"的现象⑫,

---

① 梁志胜:《洪武二十六年以前的陕西行都司》,《中国历史地理论丛》1999年第3期,第165—175页;马顺平:《明代陕西行都司及其卫所建置考实》,《中国历史地理论丛》2008年第2期,第109—117页;宋建莹:《明代陕西行都司历史地理研究》,硕士学位论文,陕西师范大学,2010年,第10—21页;张虎:《明代陕西政区建置研究》,硕士学位论文,陕西师范大学,2010年,第34—46页。
② 陈文俊:《明代陕西行都司建置与土官研究》,北京:光明日报出版社,2020年。
③ 郭红:《山西行都司建置沿革考实》,《中华文史论丛》第72辑,上海:上海古籍出版社,2003年,第186—224页。
④ 王蕊:《明代山西行都司建置研究》,硕士学位论文,陕西师范大学,2010年。
⑤ 冷遇春,冷小平:《郧阳抚治两百年》,武汉:湖北人民出版社,2004年。
⑥ 清水泰次:《大宁都司の内徙につきて》,第125—141页。
⑦ 松本隆晴:《论永乐、宣德时期的北部边境》,赵毅、林凤萍主编:《第七届明史国际学术讨论会论文集》,长春:东北师范大学出版社,1999年,第783—784页。
⑧ 彭勇:《建文政局与明前期都司卫所管理体制的变革》,《中州学刊》2016年第6期,第124、127页。
⑨ 杨园章:《明代福建行都司的设置与裁撤缘由探析》,《中国历史地理论丛》2017年第3期,第159页。
⑩ 彭勇:《卫所制度与边疆社会:明代四川行都司的官员群体及其社会生活》,第99—115页;《从"边区"到"政区":明代湖广行都司的制度运行与社会秩序》,第134—144页。
⑪ 张鹏:《明代山西行都司设置军事地理研究》,硕士学位论文,中央民族大学,2010年。
⑫ 张金奎:《明代山西行都司卫所、军额、军饷考实》,《大同职业技术学院学报》2000年第3期,第16页。

还对山西行都司的供饷体制变化进行了分析①。

行都司的地理及设置目的都比较特殊,在运行中又与关联省份间存在着复杂的关系,因此也有成果将行都司与地方社会关联起来。四川行都司设置于少数民族地区,杜玉亭认为四川行都司地区土司制度未因袭元制,这对当地造成了很多负面影响②。潘艳丽概述四川行都司的设置原因和实土范围,认为是行政管理和少数民族治理的需要、建昌卫指挥使叛乱推动了行都司的设立③。彭勇梳理湖广行都司因流民而设的背景及其建置情况,指出行都司卫所在当地的调控作用使郧阳一带从"边区"转变为"政区"④。他对四川行都司的卫所官员群体进行分析,认为当地各民族与卫所官员各安其地,当地动荡的主因来自土司的权力之争⑤。武沐等讨论了洪武初短暂设废于河州的陕西行都司与明王朝初期治藏策略的关系⑥。

明代三司之间以及督抚与三司之间因辖区、管理交叠使转变中的地方管理架构变得复杂,行都司的存在更增强了这一点。钟振林探讨了四川政区作为行政系统的布政司和军政系统的四川都司、四川行都司的建置,归纳明朝四川政区管理的五个模式⑦。探讨督抚并且涉及行都司的研究有刘文华《明代甘肃巡按辖境考——兼谈清初陕西分省问题》⑧,利用崔景荣的《出书稿》记录的甘肃巡按行程,考证甘肃巡按的辖境以及清代如何重新整合都司和行都司。李丽分析了陕西巡抚与行都司的管辖范围以及巡抚的设立原因、过程和作用⑨。王少鹏探讨陕西行都司是如何从军政主导转变为文官主导,陕西行都司的总兵与巡抚的权责如何明晰,权力架构如何平衡等问题⑩。

4. 卫所教育与军籍进士地理

本书研究的卫所进士指以卫所为户籍参加科举的进士,不包括原籍军户所出进士。在已有研究中,学者多忽视了"军籍"进士中既有来自府州县,也有来自卫所,多将两者放在一起讨论。

进士地理是教育史、科举史研究的重要方面。20世纪50年代何炳棣所著《明清社会史论》开明代总体进士定量分析之先河,在影响因素、社会流动率、地理分布等方面为后来者研究进士群体之垂范⑪。但是在90年代前,少有专门论述军籍进士的成

---

① 张金奎:《明承元制与北边供饷体制的解体——以山西行都司为例》,《明史研究》第7辑,北京:中国大百科全书出版社,2001年,第105页。
② 杜玉亭:《明四川行都司土司制度未因元制说》,《内蒙古社会科学》1987年第6期,第51页。
③ 潘艳丽:《明代四川行都司初探》,《长江丛刊》2017年第24期,第167—168页。
④ 彭勇:《从"边区"到"政区":明代湖广行都司的制度运行与社会秩序》,第134—144页。
⑤ 彭勇:《卫所制度与边疆社会:明代四川行都司的官员群体及其社会生活》,第106—107页。
⑥ 武沐、王慧娟:《从陕西行都司的置废看明初治藏策略的形成》,《中国边疆史地研究》2023年第1期,第79—85页。
⑦ 钟振林:《明朝四川政区建置沿革及管理模式研究》,硕士学位论文,陕西师范大学,2017年。
⑧ 刘文华:《明代甘肃巡按辖境考——兼谈清初陕西分省问题》,《史志学刊》2016年第5期,第50—56页。
⑨ 李丽:《明代陕西巡抚与地方治理》,硕士学位论文,西北大学,2017年。
⑩ 王少鹏:《明代甘肃巡抚研究》,硕士学位论文,西北师范大学,2019年。
⑪ 何炳棣:《明清社会史论》,徐泓译注,北京:中华书局,2019年,第214页。

果。1990年于志嘉针对万历三十八年(1610)军籍进士认为军户(主要是原籍军户)的科举成功率和高官的晋升方面同民户相比并不存在劣势①。

进入21世纪,涉及卫所进士地理的相关研究逐渐涌现。军籍进士的籍与贯、对军籍的界定都影响着对卫所进士的探讨。

沈登苗将既有户籍又有乡贯的进士称为双籍进士,将卫所籍进士都归入所处府州县,揭示地理分布与流向的基本特征。因双籍进士以卫所军人为主体,他将原籍和在卫立籍地一一对应,对明代军籍移民研究有较大帮助②。在此上,一些学者进行的区域研究基本上支持了沈氏的结论③。

吴宣德在《明代进士的地理分布》第六章《籍、贯异地进士的基本流向》中专门研究1 271名卫所进士,发现北方卫所进士的乡贯中南方人略多于北方人,而南方卫所进士中则少有来自北方的人士,这说明罕有北方人士来到南方卫所中得进士者④。

孙经纬所研究的军籍进士包含府州县的原籍军户和处于卫所的军户。他对明代军籍进士的总数、时间分布、空间分布、进士阁臣的贡献进行了统计、分析,提出军籍进士以北方最多、云贵军籍进士中出自卫所的比例很高、辽东的进士群体数量较少但户籍都为卫所军籍等特征,出自卫所的军籍进士占比在时间上呈现出前期较低,中后期波浪式增高的特点⑤。

廖英舜对官籍进士进行定义,并以个案分析卫所出身的官籍进士,认为官籍与军籍在来源以及升迁上有密切的关系,但彼此间仍有差异,故应将官籍从军籍中细化出来讨论;卫学对于促进卫所地区的教育水平有一定贡献,但在科举上的竞争力并不如地方儒学⑥。

除以上对明代军籍进士相对整体性的地理分析成果外,以省为区域的研究成果也比较多。

郭培贵对辽东进士群体从乡试情况、考中进士所经科年数、时空分布情况进行分析,认为该群体在时间上经历了从明初的无一人到中叶的高涨再到后期的减少,各卫分布不平衡⑦。曹锦云分析明代山西卫籍进士特点为分布不均衡;祖籍来源以直隶为

---

① 于志嘉:《明代军户の社会的地位について——科挙と任官において》,《东洋学报》1990年第71卷第3、4号,第91—131页;王毓铨《明代的军户》一文问世以来,明代军户地位低下的观点为很多学者所接受,形成了明代军户地位低下论。(王毓铨:《明代的军户》,《历史研究》1959年第8期。)
② 沈登苗:《明代双籍进士的分布、流向与明代移民史》,《历史地理》第20辑。上海:上海人民出版社,2004年,第313—326页。
③ 张晓东:《甘肃明代双籍进士的分布》,《甘肃联合大学学报(社会科学版)》2008年第1期,第67—68页;刘小龙:《明代四川双籍地进士与移民初探》,《绵阳师范学院学报》2014年第3期,第121—125页;宋传银《明代湖北双籍进士的地域流动探析》,《华中师范大学学报(人文社会科学版)》2019年第4期,第104—109页;宋长琨:《家庭背景与明代徽州双籍进士的地位升迁》,博士学位论文,中国人民大学,2008年。
④ 吴宣德:《明代进士的地理分布》,香港:中文大学出版社,2009年,第212—217页。
⑤ 孙经纬:《明代军籍进士研究》,硕士学位论文,辽宁师范大学,2011年。
⑥ 廖英舜:《明代官籍进士研究——以天一阁藏明代登科录为主》,硕士学位论文,台湾东吴大学,2010年。
⑦ 郭培贵、孙珊珊:《明代辽东进士考述》,《第十三届明史国际学术研讨会论文集》,长沙:湖南人民出版社,2009年,第678—686页。

多,尤其是南直隶;时间晚,天顺四年(1460)才开始出现卫籍进士;从所中等级来看,基本都是三甲。曹氏认为这是因为山西的文化水平一直较低,卫所人士的文化水平更难以与普通民户相比①。李鹏飞将陈州卫的举人、进士与陈州的情况对比,认为陈州卫的科举实力强于陈州,并简述了科举成就较高的若干军户家庭②。武强利用地理信息系统等空间计量方法对明清时期河南的进士地理格局演变的分析,对于本书卫所进士的空间分布研究有很强的借鉴意义③。

云贵卫所在地方教育、科举中扮演着重要角色。廖荣谦、常海星以贵州独立开闱(嘉靖十四年,1535)为界,发现此前绝大部分举人和进士出自卫所,人才分布极不平衡,且主要集中在驿道沿线卫所,边远地方非常少。独立开闱后,在人才分布上东、西两部趋于平衡,也扭转了以往卫所一头独大的局势④。覃朗对贵州卫所进士的社会流动率及其与地方社会的关系进行研究,认为官籍进士数量在弘治后开始超过军籍进士的数量⑤。对于云南,陆韧认为"可确定为汉族军事移民子弟身份的进士者已占明代云南进士的一半",肯定明代云南的进士多来自卫所的军事移民⑥。马莎通过对不同户籍的进士进行统计后认为:"整个明代,云南进士仍以本土居民子弟为多,外来移民子弟次之。这一情况表明,以前研究者总认为明代云南文教的发展主要依靠外来移民的结论并不稳妥。"⑦

对于教育、科举与地方社会之关系的研究亦多从卫所个案出发。

郑榕认为镇海卫学经多方努力在制度上实现了与府州县儒学齐平的待遇,由此科举兴盛,但军籍出身的进士业已开始模糊自身的身份认同⑧。马文睿以永春三个卫的屯所为基础,研究屯军家族如何在军、民两大系统之间灵活转换,同时致力于科举功名以稳固自身地位⑨。刘志伟以黄佐的《自叙先世行状》为切入点,认为黄佐家族虽然也是由卫所军户读书仕进发展而来,但这个军户家族的发展历程所揭示的明代地方基层社会力量的转变,带有相当的普遍意义⑩。

从社会流动而言,张金奎认为武拙文尊的背景使得卫所军户愈发追求科举入仕

---

① 曹锦云:《明代山西都司研究》,硕士学位论文,陕西师范大学,2011年,第29—34页。
② 李鹏飞:《明代陈州卫军户教育状况研究》,《周口师范学院学报》2015年第4期,第94—97页。
③ 武强:《基于空间计量方法的明清时期河南进士地理格局演变分析》,《中国历史地理论丛》2016年第3期,第140—151页。
④ 廖荣谦、常海星:《论明代科举制度在贵州民族地区的开展及人才分布》,《贵州民族研究》2019年第7期,第143—149页。
⑤ 覃朗:《明代贵州卫所进士群体浅谈》,《长江师范学院学报》2017年第2期,第8—16页。
⑥ 陆韧:《论明代云南士绅阶层的兴起与形成》,《云南师范大学学报(哲学社会科学版)》2007年第1期,第60—67页。
⑦ 马莎:《明代云南进士考论》,硕士学位论文,云南师范大学,2008年,第18页。
⑧ 郑榕:《14—18世纪闽南的卫所、户籍与宗族》,博士学位论文,闽南师范大学,2017年,第215页。
⑨ 马文睿:《从披甲力田到巾弁合一:明代永春屯军家族的资源整合》,硕士学位论文,厦门大学,2017年。
⑩ 刘志伟:《从乡豪历史到士人记忆——由黄佐〈自叙先世行状〉看明代地方势力的转变》,《历史研究》2006年第6期,第46—69页。

以摆脱低下的地位,但是与卫所教育配套的卫学先天不足,在有司的努力下军户子弟的求学才有所好转①。杜洪涛分析辽东生员可参加乡试是辽东士绅群体形成的前提,赵世瑜在为杜洪涛所写序中认为虽然明代辽东文教已经有所发展,但改变不了辽东仍然是"强人社会"的本质②。李永菊详细讨论了河南卫所军户由科举入仕的过程,认为科举有利于防止武官家族走向衰败③。宋永志提出怀庆卫军籍儒生的科举入仕使其拥有了更多书写本地历史的话语权,加深了军户群体对地方文化的继承和对地方社会的认可④。张生寅认为明代以来河湟地区的军户将科举取士作为提升家族社会地位的主要途径⑤。

卫所科举也与卫学有关。蔡嘉麟《明代的卫学教育》是第一部全面论述明代卫学的专著,从卫学的设立与教育政策、建置沿革、生员与督教、规制及其与地方的互动、卫学教育的评议展开叙述,认为卫学教育虽不尽理想,但其在育才养士、移风善俗等方面的实效不容抹灭⑥。吴才茂从贵州卫学设置特点、目的、科举竞争力及地域差异、文化区域的初步形成五个方面展开讨论,认为卫学的卫籍人员是科举的有力竞争者,并形成科举家族,成为贵州文化创造者和传播者。吴氏以卫学分布密集之地为"读书循礼"区,另有远离卫所而"夷"俗盛行的"化外之区"和"交融区",型构出一个文化多样性的贵州地域社会⑦。

学者的卫学研究也重视卫学对地方社会的影响⑧。陈凌认为金山卫卫学培养的卫所进士虽然较少,但为府州县民籍人员提供了难得的教育机会⑨。张程娟发现镇海、太仓卫学培养出多名卫所、州县进士,其教育质量甚至超过了附近的昆山、常熟县学⑩。

前人对明代军籍进士的讨论较多,但极少单独探索更能反映卫所的教育、社会流动、文化构建的卫所籍进士,这正是本书所要做的工作。

5. 卫所城墙遗址地理与保护

明清卫所有大量物质、非物质文化遗产存留于今,其中城墙遗址是最明显的存在,引起的关注也最多。现存城墙遗址涉及明清 230 余座卫所城池,历史际遇、保护

---

① 张金奎:《明代卫所军户研究》,北京:线装书局,2007年,第76—95、254—265页。
② 杜洪涛:《戍鼓烽烟——明代辽东的卫所体制与军事社会》,序一,第2—3页。
③ 李永菊:《明代河南的军事权贵与士绅阶层》,博士学位论文,厦门大学,2008年;《从军户移民到乡绅望族——对明代河南归德沈氏家族的考察》,《中国社会经济史研究》2008年第1期,第50—55页。
④ 宋永志:《明代河南怀庆卫军户对地方社会的认同与塑造》,《历史教学》2009年第5期,第17—23页。
⑤ 张生寅:《河湟边地社会的军户家族——以西宁卫郭氏家族为个案》,《青海民族大学学报(社会科学版)》2011年第3期,第57—61页。
⑥ 蔡嘉麟:《明代的卫学教育》,《明史研究丛刊》,台北:乐学书局,2002年,第47—93页。
⑦ 吴才茂:《明代卫所制度与贵州地域社会形成研究》。
⑧ 郭红、王文慧:《明代贵州卫学与地域文化》,《贵州文史丛刊》2016年第4期,第89—97页;孙兆霞、雷勇:《在国家与地方社会之间——基于贵州明代卫学社会影响的考察》,《教育文化论坛》2010年第5期,第97—104页。
⑨ 陈凌:《明清松江府进士人群研究》,硕士学位论文,上海社会科学院,2010年。
⑩ 张程娟:《明代镇海太仓卫学教育发展初探》,《苏州教育学院学报》2020年第6期,第47—53页。

与开发状态有较大的差别。近年来,随着保护意识的增强和旅游或地方经济开发的不同需求,卫所城墙在地域文化中的地位及如何保护、利用越来越为不同部门和学者所关注。

2001年5月,在福建永宁镇召开的永宁古卫城学术研讨会邀请顾诚等数位明清史专家就永宁古卫城历史地位、作用、保护等进行交流,后出版了《永宁古卫城文化研究》①,成为国内明清史及相关学科重视卫所城池文化遗产保护的开始。顾诚认为应当对该卫所遗址予以重点保护和修缮,同时点出保护明代卫所遗址的重要性②。

20余年来涉及卫所遗址保护的成果主要集中于以城墙为代表的卫所城池上,有区域性研究与个案研究两类,且以建筑学、城市规划学、遗产保护等学科的成果为主。

因卫所遗址量大、分布分散,目前尚没有形成整体性的成果。受近年国家重视海洋与海防的影响,区域性研究中东部沿海卫所城池遗址特别受关注。段希莹以辽东至广东现存的海防型卫所城池及村落为中心,分析其历史演变、类型、特征、保护与开发的现状及其中的问题,讨论历史街区保护与开发模式,以大鹏所城为例,指出其保护与开发的现状和不足,提出相应的规划设计策略③。孙晓琪界定了明清沿海卫所城池为中心的聚落文化线路特性,评估其遗产价值,就其文化线路保护框架进行了初步探讨④。这两位学者的区域选择在已有成果中是较为广阔的。

其他区域性研究多以一省为主。李帅概述了明代浙江卫所的选址、营建,以蒲壮所城为切入点,解析周边乡土景观与所城海防体系的系统性特征,提出集合式保护建议,注意所城内历史风貌的发展和延续及外部景观环境的改造,对当地整体景观规划进行设计⑤。周秀秀阐述了闽浙海防卫所独有的空间特质与时空分布差异,分析其保存现状与困境,提出基于空间形态实行相应的保护,通过福全所城个案诠释其应用性⑥。

就单一卫所城池进行研究的成果较多。罗一南讨论蒲壮所城聚落生成的制度、空间、社会因素、内外部形态等,指出其存在功能性衰退、建设性破坏、保护管理薄弱等问题,强调贯彻多学科与整体性的保护方法⑦。李励认为石浦所城所在的港口海防遗产存在整体性与关联性,提出"整体+单元+重点"多层次保护策略⑧。胡捷昭重点

---

① 《永宁古卫城文化研究》编委会编:《永宁古卫城文化研究》,福州:福建人民出版社,2001年。
② 顾诚:《明代东南海防重镇永宁卫——兼谈保护明代卫所遗址的必要性》,《隐匿的疆土——卫所制度与明帝国》,北京:光明日报出版社,2012年,第92—98页。
③ 段希莹:《明代海防卫所型古村落保护与开发模式研究——以深圳大鹏村为例》,硕士学位论文,长安大学,2011年。
④ 孙晓琪:《文化线路下明清沿海卫所聚落构成体系与价值评估初探》,硕士学位论文,华东理工大学,2017年。
⑤ 李帅:《传统历史卫所的综合保护与发展设计研究——以浙江省苍南县蒲壮所为例》,硕士学位论文,北京林业大学,2019年。
⑥ 周秀秀:《类型学下明清闽浙海防卫所聚落空间形态比较研究》,硕士学位论文,华东理工大学,2021年。
⑦ 罗一南:《明代海防蒲壮所城军事聚落的整体性保护研究》,硕士学位论文,浙江大学,2011年。
⑧ 李励:《石浦港域海防体系研究及海防遗产保护策略》,硕士学位论文,华中科技大学,2016年。

探讨了福建梅花所城的空间形态,指出存在聚落居住功能衰败、传统风貌破坏、经济发展陷入困境的现状,建议实施能够保留遗址真实性和完整性的保护原则①。

还有成果在卫所遗址个案研究中强调保护与开发并行。肖海博认为大鹏所城"制定的保护措施应突出其作为明清重要海防卫所的特征,以展示我国古代军事、文化价值为主",在利用方面提议建设多功能综合旅游示范区②。周小棣等人对辽西走廊上现存颇为完整的宁远卫城与中前所城的遗产构成、古城格局与历史面貌进行详细描述,评估古城的价值与保存情况,进一步评判古城的社会环境与基础设施建设、维修情况、管理状况、利用与展示、考古和研究等,总结古城存在的问题,提出保护的具体规划,并附有大量图片作为参考③。李一鸣将叙事空间理论应用于大鹏所城的保护与利用,提出城市设计、保护非遗、产业升级的保护和利用策略④。张雨枫从移民文化交流角度考察了镇远古城的空间格局与传统建筑,对镇远古城的遗产构成、现状、在古苗疆走廊上的文化意义、保护中存在的问题进行论述,建议实行科学的保护和以文化主题为主轴、突出文化特性的展示策略⑤。王习智剖析了鳌山卫古城的格局及其区位、产业等,强调从宏观和微观两个方面重塑卫所型村落的传统海防文化模式⑥。徐娅茹引用文化资源景观展示的概念对雄崖所城的文化景观资源内容、空间演变格局等进行分析,突出其困境与发展机遇,明确文化景观资源展示的定位与设计原则⑦。

卫所城池遗址是军事聚落的遗存,对区域性明清军事聚落的研究也涉及卫所城池遗产。张玉坤团队长期致力于明代军事聚落体系的形成、演变、现状和整体性保护策略的研究⑧。曹象明以明代山西省长城沿线为中心,提议实行廊道遗产保护理念,在区域、聚落、景观要素层面进行保护与利用,其中多涉及分布在长城沿线卫所遗址⑨。孔德静对山东海防建筑的价值、现状及其利用与保护的前景作出评估,提出保护海防建筑遗址的地景特性及其准则、策略与措施等⑩。施瑶以大同地区明代军事聚落为论点,集中分析其分布规律和影响因子,通过对景观体系的研究,探索其演化模

---

① 胡捷昭:《明代福建海防长乐梅花所城聚落形态研究》,硕士学位论文,福州大学,2017年。
② 肖海博:《大鹏所城研究》,硕士学位论文,河南大学,2007年。
③ 周小棣、李向东、董欢、沈旸:《负山阻海 地险而要——明长城防御体系之辽东镇卫所城市》,南京:东南大学出版社,2014年,第76—205页。
④ 李一鸣:《基于叙事空间理论的大鹏所城保护和利用策略》,硕士学位论文,哈尔滨工业大学,2020年。
⑤ 张雨枫:《历史移民空间网络中的镇远古城建筑文化与保护展示研究》,硕士学位论文,重庆大学,2021年。
⑥ 王习智:《基于历史文化重塑的卫所型村落保护发展模式研究——以青岛市即墨区鳌山卫为例》,硕士学位论文,青岛理工大学,2021年。
⑦ 徐娅茹:《雄崖所古城文化资源景观的展示设计研究》,硕士学位论文,南京航空航天大学,2021年。
⑧ 尹泽凯:《明代海防聚落体系研究》,博士学位论文,天津大学,2016年;徐凌玉:《明长城军事防御体系整体性》,博士学位论文,天津大学,2018年;王者:《天津地区明清海防文化景观研究》,硕士学位论文,天津大学,2019年;苏锰:《明清长三角地区海防聚落体系研究》,硕士学位论文,天津大学,2020年。
⑨ 曹象明:《山西省明长城沿线军事堡寨的演化及其保护与利用模式》,博士学位论文,西安建筑科技大学,2014年。
⑩ 孔德静:《印迹与希冀——明清山东海防建筑遗存研究》,硕士学位论文,青岛理工大学,2012年。

式和遗址现状①。孙畅针对烟台海防系列遗产的分布与现状,提出构建整体性保护机制②。这些文章更加全面地关注卫所遗址及周边的军事聚落。

近年沿海各省市出版的《上海市明清海防遗址调查报告》③《山东明清海防遗址调查报告》④《广东明清海防遗存调查与研究》⑤《明清时期广西边海防重要遗存》⑥及各地所发布的第三次文物普查资料等为本书提供了相关遗址信息。

以上仅列出了近年从历史地理学角度对卫所相关地理要素进行研究的重要成果及其特征。对于史学界而言,彭勇指出近30年"明代都司卫所制度研究逐步打破学科界域,跨学科方法被引入"⑦,区域社会史视角与历史人类学的方法使卫所与地方关系的研究越来越深入细致,宋怡明、谢湜等的相关研究引人注目⑧,学界的区域性综合研究著作增多⑨,卫所地理研究角度与内容也日益丰富。在这种情况下,如何保持历史地理学领域的研究特色,如何利用新发现与已有资料都值得思考。

复旦大学"中国历史地理信息系统"(CHGIS)及近年张萍等学者相关历史地理信息平台的构建,使得历史地理学界越来越重视GIS在历史地理数据处理及分析中的作用,卫所地理数据的丰富性也使得其适合于现代地理信息处理技术。此外,从建筑学等领域对明清军事聚落地理、交通地理的研究受张玉珅等团队的引领,带动了其他相关学科的进入,GIS、卫星地图等技术手段及现代地理学分析视角使得大数据时代卫所地理研究出现了新的发展方向。

三、研究重点与方法

本书主要目的是从不同层面复原与分析明代卫所时空地理特征。由于卫所地理信息丰富,本书尝试先从同治空间、交通地理、行都司地理、卫所教育与科举地理、卫所城墙遗址等层面对相关地理信息进行数据化,在复原的基础上展开时空变迁分析。

在研究中注重对明初卫所选址原则的地理解释,从同治与交通两个角度探索卫

---

① 施瑶:《明大同镇长城军事聚落适应性特征研究》,硕士学位论文,北京林业大学,2020年。
② 孙畅:《烟台海防系列遗产的整体性保护与活化利用研究》,硕士学位论文,青岛大学,2021年。
③ 上海市文物保护研究中心、上海大学文学院编:《上海市明清海防遗址调查报告》,上海:上海大学出版社,2016年。
④ 山东省水下考古研究中心编:《山东明清海防遗址调查报告》,北京:科学出版社,2023年。
⑤ 广东省文物局编:《广东明清海防遗存调查与研究》,上海:上海古籍出版社,2014年。
⑥ 广西文物保护与考古研究所编:《明清时期广西边海防重要遗存》,南宁:广西科学技术出版社,2021年。
⑦ 彭勇:《30年来明代卫所制度研究的进展与突破》,第36页。
⑧ 宋怡明:《被统治的艺术》,北京:中国华侨出版社,2019年;谢湜:《"以屯易民":明清南岭卫所军屯的演变与社会建构》,《文史》2014年第4期,第75—110页。
⑨ 如吴才茂:《明代卫所制度与贵州地域社会研究》,北京:中国社会科学出版社,2021年;杜洪涛:《戍鼓烽烟:明代辽东的卫所体制与军事社会》;张磊:《明代卫所与河西地区社会变迁研究》,北京:光明日报出版社,2021年;宫凌海:《控扼东南:明代浙江卫所与海洋管理研究》,上海:上海人民出版社,2021年;范玉春:《明代广西卫所体制与地方社会》,南宁:广西人民出版社,2023年。

所在地方管理与国家统一进程中的角色,卫所与府州县、交通的关系是卫所地理分布的基础,既有区域性又有共性。以行都司的运作、卫所教育与科举地理为例,展现卫所人群特征及与区域发展之关系。明清卫所遗产种类丰富,本书第一次将全国卫所城墙遗址进行分类整理,并以浙江沿海卫所城墙遗址为例,梳理其地理分布及保护状况。这几个地理层面看似角度各异,但都是卫所地理中的重要环节,其整体地理特征既有相似性又有差异。

本书所选取的卫所各地理层面史料较为分散,涉及的空间广阔,在搜集史料和数据化过程中逐渐形成对地理特征的认识,这一过程对研究者关于明代地理的基础认知有较高的要求。科学、精细的数据处理是构建卫所地理信息系统的基础,如何从众多的史料中提取数据并归入相对应的层面中,直接影响研究的客观性与真实性。每一层面地理信息所包含的内容与研究价值及其数据化的可能性,如何展示分析,都需要认真考虑。

本书以历史地理学为基础,注意吸收建筑学、考古学、文化遗产保护等其他学科对卫所的分析角度,紧扣卫所地理特征。

运用 GIS 编制卫所数字化历史地图,结合 GHGIS 的府州县信息形成卫所地理信息基础数据,选择底图、入图地理要素、制定数据标准,将相关要素嵌入明代地理环境中,构建卫所地理信息系统,形成动态数字化地图并运用相关分析功能。将 GIS 的数据分析与学术研究相结合,抽取出史料中的量化数据,跨越传统计量史学的局限,重视历史过程在地理上的反映,着重探讨卫所本身设废的时空变迁。

所有研究仍以文献为基础,同时结合实地调研。明清卫所物质、非物质遗存众多,实地调查有利于理解卫所地理及其与地域社会之关系。为此,我们调研了浙江、上海、山西、河北、贵州、山东部分卫所遗址,走访当地卫所后裔,对理解当地人群变迁和其他地理细节均有帮助,可以弥补史料的不足,拓宽分析的视野。

第一章

驾驭为难：卫所与府州县的空间关系

作为明代疆土管理的一个组成部分，卫所的设置地理与府州县有着密切的联系。周振鹤认为就疆域政区本身的要素来进行分解式的及政治学角度的研究是在完成历史变迁过程复原后的第二步，包括其与自然环境、人文地理等的关系①，对于明代府州县而言，它们与卫所间的地理关系是明代空间体系中的重要一环。《大明一统志》记"皇明诞膺，天命统一……而疆理之制则以京畿府州直隶六部，天下分为十三布政司……以统诸府州县，而都司卫所则错置于其间，以为防御"②，除了万全、辽东、陕西行、四川行四都司及宁夏、榆林一带和西南土司境内等"边陲之地"③都司卫所外，其他辽阔地域的卫所都位于作为正式政区的府州县境，两者在土地、人口等各方面纠缠在一起，位于府州县境的卫所与府州县最鲜明的空间关系即两者治所间的地理关系：同治或不同治，以两种疆土管理系统的公署在不在同一城中为标准，亦可称为同城。同治一城则卫所与府州县的管理复杂交织，需要更多的协调；不同城则意味着卫所有独立城池，在相对地域的管理上自主性强，但亦受府州县牵扯。这是所有位于府州县境内的卫所都要面对的地理与管理关系。

对于府州县与卫所的空间关系，晚明时人多有关注，《事言要玄》《大明一统名胜志》《西峰字说》《目营小辑》等明末文献在涉及卫所地理时都注重对同城的记载。贵州因卫强郡弱、同城异属在明代中后期受到更多的关注。从已有成果而言，对明疆土内同城的整体情况尚无系统的研究。此外，位于府州县境的卫所与府州县在管理的诸多方面都有关联，其空间关系结构影响着两者关联的方式与紧密度，已有成果对某一都司内部卫所设置的空间关系有一定的总结，但对其与府州县的地理关系探讨较少，更缺乏将明疆土作为整体的探讨。

---

① 周振鹤：《中国历史政治地理讲义》，上海：上海人民出版社，2022年，第31—32页。
② 《大明一统志·图叙》，西安：三秦出版社，1990年，第9页。
③ 《大明一统志·图叙》，第9页。

第一节　明人对卫所与府州县地理关系的认知

明末章世纯在评论府与卫的关系时讲到"郡县兵制：我国家置府州县，有设卫者，有设所者，然亦仅耳。其非要地，则全无所设"①，其所指府州县境设置的卫所数量并不大，应是将卫所与府州县数量相比，前者处于劣势。1644年时，明朝尚存在外卫372个（不计羁縻卫所），在外各类守御千户所368个，减去辽东、万全、陕西、陕西行、四川行等都司的实土卫所，在总数上似乎与当时的196个府级政区（含军民府、直隶州）、1394个县级政区②（含属州）的数量无法匹配。从永乐中期卫所设置相对稳定之后，两者在总数上一直无法对应，但是如果分层级来看，府级政区与卫的匹配度还是比较高的。不论总数是否对应，卫所与府州县的地理关系是在明初就被强调了的。

一、从并称到层级对应

明初在设置卫所时是以府州县的地方驻防为目标的，追溯根源，洪武之前朱元璋在设置地方军事驻防时延续了元朝的地方驻防特征，确实考虑了政区治所因素，"先是所得江左州郡置各翼统军元帅府，至是乃悉罢诸翼而设卫焉"③，卫所驻地以政区治所为首选，因此从明初开始人们已经习惯于将卫所与府州县联系在一起。目前能找到的比较早对府州县与卫所关系进行记述的当属宋濂。洪武初宋濂在送别前往武昌都卫任职的友人时有文："武昌为湖湘一大藩障，其行中书辖，凡二十七府，府各置卫或千夫长戍之，而都卫总其凡，其职与省臣钧礼。地连数千里，戍兵数拾万"④，将湖广行省的府与卫所相对应，他在《洪武圣政记》的序言中更是将这种对应扩展到明朝全境："兵戎之众，自京师达于郡府率皆设卫。"⑤宋濂的记述将卫所与府州县关联在一起，一方面指卫所在府州县境，另一方面强调的是府与卫的地理对应关系，尚未涉及层级上的对应。

对于朝廷而言，对都司卫所与府州县的管理在许多事务上都是一致的，因此明代文献中卫所与府州县并称从洪武时期就有，仅以《太祖实录》来看，洪武四年(1371)记载户

---

① 章世纯：《章柳州集》卷1《治平论上·郡县兵制》，沈乃文主编：《明别集丛刊》第5辑，第22册，第169页。
② 郭红、靳润成：《中国行政区划通史·明代卷》，第11—12页。
③ 《明太祖实录》卷14，甲辰年三月庚午，第185页。
④ 宋濂：《翰苑别集》卷5《赠林经历赴武昌都卫任序》，《宋学士文集》，《四部丛刊初编》，上海：上海书店出版社，1989年，集部，第246册，第2页b。
⑤ 宋濂：《翰苑续集》卷10《洪武圣政记序》，《宋学士文集》，《四部丛刊初编》，集部，第246册，第12页a。

部定官员岁禄时提到"省部府州县卫所台宪诸司"①,洪武时还另有"府县卫所"②"府州卫所"③"省台府卫"④等称呼,这些称呼强调的是以府州县和卫所来统称天下的相关设置,层级上的匹配并不明显,孰前孰后亦不重要,因此也会出现"卫所府州县"⑤并称。后世遂有"卫所府县"⑥"卫所州县"⑦"州县卫所"⑧(有两含义,一同"府州县卫所",一指具体某府境内)"府卫"及设有宣慰司诸省的"府州县司卫所"⑨等;以郡代府时,并称为"郡卫"⑩"郡县卫所""郡邑卫所"⑪,其中"府州县卫所"在明朝用得最为频繁。

弘治时刘大夏的奏疏里出现"府卫州县所"⑫,明显已将府与卫置于一层,州县与千户所视为其下一层,明中期后这一说法渐兴⑬。嘉靖《盐政志》记"臣督令各府卫州县所掌印官推举勤干佐贰官各一员,督令军快专一巡盐,其军快每府卫各佥四十名,州县所各佥三十名"⑭,即是分府与卫、州县与所两个层级来安排巡盐军快人数。州有直隶州与属州之分,会影响分层的统一性,故有时"府卫州县所"中的"州"会被省掉,变为"府卫县所"⑮或"府卫所县"⑯,此种称呼中的府已经是指府级政区了,包含府与

---

① "庚戌,命中书省、户部定文武官岁禄……省部、府州县卫所、台宪诸司官验数月支。"(《明太祖实录》卷60,洪武四年正月庚戌,第1182页。)
② "罢造兵器。时天下府县卫所岁造甲胄弓矢之属,民多劳扰,上以四方宁谧,当与民休息,故命罢之。"(《明太祖实录》卷135,洪武十四年正月壬子,第2141页。)
③ "始置诸司勘合,其制以簿册合空纸之半而编写字号,用内府关防印识之,右之半在册,左之半在纸册,付天下布政使司、都指挥使司及提刑按察司、直隶府州卫所收之。"(《明太祖实录》卷141,洪武十五年正月甲申,第2222—2223页。)
④ "庚戌,虎贲卫指挥潘毅卒。命遣官致祭,赐葬临濠,凡丧葬之费皆给于官。既葬,复遣使祭之……仍命省台府卫致祭。"(《明太祖实录》卷50,洪武三年三月庚戌,第980—981页。)
⑤ "丑癸,命赐各布政使司都司卫所府州县公宴节钱。"(《明太祖实录》卷240,洪武二十三年九月丑癸,第3057—3058页。)
⑥ "上谕户部、兵部臣曰:数年用兵,军民皆困,今与之休息,数有令擅役一军一民者,处重法。比闻卫所府县都不遵承,仍袭故弊,私擅差役,如驱犬羊,无复分毫矜恤之意。"(《明太宗实录》卷17,永乐元年二月戊辰,第311页。)
⑦ "……其强盗已获者鞫问是何卫所州县。若军则罪其管军者,民则罪其官吏里老四邻……"(《明宣宗实录》卷36,宣德三年二月乙丑,第902—903页。)
⑧ "在外州县卫所各宜责成漕运总巡及各该抚按粮道……"(毕自严:《度支奏议》云南司卷17《覆总理剔漕弊饬法纪八款疏》,《续修四库全书》,史部,第490册,第131页。)
⑨ "置提刑按察司分巡安普、临元、金沧、洱海四道,兼察诸府州县司卫所。"(天启《滇志》卷1《总部沿革·大事考》,《续修四库全书》,史部,第681册,第222页。)
⑩ "太仆寺少卿仍以御史巡按贵州监军陆献明言:'昔臣入黔,正省城围困之后,抚臣王三善被难之时,耕耨无人,军民逃窜……西南郡卫经酋残破者,未必尽然。'"(《明熹宗实录》卷87,天启七年八月丁未,第4231—4232页。)
⑪ 嘉靖《广西通志·广西旧志序》,北京图书馆古籍出版编辑组:《北京图书馆古籍珍本丛刊》,北京:书目文献出版社,1998年,第41册,第5页。
⑫ "……仍行镇守陕西总制、镇守、抚按及都布按三司,并转行各府卫州县所,一体遵守。"(刘大夏:《陕西马政五》,黄训辑:《名臣经济录》卷36《兵部·车架下》,景印文渊阁《四库全书》,台北:台湾商务印书馆,1986年,第444册,第104页。)
⑬ "……起调本处附近府卫州县所军快、黎兵、乡夫……"(欧阳必进:《交黎剿平事略》卷4《奏疏·走保地方紧急黎情疏》,《四库全书存目丛书》,济南:齐鲁书社,1997年,史部,第49册,第491页。)
⑭ 朱廷立、史绅等:《盐政志》卷7《疏议下》,《续修四库全书》,史部,第839册,第288页。
⑮ "嘉靖二十五年以后解廉州府,准作该府卫县所并本提举司官吏旗军正七九十一月折俸支用。"(万历《广东通志》卷8《藩省志八·兵防总上》,《四库全书存目丛书》,史部,第197册,第209页。);"后随据武汉等府卫县所巡捕等官……"(毛伯温:《毛襄懋先生奏议》卷4《台中集》,《四库全书存目丛书》,史部,第59册,第526页。)
⑯ "督发沿海府卫所县各该捕巡备倭等官军兵出海防御倭寇番舶。"(嘉靖《广东通志初稿》卷35《海寇》,《四库全书存目丛书》,史部,第189册,第571页。)

直隶州；县指县与属州等县级政区。这种并称中出现的政区会根据地方实际情况变通，贵州因有贵州宣慰司，嘉靖三十一年（1552）巡按董威提及贵州有"府卫州司县所"①之称。从指代天下相关管理机构的并称到层级上对应的加强，这与明代中后期府州县对卫所在管理上的逐步渗透有关。

清代讲及卫所与府州县空间关系时最多引用的便是张廷玉本《明史·兵志》所言"天下既定，度要害地，系一郡者设所，连郡者设卫"②，此语虽沿袭自万斯同《明史·兵卫志》"令天下要害之地，有系一郡者设所，系连郡者设卫，势重则卫多"③，但是追根溯源，明代嘉靖、万历间近似的描述就已出现。唐枢在其成书于嘉靖三十五年（1556）的《木钟台集》中记"凡天下要害之地，不系一郡者设所，系连郡者设卫，势重则卫多。其尤重者设镇，特官主之"④，语句不完整，万历中章潢在《图书编》中将此句发展为"凡天下要害之地，不系一郡者不设兵，其止系一郡者设所，系连郡者设卫。势重则卫多，其尤重者设镇，特官主之"⑤。稍晚王圻《续文献通考》则简写为"凡天下要害之地，有系一郡者设所，系连郡者设卫，势重则卫多，其尤重者设镇，特官主之"⑥，这成为清初所修《明史》中相关语名的来源。明人所称明代的"郡"大部分情况下指府，万历时敖文祯"万历戊子冬十月江右当大比武士，侍御祝公遵功令申要束，广厉慎愍，集诸卫士、十三郡良家子监阅而三试之"⑦，即是以当时江西的十三府为十三郡。笔者根据明代设卫实际情况，认为"一郡设卫"似更为普遍，守御千户所的地理分布情况则相对复杂。

二、洪武时期地方志中的卫所

宋元时期的部分方志已经将地方军事设置载入其中，卫所制受元代兵制影响，其驻扎与政区地理紧密结合，"错置于其间，以为防御"⑧，故明初的各类方志在衙署、兵戎等卷帙中会对境内卫所有一定记载。

洪武时期有四种地理总志。洪武三年（1370）底成书的《大明志书》"编类天下州郡地里形势、降附始末为书，凡天下行省十二、府一百二十、州一百八、县八百八十七、安抚司三、长官司一，东至海，南至琼崖，西至临洮，北至北平"⑨，似未记载卫所。此年六月刚开始设置常规的省一级军事机构——行都督府，十二月改为都卫，此前这一层

---

① "叁拾壹年巡按董威题：贵州所属府卫州司县所共粮壹拾肆万叁千伍百柒拾柒石叁斗。"（张学颜：《万历会计录》卷14《贵州布政司田赋》，北京图书馆古籍出版编辑组：《北京图书馆古籍珍本丛刊》，第52册，第473页。）
② 《明史》卷90《兵志二》，北京：中华书局，2013年，第2193页。
③ 万斯同：《明史》卷112《兵卫志七·卫所》，《续修四库全书》，史部，第326册，第47页。
④ 唐枢：《列流测》，《木钟台集》，《四库全书存目丛书》，子部，第163册，第137页。
⑤ 章潢：《图书编》卷85《镇守卫所》，景印文渊阁《四库全书》，第971册，第540页。
⑥ 王圻：《续文献通考》卷161《兵考·京卫》，《四库全书存目丛书》，子部，第188册，第156页。
⑦ 敖文祯：《薛荔山房藏稿》卷7《江西武举序序》，《续修四库全书》，集部，第1359册，第270页。
⑧ 《大明一统志·图叙》，第9页。
⑨ 《明太祖实录》卷59，洪武三年十二月辛酉，第1149页。

级军事管理机制未形成,虽行省一度有管军之责,但名义上所有卫所均直属大都督府,其与地方的关系还未紧密,卫所从层级与管理上尚未与行省府州县形成对等关系。都卫的设置象征着明代卫所体制的雏形已经具备,又是明代高层政区的组成部分,从职官上"省部府州县卫所台宪诸司"①开始放在一起。

随着疆域的开拓,边疆地区实土卫所开始增多,使得朝廷更加重视将卫所与行政地理联系在一起。洪武十七年(1384)成书的《大明清类天文分野之书》的凡例言其记载"直隶府州县及十三布政司、辽东都卫府州县数"②,正文中提到的明代卫所有辽东都指挥(使)司的卫所和四川平越军民指挥使司,另外还记载了元代一些实土的管民千户所、百户所,以元四川、云南、辽阳三行省内居多,一方面把实土的辽东都司当作省级政区,另一方面其记载的元代千户所均附在洪武初年的府州县下,辽东的卫所也会言明其与元代政区之关系,但是该书对其他洪武前期设置卫所又无记载,这是与其自身为分野有很大关系,又是编纂者从宋、元相关文献改编而成的③,卫所与政区的关系并不是其关注的重点。但其又是地理类书籍,其中关于辽东都司卫所的记述对当时的方志还是有影响的。洪武二十八年(1395)成书的《洪武志书》"述都城、山川、地里、封域之沿革,宫阙、门观之制度,以及坛庙、寺宇、街市、桥梁之建置更易"④,也并未强调兵卫,即使记有卫所也较简略。洪武二十七年(1394)颁行的《寰宇通衢》以明初驿路为主体内容,记载了北方及西北沿边、辽东、西南部分卫所的驿路,以有独立城池的卫所为主,但也有朔州卫、振武卫、蔚州卫、黔江千户所等少数与府州县同治的卫所。从以上四种总志来看,洪武时期总志对于卫所的记录尚无固定的模式。受洪武时总志体例影响,明中期官修的景泰《寰宇通志》、天顺《大明一统志》在各府下无专门的军卫卷,只在"公廨"条中会列出位于府境的卫所公署建置沿革,但对于辽东都司、万全都司、陕西行都司、四川行都司及部分西北与西南的实土卫所则是按府的体例来记载的。

从目前仅存的数本洪武府州县志来看(表1-1),当时方志都将卫所视为地方的一分子,记载并无统一格式,以在"公廨"条下为多,对相关军事信息记载很少。洪武十二年(1379)《苏州府志》"国朝吴县教谕卢熊……乃揽众说,摭遗事,芟繁取要,族别类分,为志以述地理、都邑、文学、祠祀、食货、兵卫之属,为列传,以见古昔人物之美"⑤,卷一《沿革》即在陈述苏州府沿革时讲及苏州卫的建置"本朝吴元年,王师下郡城,改苏州府,直隶中书省。立苏州卫指挥使司,总军政以镇焉"⑥,将府卫沿革相对

---

① 《明太祖实录》卷60,洪武四年正月庚戌,第1182页。
② 刘基:《大明清类天文分野之书·凡例》,《四库全书存目丛书》,子部,第60册,第376页。
③ 张兆裕:《〈大明清类天文分野之书〉索隐》,《明史研究论丛》第12辑,北京:中国广播电视出版社,2014年,第243—253页。
④ 《明太祖实录》卷243,洪武二十八年十二月辛亥,第3534页。
⑤ 洪武《苏州府志·苏州府志序》,《中国方志丛书》,华中地方第432号,台北:成文出版社,1983年,第2页。
⑥ 洪武《苏州府志》卷1《沿革》,《中国方志丛书》,华中地方第432号,第98页。

应。同时,《官宇》《兵卫》对苏州卫、太仓卫有简洁记载,《廪禄》《祠祀》《学校》等涉及指挥金事等的俸禄、苏州卫参与的祭祀等。洪武十五年(1382)《平阳府志》只记平阳卫、蒲州所公廨。洪武十六年(1383)《永州府志》卷一《本卫军镇》记录了永州卫、全州守御千户所①,信息极简略。洪武二十八年(1395)《洪武京城图志》在《官署》中只列30个京卫的名称。洪武《靖州志》主要记载了靖州卫和其下四个千户所衙署位置。永乐十年(1412)与永乐十六年(1418)朝廷两次颁布的《修志凡例》列有军卫②,其后的各类方志中如境内有卫所,均有一定的记载。在府州县境内卫所多在府州县方志有关兵卫卷出现,"卫所为守护府县而设,卫所无志,今并修之"③,强调卫所对地方的守御功能。嘉靖年间夏浚曾评论方志"附卫所于有司之末之类,皆有深意"④,这个"深意"即体现在对卫所与府州县对等的地理意义的肯定。

表1-1 现存部分洪武方志中所记卫所的内容特征

方志名	卫所	卷名	内容特征
洪武《靖州志》	靖州卫	《历代沿革》《衙门》	简洁。《衙门》记载顺序为:提刑按察分司、靖州卫指挥使司、靖州治、靖州卫所辖、本州所辖
洪武《苏州府志》	苏州卫 太仓卫⑤	卷1《沿革》 卷8,9《官宇》 卷11《廪禄》 卷12《学校》 卷14《兵卫》 卷15《祠祀》	记载分散,内容极简。《沿革》只记载了苏州卫
洪武《永州府志》	永州卫 全州所	卷1《城垒·设官沿革》 卷2《衙门沿革》	记载职官
洪武《平阳府志》	平阳卫 蒲州所	卷5《临汾县·公廨》 卷9《蒲州·公廨》	极简
《洪武京城图志》	京卫	《官署·武职》	列有"十二卫"及三十个"在京各卫"的名称,无其他信息

在屡次诏令天下郡县修志后,洪武十六年(1383)七月明朝廷"丁未,诏天下都司:凡所属卫所城池及境内道里远近、山川险易、关津亭堰、舟车漕运、仓库邮传、土地所产,悉绘图以献"⑥,直接推动了都司卫所与府州县同等修志。永乐十六年(1418)朱棣

---

① 洪武《永州府志》卷1《本卫军镇》,长沙:湖南人民出版社,2013年,第68、72页。
② 黄苇等:《方志学》,上海:复旦大学出版社,1993年,第177页。
③ 周瑛、黄仲昭:《重刊兴化府志·凡例》,福州:福建人民出版社,2007年,第2页。
④ 天启《海盐县图经》卷9《官师篇第五之上》,《四库全书存目丛书》,史部,第208册,第493页。
⑤ 洪武《苏州府志》成书于洪武十二年,镇海卫设于当年十二月,故志无记载。
⑥ 《明太祖实录》卷155,洪武十六年七月丁未,第2416页。

"诏纂修天下郡县志书"①,但到了后世的文献中则演变为"诏天下郡县卫所皆修志"②。从《大明一统志》及明中期各省通志等所引卫志数量来看,明前期确实有一次卫所修志热潮。在地理上,人们越发将卫所尤其是具有实土意义的卫所与府州县作同等认识。嘉靖时已经有人认为卫所与郡县对等,卫所方志是方志中必需的部分,"邑有邑志,卫有卫志,郡有郡志,省有省志,合邑为郡,合郡为省,合省为天下,而卫附焉,缺其一则天下无全文矣"③。

三、洪武时期的府卫同城

洪武二十三年(1390)九月朝廷颁布了布政司府州县与都司卫所两个系统共享的天寿圣节及正旦、冬至等节日地方官员宴请经费限额,将其分为13种:

> 命赐各布政使司、都司、卫所、府州县公宴节钱。凡布政使司有都司者千贯;府有都司者七百贯,无都司有卫者六百贯,无卫有所者四百贯,无卫所者三百贯;州有卫者五百贯,无卫有所者三百贯,无卫所者二百贯;县有卫者四百贯,无卫有所者二百贯,无卫所者一百五十贯;卫无州县者四百贯,所一百五十贯。④

从"布政使司有都司者千贯;府有都司者七百贯,无都司有卫者六百贯"一句可判断,当时是以府州县与卫所治所是否同城的地理标准进行划分的。如以府州县辖区来分,一府境内有州县,将不利于清晰计算节钱。这种以廨署同城为标准的划分涵盖了两个疆土管理系统所有治所的关联情况。如不考虑布政司有都司、府有都司两类与高层地方机构关联的类型,只考虑府州县与卫所治所的关联,简洁而言,可总结为府州县境内政区与卫所廨署同城、不同城及实土卫所三类。这种划分虽并不能把当时的复杂情况全部考虑在内,但仍为我们讨论卫所与府州县两者空间关系提供了一个合理的思路。

洪武初年卫所的设置是以府治为中心进行的。在1368年底的明朝疆土上,共有约72卫、29守御千户所,只有太仓卫、坚城卫不与府州县治同城。在与府州县同治一城的70卫中,只有10卫治在府下的属州城中、5卫在县城中,其余55卫与府、直隶州同治一城(潞州卫、峡州卫与潞州、峡州二直隶州同治)。29守御千户所中有18所与府、直隶州同治(长宁所与归州直隶州同治),7所与属州同治,4所与县同治(详见

---

① 《明太宗实录》卷201,永乐十六年六月乙酉,第2089页。
② 乾隆《德州志·凡例》,《中国地方志集成·山东府县志辑》,南京:凤凰出版社,2004年,第10册,第7页。
③ 嘉靖《辽东志·重刊辽东志书序》,《续修四库全书》,史部,第646册,第451页。
④ 《明太祖实录》卷204,洪武二十三年九月癸丑,第3057—3058页。

表1-2)。由此可以看出洪武元年(1368)及其之前卫所的设置地域重点是府级政区治所,与前文提及的《明实录》等相关记载相符。属州以南京以北通向河南、山东的府下属州设有卫所较多。驻于直隶州州城的卫所较少是因为洪武元年时直隶州本身就非常少;设有卫所的县治也不多,且分布零散。这一时期卫所在湖广、江西、南京以北沿交通线路主支所过之府分布的特征最为明显,与统一战争的推进路线相合。

表1-2 洪武元年(1368)十二月卫所与府州县治所关系

	与 府 同 城	与直隶州同城	与属州同城	与县同城	不与政区同城
卫	濠梁卫、合肥卫、徽州卫、常州卫、金华卫、归安卫、济宁右卫、宁国卫、苏州卫、淮安卫、大兴右卫、燕山左卫、燕山右卫、大兴左卫、永清左卫、永清右卫、青州左卫、青州右卫、济南卫、济宁左卫、温州卫、钱塘卫、衢州卫、广东卫、潮州卫、雷州卫、南昌卫、袁州卫、赣州卫、河南左卫、河南右卫、汝宁卫、襄阳卫、衡州卫、安陆卫、常德卫、辰州卫、武昌卫、沅州卫、永州卫、潭州卫、黄州卫、荆州卫、福州卫、泉州卫、漳州卫、兴化卫、建宁卫、邵武卫、汀州卫、延平卫、广西卫、长淮卫	潞州卫 峡州卫	沂州卫 陈州卫 徐州卫 颍川卫 安丰卫 六安卫 泰州卫 通州卫 长兴卫 海宁卫	怀远卫 宝庆卫① 兴化卫 安吉卫 茶陵卫	太仓卫 坚城卫
守御千户所	北京所、临江所、镇江所、处州所、台州所、绍兴所、南雄所、韶州所、广信所、建昌所、抚州所、饶州所、瑞州所、泗阳所、澧州所、道州所、庆远右所	长宁所	高邮所 邳州所 宜兴所 滁州所 乐安所 铅山所 嵩县所	永新所 安福所 颍上所 将乐所	

随着统治的稳定,选军制度逐渐成熟,兵员增加,府城新设多以卫为主,洪武初设有守御千户所的府城也多有改为卫驻防的。洪武元年17个设有守御千户所的府中有九个后来陆续改设为卫,有两个因府境小且管理稳定而废除不置的,只有江西的饶州府、广信府、建昌府、抚州府以及广东府的南雄府、韶州府以千户所维持到明末。

以府城设置为中心、与政区同治的思想贯穿了洪武时期的卫所设置,但其中有所变化。一是在民族地区,尤其在湖广西部与南部民族地区独立设城的卫所最为明显,洪武二十年(1387)后逐渐增多,多与平乱的军事活动相随。平定越州土酋阿资叛乱过程中,洪武二十三年、二十四年(1390、1391)明朝在昆明周围增加的卫所中有一部分不与府州县政区同治一城;二是在明朝对外防御的重点地区,以北边与东南沿海为

---
① 宝庆卫此时暂驻益阳。

主。北直隶、山西北边在洪武永乐初卫所与府州县变动较大,后形成一批稳定的沿边卫所城池。洪武十九年(1386)与二十年(1387)的苏松与浙江、二十一年(1388)的福建、二十七年(1394)的广东,三十一年(1398)的山东,四地为防倭在沿海一线设置卫所,因紧邻海岸线,多数新建有独立城池,不与府州县政区治所同城。相对边地和民族区域而言,在成熟的府州县区域,洪武时期的卫所设置则一直以与政区同治为重心。明朝正统以后增加的卫所时间上与地理上都相对零散,多为修补型的增设,因此与府州县不同城的情况较为普遍。

同城关系使政区城池受到重视,明代之前,并不是所有政区治地都有城墙,明初注重城池防守,洪武时期随着同治卫所的设立,府州县城墙得以修缮或建筑,这种情况非常普遍,成一农认为洪武时期的修城以卫所同治的府州县城池为主①,以湖广为例,"府、州级中心城治率皆于洪武初年设置卫所,随后不久即修城固防,不少城池其后更有增修、拓筑等活动"②。相反,无卫所设置的政区城池建设则被相对忽视,浙江上虞、嵊县、黄岩等县城无卫所,原有的城墙石在洪武中期建造沿海卫所时被拆下移走,而有同治卫所的府州县城池则得到很好的维护。

第二节 万历十年(1582)卫所与府州县同治地理

府州县行政治所,尤其是府级政区治所对卫所的分布有毋庸置疑的影响,明代中后期卫所本身的驻防地理处于非常稳定的状态。本节以《中国历史地图集》第七册万历十年的明代府州县为地理基础,以万历十年为时间界限,对卫所与府州县政区治所的关系进行分析。

府州县与卫所同治指两个系统的公署位于同一城,史书中又称"并治"③"同城"④。从城池而言,同治包含两种情况。绝大多数情况下同治即府州县与卫所公署在一个城池之中,但也有少数卫所会在紧邻府州县城池周围另建有城池,如镇远卫、德州卫、镇西卫(山西)等。在时间上,大部分设有同治卫所的府州县城池是从元代延续而来的政区城池,但也有先筑卫所城池,后设的府州县附入城中,在偏远地区或有政区析置的区域多有此种案例;另有因为府州县城池过小、颓败或有防守危机等情况下,府州县衙门迁入卫所城池之中的。

---

① 成一农:《宋、元以及明代前中期城市城墙政策的演变及其原因》,中村圭尔、辛德勇编:《中日古代城市研究》,北京:中国社会科学出版社,2004年,第177页。
② 孙兵:《明代湖广地区城池修筑研究》,博士学位论文,武汉大学,2011年,第20页。
③ "诸府、卫所、三司并治于南昌。"(《大明一统志》卷49《江西布政司》,第783页。)
④ "楚中各府卫同城者……"(万历《贵州通志》卷20《经略志下·饬武类·议处五开疏略》,《日本藏中国罕见地方志丛刊》,北京:书目文献出版社,1991年,第18册,第473页。)

笔者统计的万历十年184个府级政区境内(本书所言府级政区含府与直隶州,列入统计的共156个府、28个直隶州)的593个在外卫所中,有240个卫(含王府护卫)、165个守御千户所(本书所言"所"如未加说明,均指守御千户所,群牧千户所亦计在内)与府州县同治,相对于这些府州县境内不与政区治所同治的55个卫、133个所,可以说整体而言卫的设置以府州县治所为中心,守御千户所则以县治及政区治所之外的区域为中心。具体细化,卫中有161个与府级政区同治、79个与县级政区同治(不含府州附郭县,下同)、55个不与政区同治;守御千户所中有36个与府级政区同治、129个与县级政区同治、133个不与政区同治。内地府治城池无卫所或只有一所的府级政区,一般境内其他区域的卫所也会较少,沿海或内陆边疆、民族地区情况则有所不同。由此可以认为,在明代大部分地方,府的地理位置决定了卫所设置的数量与地点。相对庞大的县级政区数量而言,与其治所同城的卫数量是比较少的,只有15%左右的县级政区有卫所设置,设有卫的仅占到约6%。因此府治是设卫的首要考虑因素,以府治常规驻防为主要目标,这与府治的政治地位、交通、人口等因素的综合效应有关;其次是县级政区治所,最后才是行政治所之外的军事要地。虽然从数字上看,县级政区同治的守御千户所与政区治所外的守御千户所数字近似,但分布集中的区域有所差别。

从卫所空间占比来看(表1-3),受海防形势影响,山东、浙江、福建、广东四个沿海省份政区治地外的卫所数量较多,主要是沿海岸线分布的众卫所。山西与贵州政区治地外卫所数量亦多,山西主要在大同府与太原府北部内外长城附近,当地州县本来比较稀疏,又是边防重地;贵州则以黎平府、普安州为多,这两个府级政区下均无县级政区设置,府治外的卫所均以维护交通为主则。河南、江西卫所数量少,且均设于政区治地,以此两省为中心,从跨越省级政区的视野来看,有两个面积广阔的卫所均与政区同治的区域:一块以河南为中心,包括湖广武昌、荆州二府及其以北(除承天府显陵卫外),山西南部太原府以南诸府州,北直隶真定及其以南诸府,山东济南及其以西兖州、东昌三府,陕西汉中府、凤翔、巩昌三府,四川成都、重庆二府及其东北诸府州;第二块则包含南直隶西南诸府,江西全省,浙江杭州府与西部湖、严、衢、处、金五府,福建西部邵武、建宁、延平三府,广东韶州、南雄二府。这两块大区域在明初均属统治相对稳定的内陆地区。

表1-3 万历十年(1582)各省府州县不同治卫所占比

布 政 司	同治卫所(个)	不同治卫所(个)	不同治占比(百分比)
贵州	9	18	67%
浙江	18	35	66%

续　表

布　政　司	同治卫所(个)	不同治卫所(个)	不同治占比(百分比)
福建	18	18	50%
山东	23	19	45%
山西	22	17	44%
广东	45	23	34%
北京	45	16	26%
湖广	41	14	25%
南京	39	9	19%
云南	35	7	17%
陕西	28	5	15%
四川	19	3	14%
广西	28	4	13%
河南	20	0	0
江西	15	0	0
合　计	**405**	**188**	**32%**

以府来论,境内有5个(含5个)以上卫所的府州有46个,以山东、浙、闽、广沿海诸府和北直隶、山西中北部诸府最为集中,数量上占到全国卫所总数的43%。可以分为两个群体,一是北边三府,以顺天府最多,以24卫6所雄踞榜首。地处北边及与京师的相对位置决定了紧随顺天府之后的是大同府,内长城以南的太原府也位于榜内;二是沿海的登州、宁波、台州、温州、广州五府,尤以海岸线上的千户所为多。中都凤阳府、西南重地云南府与偏远苗疆的贵州黎平府也是卫所众多之地。这些府境内不同治卫所数超过5个的有12府,卫所俱多,其分布地理规律与前者同。

一、府治与卫所设置

如果以与府级政区同治的卫所数而言,可以分为多卫同治、一卫同治、与所同治(一所或多所)、府治无卫所四类。多卫同治有26府,一卫同治为84个(有卫同治的平凉府、台州府、永昌府,保安州城还设有所),与所同治30个,有44个府级政区治所既无卫亦无所防守。

(一) 府治多卫

府治多卫指府级政区治城有两个及两个以上卫设置。万历十年时设有两卫同治的有14府,三卫同治的有六府,四卫同治的有两府,五卫同治的有一府,六卫同治的有三府。此种可分为省级驻地所在的府与一般的府级政区两类。省级驻地所在的府共有杭州府、广州府、贵阳府、武昌府、桂林府、太原府、西安府、云南府、福州府、成都府、凤阳府、保定府、大同府、建宁府14个,万历时皆是多卫,其中有10府属常规所言省治所在,省级行政中心与军驻防重心相一致。中都留守司所在帝乡凤阳府与镇守西南的云南府、成都府均是六卫同城,大宁都司内迁以后为都司治的保定府有五卫同城,山西行都司治地大同府、福建行都司治地建宁府也是都司级治所所在,有两卫。

除省级政区治所所在的府城外,真定府、河间府、永平府、淮安府、东昌府、荆州府、徐州六府一直隶州治城亦为多卫,除长江中游重地荆州府外,其余府州都与北京防卫、黄河淮河运河有关。真定府、河间府、永平府与保定府一样,洪武时并不是卫所驻防重地,自永乐元年(1403)北边卫所陆续内迁于此安置后,卫所骤然增多,成为京畿军事重地;淮安府、东昌府、徐州俱是黄淮运上的重要城池,与运河沿岸扬州诸府州县同治卫所一起,"虽职司转漕,实示控扼之势"①。另潞安、兖州、平凉、南阳、襄阳因有王府护卫同驻,亦成为多卫之府城。

开封府、济南府、南昌府是万历时13省中三个只有一卫驻防的省治所在府。洪武前期开封府一度被视为大明在北方的军事镇守中心,曾一城六卫,后随着北方的稳定,开封的军事价值下降,只余下一卫守备。相对于多卫的运河沿岸及东部沿海,济南府一卫的设置与其在区域内的军事地位相匹配,洪武初省治尚在青州府时,亦为多卫。南昌府治本有二卫,宁王之乱后整合为一卫。

(二) 府治一卫

从府级政区治所多卫同治的情况来看,主要集中于省级和都司治所所在的府与凤阳府、临近北京诸府及运河一线。除此之外,占全国近一半的府级城池中(84个)设置一卫,换言之,在明代的15个省级政区中有7个省中府治一卫的情况占到本省府级政区数的一半及以上(表1-4),福建与山东的比例最高。其中,有61府级政区境内除府治一卫外,还有其他卫所设置。从具体地理位置而言,84个一卫同治的府分布特征有以下几种:

---

① 胡宗宪:《胡少保海防论·江北设险方略论》,陈子龙辑:《明经世文编》卷267,《四库禁毁书丛刊》,集部,第26册,第153页。

表 1-4 万历十年(1582)府治一卫分布超半数的各布政司

布 政 司	府级数(个)	府治一卫数(个)	占比(百分比)
南京	18	9	50%
广东	10	7	50%
陕西	8	5	63%
湖广	17	11	65%
河南	9	6	67%
山东	6	4	67%
福建	9	7	78%
合　计	**77**	**49**	**64%**

一省省治之外、管理相对成熟、不接邻边境、在明代中期之前相对太平的府。南京附近、山西南部、湖广与河南大部均以府治一卫为多。山西三治所设一卫的府级政区都位于太原府以南,河南的9个府级政区治所中有6个为一卫,湖广的17个府级政区治所中有11个为一卫,除福州和福建行都司治所在之建宁府外,福建的其他7个府级政区治所均为一卫。此类以府为多,直隶州很少。各府大多相连成片,各卫负责地方的日常驻守。

虽府治只有一卫,但部分府级政区境内他地卫所并不少,这一般与其境内的军事、交通或漕运职能有关。以东部沿海的府最具代表性,位于山东、浙江、福建、广东沿海与长江三角洲的府多属此种情况:府治一卫,沿海岸线上卫所密布;数省交界之处的府或是民情复杂,或是要保障交通,会在府治之外多设卫所,以陕西、湖广、河南交界处的汉中、郧阳二府及西南贵州永宁州、普安州与云南曲靖府两块地域最为典型。府如位于省内偏远、难治之地,或少数民族较多,也会另外设置卫所,陕西西部的临洮、巩昌诸府,湖广永州、衡州两府南部与邻近的贵州黎平府均属此类。

治城设置一卫的84个府中有23个境内再无其他卫所(表1-5),此类府级政区一般幅员较小,或近省级政区中心,或为一省内稍偏远之地,主要集中在以下区域:

表 1-5 境内只有府治一卫的府级政区

	府治一卫的政区
南京	镇江府、徽州府、太平府、宁国府、安庆府、滁州
山西	汾州、泽州

续 表

	府治一卫的政区
浙江	处州府
江西	袁州府、九江府、南昌府
河南	怀庆府、汝州
湖广	常德府、邵武府
四川	夔州府、乌撒府
贵州	永宁州、安顺州
云南	景东府、蒙化府、北胜州

南京周围的府级政区。南京及其他附近、凤阳一带均有大量在京卫所和中都留守司下卫所，足备守御，因此其周边的其他府级政区内卫所设置较少，镇江府、徽州府、太平府、宁国府、安庆府、滁州均只在府州治有一军卫设置；常州府只在洪武三年（1370）前短暂设置过常州卫，裁撤的原因即是"常为内地"①"城池腹里"②；池州府、广德州未设置过卫所，以至于池州府人有了齐山之草不宜于刍牧而"本朝于池州不设卫所"③之说。这府治一卫中又可分为两类：镇江、太平、安庆三府府治都在长江沿线，滁州在南京与凤阳的驿路中段，地理位置重要；徽州、宁国二府地方相对太平，均属"承平既久"④之区，又不在驿路主路上，军事意义相对较弱。

处于内陆、明代前期相对太平，山西汾州、泽州，浙江处州府，四川夔州府，江西袁州府、九江府，河南怀庆府、汝州，湖广常德府，福建邵武府均属于此类，这些府州或远离边地，或紧邻省治所在府级政区，或在两省间交通要道上，均为政府控制较强的地区。

位于西南边地的乌撒府、景东府、蒙化府、北胜州虽同样境内只有府治一卫，但因其周围多有土司或民族人口，已处于王朝流官管理的边缘地带，因此一卫即已显示出其在当地的重要军事地位。

---

① 万历《重修常州府志》卷12《武备》，明万历四十六年刻本，南京图书馆藏，第8页b。
② 万历《重修常州府志》卷8《职官一》，第31页a。
③ 乾隆《池州府志》卷6《贵池山川上·刘岐齐山记》，《中国地方志集成·安徽府县志辑》，南京：江苏古籍出版社，1998年，第59册，第68页。
④ 徽州府"本府承平既久，兵食无备"，见嘉靖《徽州府志》卷11《兵防志》，北京图书馆古籍出版编辑组：《北京图书馆古籍珍本丛刊》，第29册，第264页；宁国府"今承平既久……"，见万历《宁国府志》卷11《防圉志》，明万历刻本，上海图书馆藏，第6页a。

(三) 府治一所

治城未设卫、但设有守御千户所同治的府级政区共计 30 个 (其中鹤庆军民府有二所),分两种情况:府境只有与府同治的守御千户所;除府城同治的所外,境内他地有卫所。

府级政区境内只有府治一所,绝大多数情况下意味着整个府境军事驻防意义不高,至少在明代前期是这样的。这些府级政区多分布在明期中前统治较为稳固的南方,只有山西沁州、陕西凤翔府、河南卫辉府与汝宁府位于北方省份内。南方分布最为集中的地域有两块,一是浙西、赣东,衢州、严州、金华、湖州、建昌、抚州、吉安、饶州、广信九府只有同治一所,与相邻的南直隶徽州、宁国二府(各只有府治有一卫)、广德州(无卫所)卫所分布零落的情况相匹配,这几省邻近区域明初政府控制强,且南京、杭州、南昌卫所众多,足备防守。成化《湖州府志》中即载湖州府是因为"而湖实在甸内,仅设千户所以备守御而已"①。二是江西、广东交界处的南安府、南雄府、韶州府,其千户所均设于洪武时期,虽然正德以后地方多事,但并未有增设。

并不是所有的府治一所就意味着这个府级政区军事地位不高,南直隶松江府,浙江嘉兴府,广东高州府,云南永昌府、姚安府、寻甸府,江西吉安府,湖广郴州,广西平乐府与梧州府共计十个府级政区虽府州治城只有一所,但其境内在具有更重要海防、民族、屯田、交通意义的地方有其他卫所设置,相比而言,其府城位置更宜于治理,不用设置军卫驻防,一守御千户所足矣。

(四) 府治无卫所设置

在笔者统计的府级政区中,万历十年(1582)共有 42 府的府城无卫所同治(表 1-6)。其中思州府、思恩府、顺庆府、龙安府、广西府、延庆州、泸州、普安州八个府级政区治城无卫所,但境内他地有卫所。北直隶的延庆直隶州虽州治无卫所设置,但由于地处北边,拱卫京师西门户,境内有二卫和一所。如以明前期论,只在永乐元年(1403)至宣德五年(1430)间州城有隆庆左、右二卫同治,这说明延庆州境虽边防军事地位重要,但州城所在既不位于防守一线,从居庸关外的岔道口西行,走榆林驿至怀来卫一线是宣府至居庸关的交通要道,州城亦不要其上,因此州城在军事上处于次要位置;四川泸州州城本设有泸州卫,成化四年(1468)为控制南部"都掌蛮民"需要迁至州境南界;思州府与普安州位于贵州东西两边咽喉,境平溪卫、普安卫均在主要交通线上;思恩、龙安、顺庆二府俱是府城无卫所,境内他地有一所,龙安府境的青川所城位于阴平道上,顺庆府的广安所在广安州治;云南广西府的十八寨所嘉靖元年(1522)因汉人流入、为地方治安而设;广西思恩府城亦无卫所,但武缘县城有一所,这

---

① 成化《湖州府志》卷 11《兵卫》,《日本藏中国罕见地方志丛刊》,第 18 册,第 124 页。

与明清时期思恩府城与武缘县的对应关系相一致。思恩府城无附郭县,逼近各土巡检司,地位重要却不易守备。综合来看,这八个府级政区治城的地理位置虽亦重要,但相比而言,其境内他地军事、交通、人口、民族等的重要性更为突出,导致卫所设置于府州治城外更重要的地方。这亦与时间脉络上地方形势的变化有关,有些府州本有卫所驻守治城,后迁往境内他地。

表1-6　万历十年(1582)府级政区治城无在外卫所统计

	府治无卫所但境内他地有卫所	境内无卫所的府级政区
北京	延庆州	广平府、顺德府、大名府
南京	—	常州府、池州府、广德州、和州
山西	—	辽州
湖广	—	汉阳府
江西	—	临江府、瑞州府、南康府
四川	顺庆府、龙安府、泸州	东川府、马湖府、乌蒙府、镇雄府、眉州、邛州、潼川州、嘉定州
贵州	思州府、普安州	思南府、铜仁府、石阡府
广西	思恩府	镇安府、思明府、田州
云南	广西府	澂江府、顺宁府、广南府、元江军民府、丽江军民府、永宁府、镇沅府、新化州

除以上8个府治无卫所但境内有其他卫所的政区外,42个在府治无卫所设置的府级政区中有34个属于府境内他地亦无卫所。这些府级政区绝大多数位于一省境内偏远的地区,军事和交通上的意义相对较弱,其中有22个位于西南的四川、贵州、云南、广西4省,又以四省民族地区为多,马湖府、乌蒙府、镇雄府、思南府、铜仁府、石阡府、顺宁府、广南府、新化州、元江军民府、丽江军民府、永宁府、镇沅府、镇安府、思明府、田州等16个在洪武时为土府或土司,或设有土官或隶于土司。西南四省又以四川、云南最多。西南地区之外无卫所设治的府级政区多在事简易治区域,北直隶南部广平府、顺德府、大名府身处三省之间,距顺天府较远,但北有大宁都司治地保定府,南有开封府,东有山东东昌府三个卫所众多的府;南京附近的四个无外卫的府级政区,常州府、广德州都与京卫众多的应天府接壤,池州府治邻近安庆府治,有安庆卫可备江防,安庆卫屯田地也多在池州府贵池、东流二县境[①];江西临江府、瑞州府、南康

[①]　"安庆卫屯田九百四十九顷七十六亩零,坐落安庆府属之怀宁、桐城、望江,池州府属之贵池、东流各县境内。"(杨锡绂:《漕运则例纂》卷7《屯田坐落》,《四库未收书辑刊》第1辑,北京:北京出版社,2000年,第23册,第450页。)

府也因紧邻南昌府而无卫所,湖广汉阳府与山西辽州亦在省治附近。从时间上而言,这些府州大多是洪武时即无卫所设置。

二、县级政区治城的卫所

县级政区指县与属州。府级政区境内幅员较大、位置重要的属州与县,会在政区治城设置卫所。万历十年(1582)县级政区治城有卫79个,数量上相当于府级治所卫数的一半。设卫的属州与县整体分布零散,只有顺天、凤阳、大同、临洮四府相对较多,顺天府各属州与县治城中设有22个外卫;中都凤阳府地位特殊,亦有五卫;大同府下州县较少,但各州县治城中仍有三卫,与大同、宣化一带密集的军卫相匹配;临洮府下州县亦以控扼西北而有三卫。太原府、济南府、广州府、苏州府、扬州府、兖州府、永平府、延庆州、大理府九个府治之外县级政区治地有二卫,太原、济南、广州三府为省治所在,幅员都比较辽阔,多卫也是为增强地方控制;兖州、扬州、苏州三府的大部分军卫位于运河、长江沿线州县,为交通、漕运的保障;其余三府均位于边地。府下属州与县治设卫总数呈现内地各府比沿海地区多的特点,沿海各府州县境在行政治所外的军卫较多。

县级政区治城有守御千户所129个,与万历时1300余县级政区相比,数量并不多。集中分布有三个区域:广东、湖广、广西。广东7府下的28个属州城和县城设有守御千户所,与沿海千户所一起成为广东卫所密集的重要一环,与元末明初广东复杂的人口、自然地理形势有关。湖广有千户所设置的县城主要分布在荆州、郧阳二府和南部的宝、永、衡三府及郴州,南部这四个府级政区内县治卫所数量较多与这一带的民族人口相关,荆州府洪武时所设长宁、夷陵、枝江三所均位于长江沿线的县级政区治所,荆州与郧阳二府内在成化年间增设的远安、竹山二所则为处置荆襄流民而设。万历时期广西的9卫22所本就集中于中东部的政区治所,其中16个千户所都位于县级政区治。其东部平乐、梧州二府无卫,却有八个千户所,除五屯所外都与府州县同治。因地处偏远,民族又较复杂,广西卫所设置只能以政区治所为中心。

三、府州县治城外的卫所

万历十年(1582)59个府的境内在府州县治城外有卫所设置,其中卫55个,所133个。这分布于30个府级政区境内的55个卫,从数量上相比于240个位于府州县治的卫而言确实可以印证明代卫的设置是以行政治所为中心的,分布于49府中的133个千户所则与分布于县级治城的129个所数量相当。政区治所外的卫所以三块地域最为突出:北直隶与山西的北部;东部沿海山东、浙江、福建、广东;湖广南部、贵州东部及云贵接界之处,这三块地域卫所占去政区治城外卫所总数的四分之三,分布的规律有差别。以福建为例,郑榕认为此类卫所城池"为典型的军事辖区","多选址于要冲,有的则居处偏僻地带"①。

明代北边一直是军事重地,洪武时卫所众多,永乐以后塞外诸卫的内迁安置,更增加了沿边的军卫数量。在数量上,大同府政区治所外有 10 卫 1 所,为数最多;同属北边的顺天府、永平府因为京师及各州县军卫众多,反而政区治所外只有 2 卫(顺天府还有 5 所),但顺天府各州县治所在城有 22 卫,加之顺天府与河间府间还有天津 3 卫,这里确实是军卫密集的区域。

沿海的卫与千户所各占去政区治所外卫、所总数的一半。东部海防一线的卫所多有不与府州县同治的情况,以卫数而言,登州府境有四卫,莱、宁、台、温各有二卫,福州、兴化、泉州、惠州、广州有一卫,这既和洪武时期倭寇骚扰,北上海运主要在山东、浙江沿海有关,又与山东半岛登、莱二府海岸线漫长,但州县较少有关,尤其是半岛南侧距设有军卫的府治甚远,胶州与即墨、文登二县治城离海都有一定的距离,只能依赖沿海卫所驻防。以卫为节点,沿海行政治所外的守御千户所数量众多。东南沿海诸省相比,广东与福建的情况稍似,与浙江不同。广东除沿海一线外,各府内部亦多千户所,与广东明代多流民、民族问题有关。南直隶苏松、浙江、福建东部沿海府治多设有卫,海防一线有卫、千户所,以千户所为多。浙江、福建西部的情况也有差异,浙西太平易治,府治多设千户所、境内他地无卫所,而闽西则府治多卫,与行都司和流民有关。

湖广南部永州府、靖州和贵州黎平府、云贵接界处曲靖府、普安州政区治所外的卫所除曲靖府境有与交通密切相关的三卫外,其他府以千户所为主,主要受当地偏远且"诸夷相通"②的民族人口分布影响。永州府"锦田、桃川、枇杷虽与永州府永明等县相近,其实与广西平乐府地里相搀,远者六七百程,近亦三四百里,山洞峻深,夷夏杂处,攻侵之患岁时常有,设立而备随险"③,湖南南部诸府卫所相对较为密集,"邵陵地控溪峒,其篁箐诸蛮荒憬弗率,惊扰刍荛,盖自古患之,国家分布戍卒,遮列险要,断其出没,责以卫所"④。

同治与不同治两种卫所相比较,同治明显占据数量上的优势。政区治所在历史上有很强的延续性,明代府州县治所选址亦是如此,其地域选择受自然、经济、军事等多重地理要素影响,往往是多种因素叠加的结果,在区域地理中处于核心地位,因此也是明代卫所设置时公廨的首选地。在政区治所之外设置的卫所选址更多的是考虑区域防守的现实需求。

---

① 郑榕:《诘戎问伍:明代文官介入福建卫所管辖权之例证》,《中国社会经济史研究》2023 年第 3 期,第 54 页。
② 秦金:《安楚录》卷 2《奏疏》,《四库全书存目丛书》,史部,第 46 册,第 405 页。
③ 秦金:《安楚录》卷 2《奏疏》,《四库全书存目丛书》,史部,第 46 册,第 405 页。
④ 万历《湖广总志》卷 5《方舆四》,《四库全书存目丛书》,史部,第 194 册,第 404 页。

第三节　同城而治的困惑

卫所与府州县同城而治使得政区城池在军事防守上有了保障,军户、屯田等制度又使得卫所与府州县存在着管理上的交错与资源上的竞争,因此彼此有合作,但各种矛盾亦不可避免。同治的府州县与卫所孰强孰弱受国家治理方式的调整与区域因素影响,也与官员个体紧密相关。是"以文辖武"还是"借武卫文"①,孰起决定作用? 具体而言,除边疆、民族地区外,明代内地以文辖武特征日趋明显。

明人对府州县与卫所同治一城,多称"同城"或"并治",前者在史料中出现最多。在卫所设置之初就存在同城,因此而引起的各种管理问题,也多有记载。万历以前的地理类尤其是一统志类文献中,会在公署条下记载卫所衙门,一般不用"同城"来描述。万历以后郭子章《郡县释名》、曹学佺《大明一统名胜志》《西峰字说》等在各地条目下对府卫同城多有记载,这说明同城问题在明末愈加严重。

一、同治下的地理关系

如果以衙署在一座城池之内来判断是否府卫同治,这可以说是狭义上的定义。笔者认为,如何判断府州县与卫所是否同城,除同治于一个城池之内,还要考虑其他情况,即同治并不意味着在同一城池。从与政区治所城池内外的关系而言,同治情况下大多数卫所衙署位于城墙之内,与其有关的人口一部分在城内居住,一部分在城外或屯地;有一些卫所的衙署会设在城外,另有城墙,但相隔不远。后者多与原城池过小有关,府卫、县卫同治都有这种情况。也有卫所因是后迁来同治的,衙署与人口未能进入已经相对拥挤的城内,所以只能另建城墙。同时,也有少数卫所城池与府州县城池有距离但不远,在明人的地理认识中是把它们视为同城的。随着经济、人口的发展不平衡及地方军事形势所迫,同治的府州县与卫所如是相邻两个城池的话,在明代中后期迁入一个城墙之中是总体趋势。因此,对于这一类卫所与府州县同城的判断,笔者认为要考虑其衙署分布形成的原因及在时人心中对它们同城的认知。

从时间上言,同治的形成有三种情况。

一是先有府州县城,后卫所来附。从元代省路府州县继承而来、虽有变化但仍为明代省府州县政区治所所在的城池,府州县在先,卫所稍后设置或迁来在后。这种情况明初数量较多,洪武时的同治多属卫所设置之初就有政区城池,卫所迁来同治以永

---

① 徐宏祖:《徐霞客游记》卷5上《西南游日记七》,景印文渊阁《四库全书》,第593册,第304页。

乐初年北京周围最为集中,大宁都司的内迁使这一带同城卫所骤增。明中后期亦陆续有卫所迁附府州县城,以县所同守为主,多因千户所城池破旧或被攻破,或者邻近县级城池需要增强防守,成化年间湖广本有独立城池的广安所,即因被攻破而迁衙署于广安县城。明代府州县在经历明初调整后基本稳定,变动相对较缓且有区域性,加之卫所的衰败,如成化十二年(1476)郧阳府与郧阳卫、弘治二年(1489)从化县与从化所、弘治十七年(1504)城步县与城步所等因新增府州县而设同城卫所的情况非常少,嘉靖十八年(1539)承天卫与承天府则是原有府卫改变名称而已。万历以后少量增设的卫所只考虑地方实际防守需求,多不与府州县同治。

二是先有卫所城,后设府州县同治。有当地先设实土卫所,后才有府州县的设置,贵州因先有都司后设布政司,此类同治较多。平越卫与万历时设置的平越府也属于此类;有原位于府州县境、有独立城池的卫所,后当地添设州县与卫所同治,汉中府境内洪武三十年(1397)设置的宁羌卫与成化二十二年(1486)新置的宁羌州,弘治中在太仓卫、镇海卫城设置的太仓州,万历五年(1577)在泷水所城设置的罗定直隶州,万历二十五年(1597)在天柱所城设置的天柱县等都属此类。

三是府州县与卫所本不同治,后因地方原因治所调动形成同治。明中后期广东因地方不靖这种情况较为突出,既有电白县、昌化州、陵水县、灵山县迁入神电卫、昌化所、南山所、灵山所城池的,也有龙口所、封门所迁入广宁县、西宁县城中的情况。贵州思州府曾在巡抚郭子章建议下,在隆庆二年(1568)至万历五年(1577)迁于异属的平溪卫城,与其同治,但是由于卫强府弱,且对境内土司管理不便,只好又迁回原地①。

以上所举个例均为相对稳定的设置,同治的实际变化则更为复杂:府州县的设废会引起同城的频繁变化,这一般发生在偏远或民族地区,如河州卫与河州府、岷州与岷州卫、文县与文县所在明代均因为府州县的设废而使同城情况较为复杂,洪武初文县所与文县同治,二十三年(1390)省文县,至成化九年(1473)复置,又为同城而治。嘉靖二十四年(1545)至四十年(1561)设置的岷州与原有的岷州卫同城;有因府降州、州升府、直隶州变属州等府州县调整等而使原本同城的政区层级性变化,这势必会影响同治两系统间的权责平衡。相对于府州县而言,宣德以后卫所驻地的稳定性相对更强。

从省一级的隶属而言,同城而治有两类五种情况,一类是同城同属,即属同名的布政司、都司,占大多数;另一类是同城异属,均分布于较为特殊的地域,其中又有所不同:一是位于山西、福建、湖广三行都司境的同治,府州县属相应布政司,卫所属行都司;二是两省交界处的异属,各属不同名的布、都二司,如黎平府与五开卫、镇远府

---

① 郑宁:《明代黔东南的府卫设置与配合——以思州府为个案的研究》,第358页。

与镇远卫、颍川卫与颍州、磁州所与磁州、宁山卫与泽州;三是卫所飞地,位于一省政区治所,却直隶于五军都督府,如九江卫、蒲州所;四是北京附近大宁都司与万全都司、中都和兴都二留守司的同城异属。

同城异属在数量上不占优势,但地理位置都非常突出,与交通咽喉、流民啸聚、少数民族聚居、地区偏远等因素关联,明人多视以"犬牙相制"①,管理上的矛盾更为复杂,以贵州为主要分布区域,在当时已经引人注目,也是今天学者较多关注的。近年对于与贵州有关的此类卫所,学者多从地理、管理等方面探讨,对黎平府与五开卫的探讨较深。

在同城的情况下,常常因为人口增加或发展境遇不同而引起城池范围及重心的变迁。一方面在人口持续增长情况下,会出现空间上的紧张,部分同治卫所或直接扩大政区城池范围,或紧邻拓展一小城,或在其附近另建一小城,均可视为府州县城池的拓展。因原有城池拥挤,洪武时期许多府州县城池因卫所设置而扩建,福建兴化卫驻兴化府,洪武十二年(1379)十二月"增筑福建兴化卫城,自东至西拓旧城之半,时指挥佥事程升言旧城湫隘故也"②,即扩原兴化府城;广州一城数卫,人口骤增,洪武时亦"命永嘉侯朱亮祖发军民三万人拓广东北城,凡八百余丈"③。洪武以后,随着人口增多,也有许多城池扩建。大同城长期一城两卫,还有王府、行都司、附郭县等署和备边的操军,"军民稠密,刍束浩穰,无地可容"④,景泰、天顺年间又在北、东、南三面增筑小城⑤。大同城的扩展不仅与卫所有关,也与当地边防增置的各类衙门有关。同位于北部边防重地与密云中卫同城的密云县,因衙署众多,万历四年(1576)于城东增筑新城⑥。此类案例不胜枚举。

另一方面,在同治但各有城池的情况下,经济发展、防守能力强的一方往往成为当地的中心。德州卫初设时在御河西岸的德州城内,洪武三十年(1397)在御河东岸筑卫城,迁卫于此城,永乐五年(1407)又增德州左卫同治,永乐九年(1411)州治也迁了过来。云南凤梧守御所与寻甸府城本也相隔三里左右,嘉靖七年(1528)府治移来与卫同城。

广义上的府州县与卫所同治一城情况包含有些卫所虽称同治,但实际上各有城池,一般距离非常近。这一般在偏远地区或地理位置比较特殊的区域存在,一般受制于当地元代政区城池的大小。如能容纳下卫所的相关衙署与人口,则一般不另设城,反之则在邻近处新筑城池。镇远府及附郭的镇远县、镇远卫就各自有城,隔舞阳河相

---

① 焦竑:《焦氏笔乘续集》卷6《犬牙相制》,《四库全书存目丛书》,子部,第107册,第556—557页。
② 《明太祖实录》卷128,洪武十二年十二月壬辰,第2039页。
③ 《明太祖实录》卷128,洪武十二年十二月壬辰,第2038页。
④ 《明孝宗实录》卷168,弘治十三年十一月乙卯,第3049页。
⑤ 李海林:《明代大同城的修筑》,《长城学研究》第2辑,秦皇岛:燕山大学出版社,2023年,第98—99页。
⑥ 顾炎武:《昌平山水记》卷下,《四库全书存目丛书》,史部,第235册,第299页。

对,洪武建筑的卫城位于河南岸,与弘治中设县、万历十八年(1590)筑土城的县城相邻;永乐十二年(1414)升镇远州为府,至嘉靖三十年(1551)才在河北岸筑府城城墙①。山西岢岚县原有城,洪武初设镇西卫,在原城东隔河修建了卫城,嘉靖间蒙古兵南下,卫城屡被犯,加之临河水患,至清代卫城遂被弃②。

同城之下,两个系统是否各有一定的管辖区域?史料中对于有独立城池的卫所在城中各千户所分布情况有较多记载,对于同城卫所记载则非常少。以德州为例,永乐九年(1411)起州衙与德州卫、左卫同治一城中,一开始德州卫以城西北为中心,城东南有空地,设左卫后,"(左卫)左所傍正卫(指德州卫)左所,右所傍正卫右所,而前、后所则分置他邑",两卫对护城河的防守也有分工:

> 正卫、左卫分城而治,城内外各有所属。二卫同护一河也,正卫护河西南北,西头越河而东;左卫护河东,唯南头越河而西。二卫同护一城也,正卫护城西北,左卫护城东南。二卫分市井,正卫治北街,左卫治南街。居住者皆军户,无州民,事无大小,指挥、镇抚治之,州牧不与焉。正德间刘六刘七之变,州民移就城内,州卫同城而治。③

从永乐至正德,由于城中以军卫人口为主,虽然永乐九年(1411)州衙已在新城中,但城中的管理是二卫来实施的。正德间州民移入后,城内的事务就由州卫各自处理。

就府州县与卫所同城时在城内分布地理而言,卫所往往在城内或城池邻近有相对集中的军营,这一区域由卫所管理。从正德时期吉安府城民与吉安所军争火巷一案来看④,吉安所在府城中有一定的集中居住区域,但是正德时城内民户与军户居住区域之间的界限开始模糊并产生纠纷,可想而知随着卫所逃军、人口的复杂化,这种界限只会越来越模糊。内地府卫同城与县卫同城相比,府的主导作用更强。如果是较小的县级城池,会出现军多民少的情况,"军民虽同城而居,县卫各有界,于廛肆之交,三隅九军而一民"⑤。万历年间颍上所的人口与住房就在颍上县城内占据了优势:

> 颍故自小邑不谓,又凋敝不可言,延城广袤三里,寥落数家。一所镇与县官

---

① 万历《贵州通志》卷15《镇远府·城池》,《日本藏中国罕见地方志丛刊》,第18册,第319—320页。
② 隆奘:《山西岢岚城空间格局复原研究》,第29—31页。
③ 乾隆《德州志》卷1《德州正卫左卫本末》,《中国地方志集成·山东府县志辑》,第10册,第48页。道光《济南府志》则认为御河东增筑的亦是州城,不是卫城(道光《济南府志》卷12《古迹二·德州·州城非卫城考》,《中国地方志集成·山东府县志辑》,第1册,第276页。),但是从德州二卫先行入驻而言,乾隆志记为卫城亦不为误。
④ 王阳明:《公移告谕五种·和军民》,《中国古代地方法律文献》甲编,北京,世界图书出版公司,2006年,第2册,第384页。
⑤ 文翔凤:《皇极篇》卷23《洛书史·议军西南隅审编》,《四库禁毁书丛刊》,集部,第49册,第558页。

杂治,军三倍于民,城中所官专制,县大夫莫得诘非。一日,所镇家人至骑马与县官争道。其家之瓦覆而崇墉者,问之皆千夫长、百夫长家,编民仅仅土室草屋泥垣,蔽风雨而已。①

从元代继承而来的政区城池中,由于卫所是后来者,军民居住地理界限可能更模糊。

府州县与卫所同治会促成当地政区调整,这种情况在明代相对较少,但是万历年间的贵州却是例外。贵州及其与湖广交界地带一直以卫强郡县弱著称,在民事管理中存在许多问题,平定播州之乱后,万历二十九年、三十年(1601、1602)贵阳府、黎平府、安顺州升军民府,新置平越军民府,冠以"军民"二字即意味着其与"军民指挥使司"一样的特殊性,马楚婕认为"明代中晚期,朝廷对军民府制度有了新的思考,既继承了军民府高于一般府的政治地位和军民共管的治理原则,又依当地实际情况和行政成本的考虑拓展为流官治理的经制府,地位居卫所之上,注重制衡与分权"②,如此各军民府境内的卫所,尤其是与这几府同治的卫所的管理职能必定会受到压缩。在安顺州升军民府时,"安顺州与普定卫同城,今易州为府,卫学当改为府学,卫学印记当改为府学印记"③,卫学改府学只是最直接、最明显的变化,同城卫所在军事、城市管理等各项事务中的作用都会受到影响。郭子章在有关屯田、赈灾、学校、驻防奏疏里多次提到贵州府州县与卫所同城情况下的地方相关管理,以及湖广贵州交界处府卫同城不同属的问题,如提到赈灾银的分发,他提议"在府州县即委该府州县正官分赈,如系府州县卫所同城去处,委府州正官会同卫印官给赈,如无府州正官去处,照单内注定附近文职官公同卫印官分赈,务使军民均沾"④,都是以文官牵制卫所武官。但是由于贵州卫所相关人口在当地的优势地位,设军民府只是改变的开始。嘉靖元年(1522)云南永昌府升军民府,府与同城的金齿卫之关系亦如贵州。

府卫同城在清代成为裁撤卫所的一个理由。康熙年间曾任职云南的刘昆认为卫所如无漕运等职责可以裁撤,建议先从类似云南同城卫所裁起:

> 云南之地,地处荒僻,无城守、漕运之劳,而卫所屯丁尽是庄农,乃俨然以一守备、一千总、一经历司以领之。县卫同城,互相掣肘,县卫当差,两处追呼,徒为扰民之具,毫无益于地方。故康熙七年前任李抚军请裁卫所一疏,殊为硕画,而一时藩臬但承望逆藩风旨,为都阃留属员之地,止略裁数处以覆,甚可惜也。今

---

① 屠长卿:《与沈君典诸子》,黄宗羲编:《明文海》卷198,景印文渊阁《四库全书》,集部,第1455册,第183页。
② 马楚婕:《以府辖卫:明代军民府的制度嬗变》,第40—41页。
③ 郭子章:《蠙衣生黔草》卷又8《题经理善后事宜疏》,《四库全书存目丛书》,集部,第155册,第196页。
④ 郭子章:《蠙衣生黔草》卷10《湖广解到饷银赈饥牌》,《四库全书存目丛书》,集部,第155册,第324页。

逆藩既除，似宜并都司等官尽行裁去，而卫所粮差归并于附近州县，则在上可以省冗员之俸食，而在下亦可省冗员之骚扰，是亦变通之术。①

如果卫所初置即与府州县同城，则一般与府州县专名相同，与府同城的偶有以附郭县专名命名的。洪武时在外的同城军卫命名以北平府最为复杂，其在城前后设置过众多军卫，其中大兴左右二卫之名来自附郭的大兴县；永清左右二卫专名来自北平府永清县，却置于北平府城中；燕山前后左右四卫则以北平府城邻近的燕山而得名外；其余一度设置的军卫调自他地，仍以原卫命名，如济阳卫、济州卫、彭城卫，几乎涵盖了所有同城卫所命名的方式。洪武时以山川名或期许山川安宁的同城卫所名还有几个：淮安府淮安卫专名与府名相同，同治的大河卫则以黄河命名，正与淮安一地的水道形势相合；夔州府的瞿塘卫，西安府洪武时期存在二十年的华山、秦川二卫，大理府云南县治的洱海卫亦都以山川命名；山东东昌府的平山卫，洪武十一年（1378）设置的成都府同城的宁川卫与山西泽州同城的宁山卫则与期许山川安宁有关。淮安、大河、华山、秦川、宁川、宁山的成对出现，表现出朝廷对卫所于驻防地镇守的愿望。一度设于河南开封府的宁国、安吉、宣武三卫，亳州的武平卫体现了朱元璋对开封及亳州军事地位的重视，另开封府一度有以附郭的祥符县专名相同的祥符卫。山西都司的振武卫与镇西卫取自其军事意义，也不与同治的代州、岢岚州同名，洪武初设卫时二州地刚刚经过故元"四大王"与普贤奴的动荡，二卫命名均强调防边之责。洪武时期与政区同名但不同治一城的情况也开始出现，如海盐县同城的海宁卫、前所举永清二卫与永清县，洪武三十五年（1402）福建建阳卫改设于南京太平府，仍用旧名，是同城地名跨省的个案。宣德以后先有卫所后有州县设置的情况较少，嘉靖九年（1530）增设的福建诏安县为一例，其与弘治十八年（1505）设置的南诏所同城，县名与所名不一致但有关联。这里只列出部分同城卫名情况，另千户所地名亦有类似现象。《天下郡国利病书》列有"卫名与府州县同而非其地者"，"所名与府州县同而非其地者"②，其中部分卫所名与政区名并无关联。

永乐以后，随着大宁都司、开平与东胜诸卫的内迁，北直隶尤其是顺天府在外同城卫所与府州县专名不一致的情况最为突出，大部分内迁的卫所仍保留了之前的名称。其他地方或因地方不靖，部分卫所迁与府州县同治，或府州县迁来与卫所同城，但不改原卫所名，如迁至横州的驯象卫、贵县的奉议卫与向武所（贵县原设有贵县所），电白县迁入神电卫城中、广南府城的广南卫迁至昆明。政区因层级变动而更名也会影响同名情况，广东泷水县原与泷水所同城，万历中废县改设罗定州后，所并未

---

① 刘昆：《南中杂说》，《丛书集成新编》，台北：新文丰出版公司，2008年，第94册，第568页。
② 顾炎武：《天下郡国利病书》卷1《北直隶上》，《续修四库全书》，史部，第595册，第488页。

改名;广西古田县升为永宁州后,原古田所亦未更名;嘉靖八年(1529)潞州升为潞安府,但潞州卫未改名。明代中后期府州县与卫所的稳定性都很强,这种情况非常少。

二、"军民杂处"下的同城管理

同城不仅是地理上的,还体现在管理上。同城的目的在于"凡卫所之设多与州县同居一城,有司略有制驭之意,以故军职不至纵横,居民可恃无恐"①,卫所既为地方守卫,又与府州县相互制衡。

卫所的基础职能为地方军事驻防,同治增强了府州县及其城池的防守与治安能力,但同样也提升了同治之城的军事价值。明代的史料显示了朝廷对待同城与不同城在管理上有分等,前所引公宴节钱是一例,崇祯年间金光辰在出按河南时指出"归德、睢阳、河南、弘农、南阳、南阳中护、信阳、陈州等卫,嵩县、永宁、卢氏、邓州、唐县、汝宁、林县等所应照同城州县例,分别蠲恤。又颖上所与颖上同城,应照二等议蠲"②,这两例都涉及经费,因此可以推测在朝廷有关经费下拨时同城是一分等原则。《大清会典》记载清初入关后对攻打城池的兵士军功奖赏政策:

> 凡叙八旗官军战功……以府州县卫所为差等,克府城者赏五人,第一人赏银五百两……克州城者减府城一等;克县城者减州城一等;卫城与州城同,所城与县城同。③

这里是以政区层级来论攻城之战功的等级,卫城与所城指不与府州县同城的独立卫所城池,与府州县同城的情况不另计,即在攻城时视同治之城为一体。对于明朝而言,同城之下城防也应为一体,"与卫同城,互相扞御"④,卫所为军事组织,与府州捕盗官同样担有守城之责。

嘉靖之前,原本只有沿边卫所将领失陷城池时会以死罪论处,沿海与内地则按旧例:"失陷城池,府州县掌印捕盗官降一级别用,守巡兵备官参究治罪",在城池失陷时对府州县与卫所等武官的处罚都不重且较灵活,这是沿海与内地城池,尤其是府州县政区城池长期相对比较安全、城池被攻破的情况少所决定的。嘉靖年间,倭寇、农民起义等因素威胁到东南沿海与内地的城池防守,原本对失陷城池文武官员较轻的处

---

① 宋诺:《宋金斋文集》卷4《兖州府为查议地方防御事宜以图久安事》,《四库全书存目丛书补编》,济南:齐鲁书社,2001年,第97册,第375页。
② 金光辰:《金双岩中丞集》卷1《两河封事·为蠲缓已奉明纶查酌万难需待事》,《四库禁毁书丛刊》,史部,第38册,第674页。
③ 允裪:《钦定大清会典》卷64《军功》,钦定四库全书影印本,浙江大学图书馆藏,第6页a—6页b。
④ 安世凤:《燕居功课》卷9《政事·五赋役》,《四库全书存目丛书》,子部,第110册,第718页。

第一章 驾驭为难：卫所与府州县的空间关系

罚会导致同城的府州县与卫所官员都不奋力护城。嘉靖四十二年（1563）谭纶任福建巡抚时奏请"沿海及腹里府州县与卫所同住一城及卫所自住一城者，若遇围攻不能固守，卫所掌印、捕盗官俱照守边将帅失陷城寨者律斩，其府州县捕盗掌印官送部降级别用"，经朝廷审议，决定：

> 不问沿边、沿海、腹里，都司卫所自居一城及与府州县同一城者，但遇贼攻围不固守辄避去，及守备不设为贼掩袭而入、杀掳三十人以上者，都司及各该城卫所掌印并捕盗官俱视守边将帅失陷城寨者律斩；同住府州县掌印与捕盗官不固守而辄弃去失陷者，罪同；若在城同守，止以防御不固失陷者，发边远充军；两县与卫所同城者，第以贼从某县所辖城入，坐掌印官罪如前例；其余卫所府州县佐贰首领官但有分守信地致贼于所守之地入者，充军；各城原无都司卫所而府州县职守专城者，各掌印捕盗官俱论斩。①

明确了卫所与府州县在城防上的共同责任，加重与细化了处罚。万历二年（1568）朝廷又强调同城下的府州县与卫所官在防御不力时的处罚应"一体问罪"②。

对于同治，军事防守之外，最重要的便是军民日常管理。虽然明代卫所与府州县两套系统的分立一直存在，但卫所的制度特征使得军民在经济、生活的方方面面日益杂糅在一起，给两个系统的日常管理都带来了挑战。同治一城下情况更为复杂，地方行政官员感觉"军民杂处，尤为难治"③，山东滕县与千户所同治，万历中期县令在清丈时针对军民田地混杂的局面，立誓"本县视官如弃，即如今日登时回家，亦所不怨"④，可以窥见同城之下地方管理之难。

郑榕总结明代卫所与地方"复杂的军民关系、庞杂的社会事务都迫切需要建立协调军民的地方行政机制"⑤，明中期福建林文在给兴化卫指挥张侯的赠序中描述了兴化卫在后者的管理之下，与知府相协，将卫与同城兴化府之间的不合转变为和谐状态：

> ……负郭者与郡邑（指兴化卫与兴化府——笔者注）相峙，兵民杂处。先是为将帅、为守令者亦唯各私所司，而于民兵相资之道莫或之审。永乐中指挥使张侯来镇是卫，号令严明，师律整肃，海寇不敢闯其境，悍卒不敢肆其暴，诚能壮金

---
① 谭纶：《海防善后事宜》，王士骐辑：《皇明驭倭录》卷8，北京图书馆古籍出版编辑组：《北京图书馆古籍珍本丛刊》，第10册，第173页。
② 万历《大明会典》卷136《兵部十九·凡在外巡捕》，北京：中华书局，1989年，第699页。
③ 冯应京：《皇明经世实用编续集》卷下《均地条约》，《四库全书存目丛书》，史部，第267册，第693页。
④ 冯应京：《皇明经世实用编续集》卷下《均地条约》，《四库全书存目丛书》，史部，第267册，第693页。
⑤ 郑榕：《诘戎问伍：明代文官介入福建卫所管辖权之例证》，第63页。

汤于千里,安黎庶于一方者也。今之为郡邑者,又皆能尽牧民之方,且知养兵之道。故统兵者不徒治兵而已,知所以爱乎民也;牧民者不唯治民而已,知所以爱乎兵也。文武协德,兵民相保,文恬武熙,优游于长治久安之世也宜矣。①

"文武协德"是同城之下两系统最理想的相处状态,既指官员在管理层面的合作,也指军民在生产与生活方面的和谐,官员层面在其中是主导。从人口、屯田、仓储、修城、赈灾、学校、驻防等各个方面,同城中的府州县卫所管理交织更多。同城之中长期的生存资源的利用与争夺使得双方的和谐共处成为一件难事。虽然现在无法确定朝廷对同城管理的相关规定最早出现于何时,但是由于大量同城的存在,可以推断洪武时期即面临着这一问题并有所举措。由于许多事务是涉及两个事统的,所以明代有许多朝廷的诏令都是命"各府卫州县所一体遵守"②。对于同治一城又事关两个系统的事务,朝廷也是让其尽量归一。旧制朝廷颁降诏敕至政区城池时,各衙门一起迎诏,再誊抄下达,后来变为在各衙门重复开读,绥德州与绥德卫同城,又有镇守官,"绥德一城有镇守衙门官,有卫有州,而州所部衙门复无虑五六,既赍至镇守等官处矣,复颁之于卫,卫又颁之于州,州又遍颁于所部,非唯烦亵不敬,抑且赍来人使,往来重叠,供给馈送,不胜其扰"③,景泰六年(1455)十一月在大理寺少卿曹濂建议下,朝廷下令在同城多部门情况下仍遵旧制,宣读一次即可,但类似规定并不能解决地方在处理具体事务时的问题。

由于同城之下虽不相统属,但在许多事务上都有关联的府州县卫所难免有强弱之分,也会出现互相争斗的局面,因各区域情况不同而差别很大。从品秩而言,卫指挥比知府高,明初武臣受重视,府卫同城中容易造成武强文弱的局面。卫所驻于府州县治,注定武职与府州县官员时常相遇。洪武时武职地位高,有凌辱地方文官现象,"每府官过卫门,或道路相遇,怒府官不下马,甚至鞭辱仆隶,及各卫千户所遇有公务,不申本卫,径令有司理办,少或不从,辄诃责吏典,有乖治体"④,永乐元年(1403)朝廷命"府卫官相见行平礼,途分道行;卫所公务不许行府县问理。值三大节,在外卫官悉于府治行礼;开读诏书,虽边海卫所亦从布政司差人,都司毋得与"⑤,"千户所遇有公

---

① 林文:《淡轩先生诗文集》卷6《赠兴化卫指挥使张侯序》,沈乃文主编:《明别集丛刊》,第1辑,第40册,2016年,第230页。
② 刘大夏:《陕西马政五》,黄训辑:《名臣经济录》卷36《兵部·车架下》,景印文渊阁《四库全书》,第444册,第104页。
③ 俞汝楫撰、林尧俞纂:《礼部志稿》卷66《官司备考·公仪·申明一城衙门共开读》,景印文渊阁《四库全书》,第598册,第122页。
④ 俞汝楫撰、林尧俞纂:《礼部志稿》卷66《官司备考·公仪·军卫与有司行礼》,景印文渊阁《四库全书》,第598册,第119页。
⑤ 黄景昉:《国史唯疑》卷2《永乐洪熙宣德》,《续修四库全书》,史部,第432册,第25页。

务,不许径移文府县,亦不许凌辱有司官吏"①,解决了文武相遇及公务中的日常礼仪与流程问题。明中后期,随着卫所的衰落与府州县系统对卫所相关事务的参与度加强,文强武弱的现象越来越多,在府州县强卫所弱的城池之中,文武地位扭转:

> 今武官之卑诎极矣。查盘知县推官责守备不披执出迎、不庭参道跪,此犹间有之。府官受卫官道跪庭参如属礼者,十之六七。至于卫州同城者,州官亦属待卫也。三司并列,曾见有两三省地方都司到任进表,两司俱不赴席。窃谓此两事非小也。此而不赴席,则两司便可与都司无往来。何为他交际并不拒绝,而元宵、端午、中秋、重阳等节俱都司置酒乎?诚不知其解矣!且体貌参差,所在各异。同一都司也,有与府官同见者,有与两司同见者;同一参游也,有见巡按由中甬者,有由脚门者;其他下操、陪巡礼仪高下,更多参差,难以枚举,或见其下者遂嗔其高者,而武弁务为软美以事文官,或受凌折不胜其愤而成大隙、召大乱矣。②

一城之内文武地位的不平等会引起矛盾,从而诱发冲突,海南岛上的万州与万州千户所"所县同城而居,各不安职守,互相仇害"③。至若黎平府与五开卫、镇远府与镇远卫、永宁卫与永宁宣慰司等"本朝建置犬牙相制之义"④之地,在管理上更难。永宁卫与永宁宣抚司"卫司同城,其来已久,往固欢然无事也,近有二一窜食其中者,以颛利为奸,巡台察而罪之,遂至生嫌"⑤。

明前期苏州境内太仓卫与镇海卫两卫并治一城,造成"戎伍编氓,错峙纷糅",迫使弘治中设州,以"文武并建"⑥,由此可见,在明代卫所军制之下,在内地军民共处之地对卫所与府州县的管理都有需求。虽分属两个系统,名义上是平行,但是由于方方面面或多或少都有交织,府州县与其境内卫所应是平行加协同的关系。对于卫所附学、司法上的"会商"、屯田与仓储的管理等前辈学者已有较多的论述,府州县自宣德以后越来越多的渗入卫所相关的事务中,同城之下的关系更为密切。洪武各地初设卫时,"军卫势重,卫帅盱衡郡长吏"⑦,随着卫所地位的下降和军户"数传而后化为农桑"⑧,与府州县在田地、房屋等生活诸多方面日益杂糅在一起,不仅军民打破了实质的居住与生产界限,府州县在司法、军仓管理等方面也越来越占据主动地位。根据万

---

① 俞汝楫撰、林尧俞纂:《礼部志稿》卷66《官司备考·公仪·军卫与有司行礼》,景印文渊阁《四库全书》,第598册,第119页。
② 李维桢:《大泌山房集》卷134《武职事宜条件》,《四库全书存目丛书》,集部,第153册,第741—742页。
③ 嘉靖《广东通志初稿》卷32《军制》,《四库全书存目丛书》,史部,第189册,第540页。
④ 杨嗣昌:《杨文弱先生集》卷34《疏·西南已定经画宜周疏》,《续修四库全书》,集部,第1372册,第489页。
⑤ 赵钲:《无闻堂稿》卷11《报梧冈大中丞书》,《四库全书存目丛书》,集部,第112册,第509页。
⑥ 钱榖辑:《吴都文粹续集》卷2《太仓州新建城楼记》,景印文渊阁《四库全书》,集部,第1385册,第42页。
⑦ 何乔远:《闽书》卷61《文莅志》,《四库全书存目丛书》,子部,第205册,第452页。
⑧ 刘昆:《南中杂说》,《丛书集成新编》,第94册,第568页。

历湖广巡抚陈省所言"楚中各府卫同城者,凡卫官贤否、官舍袭替、官军俸银、屯粮完欠,皆听府官填勘核催,以故事体维系"①,府级官员已经渗入到武职考选、袭替、卫所经济等核心事务中。当然这种情况区域差异较大,在偏远或特殊地区则有所不同,陈省也记"惟黎平府与五开卫同城则不然"②。嘉靖中萧端蒙对将任职湖广靖州的官员分析州卫同城情况:

> 靖州在楚西南陲,地称要塞,故州之置与郡等,盖重其事权、镇压边围之意……州故与诸戎卫同治所,武夫悍卒时或挠政,不可治。至有所期会质成,辄庇其部曲,持不相下,而编氓之黠狡者,亦复蒙窜以避督责,故驾驭为难。③

各地府州县界入卫所事务在时间也不统一。在地方无事的情况下,同治的府州县与卫所大体能相安无事,但当地方出现问题时,两者牵扯、推诿,难以有效处理,这在偏远和民族地区更为突出。北胜州与澜沧卫同治,弘治十二年(1499)九月曾任云南右参政的李韶上疏"澜沧卫与北胜州同一城,地域广远,与四川建昌西番野番相通,迩年西番土舍章輗等恃倚山险,招服野番千余家为庄户,遂致各番生拗,动辄杀人,州官无兵不能禁制。卫官大废军政,恬不加意"④;黎平府"府与五开卫同城,卫属湖广,苗属贵州,汉夷杂处,土田交错,耕种不得不同畔,有无时亦相通,势在必争,平居军强苗弱,结怨日深,干戈一起,苗肆报复,其恶日恣"⑤,同治下军民孰强孰弱,在每个区域表现都有所差别。

同治一城相对于独立城池而言,军民在经济与生活中的矛盾更为突出,从明代大量的法律案例文献来看,土地与房产也是同城中的卫所与当地居民之间的焦点,这一点与不同城下的军民矛盾有共性,但在一些方面同城中的军民亦有其特点。军民间土地租佃、售卖引起各种纠纷,税收上的不同,增加了管理难度,万历时安世凤在《燕居功课》中谈及卫所的寄庄条银时言"夫邑系附郭,与卫同城,互相扞御,非如别州县之寄庄吾邑也。民之佃屯田者不加科,而军之业县地独加,非平也"⑥,即反映了同城下土地、税收的复杂。明初在设置同城卫所时,卫所在府州县城池中有相对的房屋建筑区域,军事人口生活区域最初也比较集中,随着军民人口繁衍,这种集中居住的情况被渐渐打破,生活中的矛盾逐渐增多。

管理的强弱也会引起两个系统同治地理上的变化。有独立城池的卫所在管理上

---

① 万历《贵州通志》卷20《经略志下·饬武类·议处五开疏略》,《日本藏中国罕见地方志丛刊》,第18册,第473页。
② 万历《贵州通志》卷20《经略志下·饬武类·议处五开疏略》,《日本藏中国罕见地方志丛刊》,第18册,第473页。
③ 萧端蒙:《赠杨靖州序》,张邦翼辑:《岭南文献》卷12,《四库全书存目丛书补编》,第21册,第381页。
④ 《明史》卷314《云南土司传二》,第8110页。
⑤ 朱国桢辑:《皇明大事记》卷42《平播州》,《四库禁毁书丛刊》,史部,第29册,第98页。
⑥ 安世凤:《燕居功课》卷9《政事·五赋役》,《四库全书存目丛书》,子部,第110册,第718页。

易于同治卫所,但在一些区域也会有卫所与府州县治所本不同城,后改为同城的情况。一种是府州县就卫所,在边疆或民族地区较多,一般因为卫所人口、城池、管理都在当地占优势。位于山海关西南永平府境内的抚宁卫,虽与抚宁县同名,但在永乐元年(1403)设卫至成化三年(1467)间"卫与县相去十里许"①,"置卫所以安民也,而县与卫异治"②,当时并不同治且均未筑城,成化前永平府一带算是太平,"承平百年之久"③,至成化初官员"思患而预防,不合于一,何以相守以安生民?不固以城池,彼亦何所凭借以相守也"④,"名虽曰抚宁,而实有不能自宁者矣!时提督左都御史李公秉、巡抚右佥都御史阎公本询察民情利病,乃具疏请城卫并复县治、学校于一城"⑤,成化三年(1467)筑卫城,县迁来同治,达到"军凭城以为固,民资军以为安"⑥的目的。成化中贵州安顺直隶州治迁于普定卫城中,流官知州与卫指挥同城而治,土州同仍驻于旧州城,因此,安顺州卫同城(万历三十年[1602]升军民府后为府卫同城)与改土归流过程中的土官改流官联系在一起,原本土知州与卫各自一城,改设流官知州后,州卫同治更利于流官的安全与施政⑦。贵州由于卫强府州弱,这种情况较多,镇宁州嘉靖十一年(1432)后与安庄卫同治、永宁州万历四年(1576)至天启中迁与安南卫同治、普安州万历十四年(1586)后迁于普安卫同城等都属此类。成化三年(1467),电白县迁入防守更强的神电卫城,副使陈懋义有《过电白诗》,称:

> 边方有卫名神电,当日为谁迁一县?白浪翻花海面来,青山如画窗前见。乡村无盗民乐耕,仓廪有粮军可战。彼此相资政务成,至今极口民称便。⑧

可见当时官员与百姓都非常肯定县卫同治所带来的便利。实际上,即使同治一城,神电卫城的军事防守形势依然严峻,成化七年(1471)与隆庆五年(1571)卫城曾分别被山寇与倭寇攻陷过。如果仍如以前分治于东西两地,防守会更加艰难。正统五年(1440)海南岛的琼州府陵水县因县治遭海寇攻毁,迁来与南山守御千户所同城而治,均是为了增强城池防御。

而卫所治迁就府州县城,这种情况洪武永乐以后个案零落,主要集中在万历时期的广东,与万历时期岭西道的动荡和平乱后的新置县级政区有关。嘉靖三十八年

---

① 弘治《永平府志》卷10《文集·抚宁县新城记》,《天一阁藏明代方志选刊续编》,上海:上海书店出版社,1990年,第3册,第370页。
② 弘治《永平府志》卷10《文集·抚宁县新城记》,《天一阁藏明代方志选刊续编》,第3册,第372页。
③ 弘治《永平府志》卷10《文集·抚宁县新城记》,《天一阁藏明代方志选刊续编》,第3册,第372页。
④ 弘治《永平府志》卷10《文集·抚宁县新城记》,《天一阁藏明代方志选刊续编》,第3册,第372页。
⑤ 弘治《永平府志》卷10《文集·抚宁县新城记》,《天一阁藏明代方志选刊续编》,第3册,第370页。
⑥ 弘治《永平府志》卷10《文集·抚宁县新城记》,《天一阁藏明代方志选刊续编》,第3册,第372页。
⑦ 咸丰《安顺府志》卷23《纪事志·安顺置府本末》,《中国地方志集成·贵州编》,成都:巴蜀书社,2006年,第41册,第310页。
⑧ 万历《高州府志》卷8《陈副使懋义次韵》,《日本藏中国罕见地方志丛刊》,第1册,第123页。

(1559)新置广东肇庆府广宁县,万历六年(1578)已迁龙口的四会千户所迁来与广宁县同治;万历五年(1577)新置广东罗定州西宁县,封门所于万历十六年(1588)迁入县城同治。

小　　结

卫所与府州县作为明代疆土管理的两大系统,它们之间从设置之初既有的最直接的关联表现在地理上的。明初两系统在管理上的界限是相对清晰的,在地理因素上却因为有叠加而无法截然分开。对于卫所与府州县对应的地理特征,明初人们已经有所认识,府州县方志中卫所成为必不可少的记录内容,卫所方志更是显示了人们对于卫所地理特色的认可,对两者的并称从"府州县卫所"发展到显示层级对应的"府卫州县所"。府州县有明确的边界,但其境内卫所辖区范围较难以厘清,两者的治所是否同城则是在地理上最明显且重要的显示。

同治与不同治的地理分布,受区域军事、经济、民族等多种因素影响,陆海边疆、民族和区域内的动荡因素是不同治的主因。除北直隶、山西中北部外,明代大多数地方的卫所与府州县的相对空间关系在明初设置卫所时已确定,宣德以后以全国层面而言两者关系非常稳定,腹里区域更是明显。一方面,卫所设置时即以府州县治所为中心,尤其是卫的选址更是如此,宣德以后明代府州县设置及其治所相对稳定、变化小,没有时间集中的大规模设废,因此同治卫所也就少有变动;另一方面,卫所如要迁治并非易事,兵制特点使它一旦设置于一地后就很难迁离,明代中后期卫所治所极少有远距离变动。边疆与民族区域卫所与府州县空间关系有较小的变动,以贵州、广东为多,但也都是一府之内的近距离调整。卫所与府州县空间关系是明代国家基层的基本地理架构,军民的社会生活都发生在其中,从明初制度初设时朱元璋的理想目标到卫所衰改后的种种弊病,都与这个稳定的空间结构有关。空间关系与制度体系共同构成了一个大框架,既是明朝国运悠长的一个保障,也是基层社会发展的束缚,同样也影响了清代前期卫所的裁撤进程。

第二章
洪武时期驿路与卫所设置地理

明初影响卫所治地选址的因素很多,除上一章所讨论的府州县政区治所外,陆地边区与海防一线、水陆交通、民族、关隘等相关地理因素都是政权所要考虑的。通常这些因素会有叠加,亦有以其一为主导,能将所有因素都串联在一起的当属交通。无论卫所选址是在从元代继承下来的旧有交通线路上,还是因其设立而形成的新交通枢纽,交通因素在卫所设置地理中同府州县政区治所一样占主导地位。从明代后期《一统路程图记》等交通文献来看,明代辖境内有多样化的水陆交通网络,但主干仍是由驿站连接的驿路与急递铺连接的铺路,这一主体由官方维护的交通网络可以串联起绝大部分的府州县与卫所,且这一现象在洪武时期已经初步奠定。明初卫所设置和驿路交通的形成之间的关联不是单向的,而是相互作用、相辅而成的。一般而言,军事驻地与交通的匹配似是顺理成章,但其中的互动又非常值得细究,它们是府州县等地方行政中心之外的另一层面的驿路交通的连接重心,明代卫所亦如此。将《一统路程图记》与洪武二十七年(1394)朝廷刊行的《寰宇通衢》相比较,可以发现明代主要交通线路在洪武时期已经形成,永乐以后内地交通地理变化相对很小,由于明代卫所与驿路的初步形成都是在洪武时期,因此本章主要分析洪武时期卫所设置与驿路交通之关系。广义的明代驿路包括由驿站连接的道路、急递铺连接的铺路组成。前者为交通主支,而不在驿路主线上的府州县、卫所则由铺路相接,本章主要分析设有驿站的驿路主线与卫所之关系。

洪武三年(1370)后作为地方高层军区的都卫(行都卫)陆续设立,洪武八年(1375)改为都司(行都司),都卫与都司遂成为人们谈及卫所时的地理单元选择。洪武十三年(1380)正月中央层面大都督府改五军都督府,五府分辖不同区域的都司,但是五府所辖军事区域并没有成为明人论及卫所时的主要空间选择。都司辖区与自然地理、高层政区辖区都有较强的重合或关联,区域性较完整,因此前人在考虑卫所的具体空间分布时,仍主要是以都司作为区域选择。洪武元年(1368)颁行的《大明令》以南京为京城,把南京驻守的卫所与其他地方的卫所分为在内(也称在京)、在外两大类,这是明朝人以京师为参照对卫所地理空间认识的开始,永乐迁都后,在京即为两京。一般文献中,在外卫所仍以都司为单元记载,因此在内与在外并不影响以都司为地理选择。明代中后期的督抚辖区使得明人对一些区域的卫所出现了跨都司的地理认知,九边所在尤其突出。

对于明代交通地理研究,蓝勇认为"总体来看,专门考证明代交通路线的成果并不是太多。之所以如此,主要原因是历史文献有关明代交通路线本身的记载较为详细,进行专门考证的必要性并不是太强,相关的学术含量也就相对差了些"①,本章在讨论卫所与交通的关系时,在都司地理的基础上,将更多地考虑自然、军事、民族等因素下的卫所空间分布。顾诚等学者或是从疆土管理角度对卫所与地域关系进行了分类,或是从边防与交通等角度思考其地理分布模式②,但皆处于概念的认定阶段,对于卫所的地理缺少从明代整个疆土范围或者跨都司去考虑的全局性研究。近年张玉坤团队将明代长城、海防、聚落关联在一起,在探讨沿海防御体系、海防驿递系统空间分布、长城军事防御聚落空间分布等所涉及卫所的研究时突破都司地理,以更广阔的区域作为对象③。本书在做有关分析时既以都司为空间基础,又会依据卫所与交通的布局进行跨都司的分析。

第一节 卫所与驿路之关系

元明驿路交通的主要变化在北边和西北,元代重视同蒙古高原及西域的联络,明初交通网络中北上的需求急剧减少,西向则只以河西走廊为主要通道,其他区域虽有变化,但不剧烈,受山川地理所限的驿路更是如此,因此可以说明代继承了元代内地的大部分驿路交通线。但这种继承又因区域的不同各有差别,粗略而言:长江以南及西南地区的驿路变化较小,这是南方的山川形势所决定的;长江以北变化相对较多,多与地方行政区划层级、治所调整等因素有关。对于洪武年间的驿路,因政治中心在南京,驿路的中心也变为南京,改变了元以大都为中心的总体格局,但北平仍是北防的区域交通枢纽,南京附近的驿路也仍多是沿用旧有。永乐迁都对南方地区的交通格局影响不大,北边则是以北京为中心的交通进一步加强。因此,明代驿路大势是在洪武时期已经奠定了的。洪武时驿路的选择与变化除与元代旧路有关外,还与当时统一战争推进路线、政区及其治所的调整、边疆与对外交流的形势等有关,这些

---

① 蓝勇:《近 70 年来中国历史交通地理研究的回顾与思考》,第 9 页。
② 郭红、靳润成:《中国行政区划通史·明代卷》,第 258 页。
③ 参见谭立峰、张玉坤、林志森:《明代海防驿递系统空间分布研究》,第 92—96、140 页;尹泽凯、张玉坤、谭立峰:《明代海防层次和聚落体系研究》,第 104—105 页;曹迎春、张玉坤:《基于 Voronoi 图的明代长城军事防御聚落空间分布》,第 129—136 页;谭立峰:《明代沿海防御体系研究》,第 100—106 页。

第二章 洪武时期驿路与卫所设置地理

因素同样也影响着卫所的设置,因此洪武时卫所与驿路的选择、驿站的增设是相伴而生、双向促进的。永乐时大宁都司、开平诸卫及山西北部诸卫所的内迁与塞外驿站的逐步废弃也是一起进行的。

上一章讲到府州县治所与卫所地理的密切关系,明代将府州县治与卫所地理相关联的现象确实存在,但并未形成严格的一一对应关系,说明是否在某一政区治地设置卫所还要考虑其他因素。另尚有大量不与政区同治的卫所,或位于府州县境,或为实土,影响它们设置选址的原因是什么?除受当地的民族及军事形势等因素影响外,当然交通线路也是考虑方面之一,而且相比其他因素的区域性特质,交通更具有全国性特点。洪武年间交通更是具有普遍意义的卫所设置地理要素。

明代的交通主干线为驿站连接的驿路,还有其他各种路线相辅①。洪武元年(1368)正月起明朝在元代驿路基础上开始设立自己的驿路系统,"置各处水马站及递运所、急递铺"②,明对元的驿路多数沿用,但在局部区域也有重大的改动或废弃。洪武十五年(1382)明朝平定西南,基本实现了疆土的统一,此时在云贵及此前在他地的卫所设置与明初战争的推进关联,在战争状态下,保证交通线路的畅通至关重要,因此洪武朝前期统一战争推进中卫所的增加与交通关系最为密切。洪武十六年(1383)七月丁未,朝廷"诏天下都司:凡所属卫所城池及境内道里远近、山川险易、关津亭堠、舟车漕运、仓库邮传、土地所产,悉绘图以献"③,这条诏令意味着朝廷认为天下已初定,开始对在统一过程中陆续设立的卫所进行梳理,在这条诏令中,各种与交通有关的信息成为卫所地图的主要上图要素。

洪武初年的多数卫所明显位于重要驿路所经之府州县治,这是因为在设置之初就考虑到了维护交通路线的需要。从元代继承下来的驿路一般与自然地理形势相吻合,多在元代以前长期就是交通要道,明代顺势相沿。这种情况下卫所的设置与驿路交通的相合顺理成章,在省级高层政区之间的主要道路上此特征非常明显。另一种为明初根据形势新开驿路,如浙江沿海驿路、与中都有关的水陆交通等。在这些新开驿路沿线或附近的卫所设置,更能凸显当时特殊地域的需求。

卫所的隶属也需考虑交通问题。洪武四年(1371)设贵州卫时,曹国公李文忠就梳理了由湖广武昌府入贵州卫和由四川成都府至贵州卫的两条驿路交通情况:

> 贵州今隶湖广,而其地在成都西南,计成都水路至重庆三十六驿,重庆陆路至播南九驿,播南陆路至贵州五驿,凡五十驿;贵州路由播南、思州界至沅州以达辰溪二十一驿,辰溪至湖广一十六驿,凡三十七驿,比之成都至贵州水路少二十

---

① 杨正泰:《明代驿站考(增订本)》,上海:上海古籍出版社,2006年,"前言",第13页。
② 《明太祖实录》卷29,洪武元年正月庚子,第500页。
③ 《明太祖实录》卷155,洪武十六年七月丁未,第2416页。

驿，陆路少七驿。如遇发兵，自成都至重庆虽三十六驿，然顺流而下，舟行捷疾，以及贵州陆路止一十四驿；若湖广至辰溪十六驿，辰溪至贵州二十一驿，皆溯上流，驿虽少而路远于成都矣。今议以贵州卫属成都都卫，便于节制，而凡军务之急者，贵州一移文成都都卫，一移文武昌都卫，若民职有司则属湖广行省为便。①

他认为从交通角度而言，贵州卫隶于成都都卫更有利于军事节制，而民事归湖广则受元代思州、八番顺元、播州三宣慰司属湖广行省的影响，以旧制为便宜。实际上经过调整，洪武五年(1372)时只有思州、思南宣慰司隶湖广，辖地约相当于元代的思州宣慰司，他地皆属四川。一方面，洪武时贵州卫一带军事、民事均隶四川有利于管理，另一方面驿多、路近、交通更为快捷更是朝廷所考虑的。

洪武时期直隶前军都督府的九江卫成为隶于前军都督府的湖广与江西都司、中军都督府在外直隶卫所间的一块特殊区域，即是因其驻守在长江与赣江交汇处，"为第一要害之地"②。永乐六年(1408)后，处于交通要地的潼关卫与蒲州所、汝宁所，宁山卫、蔚州卫和广昌所、平定所陆续改为直隶五军都督府，成为明代最引人注目的军事飞地。另一类明人文献中感慨较多的镇远卫、平溪卫、清浪卫、偏桥卫、乌撒卫、永宁卫、瞿塘卫、五开卫、颍川卫、归德卫、德州卫、德州左卫、武定所、忻州卫、莒州所、颍上所、磁州所等卫所属一都司、府州县属相邻另一布政司的"犬牙相制"③之设，亦和这些卫所在两省界的关键交通地理位置有关，此类卫所的隶属大多数在洪武时期已经形成，亦有几个原本不是犬牙，永乐中才改隶。洪武初年设置的山西都司泽州所在洪武十一年(1378)改宁山卫，改隶河南都司，永乐七年(1409)又改为直隶后军都督府，从"山西河南两界"④的犬牙变为飞地，都与其向南路通太行八陉最南之太行陉有关。从洪武到永乐，对于这些驻扎在重要交通关口附近的卫所的隶属设置思路是延续的，并被后世所继承。直隶后军都督府的宁山卫治在山西泽州，屯田远在北直隶大名府各县境，造成管理上的不便，正统三年(1438)时巡按河南监察御史丁璇奏请将宁山卫改隶山西或河南，兵部认为该卫是以控制河南山西，"规画已久，难以改隶"，还是从省际交通控制与祖制角度否定了丁璇的奏请⑤。

卫所与驿站的管理关联在一起。明代驿站按管理而言，有民驿，有军驿。军驿由卫所派军，除实土卫所辖区外，在府州县区域也会有设置。洪武时期由于征战的需要，一些府州县境内的驿站会临时由卫所负责，颍上千户所在洪武六年(1373)前就负

---

① 《明太祖实录》卷70，洪武四年十二月丙申，第1308—1309页。
② 胡松：《胡庄肃公奏议·为请设江防守备以重上流疏》，陈子龙辑：《皇明经世文编》卷246，《四库禁毁书丛刊》，集部，第25册，第599页。
③ 焦竑：《焦氏笔乘·续集》卷6《犬牙相制》，《四库全书存目丛书》，子部，第107册，556—557页。
④ 余子俊：《余肃敏公奏议》卷2《巡抚类》，《四库禁毁书丛刊》，史部，第57册，第546页。
⑤ 顾炎武：《天下郡国利病书》卷17《山西》，《四库全书存目丛书》，史部，第171册，第758页。

责颍上驿,由"千户所军夫递送"①。洪武十四年(1381)开始征讨云贵时,先在湖广岳州府至贵州一线设置二十五个驿站,用以储存军粮、保障交通,每驿"小旗一人,领军十人守之",至洪武十六年(1383)十月"荆州等卫言云南已平,将士各还卫所,而所留旗军亦宜代还。诏从其请,命旁近巡检司弓兵守之","罢湖广各驿守饷军士"②,这些驿站改为民驿。洪武二十年(1387)朝廷命云南都司下各卫自曲靖至大理六十里置一堡,兼驿传职能,"置军屯田,兼令往来递送,以代驿传"③,洪武二十七年(1394)湖广辰州卫奏请自沅州至常德设置五驿,"如沅州例,每一驿置一堡,每堡置卒二百人戍守"④,均是由邻近卫所负责的军驿。驿站与驿路在永乐以后虽有一定的调整,但基础在洪武时已奠定,除北边有较大变化外,其余变化较小,故明代中后期这种情况仍然较多。

笔者参照杨正泰《明代驿站考》一书所附明代驿路图[万历十五年(1587)为时间断限],将其绘入万历十年(1582)明代政区、卫所图中,基本可以反映整个明代卫所与驿路的地理关系。在笔者所绘地图中,万历十年(1582)有卫所721个(卫、守御千户所、守御百户所),其中66%是分布在有驿站的驿路主线上。369个卫中303个卫在主线上,占总卫数的82%,所中则有49%在主线上,由此可以看出卫的主责之一为交通线上的防守,从中还可以发现以下几个特征:

西北西安府至陕西行都司、西南云贵川、广西中东部、山海关以外的辽东都司等边地,受防守形势、自然地理、边地、民族、政区状态等的影响,卫所与驿路重合度高。辽东及陕西行、四川行三都司均是实土,又控扼东北、河西走廊、川滇西路;西南诸省土司众多,卫所多分布在政区相对成熟的区域,这些区域以驿路相联,成为中央伸向边疆地方的主脉,在驿路之外区域卫所分布较少。自山海关向西沿边墙至宁夏中卫,卫所与交通关系可分为两段:北京两翼东至山海关、西至怀安卫诸卫所多在东西驿路上;山西行都司至宁夏诸卫多位于南北向连接内地与边地的驿路和重要地理关节上。

山东半岛向南至广东沿海紧邻海岸线的卫所众多,东南浙江、福建、广东沿海府城多设卫,形成了以驿路主线连接的府治军卫与海岸线上串珠状卫所并行的局势。除山东半岛东端与南部的卫所离驿路主支较远外,自长江口以南海岸线上的大多卫所离驿路主线有一定距离,但又相隔不远。沿海驿路主线主要沟通各府城及同治卫所,除登州府城紧邻海岸线外,其余府城均离岸线有一定距离,而紧邻海岸线的卫所原本都是偏处海角一隅之地,并不是当地的行政与人口中心,明代因设卫所而建造城

---

① 成化《中都志》卷3《公宇》,《四库全书存目丛书》,史部,第176册,第184页。
② 《明太祖实录》卷157,洪武十六年十月戊寅,第2434页。
③ 《明太祖实录》卷189,洪武二十年十二月丁巳,第2805页。
④ 《明太祖实录》卷234,洪武二十七年九月丙辰,第3423页。

池,通过铺路与驿路相通,相互之间又有海路可行。

内陆地区的卫所多分布在传统的交通主线上。两京及各省治、行都司治是陆路交通和卫所驻扎的重心;潼关、襄阳、重庆、荆州、广信等交通枢纽都驻有卫所,以卫为多;水路则以大运河,黄河开封至淮安府段,淮河,长江及与长江相连的赣江、湘江、沅江、岷江都是卫所较多的线路。

卫所密集,但又不在交通主线上的区域主要有三种情况:人口复杂,少数民族人口较多区域,主要集中在湖广南部及其与广东、广西交界之处,湖广西部澧水以西、施州宣慰司,湖广西南与贵州交界处的黎平、靖州,这三块区域卫较少,守御千户所多;数省交界之处,如湖广与河南、陕西接界处;北边,从大同至宁夏边墙沿线。这些区域卫所和一些零星分布在府州县治所的卫所虽不在驿路主线上,但也是小的地域内的交通中心。这些不在驿路主线上的卫所也多都有铺路与驿路主线相连。

以上分析的虽是万历年间卫所与驿路对应关系,但也反映了洪武时期大部分区域的情况。虽然洪武以后驿路与驿站时有变化,尤其是永乐后两京制对驿路影响较大,但基本都是区域性调整,并未改变驿路主线的基本格局,永乐迁都后,这种卫所与驿路的对应就基本稳固了下来,因此时间上往前追溯,卫所与驿路的地理特征形成的关键时期仍是在洪武时期。梳理洪武时期卫所与驿路交通线之关系的形成是明晰明代卫所地理格局的关键。

第二节 洪武前期军事推进与卫所的交通线分布

明初的驿站与驿路与元代的驿站交通有着较多的承袭关系,本节依据党宝海《蒙元驿站交通研究》、杨正泰《明代驿站考》等前人研究,结合史料分析洪武时期卫所与驿路主线之关系。

洪武元年(1368)明朝的驿站体系开始创建,由水马站及递运所、急递铺构成,"专在递送使客、飞报军务、转运军需等物。应用马驴、舡车、人夫必因地里量宜设置"[①],九月"诏改各站为驿"[②]。洪武年间驿站设置与统一战争的推进并行,有将元代的站直接改设,也有依需要新设,南京、浙江、湖广、福建、河南、山东、广东、广西等地驿站设置较早,其他地方随之,洪武十四年(1381)明军进军西南,至洪武十五年(1382)由四川、湖广各路进入云贵的道路上驿站大量出现,洪武二十年(1387)后西北、北部边塞、辽东、四川行都司增设驿站较多,至洪武二十七年(1394)《寰宇通衢》编纂之时,明朝

---

① 《明太祖实录》卷29,洪武元年正月庚子,第500页。
② 《明太祖实录》卷35,洪武元年九月甲寅,第629页。

的驿路雏形已具。洪武时期卫所与驿路有一个圈层地理发展结构,以长江中下游为中心,先是向南、北辐射,形成比较稳定的中东部卫所地理;洪武中后期,边缘的西南、西北、北部、东南沿海的卫所交通地理趋于完善。以洪武十五年(1382)为界,明初卫所与驿路关系可分为两个时期:洪武前期,卫所治地多选择在省治、地理位置非常重要的府治,卫所与府同治的关系明显以水路、陆路交通的维护为重心,一省之内相对比较偏远、不位于驿路主线之上的府州县无卫所设置;洪武后期,随着疆域的扩展、卫所的逐步遍设,卫所与驿路的重合在边疆地区表现明显。至洪武末年,明朝卫所与驿路的关联已基本构建完成。因此本书以洪武十五年(1382)为界分为两个大时段,并细化为四个小时段来考虑卫所设置与驿路之关系。

一、洪武元年(1368)的多中心、辐射状分布

洪武元年(1368)年底时,明军控制区域内的卫所还很少,分布相对密集区域主要在南京、浙江北部、江西、福建北部、湖广沿江、北平城,河南、山东、广东、广西则是零星设置。卫所分布相对密集的区域明显呈沿交通线分布的特征,形成了四个辐射分布状态,分别以南京、武昌、南昌、杭州为中心,以交通线为联络向外辐射。

(一) 南京

以南京为中心的辐射包含五条分支:由南京向东,镇江卫向北—高邮卫—淮安卫—邳州所—徐州卫—济宁左卫,镇江卫向南—常州卫—苏州卫—钱塘卫,这两支是由长江—大运河勾连起的以南京为中心的南北交通线;镇江卫向南—常州卫—宜兴守御千户所—长兴卫—归安卫—钱塘卫则连通太湖西岸的交通;南京—滁州守御千户所—濠梁卫—长淮卫—怀远卫,通向临濠府并北上;南京—滁州守御千户所—合肥卫—安丰卫(寿州)—颖上守御千户所—颖川卫—陈州卫—北京守御千户所(开封)一线则向西北进入河南。

由镇江卫向南、向北沿大运河分布的两支,与元代运河水陆驿路吻合,也与明代驿路相同[①]。南京经滁州至合肥、过寿春,再北上至开封一线与元代汴梁至真州驿路基本重合[②]。宜兴守御千户所、长兴卫、归安卫保证了太湖西侧陆路交通,这一线元、明两代都无驿站设置,不是主要交通线路,之后长兴卫、归安卫变为守御千户所,不久三个所均被废,一方面是其本为"以御张士诚"[③]所设,平张士诚后,这一带地处腹里,无须重兵驻防,另一方面也说明这一线交通地位不如太湖东侧运河一路。

---

① 参见杨正泰:《明代驿站考(增订本)》,第114页。
② 参见党宝海:《蒙元驿站交通研究》,北京:昆仑出版社,2006年,第292页。
③ 弘治《湖州府志》卷11《兵卫》,《四库全书存目丛书》,史部,第179册,第546页。

凤阳一带在元代为安丰路濠州治,吴元年(1367)改设临濠府,使得当地统县政区的中心发生了改变,但是元代由合肥经安丰路治寿春往陈州的驿路并不经过临濠府治钟离,而是向西北由定林站、瓦埠站,沿淝水至寿春,因此洪武元年(1368)时合肥卫—安丰卫这一交通线仍沿用旧驿路,但是也新增了由滁州至濠梁、长淮、怀远三卫的线路。洪武元年时,沿滁州北上是到凤阳的主要交通线路,因此卫所分布较多。随着洪武二年(1369)九月朱元璋以"临濠则前江后淮,以险可恃,以水可漕"①建为中都,洪武四年(1371)二月又以"临濠为朕兴王之地,今置中都,宜以傍近州县通水路漕运者隶之"②为由,扩大了临濠府的管辖范围,增设卫所,使位于淮河中游驿路交会之处的凤阳成为水陆交通枢纽,既可由滁州陆路北上,经池河驿西北行,也可经大运河至淮阴,过洪泽湖、泗水驿,溯淮河而上,还可由合肥北上定远至凤阳。过合肥卫—安丰卫(寿州)—颍上守御千户所的驿路才改由合肥经定远、凤阳,再沿淮河西行。洪武中期随着中都建设的停滞,凤阳府辖的一些州县被划出,管辖地理范围有所缩小,但交通中心的位置没变。除在外卫所,明人所述"留都十卫陈列江北;浦子口五卫:和阳、龙虎、应天、横海、武德,直当龙江下关,处东西之中;江淮卫设江浦县;沈阳右卫设和州,以防上游;英武卫设红心驿;飞雄卫设池河驿;广武卫设朱龙桥,凤阳、滁州之中,以防北冲"③,即是对明代南京与凤阳间京卫分布和驿路交通的恰当描述。

《蒙元驿站交通研究》中所言元代"建康—饶州、饶州—杭州、杭州—建康,三条道路在江浙行省北部形成了环型的道路系统"④,洪武元年(1368)时虽已设立饶州所,但是南京至湖口一段长江上并无卫所设立,从当时江西西北部、浙江西部卫所稀少的状况而言,环状线路还未恢复。

(二) 武昌

洪武元年湖广卫所相对他地较多,明显呈以武昌府治城为中心的辐射分布。以武昌卫为中心,沿着五条驿路向外辐射:向东南沿江顺流而下—黄州卫;向西北沿汉水上溯—安陆卫—襄阳卫;向西沿江上溯—荆州卫—峡州卫—长宁所;向西沿江上溯至公安—澧州—常德卫向西南—辰州卫—沅州卫;向西沿江上溯岳阳、过洞庭湖,沿湘水上溯—潭州卫(治潭州府,后改长沙府)—衡州卫—永州卫—广西卫(治桂林府)。

受长江、汉水、沅水、湘水等水道的影响,上述五条沿长江及其主要支流的驿路是从元代继承而来的。其沿线分布的卫所是明初军队南下贵州、广西和西上四川的保障。

---

① 《明太祖实录》卷45,洪武二年九月癸卯,第881页。
② 《明太祖实录》卷61,洪武四年二月癸酉,第1191页。
③ 陈全之:《蓬窗日录》卷1《北直隶》,《续修四库全书》,子部,第1125册,第13—14页。
④ 党宝海:《蒙元驿站交通研究》,第313页。

第二章　洪武时期驿路与卫所设置地理

安陆、襄阳为朱元璋所重视,"安陆、襄阳跨连荆蜀,乃南北之喉襟,英雄所必争之地"①。元代自襄阳与武昌间的驿路沿汉水而行,洪武初由武昌经安陆卫到襄阳卫的这条线路与元代驿路相同,洪武四年(1371)三月"命湖广武昌等十府发民夫三万人、舟八千艘,运粮十四万石,由襄阳转输汉中,仍命所在卫所军士沿江护送"②,即走此线至襄阳。随州守御百户所及洪武二年(1369)德安守御千户所的设立,使得经随州、德安府连接襄阳与武昌的交通线路凸显了出来,由襄阳向东经枣阳、随州,沿涢水南下过德安府治,自涢水入汉水至武昌。在明初,过德安府的这条驿路缩短了武昌至襄阳的路程,同时向北可至信阳、汝宁,更利于湖广与河南的往来,此路与经安陆至襄阳的汉水驿路是嘉靖以前湖广西北部同武昌府间的两条交通主路。汉水曲折,本来夏口驿以西设置了众多驿站,"湖广武昌至襄阳历夏口、蒲潭、三汊、沙湖、俟埠、汉津、到河、深江、白洑等驿而后至,使客因避沙湖并九真、白湖之险,常以夏口站船径至白洑,计程六百余里,接递水夫动经逾旬方回"③,成化十六年(1480)改白洑驿为干滩驿,改三汊河驿为刘家堨驿。嘉靖年间,又在承天府东南增设郢东驿,在应城设城北驿,向东与德安府驿路汇合至武昌,使得由承天府与武昌间又多了一条陆路,承天府以南的汉水驿路逐渐衰微,以至于隆庆年间成书的《一统路程图记》上只记录了经应城、德安府的这两条驿路④。元代襄阳路南下经荆门至中兴路(江陵县附郭)有站,明初虽未设驿站,但"云南、交址、四川、湖广、广西五布政司一切庶务及番夷贡献方物"⑤均由荆州府江陵县经荆门至襄阳,然后至南阳,江陵北上至襄阳间无驿站,不利于交通,直至正统四年(1439)九月云南副总兵官都督吴亮上奏"云南入京道经荆州、襄阳、南阳、开封四府,其间驿传隔远,不便驰奏",朝廷让湖广、河南两省"量其道里远近,分拨闲僻驿分夫马,区画增置,授官给印"⑥,才在这一线增设18个驿站⑦,因此洪武时期襄阳府驿路南下主要交通方向俱为东南至武昌府。正统四年(1439)新增的襄阳至荆州府之间的驿站及随后增设的巡检司对成化十二年(1476)增设的湖广行都司非常重要,亦可以说这条均衡分布驿站的驿路是行都司能够增设的交通保障。

---

① 《明太祖实录》卷16,洪武七年四月庚寅,第224页。
② 《明太祖实录》卷62,洪武四年三月乙巳,第1199页。
③ 《明宪宗实录》卷207,成化十六年九月戊戌,第3615页。
④ 黄汴:《一统路程图记》卷6《江北陆路·十五湖广城至襄阳路有二》,《四库全书存目丛书》,史部,第166册,第528—529页。
⑤ 《明宣宗实录》卷56,宣德四年七月辛亥,第1330—1331页。
⑥ 《明英宗实录》卷59,正统四年九月癸酉,第1140页。
⑦ "增置河南原武县安城马驿,新郑县永新马驿,钧州清颍马驿,南阳县宛城、林水、博望三马驿,叶县滍水、保安二马驿,裕州赭阳马驿,新野县湍阳马驿,湖广江陵县城东马驿,荆门州荆山、建阳、石桥、丽阳四马驿,宜城县鄢城马驿,襄阳县吕堰马驿,改汉江水驿为水马驿。时用兵云南副总兵官都督吴亮奏云南入京道经荆州、襄阳、南阳、开封四府,其间驿传隔远,不便驰奏。上命行在兵部议,遣主事孙隆往会湖广、河南布按二司官,量其道里远近,分拨闲僻驿分夫马,区画增置,授官给印。从之。"(《明英宗实录》卷59,正统四年九月癸酉,第1139—1140页。)

(三) 南昌

洪武初年江西行省的主要驿路与元代差别并不大,因此除九江尚未设卫所使得江西北部的驿路之上缺少军队驻守外,其余驿路以南昌为中心,都有卫所布置:南昌卫沿赣江南下至临江府分为两路,一路过新淦、吉安、万安,沿赣州卫东南过南安府—南雄所—韶州所—广州卫,另一路由临江府治西行,沿袁江至袁州卫,可入湖南;南昌卫向东亦可分为两路,由抚州卫—建昌卫,经杉关入福建—邵武卫;由饶州卫—广信所,由广信可东上浙江衢州卫,或由弋阳、广信到铅山,南下福建建宁卫。洪武二十二年(1389)设立九江卫后,江西交通与军事的匹配随之固定了下来。虽然有明一代江西部分驿站有所调整,但驿路并无大的变化,除南昌外,驿路上各城池所驻卫所变化也很小。

(四) 杭州

由于山川限制,明初浙江行省与元代同一区域的驿路基本相同。洪武元年(1368)时浙江的卫所并不稳定,只是基本按一府治一卫(或所)在设置。除在前文已经叙述的北部经太湖东西两侧入钱塘卫驻守的杭州府治两条线路外,从杭州出发南下,浙东沿海可以东南经绍兴卫—明州卫(后改宁波卫)—台州卫—温州卫,或由绍兴卫东南经新昌、天台,抵台州卫—温州卫;由杭州西南下严州卫,在金华西北的兰溪向西南过衢州所,与江西的广信所相接,东南则经金华卫(后改所)—处州所,至温州卫。

明代浙江的驿路主线无大的变化,但与元代相比,因为海防的需要,洪武十九、二十年(1386、1387)浙江沿海遍设卫所后,由宁波府南下达台州府、温州府的驿路更显重要,其以铺路与沿海卫所相沟通,成为浙江沿海的交通主脉,《寰宇通衢》所记绍兴、宁波、台、温的驿路即是这条①。

从跨省域来看,杭州是将浙江、江西北部、南直隶南部关联在一起的最重要的交通中心。在元代建康经芜湖向西南到饶州、向南到徽州的驿路中洪武元年(1368)尚无其他卫所分布,不能构成南京、江西、浙江间环形的防御,但是从饶州所至杭州的中途有广信守御千户所、衢州卫、严州卫,都是这条环形驿路上的重要节点。

(五) 其他区域性交通中心

除了以上四个辐射状分布外,洪武元年时还有些卫所守御着区域性的交通中心。

福建卫所的分布呈现以设置在"七闽襟喉"②延平府的延平卫为中心、沿交通线路分布的特征。经江西建昌卫过福建邵武卫与经铅山南下建宁卫的驿路在延平卫治地

---

① 杨正泰:《明代驿站考(增订本)》附录《寰宇通衢》,第142页。
② 弘治《八闽通志》卷2《地理·形胜·延平府》,《四库全书存目丛书》,史部,第177册,第404页。

相交,驿道由延平卫东南至福建卫,南下沿海陆路可至泉州卫、漳州卫,这是元明时期福建的主要交通线路,建宁卫—延平卫—福州卫驿路即《一统路程图记》所记福建崇安县至福州府"陆路崎岖有虎,水路多滩船小"①的道路。建宁卫"东接括苍,北距上饶,西南抵延平"②,至洪武三年(1370)建宁都卫设置后交通地位更为重要。

因洪武九年(1376)前山东行省治青州府(元代益都路),因此最初山东的卫所地理是沿着以元代中书省东南部山东东西道宣慰司益都路为中心的驿路设置的。青州府治在洪武元年底有青州右卫,向西可由济南卫北上德州,与会通河、御河相接。洪武九年省治迁济南府后,青州府的交通地位下降,"驿传之设,聊给行李,无足议者"③,但仍是通往登莱驿路上的重要节点,济南诸卫—青州右卫—莱州卫—登州卫守护着这条通往山东半岛的唯一驿路。青州府有铺路通沂州卫,可南达邳州卫以连接黄河、大运河,元代在这一线设有站,明代未设驿站。

北平、洛阳也是此时期区域性的卫所中心,刚打下的北平城设有燕山左、燕山右、永清左、永清右、大兴左、大兴右六卫,成为当时南京之外的另一军事驻防要地。洛阳当时设有河南左、右二卫,以其为西进之重要据点。这两处洪武元年(1368)时尚处于征战的前沿,除北平、洛阳在城卫所外,其他区域卫所尚未设置,卫所与交通线路的关系还未建立。

洪武元年时高层政区间的交通以南京为中心,西北由颍川卫通河南分省,北则由徐州卫、坚城卫入山东,向南则以杭州诸卫为枢纽与浙江、江西、福建相连。一些驻守传统交通要道上的卫所为明军的统一军事进程奠定了交通基础,如江西南部赣州卫与广东南雄、韶州二所,湖广的永州卫与广西的广西卫。

在洪武前期,镇守一方与保障交通交织在一起成为卫所主责。明统一的战争仍在推进中,且部分地方属于刚刚占领,因此保障交通是卫所选址的主因。由于府治城池多即地域交通中心,因此府与卫所两者治所的吻合度较高,约有69%的卫所都设在府治城池中,其余亦多与州县同城。驻守府城的卫明显多于守御千户所。这说明在军制尚未完全确定及战争尚在进行的情况下,朝廷的卫所设置只能先以与军事相关的交通主脉上的府级城池驻防为主。此时卫所分布比较均匀的还是南京周围、湖广、江西、浙江中南部及福建,基本是一府一卫,而刚刚攻下的河南、北平府以南至山东卫所分布都比较稀疏。由于南、北都在开战,此时的道路交通以继承元代驿路为主,由区域中心变化和省级行政区划的调整而引起的交通线路变化引人注目,以临濠府、德安府地位和交通意义的上升最为明显,当地卫所分布与变化后的驿路相一致。

---

① 杨正泰:《明代驿站考(增订本)》附录《一统路程图记》,第229页。
② 弘治《八闽通志》卷2《地理·形胜·建宁府》,《四库全书存目丛书》,史部,第177册,第401页。
③ 嘉靖《青州府志·下册》卷11《驿传》,《天一阁藏明代方志选刊》,上海:上海书店出版社,1982年,第42册,第40页a。

二、洪武二年至五年(1369—1372)：卫所与驿路空间雏形

明军北征西讨，至洪武四年(1371)平四川后，除北边及云南外，大部分疆土都已基本平定，从洪武二年至五年(1369—1372)，卫所的设置以在新征服地增设为主，其中有以守府州县治为目的，也有明显为维持交通需求而设的，以下四条交通线路上最为密集。

(一) 西北屏障：陕甘藏交通枢纽的构建

洪武初在西北与元遗兵有较长时间的拉锯，为控御河西走廊东侧和青藏高原，先以临洮卫、兰州卫、河州卫、巩昌卫为中心，佐以洮州所、岷州所、积石州所、铁城所等，形成了西北联通关中平原、河西走廊、河州西南诸部的军事与交通网络。临洮卫治地居于此网络的中心：向东经巩昌卫可沿渭水往西安；或由巩昌向东南经礼店所、阶州所，进入四川青川所；阶州所向西路通岷州卫—铁城所—洮州卫，再北上临洮卫；临洮卫向西，沿河州卫—积石州所入吐蕃地；向西北，经兰州卫—庄浪卫进入河西走廊是此时陕甘间唯一畅通的交通线路。

这一带在元代即是汉地与藏地各部族交往的重地，设有驿站。洪武初临洮成为明军向西进军最重要的据点，"临洮之地，西通蕃夷，北界河湟，我师取之，其人足以备战斗，其土地所产足以供军储"①，因此洪武二年(1369)四月克临洮后立即设卫②，征兰州即从临洮出发③。明代从西安西行兰州有两条重要驿路：一条沿渭水，经凤翔至巩昌、临洮，北上兰州；一条沿泾水至平凉，经隆德、静宁、会宁至兰州。第一条驿路至巩昌后，有分支北上，至会宁与第二条合。以洪武初年卫所设置形势而言，当时在卫所护卫之下的第一条驿路是交通西北及青藏高原的保障。

临洮等四卫所守之地在交通上均属西北要地。洪武时位于临洮府西的河州府、卫有过较复杂变化，洪武七年至九年(1374—1376)曾一度在河州设置过西安行都卫（洪武八年[1375]改为陕西行都司）并将河州卫改为设左、中二卫，洪武十二年至成化九年(1379—1473)前为河州卫军民指挥使司，后废军民仍设河州，改隶临洮府，在明人笔下"国朝初置陕西行都司于河州，控西夷数万里，跨昆仑，通天竺，西南距川，入于南海，元勋大臣先后至其处，军卫既肃，夷戎率服，通道置驿，烟火相望"④，虽有所夸张，但河州卫地是青藏高原出入的要地无疑。

---

① 《明太祖实录》卷41，洪武二年四月丙寅，第815页。
② 《明太祖实录》卷41，洪武二年四月甲申，第824页。
③ 《明太祖实录》卷41，洪武二年四月乙亥，第820页。
④ 解缙：《解学士文集·送习贤良赴河州序赠行》，陈子龙辑：《皇明经世文编》卷11，《四库禁毁书丛刊》，集部，第22册，第201—202页。

位置稍东的巩昌卫置于巩昌府治,其驿路不仅可从关中西行往临洮、兰州,还可南下岷州所,并由阶州所过文县,经阴平道进入四川,过青川,向南达成都平原,阶、文是川陕间的"门户"之一①,洪武四年(1371)征四川时河南、陕西军队便舍东求西,放弃蜀人备御较严的金牛道,以阶、文为进军路线,并立即增设青川所。青川所近龙州宣抚司,不仅保障川陕西线交通,更位于松潘东出的重要道路上。洪武十二年(1379)八月后汉中府开始设驿,十三年(1380)改汉中千户所为汉中卫,从凤翔府治过宝鸡,沿陈仓道至凤县,东南行,沿褒斜道至汉中。洪武末年沔县吏高福兴等乱②,使得朝廷在广元设置利州卫、在汉中府境设宁羌卫、勉县所,又增设驿站,以维护金牛道的畅通,沿金牛道至广元遂成为明代川陕间主要驿路,被今天的学者评价为"驿站以连云栈道和金牛道作为中央经陕西连接四川、西藏、云南、贵州的主要交通大动脉,在中央对西南地区的管控中起到了重要作用"③,阶、文交通地位相应下降。

(二)南北沟通主脉:大运河上的卫所

作为元旧都,北平在明初的军事防守中受到了重视,洪武五年(1372)时已有11个军卫驻城。洪武时,北平附近及向北征伐供给主要依靠海运,"造海舟运粮往直沽,候大军征发"④,由直沽经通州入北平,洪武三年(1370)即有通州卫之设。同时元代大运河依然在使用,据《寰宇通衢》所载南京至北平的水站仍沿元代运河一线布置⑤。洪武初,会通河与御河交汇处的临清及其南的东昌府城是北征的重要据点,军队、粮草都在这里集结,一直到洪武十二年(1379)汤和在临清备边,"诸将练兵于临清,以备北边"⑥,并在其东北德州设守御千户所,洪武二十三年、二十四年(1390、1391)明朝都在临清训练军队⑦,德州所也于二十三年升为卫。会通河以南、淮安以北运河段也受到重视,陆续设置了大河卫、淮安卫、济宁左卫、平山卫(东昌府)以为保障,诸卫均有专门的运粮军人⑧。后由于会通河段"自济宁至临清旧通舟楫,洪武中沙岸冲决,河道淤塞,故于陆路置八递运所"⑨,因此洪武年间这一线的济宁左卫、平山卫亦有护卫陆路之责。除了维护运河畅通外,南京境内运河沿线的大河、淮安、高邮、扬州、苏州诸卫还担有海运之责。

---

① "上密语之曰:蜀人闻吾兵西伐,必悉其精锐,东守瞿塘,北阻金牛,以拒我师。彼必谓地险,而吾兵难至。若出其不意直捣阶文,门户既隳,则腹心自溃。"(《明太祖实录》卷64,洪武四年四月丙戌,第1211—1212页。)
② 《明太祖实录》卷249,洪武三十年正月乙丑,第3606页。
③ 任柳:《明清时期蜀道交通地理研究》,博士学位论文,西南大学,2021年,第248页。
④ 《明太祖实录》卷34,洪武元年八月癸未,第620页。
⑤ 杨正泰:《明代驿站考(增订本)》附录《寰宇通衢》,第161页。
⑥ 《明太祖实录》卷125,洪武十二年六月丙子,第2001页。
⑦ "命西凉侯濮玙往临清训练士卒。"(《明太祖实录》卷203,洪武二十三年七月甲午,第3036页。);"庚寅命户部储粮十六万石于临清,以给训练骑兵。"(《明太祖实录》卷207,洪武二十四年正月庚寅,第3082页。)
⑧ 参见嘉靖《山东通志》卷11《兵防》,《四库全书存目丛书》,史部,第188册,第59页。
⑨ 《明太宗实录》卷113,永乐九年二月己未,第1444页。

运河水路之外,南京与北平间经山东、河南境有数条陆路,《寰宇通衢》所记南京至北平的路线为经宿州、徐州东过黄河,经兖州、东平、茌平、高唐,由德州北上河间府,洪武初年这条线路上卫所稀少,说明当时南北交通线路中运河更重要。但是由于会通河的淤塞,洪武时期物资北运主要依靠的还是海运,通州东南旧御河沿线长时间并无卫所设置。永乐初"南北往来之冲"①的天津三卫同元代所设海运万户府一样也是以确保海运为目标,"以直沽海运商舶往来之冲,宜设军卫,且海口田土膏腴,命调缘海诸卫军士屯守"②,至永乐五年(1407)又增设通州左卫、德州左卫、济宁卫,永乐七年(1409)又设通州右卫,随着永乐九年(1411)大运河的疏通,运河水路的地位一度超过海运。

(三) 从湖广入广西的道路与卫所

洪武元年(1368)初下广西时只在桂林府设了广西卫,二年至五年(1369—1372)增设了柳州卫、象州卫、宾州所、南宁卫,使得经湖广永州卫、由灵渠向西南下桂林、再由桂林经永福南下的驿路得以延伸,沿洛清江至江口镇,由柳江可北上柳州府城、南下象州,从象州沿柳江、溯黔江至来宾、迁江,南下宾州至南宁府,至此由湖广长沙府南下至南宁府一路的卫所已经相对完备了。元代从柳州府城至来宾的驿路由府城南下,经迎恩站,以陆路为主,明代保留了这条陆路,同时新开了由象州向西水路至迁江南下的驿路,从卫所设置来看,洪武初更重视这条新驿路。广西河流众多,东部府州县城池多在河流交汇之处,使得驿路多水路,后增设的奉议卫、驯象卫、浔州卫都在太平府、南宁府至浔江的水路之上,"皆在左、右两江之中,要使控制蛮夷,声息援接,五屯以备藤峡,昭平以续江道,建置俱不为无意"③。这两条线路是明代广西卫所最为集中之处。

(四) 长江水路的保障

洪武四年(1371)开始进军四川后,"京卫、荆湘舟师由瞿塘趋重庆"④,为保障长江运输的通畅,陆续设置了瞿塘所、重庆所、叙南所。此后洪武六年(1373)重庆所改为卫,十年(1377)叙南所改为卫,十二年(1379)瞿塘所改卫,并增设忠州所,向东与长宁所、夷陵所、荆州诸卫共同构成长江水道上的护卫。朱元璋一向认为瞿塘与剑阁一样,乃"一夫负戈,万人无如之何"⑤之地,特将瞿塘所(后改卫)、忠州所隶属于湖广都司,以便犬牙川地。

---

① 康熙《天津卫志·重修天津卫志序》,清康熙十三年刻本,上海图书馆藏,第9页a。
② 《明太宗实录》卷36,永乐二年十一月己未,第628页。
③ 王士性:《广志绎》卷5《西南诸省·广西》,《四库全书存目丛书》,史部,第251册,第777页。
④ 《明太祖实录》卷60,洪武四年正月丁亥,第1167页。
⑤ 《明太祖实录》卷46,洪武二年十月壬戌,第909页。

三、洪武六年至十五年（1373—1382）：卫所与驿路空间关系的初备

征战四川之后至洪武十四年（1381）九月攻打云贵之前，明军事活动的重点在西北与北方，卫所设置的重心也在于此。因为政治中心在南京，虽军队屡出塞外，但边墙未建，洪武前期北部边防上的卫所尚未形成沿边墙分布的格局，各区域的卫所设置只考虑了本区域的防守与交通需求，形成了北平、定辽、大同、西安、兰州五个区域性卫所纽带。

（一）北平：卫所与北部交通

洪武元年（1368）打下大都后，朱元璋立即设置大兴左卫、大兴右卫、燕山左卫、燕山右卫、永清左卫、永清右卫六卫于此，之后卫的数量与名称有变化，但北平作为北方防守重心的地位一直未变。洪武初年北平周围卫所并不多，但都与交通有关：由密云卫、密云中卫—古北口所—宜兴所可向北；由通州卫—蓟州卫—遵化卫—永平卫—山海卫可向辽东；向西出居庸关，有居庸关所；南可经紫荆关所—广昌所进入山西；水路大运河则由通州卫南下。直到洪武十五年（1382）九月北平都司提出"边卫之设所以限隔内外，宜谨烽火，远斥堠，控守要害，然后可以詟服胡虏，抚辑边氓。按所辖关隘……凡二百处，宜以各卫校卒戍守其地"①，才开始沿北平以北诸山设防。但是此时塞外有开平、兴州诸卫，洪武二十年（1387）后又有大宁都司诸卫，北方战事的重点尚在开平、大宁迤北之地，因此北平周围并未广置卫所，已有卫所主要以防守北部关塞、维护向北的交通为主要驻防目的，同时又是塞外大宁、锦州等地军兵冬季退回休养之地②，有军事过渡地带之意。

（二）定辽：辽东海运

洪武四年（1371）故元辽阳行省平章刘益降，明王朝设定辽都卫，由于陆路仍为纳哈出等故元诸部所扰，海路受到重视，"俾佐武卫，安集海邦"③成为当地卫所的主责，定辽诸卫多有青州府、莱州府土军④，人员与粮食、棉花、布匹、冬衣等物资通过海陆运

---

① 《明太祖实录》卷148，洪武十五年九月丁卯，第2339—2342页。
② "庚午，征虏大将军永昌侯蓝玉奏：天气尚寒，胡人敛迹，大军久屯塞上，徒费馈饷。今量留人马，戍守大宁、会州等处，大军分回蓟州，近城屯驻，俟有边报，然后进军。诏许之。"（《明太祖实录》卷186，洪武二十年十月庚午，第2794—2795页。）；"宋国公冯胜行总兵官事，分军驻锦州，冬十月移屯蓟州，休养士马。"（《明太祖实录》卷194，洪武二十一年十二月壬戌，第2919页。）
③ 《明太祖实录》卷67，洪武四年八月辛亥，第1254页。
④ "定辽都卫奏：并卫所官军，以左千户所青州土军五千六百人属定辽左卫，以右千户所莱州土军五千人并本卫，军七百九十四人属定辽右卫，余军分为八千户所，内调千户余机领中、后二所往金州守御，俱隶都卫。从之。"（《明太祖实录》卷87，洪武七年正月甲戌，第1544—1545页。）

送,由南方各卫海运至山东登州卫、莱州卫,再海运至辽东半岛,此后"航海之运犹连年未已"①,甚至辽东将士的遗骸也由海运至登州府,然后归乡②。为维护海运及物资向内陆的转运,辽东逐渐形成了金州卫—复州卫—盖州卫—海州卫—辽东都司在城的定辽五卫这一条由卫所和驿站相连的驿路,成为"通漕之地"③,对辽东的物资供给及军事方面意义重大。山东对辽东的人员、物资供给及山东半岛的海运交通决定了辽东都司与山东之间的特殊关系。由辽东经山海关至内地陆路的畅通则是洪武二十年(1387)以后的事了。

(三)大同:南北交通架构的初建

在元代的驿站系统里,大同经天成、宣德东连大都,西可经东胜府达宁夏府路,向北可接通往和林的木邻道④,但是在洪武二十六年(1393)开始于大同东西两翼大量设置卫所之前,明王朝尚只能先顾及大同与山西中南部的交通。大同是山西行都司驻地,洪武中期有左、右、前三卫,向南经应州—山阴—广武营—雁门所—振武卫,再到忻州南下,这是元代已有的驿路,也是明代大同诸卫与内长城以南最重要的交通道路。朔州卫也由雁门南下,洪武六年(1373)徐达由朔州带兵南下,即是走雁门、下代州⑤。因此,明初山西中南部与北部大同的驿路即以雁门为枢纽。同为内长城上重要关口,宁武关北通朔州卫,其在正统十四年(1449)土木堡之变后才受到重视,项忠所言"偏头关最为紧要,宁武关次之,雁门又次之,但山川联络,烽火接连,一处有警,彼此皆惧"⑥,主要从景泰以后内三关军事防守而言,内长城南北的交通仍以雁门关为主。

(四)以西安、兰州为中心的西北卫所与交通的雏形

无论洪武前期陕西行都司的设置与辖区如何变化,并不影响西北地区卫所与交通关系雏形的逐步确立。西部过河州卫、积石州所,新设了西宁卫、碾伯卫,有驿道相连,亦东通兰州卫,使得之前已经形成的以兰州卫、临洮卫、河州卫、巩昌卫为中心的交通脉络进一步延伸和加强。随着甘肃卫、庄浪卫、凉州卫的设置,形成河西"几二千里,唯一线通道"⑦的交通形势,兰州卫成为控扼河西、西通西宁、南下临洮、东通平凉的重地,交通枢纽地位上升。河西之地卫所的增多,使得兰州卫在交通地理上的意义

---

① 《明太祖实录》卷74,洪武五年六月辛卯,第1360页。
② "命登州府于海口设官船,渡军士遗骸。初东军士死者,家人归其遗骸,每渡海辄为舟人所弃,都指挥使司以闻,故有是命,违者论如弃尸律。"(《明太祖实录》卷122,洪武十二年二月丁巳,第1978页。)
③ 茅元仪:《武备志》《李维桢序》,《续修四库全书》,子部,第963册,第2页。
④ 党宝海:《蒙元驿站交通研究》,第286页。
⑤ "大将军徐达等自朔州还至代县。"(《明太祖实录》卷86,洪武六年十一月壬子,第1526页。)
⑥ 项忠:《项襄毅公集·边关缺军防守事》,陈子龙辑:《皇明经世文编》卷46,《四库禁毁书丛刊》,集部,第22册,第472页。
⑦ 沈思孝:《秦录》,《四库全书存目丛书》,史部,第247册,第719页。

超越了临洮卫、河州卫。在陕西东部，随着宁夏卫、绥德卫的设置，西安向北驿路通延安卫—绥德卫，西北通庆阳卫—环县所—宁夏卫，如此明代西北地区的卫所与交通的关系网络已经基本形成。

元代驿路由延安向西北过塞门站、白塔儿站至察汗脑儿，但是明代延安向北的驿路重在绥德、榆林的边防，因此舍弃了此道，但这条路仍是蒙古南下的通道，故洪武时设塞门守御百户所，与邻近的安定、保安二百户所一起为延安卫的屏障。庆阳卫—环县所—宁夏卫所在的明代驿路则仍沿用元代过萌城驿的旧线路，随着洪武中期宁夏诸卫的相继设置，由庆阳、环县至宁夏的驿道日益重要，宁夏卫六马驿、六递运所为在城、石沟、盐池、大沙井、高桥、萌城，除大沙井驿是正统三年(1438)置外①，其余五驿均是洪武中设置②，永乐元年(1403)还增设了环县灵佑马驿③。成化二年(1466)又在灵州以南及东西二路设立了58座墩台：

> 周围筑墙掘沟，务在宽广，可容运粮接递军民客商投宿避害，量摘附近卫所屯守军余，每墩拨给五人，看守瞭望。庶几营堡相连，烽火相接，而易于应援，盐货流通，粮马渐增。④

更加保障了环县至宁夏及长城沿线的交通。

(五) 晋东南与河南间省域交通网络

山西潞安府北通太原，向南经泽州入河南怀庆府，由此可达洛阳、开封，洪武元年(1368)明军一攻下潞州即设卫驻守，后北设沁州所，南置泽州所、洪武十一年(1378)改宁山卫，其南又设怀庆卫，这一线与明朝河南北入山西的驿路一致，亦是元朝旧路。

(六) 岭表交通

岭南地区与交通关系密切的新增卫所主要分布在广东。虽然明军洪武元年(1368)已经攻下广东，但卫所设置与省际驿路的配合却是稍晚形成的。洪武六年(1373)前广东只有广东、雷州、潮州、海南四卫，千户所只有连州、潭览二所，尚不能联络成势，但北边湖广、江西行省境内的卫所已有向广东连通之势。洪武六年同时设置了肇庆所、德庆所、韶州所、南雄所、阳江所和惠州所，共安排了 21 678 名军士⑤，平均

---

① 《明英宗实录》卷38，正统三年正月己丑，第732页。
② 参见杨正泰：《明代驿站考(增订本)》附录《寰宇通衢》，第151页。
③ "设陕西庆阳环县灵佑马驿，从宁夏总兵官左都督何福言也。"(《明太宗实录》卷22，永乐元年八月癸酉，第415页。)
④ 《明宪宗实录》卷37，成化二年十二月己酉，第730页。
⑤ 《明太祖实录》卷84，洪武六年八月癸未，第1500页。

每所3613名,远远超过千户所平均1100人的常规数量,可见朝廷对广州及岭南军事与交通的重视,当时诸卫所以广州在城的左、右二卫为中心,沿西江上溯,经肇庆所—德庆所—梧州所入广西;向北水路或水陆结合至韶州所,经郴州卫进湖南;向东北韶州所—南雄所—赣州卫通江西,这三条线路上的卫所在洪武六年时已经基本稳定驻防,维护着广东与广西、湖南、江西四省间的交通。至洪武十五年(1382),广东境内广州府与潮州府、廉州府、海南岛的驿路上卫所已经分布的相对均匀了。

(七) 云贵川的卫所与交通

在洪武十四年(1381)九月傅友德、蓝玉、沐英三将出征西南之时,朱元璋依照舆图上所绘交通道路为他们制定了出兵路线:

> 云南僻在遐荒,行师之际,当知其山川形势,以规进取。朕尝览舆图,咨询于众,得其扼塞,取之计,当自永宁先遣骁将别率一军以向乌撒,大军继自辰沅以入普定,分据要害,乃进兵曲靖。曲靖,云南之喉襟,彼必并力于此以拒,我师审察形势,出奇取胜,正在于此。既下曲靖,三将军以一人提劲兵趋乌撒,应永宁之师。大军直捣云南,彼此牵制,彼疲于奔命,破之必矣。①

指出的即是从四川、贵阳入云南的两条交通线路。随着明朝军队出征云贵,道路开辟、驿站与卫所设置同时进行,使得云贵川交界处的卫所明显呈交通线分布。洪武十五年(1382)云贵间交通线上的普安线,即贵州卫—黄平所—尾洒卫—普定军民司—普安卫—曲靖卫已经连成一线,云川贵间永宁卫—芒部卫—乌撒卫—沾益卫—曲靖卫的乌撒线也已初具,二线在曲靖卫相交,再西南至昆明。这两条是"洪武年间在贵州重点经营的驿道"②。

元代由曲靖路至乌撒路后,向西北过乌蒙,经滩头站至叙州路③,洪武十五年(1382)设置有乌蒙卫,但随即改为毕节卫,意味着明代的驿路舍弃乌蒙路,改由乌撒向东北过毕节行至永宁卫,朱元璋对此线路非常重视,为了维护其通畅,曾计划"自永宁抵毕节度地里远近,夹道树栅为营,每营军二万,刊其道傍林莽有水田处分布耕种,为久远之计"④,认为只有设立卫所"如此分守,则云南道路往来无碍矣"⑤,后又增设了众多卫所,遂于洪武二十八年(1395)以后形成稳定的乌撒卫—七星关所—毕节卫—阿落密所—白撒所—赤水卫—摩尼所—普市所—永宁卫线性分布的卫所体系,

---

① 《明太祖实录》卷139,洪武十四年九月壬午,第2185页。
② 姜建国:《明代贵州驿道交通变迁及其原因》,第139页。
③ 党宝海:《蒙元驿站交通研究》,第202页。
④ 《明太祖实录》190,洪武二十一年四月癸酉,第2870页。
⑤ 《明太祖实录》卷147,洪武十五年八月乙巳,第2325页。

在毕节卫与贵州宣慰司奢香、水西等驿相接,通往贵阳。陆韧认为乌撒路"这种突破省际限制的军事单元构建,成为明代交通线管理护卫一体化创制"①。

在洪武十四年(1381)大军西征之前,西南早已设置有贵州卫,但当时只有此一卫孤立于当地,又属四川都司,军事上走播南驿路至重庆,再由重庆水路至成都,民事仍由湖广,东沿驿路至沅州、辰溪②。民事所行的湖广入云南一线即元代的普安道③,由于本就是洪武十四年明军进军西南的主要路线,因此也是迅速增设卫所守御,但在洪武十五年至二十一年(1382—1388),从沅州卫向西进入贵州至贵阳,其间只有平越卫,此时所重视的是自贵阳至昆明的卫所设置,但分布也相对稀疏。从洪武二十二年(1389)设镇远卫、兴隆卫起,朝廷开始在此线增置大量卫所,三年内即形成沅州卫—平溪卫—清浪卫—镇远卫—偏桥卫—兴隆卫—清平卫—平越卫—新添卫—龙里卫—贵州卫、贵州前卫—威清卫—平坝卫—普定卫—安庄卫—关索岭所—安南卫—普安卫—平夷所—曲靖卫线状分布,与驿路完全一致,以至于《一统路程图记》记"镇远以西皆为卫"④。

贵阳向西北的奢香、水西等驿及向北入播州的底寨驿等属贵州宣慰司、播州宣慰司,从兴隆卫经黄平入播州的驿站亦属播州宣慰司,一直到崇祯三年(1630)这一带才开始设置卫所,并不全部与驿路重合。因此永宁卫—曲靖卫、沅州卫—曲靖卫这两条卫所密布的驿路是明代云贵川间交通的主体。

元代的罗罗斯路上在明军刚取下云贵时虽然也设立了建昌卫、会川所、大渡河所,但卫所稀疏,说明尚未重视当地的防守与驿路交通,洪武二十五年(1392)建昌卫指挥使月鲁帖木儿、会川土官知府王春等的叛乱使得朝廷警醒,在驿路沿线增设卫所,形成成都诸卫—雅州所—大渡河所—越嶲卫—礼州中中所、后所—建昌卫、建昌前卫—德昌所—迷易所—会川卫—昆明诸卫一线,巩固了云南与四川的西路交通线。但是这条驿路艰难崎岖,明代出云南主要还是走东部曲靖二线,到明代后期西路"莽塞"⑤。

王士性《广志绎》中言云南有四路出省:

> 一自贵州乌撒卫入曲靖沾益州,为通衢。乌撒卫实居四川乌撒府之地。又一自贵州普安入曲靖。又一自广南府路出广西安隆、上林、泗城。今黔国禁不由。又一自武定路从金沙江出四川建昌卫。今亦莽塞。⑥

---

① 陆韧、夏自金:《交通安全与边疆稳定:明代乌撒道的特殊作用与交通管控模式探析》,第86页。云贵川的交通亦参考郭红、靳润成:《中国行政区划通史·明代卷》,第494—195页。
② 《明太祖实录》卷70,洪武四年十二月丙申,第1308—1309页。
③ 党宝海:《蒙元驿站交通研究》,第303页。
④ 杨正泰:《明代驿站考(增订本)》附录《一统路程图记》,第229页。
⑤ 王士性:《广志绎》卷5《西南诸省·云南》,《四库全书存目丛书》,史部,第251册,第787页。
⑥ 王士性:《广志绎》卷5《西南诸省·云南》,《四库全书存目丛书》,史部,第251册,第787页。

除广南府路外,其余即上叙三条卫所相连的驿路。广南府路通广西西部,但颇为边远,洪武年间曾设有广南卫,尚能通畅,永乐元年(1403)卫迁治昆明,广南府以西至广西泗城州间并无驿站与卫所设置,丧失了跨省交通的功能。因此西南四省间的省际交通以云贵川联系最强,广西则主要与湖南、广东道路联络,这是西南卫所与驿路的分布大势。

明代云南省内驿路以曲靖—昆明—楚雄—大理为东西主干,澜沧、金齿、腾冲、临安诸卫守护的驿路为枝辅,构成了"西有澜沧卫,联属永宁、丽江,以控吐蕃;南有金齿、腾冲,以持诸甸;东有沅江、临安,以扼交趾;北有曲靖,以临乌蛮"[①]的交通与军事体系。

西南诸省由于自然地理环境与民族分布因素,在始设卫所时即考虑交通维护因素,因此卫所与驿路的重合度非常高。

四、洪武中后期边疆的驿路与卫所

洪武十五年(1382)平定西南地区后明朝实现了基本统一,国家疆域得以奠定,但是仍面临着两大与军事相关的任务,一是在北方,从东胜、开平、大宁至辽东边防的稳固。洪武二十一年(1388)捕鱼儿海战役之后与北元间的较量告一阶段,但蒙古诸部对北边的威胁一直存在;二是在海疆,面对元代以来的倭患,洪武十九年、二十年(1386、1387)开始构建海上防线。

(一) 北部边墙内外的驻防

虽然自洪武二年(1369)开始明朝就在草原地带陆续设置开平、东胜等卫所,但一直是零星布防,并未形成联络之势。

随着在塞外游弋的故元诸部及东北野人诸部相继归附,洪武二十年(1387)后北平行都司与广宁诸卫的设置使得前往辽东的两条陆路得以保障。元代从大都一带通大宁有两条驿路,西路经蓟州、遵化、滦阳站、喜峰口、宽河站、神山站、富峪站,抵大宁;东路走玉田、丰润、永平、冷口、上滦站、新店站,抵大宁[②]。洪武二十年设大宁都司时受到重视的首先是前者,驿路从遵化卫向北,走宽河所—会州卫—富峪卫—新城卫—大宁诸卫一线;走冷口的东路则为明朝所弃。洪武二十五、二十六年(1392、1393)营州五屯卫的设置,则为了维护大凌河一线的安宁。洪武二十六年宁王朱权就封大宁、建府广宁的辽王朱植暂驻大凌河北[③],两王府及王府护卫的设立,使得洪武二

---

① 陈全之:《蓬窗日录》卷1《云南》,《续修四库全书》,子部,第1125册,第32页。
② 党宝海:《蒙元驿站交通研究》,第286页。
③ "癸亥。诏肃王楧、辽王植、庆王㮵、宁王权之国。初命肃王都甘肃,辽王都广宁,庆王都宁夏,宁王都大宁,至是甘肃与陕西各卫调戍士马未集,命肃王且驻平凉;广宁以宫殿未成命,辽王且驻大凌河北;宁夏以粮饷未敷命,庆王且驻庆阳北古韦州城,以就延安、绥德租赋;唯宁王就国。"(《明太祖实录》卷224,洪武二十六年正月癸亥,第3276页。)

十七年(1394)朝廷下令"自大宁至广宁东路四百八十五里置十驿"①,加强了大宁与辽东都司的东西联络。

虽然洪武十四年(1381)设置了山海卫,但洪武二十一年(1388)才开始在山海卫至辽东设置驿站②。从山海关向东北并不是洪武时期通向辽东的主要交通线路,洪武二十三年(1390)后广宁诸卫的设置亦考虑自大宁向东至广宁再到辽阳一线的防守,维护的是东西向的交通。沐春认为"虏人远遁,塞外清宁,已置大宁都司及广宁诸卫,足以守边"③,建议削减山海卫及附近驿站的军兵人数④,此时山海卫不在边防一线,且辽东的粮饷仍走海陆。永乐元年(1403)大宁诸卫内迁,虽永乐时仍常派兵备御其地,广宁诸卫亦足以守御,但随着永乐中期海运的减少,山海关至辽阳的驿路成为北直隶与东北联络的主要通道,宣德五年:

> 置辽东宁远卫于汤池,凡五千户所,以定辽中卫右所、定辽前卫中所、定辽卫后所、广宁中卫右、后二所实之。其汤池上下六站,各增置一千户所:山海东关至高岭驿设广宁前屯卫中前所,沙河驿至东关驿设广宁前屯卫中后所,杏山驿至小凌河驿设广宁中屯卫中左所,凌河驿至十三山驿设广宁左屯卫中左所,东关驿至曹庄驿设宁远卫中右所,连山驿至杏山驿设宁远卫中左所,以辽东诸卫多余军士实之,不足则于内地附近诸卫拨补,官缺于诸卫剩员及广宁操备官内调补。⑤

宁远卫及诸千户所与驿站相间而设,强化了这条道路上的防御。

以大同为中心,西至东胜卫、东经怀来卫至宣府一线,在洪武二十六至二十八年(1393—1395)增设了大批卫所,遂形成东胜左卫、右卫—镇房卫—玉林卫—定边卫—高山卫—大同诸卫—阳和卫—天城卫—怀安卫—万全左卫、右卫—宣府诸卫一线驻防,这条防线所在的驿路在元代已存在,从大同向北通向去和林的木邻道,东胜向西可过中兴府,是元代通向蒙古高原和西北的重要通道。明初所重为东西交通:

> 自东胜以西至宁夏、河西、察罕脑儿,东胜以东至大同、宣府、开平,又东南至大宁,又东至辽东,又东至鸭绿江,又北去不止几千里。而南至各卫分守地,又自雁门关外西抵黄河,渡河至察罕脑儿,又东至紫荆关,又东至居庸关及古北口北,

---

① 《明太祖实录》卷233,洪武二十七年六月乙酉,第3404页。
② "增置山海卫至辽东、松亭关至大宁,凡十七驿,命太仆寺选淮马给之,驿五十匹。"(《明太祖实录》卷192,洪武二十一年七月甲午,第2889页。)
③ 《明太祖实录》卷208,洪武二十四年四月己未,第3098页。
④ 方孔炤:《全边略记》卷10《辽东略·山海关在内》,《续修四库全书》,史部,第738册,第533页。
⑤ 《明宣宗实录》卷62,宣德五年正月庚午,第1472页。

又东至山海卫外。①

洪武时的这两道防线之间,虽有府州县,但卫所才是保障东西交通的关键。洪武年间东胜与宁夏间一直没有恢复元代的交通,因此东胜、玉林诸卫的主要责任是边防。永乐初,随着诸卫调动与防线的内缩,大同东西遂形成与边墙相随的驿路与卫所分布形势。"受降、东胜又大河之藩篱……盖宁夏去受降不数百里,既失受降,则宁夏以东之声援不通,而东胜不可守。大同去东胜亦不数百里,既失东胜,则大同以西之策应绝远,而延绥、榆林不易守"②,塞外诸卫的迁废,使得大同的防守与交通的区域性进一步增强,在北防上的东西联络意义削弱。

北平出居庸关至宣府的驿路上只在洪武三十年(1397)设置了怀来所,永乐年间才增设了保安卫、隆庆右卫、怀来卫。在洪武二十六年(1393)宣府诸卫设置之前,大同至北平的交通并没有受到足够重视。虽然洪武初这一带曾有过顺宁府、兴和府、隆庆州、保安州及数县,但在洪武四年(1371)遂废,人口内迁北平,成了既无卫所亦无府州县之地。洪武二十年(1387)后,随着冯胜、蓝玉、朱棣的北伐,尤其经过捕鱼儿海一战,蒙古势力大减,明军对塞外的控制加强,遂开始重视北边的横向联络与防守。杨正泰在《明代驿站考》的《明初大宁都司、万全都司驿路分布图》中绘制了通往开平的两条驿路,一条自北平至古北口出,另一条出居庸关、怀来,由独石口出,开平卫自洪武三年(1370)设立后,一直是孤悬塞外,洪武二十七年(1394)才有驿站设置③,洪武末开平附近又增置了开平五屯卫及兴和所。开平诸驿是开平卫联络内地及大宁一带的重要保障,永乐初大宁一带卫所内迁,但开平卫依然坚守,成祖北巡多经过开平诸驿,直到宣德时期开平卫迁至独石,"国初逐虏漠北,即元上都设开平卫守之,置八驿,东接大宁,西接独石,边境无事。后以大宁畀虏,兴和亦废,开平孤立难守,宣德中乃移卫于独石"④,塞外驿站随着诸卫的迁废而被放弃。

明代河西走廊上卫所军队驻扎最多的城池当属甘州,但是在洪武十五年(1382)前,河西走廊上的卫所分布还很稀疏。自兰州卫向西,只有庄浪、凉州、甘肃三卫,洪武十五年增设了永昌卫,后直至洪武二十三年、二十五年、二十七年(1390、1392、1394)甘州六卫、山丹卫、肃州卫的陆续设置才使得河西走廊上的卫所密集了起来,形成兰州卫—庄浪卫—凉州卫—永昌卫—山丹卫—甘州诸卫—肃州卫一线,都在驿路

---

① 《明太祖实录》卷249,洪武三十年正月庚辰,第3613—3614页。
② 谢铎:《论西北备边事宜四》,陈九德辑:《皇明名臣经济录》卷16,《四库禁毁书丛刊》,史部,第9册,第294页。
③ "乙酉,命兵部遣官至北平布政使司,议置驿传。自大宁至广宁东路四百八十五里,置十驿;中路北平至开平七百六十五里,置十四驿;西路至开平六百三十里,置十三驿;土木至宣府一百里,置二驿。"(《明太祖实录》卷233,洪武二十七年六月乙酉,第3404页。)
④ 万历《大明会典》卷130《镇戍五·各镇分例二·宣府》,第668页。

之上,正统以后添设的古浪所、高台所也在其上。镇番卫、镇夷所洪武三十年(1397)置,永乐三年(1405)新设三岔、黑山、宁边三驿属镇番卫,用以维护凉州卫至镇番卫的交通,同时增置镇远、平乐、泉水、通源四驿隶镇夷所①。洪武时亦曾短暂有威虏卫、白城子所、威远所的设置,应是有道路通亦集乃,"路当冲要"②,元代从甘州路沿黑河、从正义峡北行,有路通亦集乃的纳怜道③,从卫所治地而言,明初是从肃州卫出发,沿讨来河北上,从今金塔县西北前往亦集乃,比元代驿路靠西,但文献中没有洪武时设置驿站的记载。

(二) 海疆卫所的分布与陆海交通

沿海卫所的设置可分为两个时期,以洪武十九年(1386)为界。

在洪武十九年之前,卫所设置相对较多的是南京长江口、浙江、福建、山东沿海。浙、闽最初所设均为与府同治的卫,有维护地方治安和海防两大职责,虽然这些军卫一般并不在海岸线的最前沿,但也要防范海寇,洪武十五年(1382)浙江都司的奏言说明了当时浙江各卫的海防情况:

> 杭州、绍兴等卫每至春则发舟师出海,分行嘉兴、澉浦、松江、金山防御倭夷,迨秋乃还。后以浙江之舟难于出闸,乃聚泊于绍兴钱清汇。然自钱清抵澉浦、金山必由三江海门俟潮开洋,凡三潮而后至,或遇风涛,动逾旬日,卒然有急,何以应援! 不若仍于澉浦、金山防御为便。其台州、宁波二卫舟师则宜于海门、宝陀巡御,或止于本卫江次备御,有警则易于追捕。若温州卫之舟卒难出海,宜于蒲洲、楚门海口备之。④

长江、钱塘江两个江口是防守重点,各卫除本地海防外,还要相互应援,防守重点岸线。太仓、镇海、苏州诸卫及崇明等所既要备倭,也负责海运。山东半岛的卫所备倭,重在保证海运线路的畅通,洪武十九年(1386)前已有莱州卫、宁海卫、登州卫、福山所、胶州所。此时广东沿海卫所尚少。

自洪武十九年起,朝廷接受"习海事"的方国珍侄子方鸣谦"量地远近置卫所,陆聚步兵、水具战舰"的建议⑤,信国公汤和、江夏侯周德兴在太湖以东、浙江、福建沿海修城籍民,东南海岸线上卫所大增,同时"行旅病之"的浙江道路也得到了修缮⑥。洪

---

① 《明太宗实录》卷46,永乐三年九月甲午,第709页。
② 《明太祖实录》卷247,洪武二十九年九月庚申,第3584页。
③ 党宝海:《蒙元驿站交通研究》,第296页。
④ 《明太祖实录》卷144,洪武十五年四月辛丑,第2268—2269页。
⑤ 《明史》卷126《列传第十四·汤和》,第3754页。
⑥ "甲寅,命浙江布政使司修治所隶绍兴等府桥梁道路。时信国公汤和还自浙东,言吴江长桥圮坏及浙东西道路多不治,行旅病之。故有是命。"(《明太祖实录》卷187,洪武二十年十二月甲寅,第2802—2803页。)

武初太湖以东、浙江东部驿路连贯苏、嘉、杭、绍、宁、台、温诸府城,较靠内陆,沿海岸线新增的诸多卫所虽离驿路主支有一定距离,但有铺路相连,温州府北部的浦岐所、盘石后所、盘石卫则在驿路上。太仓、镇海二卫与新增的吴淞江所、金山卫及其下南汇、奉贤二所构成了苏州府、松江府的防线。福建沿海驿路由福州向南,与浙江宁、温间驿路相似,连接福州、兴化、泉州、漳州四府治城,洪武中期在海岸线上建立的五卫十三所与之前设置的驻于府城的六卫共同构成了福建的海防基础。经过籍民、迁民、筑城等,洪武二十一年(1388)时苏松二府及浙江、福建沿海卫所体系已经形成,"沿海卫所,严于保障"①成为朱元璋训诫武臣的八条之一。

广东行动较晚,洪武二十七年(1394)开始在沿海增置卫所,自广州诸卫至惠州卫,南下平海所向东至海丰所等二卫七所在由广州府出发经惠州府至潮州府的驿路沿线或附近,自平海所以东,驿路基本沿海岸线,与唐宋时期广州至潮州的沿海驿路一致。元代广州路至潮州路的驿路自惠州经龙川、长乐、梅州,再南下潮州,连贯了重要的地方行政中心,至明代依然存在,由于地处内陆,只设了河源所、长乐所、程乡所以资守御,这条驿路由程乡所向东,沿水路可入福建汀州府,再入江西。在广东西南沿海,由于明代驿路主支由肇庆府至高州府,再南下雷州府,使得广海卫、海朗所、阳江所、双鱼所、神电卫、宁川所离驿路较远,但是它们与雷州卫、锦囊所、海安所、海康所、乐民所、永安所、廉州卫、钦州所一起构成了广东大陆的西南海防联络线。海南岛的沿海卫所则与圆形驿路完美结合。

频遭倭患的山东半岛在洪武三十一年(1398)经历了新增卫所的高潮,沿海岸线增设了安东、灵山、鳌山、大嵩、靖海、成山、威海七卫及浮山、雄崖、海洋、宁津、百尺崖、奇山六守御千户所。元代山东半岛的驿路在半岛北部,从益都过莱州、登州至宁海,明代驿路到登州府治,半岛东部及南部海岸交通不便,直到成化年间边远卫所还因"僻在海滨"②、远离驿路,"分巡、分守、提督、把总官经年不至"③。洪武末年,东南沿海卫所"星罗棋置"、"非徒设"④。这些卫所的线状分布,后人认为洪武时期主要从防范角度考虑,"以防于未然"⑤。永乐以后虽然沿海一带卫所有调整,但都零散且数量少,可以说至洪武三十一年山东半岛诸卫所设置后,明代沿海的卫所海防地理格局已经形成。

---

① 《明太祖实录》卷 193,洪武二十一年八月庚午,第 2901 页。
② 《明宪宗实录》卷 46,成化三年九月癸酉,第 955 页。
③ 《明宪宗实录》卷 46,成化三年九月癸酉,第 955 页。
④ 朱纨:《朱中丞甓余集·海洋贼船出没事·禁船出洋》,陈子龙辑:《皇明经世文编》卷 205,《四库禁毁书丛刊》,集部,第 25 册,第 182 页。
⑤ 钱薇:《承启堂集·与当道处倭议·倭事》,陈子龙辑:《皇明经世文编》卷 214,《四库禁毁书丛刊》,集部,第 25 册,第 256 页。

(三) 其他重要交通路线

洪武中后期湖广都司下与交通最为密切的卫所设置当属前文提到的平溪、清浪、镇远、偏桥四卫,均与贵州相通;同时为了黎平府与五开卫的交通,还增设了诸多卫所,使得沅州卫—汶溪所—天柱所—铜鼓卫,沿新化江,经新化亮寨所—新化屯所—五开卫,向南还可达黎平所,另一条则由靖州卫—平茶所—铜鼓所—中潮所,亦可抵五开卫、黎平所,这些卫所守御的交通线是明朝为平苗所开,未设驿站相连接。

第三节 洪武卫所与交通之空间关系

虽然永乐初年对卫所有较多调整,但涉及区域主要为北部边墙内外,此后卫所相对平稳,少有急剧变化,因此洪武朝的三十一年间是卫所布局的关键时期,明代卫所与驿路交通之关系也是此时奠定。

一、北边纵横结合的卫所与交通

洪武二十七年(1394)成书的《寰宇通衢》所记驿站连通地点中提及卫五十三个,守御千户所三个(表2-1),以西北、大宁、四川、贵州、辽东的卫所为主,另有少量湖广、云南、北平、山西北部军卫。其重视西北、西部、西南、东北等"方隅"[①]边地未设府州县的部分实土卫所的驿路交通记载,以此作为洪武时期边地交通的主支。因此,《寰宇通衢》是以府州县治所和重要边卫为驿路节点来记载的,并不能完整反映卫所与驿路的关系。

表2-1 洪武《寰宇通衢》所录驿站连通的边远卫所

所隶都司	卫 所 名
陕西都司	宁夏卫、河州卫、岷州卫、洮州卫
陕西行都司	兰州卫、庄浪卫、西宁卫、凉州卫、永昌卫、山丹卫、甘肃卫
山西都司	振武卫、镇西卫
山西行都司	蔚州卫、朔州卫

---

① "庚申,修《寰宇通衢》书成。时上以舆地之广,不可无书以纪之,乃命翰林儒臣及廷臣以天下道里之数编类为书。其方隅之目有八……"(《明太祖实录》卷234,洪武二十七年九月庚申,第3423页。)

续 表

所隶都司	卫 所 名
北平都司	山海卫、宣府(卫)、开平(卫)
北平行都司	会州卫、富峪卫、大宁(卫)、兴州中屯卫
湖广都司	施州卫
四川都司	松潘军民指挥司、茂州卫、叠溪千户所、青川千户所、黔江千户所
四川行都司	会川卫、建昌卫、
贵州都司	贵州都司、乌撒卫、兴隆卫、层台卫、毕节卫、普安卫、清平卫、平越卫、新添卫、龙里卫、威清卫、平坝卫、普定卫、安庄卫、安南卫、都匀卫、永宁卫、赤水卫
辽东都司	辽东都司、金州卫、复州卫、海州卫、盖州卫、三万卫、沈阳中卫、义州卫、广宁卫
云南都司	金齿卫军民指挥使司

如果结合洪武时期卫所设置进程而言,由纵向变为纵横结合是洪武时期北边卫所地理变化的重要特征。洪武前期、中期北边卫所的分布以南北纵向分布为主,与南北向的驿路相一致,这是由当时明军与蒙古在北边的持续战争所决定的。山西、北平的北部在元代本就是大都向北的重要出入路径所在,另外明初塞外的军队与其他人口都需要物资支持,因此保障南北向的交通就成为卫所的责任。由太原出雁门至大同;由北平经密云、出古北口至宜兴州、北上至开平;由蓟州、遵化至大宁、营州;由西安北上延安、经安塞诸百户所至察罕城;由西安经环县至宁夏诸卫,这五条交通要道上分布着重要的卫所,北平诸卫、大同诸卫、开平卫、大宁卫、延安卫、宁夏诸卫成为这些交通线北端重军驻扎的节点。

纵向的布局与明初军事上北向出击的形势关联在一起,也与开国初期军力不足有关。洪武后期,随着东胜卫向东、大同两翼、宣府一带卫所的密集设置,沿边纵横结合的防守形势逐渐明显。虽然永乐初年宣府、大同一带卫所变动较大,但最后形成的卫所地理仍受洪武后期横向格局的影响,沿边墙以南东西分布,且多地一城两卫,防守实力大增。北平北部、陕西北部的横向变化则相对较晚,洪武后期,北平向北,塞外开平、大宁、营州、广宁诸卫所密布,相互联络,形成了一个防守与交通结合的网络,地理上仍明显呈南北纵向分布。永乐初随着北平行都司的内迁,卫所或废或迁,北京边墙南侧的卫所才呈现出横向分布的特征。洪武初期北边军事压力主要来自山西、北平北部,西北延安、宁夏一带的卫所较长时间内以纵向分布为主,以维护与西安的交通。洪武中期宁夏众立军卫,成为与甘州诸卫一样重要的西北边防重地。陕西都司西北沿长城横向线状分布是永乐以后逐步形成的。王士性在《广志绎》卷一中用卫所、驿站、营、堡等将九边连成一线①,也是横向交通的体现。在《皇明九边考》中,各军镇也是由驿站与卫所、府州县城池一起道路相连。

二、山川之间的卫所与交通

长江以南元代驿路与明代驿路重叠度高,尤其是与山川自然地理结合紧密的湖南、江西与福建、两广间跨越南岭的道路,以及西南云贵川高层政区间的交通线路,基本都是从历史上长期沿用下来的,其卫所的分布与驿路高度重合,成为明代南方地区发展的重要保障。主支为以下六路:从江西经抚州所、建昌所治过邵武卫治地,从广信所(东连浙江衢州府)至福建行都司治所在建宁府,两者在延平卫治地汇聚;由江西赣州卫入广东南雄所;从湖广永州卫治溯湘水,入广西全州所,经灵渠、漓水至桂林府在城诸卫;湖广沅州卫经镇远诸卫至贵阳诸卫治地、西南下云南曲靖卫;从四川永宁卫经赤水、毕节、乌撒诸卫所至曲靖与湖广、贵州线相汇;四川行都司一线入云南姚安府。这些线路上的府州境内卫所多在府城,向两端的延伸都与各布政司所在城池相接,是当时当地交通网络中的主干。

由河流形成的水路交通也是洪武年间卫所布局的重点,这一点在南方非常突出。从长江口至四川叙州府,由太仓、镇海二卫及所属吴淞所、崇明所向上溯,通州所—镇江卫—仪真卫—南京诸卫—安庆卫—九江卫—蕲州卫—黄州卫—武昌诸卫—岳州卫—荆州诸卫—枝江所—夷陵所—长宁所—瞿塘卫—忠州所—重庆卫—泸州卫—叙南卫共同构成了明初长江水路上的防守,"我朝太祖建都金陵,四方运舟率由大江"②,洪武时期漕运的重点在南京,使得长江水路尤为重要。长江与其大的支流交汇之处,既有府州治城设置,一般也有军卫驻守,叙南卫、泸州卫、重庆卫、岳阳卫、武昌诸卫、九江卫分别是岷江、中江(沱江)、嘉陵江、洞庭湖、汉水、鄱阳湖与长江交汇处,卫所扼守水路冲要,保障了洪武年间南方地区的交流。

元代大运河在明初有所淤塞,但仍是人员、物资北上南下的通道,德州卫—平山卫—东平所—徐州卫—邳州卫—淮安卫、大河卫—高邮卫—扬州卫—镇江卫—苏州卫—嘉兴所—杭州诸卫成为南北大运河交通体系中的重要守御力量,有派遣军士巡河看堤之责。济宁以北至临清段,由于泥沙堵塞,洪武时期至永乐九年(1411)开会通河间另开有陆路,东平所—平山卫—德州卫仍沿线守御。淮安卫、大河卫位于洪泽湖、大运河、黄河交汇处,用以控御水路。虽然洪武时期已经非常重视大运河在统一过程中的运输功能,但因为政治中心在南京,元末运河淤塞处尚未得到疏浚,海运发

---

① 王士性:《广志绎》卷1《方舆崖略》,《四库全书存目丛书》,史部,第251册,第700页。
② 谢纯:《漕运通志》卷1《漕渠》,《四库全书存目丛书》,史部,第275册,第8—9页。

挥着向北方的大量运输任务,加之北平及其以北已驻有重兵,虽德州以北至通州间御河段在洪武二十年(1387)均设水驿、马驿①,但未增设卫所,与当时北平布政司中南部卫所稀少的整体情况一致。直到永乐有迁都之意并疏通会通河后,又设立了一批卫所,明代"漕运之河""自通州至仪真,凡三千里,河之所经,军卫有司分而属之"②,沿途卫所与府州县分段共管河堤的局面真正形成(表2-2)。

表2-2 弘治《漕河总图》中有分段堤岸的沿岸卫所

通州左卫	天津左卫	东昌卫	淮安卫
通州右卫	天津右卫	平山卫	大河卫
定边卫	沈阳中屯卫	东平所	高邮卫
神武中卫	河间卫	济宁卫	扬州卫
营州前屯卫	德州卫	徐州卫	仪真卫
武清卫	德州左卫	徐州左卫	
天津卫	临清卫③	邳州卫	

除了防卫长江、运河这两条东西、南北交通主线外,卫所与河流关系还体现在一些省级区域内。湖广南境沅水、湘水沿线的卫所成为联通西南的保障,江西南部赣江沿线的南安所、赣州卫、吉安所守御着江西与广东间的水路。由颍川卫—颍上所—寿州卫—长淮卫—凤阳诸卫—洪塘湖所—泗州卫入洪泽湖,则与颍水和淮河中游的水路相关。四川西北,沿岷江分布的松潘卫—叠溪所—茂州卫—威州所是成都与松潘交通的保障,即为"纳都、迭溪之路",与"青川驿道"④一起成为松潘出入的通道。因为江南水路便捷,洪武二十三年(1390)朝廷不给浙江、江西、湖广、四川、广西五都司驿传符验,令其"如有军务,止以多桨快船飞报"⑤。

三、海路与海岸线卫所

与内地、陆路边疆卫所多是驿路重要节点不同,东南沿海岸线分布的卫所除与府

---

① "北平布政司请自河间景州至永平抚宁县马驿二十二,吴桥至通州水驿八,各宜增置马及船。时总兵官永昌侯蓝玉亦言自遵化至喜峰口里、滦阳口外,富民、宽河、栢山、会州、新城、大宁等处,宜置马驿七,以备边报。诏皆从之。"(《明太祖实录》卷185,洪武二十年九月庚寅,第2778—2779页。)
② 王琼:《漕河图志》卷1《漕河》,《续修四库全书》,史部,第835册,第552页。
③ "山东临清卫,原系济宁左卫,景泰元年收调临清,无该管堤岸。"(王琼:《漕河图志》卷1《山东临清州》,《续修四库全书》,史部,第835册,第558页。)
④ "松潘僻在万山,接西羌之境……择士卒勇鸷者守纳都、叠溪之路,其青川驿道无阻遏者,不守可也。"(《明太祖实录》卷123,洪武十二年三月辛未,第1983页。)
⑤ 《明太祖实录》卷203,洪武二十三年八月甲戌,第3046页。

州县同治的外,多不在驿路上,而是依靠铺路与驿路相连接。这些卫所治地偏远,海岸崎岖、交通不便,但多数距驿路并不远,且有海路可依。广东、福建、浙江三都司及南直隶太湖以东紧邻海岸的卫所均属此类。山东半岛只有一条从青州府通莱州府、登州府的驿路,洪武末期设立的威海卫和半岛南侧诸卫所俱不通驿路。另外也说明东南沿海布政司所辖的驿站系统以府治为中心,对沿海卫所的陆路交通有所忽视。淮安府与扬州府海州东海所以南至廖角嘴一线由于滩涂广阔,受海寇影响较少,因此中间除盐城所外,别无卫所设置,大运河以东也无驿站设置。

四、交通与卫所分布的疏密

明代卫所与驿路、海路的紧密关系,对卫所分布的疏密度也产生了影响。内陆地区交通线上的卫所多沿府州县治分布,且以府治为主,相对比较稀疏,因此卫所密集区域都在陆海边地。洪武末年,卫所分布密集的区域有:

北防边塞段——东胜至定辽。受洪武时期北边军事形势的影响,这一东西以东胜、大同、宣府、开平、北平、大宁、广宁、定辽为中心的卫所密集地带,分布着占当时全国16%的卫所,除利用元代蒙古人从大都通向草原地带的各条驿路外,洪武后期所加强的是各卫所间的东西横向交通联系。永乐以后塞外卫所的内徙,使得这条密集带向南收缩,大同、宣府、北平、蓟州、山海关的横向联络强化,山海关通向辽东的一线地位凸显。

西部弧形段——陕西行都司、陕西都司西部、四川都司西部、四川行都司至云南,甘州诸卫、兰州卫、河州卫、临洮卫、岷州卫、松潘卫、茂州卫、成都诸卫、建昌诸卫、楚雄卫是这一弧形地带的主要军卫,虽说所处区域情况各有不同,但交通、民族是其共有的关键词,共同构成了西部防线。

东部沿海段——由山东半岛、从长江口至雷州半岛沿海两段卫所构成。这是明初在面对与以前诸朝都不同的海上威胁时在军事上的布局。元代倭寇已时扰海疆,沿海也有昆山、嘉定等处水军万户府、定海千户所等军事设置,洪武时倭寇无岁不侵,迫使朝廷在沿海大量设置卫所。洪武三十一年(1398)时,东南沿海山东至广东段卫所数已达百余,占当时卫所总数的17%。

湘贵云交通段——由湖广沅州卫向西南、经镇远卫入贵州,由曲靖至昆明,向西至大理,线状分布着30余卫所,这条线上的驿道元代已存在,加强了云南行省与中原的联系,洪武中后期沿交通线设立的卫所成为明代贵州、云南发展的保障。由重重卫所驻守、连通西南的驿路使得云贵与国家中心区域的联系在元代基础上得以进一步加强。

虽然洪武以后的驿站与驿路有变化,但因卫所所处驿路多与自然地理、军事、民族、边疆关联在一起,变动相对较小。参考杨正泰《明代驿站考》中所附各省及长城沿线、明初大宁都司、万全都司等驿路图,洪武三十一年(1398)时位于驿路上的卫所占比与前文所计万历十年(1582)相当。以都司境计,其中北平、北平行、辽东、四川、陕西行、贵州等都司境内重合率最高。

这种驿路卫所占比情况的区域差别较大,在统治成熟、远离边塞的中心区域和东部沿海,驿路之外的卫所相对占比较多,南京、河南及东部沿海即如此。除沿海与边地外,洪武年间内地卫所多但又不分布在驿路主支上的区域多与湖广及其邻省有关,永州府道州及其以南,与广西平乐府恭城、富川交界处；郴州与衡州府南部,与广东连州、韶州府北部接壤地；靖州、黎平府境；施州卫与岳州府西部,其中与府州县同治的卫设置较早,守御千户所多设于洪武二十年(1387)以后,且多不与府州县同治,均与偏远山区、民族地区的驻防有关。一省内部也有差别,在湖广西部与南部的民族区域,驿路未及深入,因此施州卫及其西南三省交界一带、湖广南部卫所均以一方治安为主责。

小　　结

作为守御一方的常规军事设置,地方上的各种因素都会影响卫所的选址。洪武时期,在统一过程中战争不断,镇守一方与保障交通交织在一起成为卫所主责。明初的交通是与驿站、道路的建设紧密联系在一起,受进军路线、区域中心与边防形势的改变等因素影响,在元末驿路基础上形成了自己的驿路体系,卫所作为防守体系在地理上与驿路相随。洪武初年随着征战设立的卫所和边地卫所据守交通要道的目的更为强烈。在军制未定及战争尚在进行的情况下,朝廷的卫所设置只能先以与军事相关的交通主脉上的府级城池驻防为主。由于府治城池多即地域交通中心,洪武前期府与卫所两者治地的吻合度较高。洪武十六年(1383)后,随着疆域与统治的逐步稳定,其他因素在卫所设置地理中开始上升。

如果借鉴今天公路分级可将明代驿路系统分为国道、省道两级。由驿站连接的驿路主支可称为明朝的国道,铺路即为其省道。本章所述即以前者为主,即沟通王朝的省与省间、中心与边疆间、边疆地区的驿路,洪武时期卫所的设置重心在于维护其通畅,沿着其呈线状分布的卫所区域明显南方多于北方,既是受山川形势所限,也与宋以来南方的发展相随。明初又定都南京,先有江淮,重视长江流域、岭南和西南地区的交通。在国道之外,能够成为区域性交通中心的城池一般也有卫所设置。

受自然地理的制约,洪武年间的驿路,尤其是省际间重要的连接道路多沿用元朝旧路,只有个别区域根据形势的变化加以调整。永乐以后,省内的驿路相对有较多的调整,北边因为北京地位的上升、疆域内缩和卫所调动有较多变化,但对省际间的交通影响很小。因此除北边外,明代卫所与驿路交通相合的主支架构应该在洪武末年已经形成,此后少有改变。

第三章

明代行都司时空地理

洪武八年(1375),明朝在全国疆域内将都卫、行都卫改为都指挥使司(都司)、行都指挥使司(行都司),卫所制度在地方上的基本层级得以确立,都司与行都司、布政司、按察司三司同为地方高层管理机构。洪武八年后,卫所体制下的疆土军事管理层级在省一级一直只有都司、行都司及留守司,明清史料中经常将都司、行都司并计[①],在具体称呼时也会以治地来称各行都司为大同都司[②]、甘州都司[③]、建宁都司[④]、郧阳都司[⑤]、建昌都司[⑥],因此当时有行都司等同于都司的认识。就军事层级而言,都司与行都司确实是并行的,但是从地方管理角度而言,行都司又有特殊性。虽然在数量上行都司不如都司,但其对管理的地域却有重要的地理意义。

明代都司的设置和地理都相对稳定,洪武八年设置的十三个都司除北平都司永乐元年(1403)被废外,其余十二个都司一直存在,此后又增设云南、贵州、万全三都司(亦曾短暂设置过交阯都司),北平行都司因内迁改为大宁都司。洪武八年地方军事层级稳定时,各地除都司外,还有山西、福建、陕西三行都司,与山西、福建、陕西三都司并立存在。随后在洪武二十一年、洪武二十七年、成化十二年(1388、1394、

---

① 都司、行都司并称为"都司"的情况在史料中较多见:"洪武二十六年定……都司二十一处。"(万历《大明会典》卷124《兵部七》,第636页。);"今天下都司二十一。"(吕柟《武选清吏司题名记》,黄训:《名臣经济录》卷33《兵部》,景印文渊阁《四库全书》,第444册,第25页。);"明武职之制,内设都督府、锦衣卫,外设二十一都司。"(黄宗羲:《明夷待访录·兵志三》,北京:中华书局,2011年,第134页。);"共计都司二十一。"(《明史》卷90《兵志二》,第2204页。)

② "永乐九年……给大同都司官马。"(万历《大明会典》卷25《户部十二》,第179页。)

③ "甘州都司承差阎宗魁……"(杨一清:《关中奏议》卷10《为调兵征剿边敌众事》,景印文渊阁《四库全书》,第428册,第297页。);"甘州都司王朝,以番贼射死,命进一级。"(谈迁:《国榷》卷68,隆庆六年十二月癸亥,北京:中华书局,1958年,第4213页。)

④ "初建宁都司聂贤私买军民货物……"(过庭训:《本朝分省人物考》卷31《南直隶扬州府二·冒鸾》,《续修四库全书》,史部,第533册,第635页。)

⑤ "……金郧阳都司事。"(王世贞:《福建等处都指挥使司掌司事署都指挥佥事张君建节墓志铭》,焦竑辑:《国朝献征录》卷110《都司》,《续修四库全书》,史部,第531册,第535页。)

⑥ "令建昌都司及乌蒙地方钤束夷獠。"(嘉靖《马湖府志》卷6《良牧列传》,《天一阁藏历代方志汇刊》,北京:国家图书馆出版社,2017年,第782册,第90页。);"(新乡镇)西至建昌都司千二百里……"(顾祖禹:《读史方舆纪要》卷73《四川八》,北京:中华书局,2005年,第3408页。)

1476)又设置北平行都司、四川行都司、湖广行都司。部分行都司在明初与明后期屡有设废变迁,这是它和都司不同之处,但是并不妨碍行都司仍是明代高级军事层级稳定存在的一部分。

关于何谓行都司,有不同的记载。正德、万历本《明会典》和清人修的《明史》等都记载为五行都司,"计天下行都司凡五"①,"五军都督府所属卫所……陕西行都司,洪武十二年添设……四川行都司,旧无后设……湖广行都司,以湖广都司卫所改设……福建行都司……山西行都司"②,五行都司实际上是指成化十三年(1477)以后的状况,在明后期和清代官方记载的影响下,五行都司说成为主流观点。

《读史方舆纪要》记载:"(明太祖)又于边围疆索置行都指挥使司七,以安内攘外:曰辽东、曰大宁、曰万全、曰大同、曰甘肃、曰建昌、曰贵州"③,即对应的辽东都司、北平行都司、万全都司、山西行都司、陕西行都司、四川行都司、贵州都司,这是顾祖禹对洪武时期行都司的认识。其中贵州都司设立时间早于贵州布政司,贵州卫在洪武十五年(1382)设贵州都司前隶于四川都司,贵州西部亦属四川布政司,因此顾祖禹将未设布政司时的贵州都司作为实际上的行都司,与四川都司并称。万全都司实设于宣德五年(1430),但《读史方舆纪要》认为其设置于洪武二十六年(1393),顾将其与治于北平的北平都司相对。如此分类的原因是顾认为"其不与布政司并治者为行都指挥使司"④,而福建行都司及其前身建宁都卫虽然与布政司不同治,但在管理上"军政最为严肃"⑤,因此未将其归入。在提及明人疆土管理的总设置时,顾又遵循了《明会典》和《明史》五行都司的观点,"两京都督府分统各都指挥使司十六,行都司五(山西大同、陕西甘肃、四川建昌、湖广郧阳、福建建宁)"⑥。从有行都司意义到名实一致,顾对行都司的认识随设置时期不同而有所变化,在明代史料中,亦有与顾从行都司意义出发的相同认识,主要集中在对辽东都司的认识上。

从名称、时间与实际管理角度,结合明朝官方记载,本书以山西、福建、陕西、四川、湖广、北平六个名实相符的行都司和具有行都司意义的辽东都司为研究对象。此外,明朝还设置过羁縻性质的乌思藏、朵甘、俺不罗、牛儿宗寨、领思奔寨等行都司,这些羁縻行都司不属本章研究范围。

---

① 《明史》卷76《职官志五》,第1873页。
② 万历《大明会典》卷124《兵部七·都司卫所》,第637、638、639、641、642、643页。
③ 顾祖禹:《读史方舆纪要》卷9《历代州域形势九》,第379—380页。
④ 顾祖禹:《读史方舆纪要》卷9《历代州域形势九》,第380页。
⑤ 顾祖禹:《读史方舆纪要》卷9《历代州域形势九》,第380页。
⑥ 顾祖禹:《读史方舆纪要》卷9《历代州域形势九》,第398页。

表 3-1 明代行都司沿革表①

年份	年号	山西行都司	福建行都司	辽东都司	陕西行都司	大宁都司	四川行都司	湖广行都司
1371	洪武四年	大同都卫	建宁都卫	定辽都卫				
1374	洪武七年				西安行都卫（治河州）			
1375	洪武八年	山西行都司	福建行都司	辽东都司	陕西行都司			
1376	洪武九年				罢			
1379	洪武十二年				复设(治庄浪)，当年被废			
1387	洪武二十年					大宁都司		
1388	洪武二十一年					北平行都司		
1393	洪武二十六年				复置(治甘州)			
1394	洪武二十七年						四川行都司	
1403	永乐元年					大宁都司（内迁）		
1476	成化十二年							湖广行都司
1581	万历九年							废
1588	万历十六年							复置
1594	万历二十二年		废?					

根据行都司的设置来源可以将其分为三类：

由(行)都卫设置的行都司，包括山西行都司、福建行都司、陕西行都司、辽东都司。洪武八年(1375)，大同都卫改为山西行都指挥使司，辖区在山西北部；建宁都卫改为福建行都司，辖区位于福建西部；陕西行都司由西安行都卫擢升，据郭红考证，西安行都卫和陕西行都司的辖区和治地在不同时期是迥然不同的②，西安行都卫治河州，又于洪武八年更名为陕西行都司，主要管理河州以南诸部，第一次废而复设后治庄浪③，第二次复设治地迁至甘州；定辽都卫改为辽东都司，辖辽东广大地区。

脱胎于都司的行都司，包括四川行都司、湖广行都司。四川行都司于洪武二十七

---

① 参见郭红、靳润成：《中国行政区划通史·明代卷》，第 910 页。另，谢忠志和杨园章也都持福建行都司于万历二十二年(1594)被废的观点。(谢忠志：《明代的五行都司》，第 77—142 页；杨园章：《明代福建行都司的设置与裁撤缘由探析》，第 155 页。)

② 郭红、靳润成：《中国行政区划通史·明代卷》，第 394 页。

③ 梁志胜认为："庄浪时期的陕西行都司是一个有名无实的虚置机构，它无官员，无所司，亦无属卫。"(梁志胜：《洪武二十六年以前的陕西行都司》，第 165 页。)郭红对此观点进行商榷，考证后认为："洪武十二年重设行都司于庄浪，又于当年七月废除。"(郭红、靳润成：《中国行政区划通史·明代卷》，第 403 页。)马顺平、张磊亦认为陕西行都司设于庄浪是存在的。(马顺平：《明代陕西行都司及其卫所建置考实》，第 109—117 页；张磊：《明代卫所与河西地区社会变迁研究》，第 35 页。)

年(1394)设,其下辖卫所来源于四川都司。湖广行都司设于成化十二年(1476)底,下辖卫所基本来自湖广都司。

洪武年间的北平行都司属于在新拓疆土上的设置。大宁都司设于洪武二十年(1387),次年即更名为北平行都司,靖难之役后内迁,并且回改其名为大宁都司,永乐迁都后其失去了与之对应的北平都司,因此内迁后的大宁都司不再具有行都司意味。同理,万全都司、设贵州布政司前的贵州都司被顾祖禹计入行都司,虽然两者与布政司不同治,但缺乏与之对应的同名都司,因此本章不做探讨。

辽东都司虽然不具有行都司之名,但是具有行都司之实。辽东与山东隔渤海相望,洪武时期重视海运,辽东供给主要依靠江淮漕运至山东莱州卫、登州卫,再海运至辽东,人员往来亦走海上,因此将辽东都司监察事务交由山东按察司下属的辽海东宁道负责,正统年间又设辽海东宁分守道,隶属山东布政司,可见在地方管理上,辽东都司区域在民政、监察事务上接受山东管辖,在军事上与山东都司有管理平行、辖区毗邻的特征①。《明实录》载:"国初旧制,山东、辽东原系一省"②;《全辽志》载:"山东与辽东名为一省,如人一身"③,此类记载屡见不鲜。《明代辽东档案汇编》中收录了大量辽东与山东官员之间文书往来和案件记录,显示了两地日常事务联系紧密。在明清文献中已经有许多将辽东都司称为"辽东行都司"的记载,"辽改为辽阳县,金元因之,本朝改为定辽中卫,属辽东行都司"④;《读史方舆纪要》目录亦将辽东都司称为"辽东行都司"⑤,并置于山东之下。辽东与山东之特殊关系,学者的探讨目前已非常丰富⑥。因此本章将辽东都司纳入行都司研究之列。

洪武末有山西、陕西、北平、四川、福建五行都司和辽东都司,永乐元年(1403)北平行都司内迁且改名,此后至成化十二年(1476)十二月的时间里,明疆土上共有五个行都司型军事上的地方高层辖区,成化十二年底湖广行都司设置后变为六个。万历九年至十六年(1581—1588)湖广行都司被短暂废除过,有学者考证福建行都司在万历二十二年(1594)被废并再未设置⑦,但是在明末及清代的文献中仍多以山西、陕西、四川、福建、湖广五行都司为准。从时间上而言,可以说洪武后期已经奠定了明代行

---

① 杜洪涛:《明代辽东与山东的关系辨析——兼论地方行政的两种管理体制》,第96—105页;陈晓珊:《从地域认同的角度看明代"辽东隶于山东"现象的演变》,《民族史研究》第11辑,北京:中央民族大学出版社,2014年,第127—143页。
② 《明神宗实录》卷543,万历四十四年三月戊子,第10319页。
③ 刘九容:《海运议》,李辅纂修:《全辽志》卷5《艺文上》,《辽海丛书》,第14册,沈阳:辽海书社,1934年,第38页。
④ 朱熹撰,爱新觉罗·玄烨批注:《御批资治通鉴纲目(一)》卷2上,景印文渊阁《四库全书》,第689册,第133页。
⑤ 朱熹撰,爱新觉罗·玄烨批注:《御批资治通鉴纲目(一)》卷2上,景印文渊阁《四库全书》,第689册,第133页。
⑥ 丛佩远:《试论明代东北地区管辖体制的几个特点》,第110—119页;陈晓珊:《从地域认同的角度看明代"辽东隶于山东"现象的演变》,第127—143页;张士尊:《明代辽东都司与山东行省关系论析》,第30—34页。
⑦ 杨园章:《明代福建行都司的设置与裁撤缘由探析》,第149—159页。

都司制度的基础,但是随着督抚制的发展,嘉靖、万历时行都司已经处于危机之中,废除之议常出。从所处的地理环境来看,行都司都处于布政司和都司管理难以深入之地,同时不同行都司间又存在地域差异。福建行都司和湖广行都司处于多省交界的山区,四川行都司则是少数民族聚居区域,北平行都司、辽东都司、陕西行都司和山西行都司位于边防地带。作为有特殊性存在的明朝高层军事层级和疆土管理组成,各行都司设置、境遇都存在着极强的相似性。因此,虽然在地理上各行都司之间互不相连且各有特色,但仍值得作为一个整体进行研究。

谭其骧提出辖有实土的都司、卫所兼管军民,实际上是地方行政区划[①]。在明代行都司中,拥有实土意义的陕西行都司、四川行都司、北平行都司、辽东都司是当地的实际高层政区[②];山西行都司、湖广行都司、福建行都司境内有府州县,行政上是同名布政司的辖地,但其亦是疆土管理的组成部分[③]。如果将三司视为明代高层政区的象征,行都司及其相关的布政司、按察司既有地理上的分割,也有权力上的分解。因此,考察明代高层政区不能忽略对行都司的研究。

行都司在其辖区驻扎和处理日常事务,有利于稳定地方与防御边疆。从中央管理的角度来看,明朝既要保证地方防御能力,同时又担心地方坐大,为加强中央集权,遂采取不同职官系统权力相互制约的方式。宣德以后总督巡抚设立,并逐渐成为超过都、布、按三司的地方非正式最高机构。考察行都司与三司、督抚之间的互动对于理解明朝采取职官之间权力制约、辖区交叠和边界交错的举措有重要意义。

总之,行都司在地理分布上看似分散,并且设置的时空背景各有不同,但其作为行都司系统贯穿整个明代,有着极高的共性特征。行都司研究对制度本身来说,有助于理解明朝设立行都司的举措,以及这一制度在明朝的存在意义;从明朝政治体制的运作来说,有助于厘清明朝如何利用多职官系统进行权力制约,不同管理体系之间如何互动,这有利于深化对明代政治机制的理解;从明代的疆域管理上来说,有助于理解行都司在地方行政上所起的作用;从对地方社会的影响来说,大部分行都司对当地的塑造影响深远,在清代成为地方行政区划的基础。

第一节　明代行都司源流与盈缩

明初制度在很大程度上借鉴了元代,卫所制在组织架构、世袭兵制、屯田等方面

---

① 谭其骧:《释明代都司卫所制度》,《长水集》,北京:人民出版社,1987年,第152页。
② 周振鹤:《体国经野之道——中国行政区划沿革》,上海:上海书店出版社,2009年,第129页。
③ 顾诚:《明前期耕地数新探》,第200—201页。

有吸取唐宋之处,但也沿袭、改进了元代兵制的许多特征①,在中央与省级军事管理机构的设置上亦与前元制度有延续性,行都司亦不例外。从元代的行枢密院到明代的行都司,有承袭关系,但亦有变化。此外,行都司及其下辖卫所的设置经过目前已有大量考证成果,笔者试图在此基础上,对其下辖卫所进行量化分析,探讨行都司辖区盈缩变化反映的王朝在不同时期对行都司部署的调整。

一、从行枢密院到明代的行都司

至正十六年(1356)六月,朱元璋"置行枢密院于太平,以总管花云为院判"②,此为朱元璋置"行"字军事机构之始。元明更替之际朱元璋的中央与地方高层行政军事机构历经三个阶段,即龙凤时期的枢密院—行枢密院;1361年至洪武初的大都督府—行都督府、(行)都卫;洪武中期以后的五军都督府—(行)都司,三阶段在制度调整期有一定的交叉。不同阶段的地方军事机构中都带有"行"字,但是其含义却不相同,如果说龙凤时期和明初的军事制度在一定程度上沿袭了前元,而行都司的出现意味着"行"字机构的含义已发生了变化。

有两位学者在四川行都司相关研究中涉及对行都司名称的探讨,彭勇认为四川行都司与四川都司同在布政司区域,以"行"称之的原因是其建立的时间在后,并且"行"有"行省""行署""行在"中的"行"之义,因此四川行都司是派出的省级管理机构③。笔者认为可深入探讨处有三:就四川行都司设置时间而言,的确建立在四川都司之后,但在洪武二十七年(1394)设四川行都司之时,已有山西、福建、陕西、北平四行都司,其中山西、福建、陕西三行都司与同名都司都是洪武八年(1375)同时设立,不能以四川行都司设置在四川都司之后的个例推及行都司名称的由来;"行省""行署""行在"在设置之初都有临时和暂时之意,皆为解决一时一方之事而设,事罢则免。而行都司几乎伴随明代始终,说明它并不是临时机构。刘永安认为"行都司是因为特定地区的军事需要,由都司(都指挥使司的简称)直接派驻该地的军事机构,设官与都司同,因在省府外,故称'行都司'"④。要探讨行都司是否具有派出性质,有必要对朱元璋政权下的"行"字军事机构进行梳理。

洪武以前龙凤政权下的中央与地方高层军事机构为枢密院—行枢密院。朱元璋自从至正十五年(1355)六月率兵下江南之后,为了"总制各翼军马"⑤,先后设立了太

---

① 彭勇:《明代卫所制度流变论略》,《民族史研究》第7辑,北京:中央民族大学出版社,2007年,第151页。
② 《明太祖实录》卷4,丙申岁六月辛未,第44页。
③ 彭勇:《卫所制度与边疆社会:明代四川行都司的官员群体及其社会生活》,第99页。
④ 刘永安:《郧阳抚治形成时期的三位一体结构及其历史地位》,第53页。
⑤ 《明太祖实录》卷9,辛丑岁正月辛酉,第111页。

平和江南两处行枢密院,至正十六年(1356)六月"置行枢密院于太平,以总管花云为院判"①,七月"置江南行枢密院,以元帅汤和摄同佥枢密事"②。行枢密院实际上沿袭了元朝的旧制,元朝在中央设有枢密院,职掌"天下兵甲机密之务,凡宫禁宿卫、边庭军翼、征讨戍守、简阅差遣、举功转官、节制调度,无不由之"③,而一旦发生战事,则设置行枢密院,"大征伐,则止曰行院。为一方一事而设,则称某处行枢密院,或与行省代设,事已则罢"④。可见行枢密院在元朝是为解决用兵事宜而专门设立的军事机构,行枢密院的职官与枢密院相同,但人数不同。机构名称的对应、职官设置相同以及"事已则罢"是其作为枢密院派出机构的重要特征。龙凤政权对前元机构和制度的沿袭,使得朱元璋虽然是其所领行枢密院的最高长官,但在名义上还要受龙凤政权在中央的枢密院统辖。随着朱元璋实力的不断增强,行枢密院最终在至正二十一年(1361)被废,三月"丁丑,改枢密院为大都督,命枢密院同佥朱文正为大都督,节制中外诸军事"⑤。值得注意的是,此条史料中记载的是枢密院,南炳文考证这条史料中的"枢密院"其实是指行枢密院,并认为改行枢密院为大都督府是朱元璋不甘屈居于小明王韩林儿龙凤政权之下的表现⑥。此后,朱元璋政权的中央与地方高层军事机构开始转变为大都督府—行都督府、(行)都卫。

枢密院和大都督府,都是洪武以前在中央设置的军事机构,只不过两者所属的政权不一。朱元璋领导的军事机构从行枢密院到大都督府的转变,反映了其自立伟业的雄心。从改制的表面上看,"时枢密院虽改为大都督府,而先任官在外者尚仍其旧"⑦,似乎只是一个名称的改变而官员照旧,但对比大都督府与行枢密院的人事,"命枢密院同佥朱文正为大都督"⑧,"以枢密院同佥汤和为中书左丞"⑨,"以枢密院同知邵荣为中书省平章政事同佥,常遇春为参知政事"⑩,可见原行枢密院重要官员如邵荣、徐达、常遇春等都被改中书省任职,只有朱文正凭借朱元璋侄子的身份成为大都督。由此看来,行枢密院改大都督,实际上是通过改制实现人员调动,集中军事权力于朱家之手。因此行枢密院改大都督府对于朱元璋和明朝而言,标志着朱元璋政权脱离其他农民军政权,是建立独立中央制度体系的开始。行枢密院是龙凤政权下的

---

① 《明太祖实录》卷4,丙申岁六月辛未,第44页。
② 《明太祖实录》卷4,丙申岁七月己卯,第45页。曹循提出"江南行枢密院与太平行枢密院是否为同一机构"的疑问,但未给出明确答案。(曹循:《朱元璋崛起的轨迹——明朝建立前朱元璋集团的人事与制度》,硕士学位论文,兰州大学,2008年,第8页。)本章意不在辨析两者,能确定的是这两处行枢密院都曾在史料中出现过,这反映当时对机构的命名方式沿袭元朝。
③ 王圻:《续文献通考》卷94《职官考》,《续修四库全书》,史部,第763册,第570页。
④ 《元史》卷86《百官二》,北京:中华书局,2013年,第2156页。
⑤ 《明太祖实录》卷9,辛丑岁三月丁丑,第113页。
⑥ 南炳文:《明初军制初探(续)》,《南开史学》1983年第2期,第108页。
⑦ 《明太祖实录》卷9,辛丑岁三月丁丑,第113页。据南炳文考证,此处的"枢密院"即行枢密院。
⑧ 《明太祖实录》卷9,辛丑岁三月丁丑,第113页。
⑨ 《明太祖实录》卷12,癸卯岁正月癸卯,第147页。
⑩ 《明太祖实录》卷9,辛丑岁三月丁丑,第113页。

省级军事机构,改制后的大都督府则是致力于成为统一全国的中央军事机构。

南炳文认为行枢密院被废后,朱元璋出于麻痹视听和掩盖行迹的目的①,采用前元曾经设立过的大都督府作为己方政权的最高军事机构。由于所辖地域不广,大都督府设置之初可以直接领导诸翼元帅府和各卫,但是随着战事频捷,朱元璋管辖的范围日益扩大,由大都督府一个机构直接领导全境各军卫的任务过于繁重,于是介于卫所和大都督府之间的省级军事机构——行都督府和都卫先后产生。

行都督府是继行枢密院的又一行字军事机构,《续文献通考》和《明史》记载"明初,置各行省行都督府,设官如都督府"②,行都督府位于地方行省,并且官员设置上也与都督府相同,符合派出机构的性质。

大都督府设置之初,机构官员包括大都督、左右都督、同知、副使、佥事,朱文正死后不再设大都督。洪武初年行都督府内的官员在《明实录》中相关记载:

> 命秦王府武相耿炳文兼陕西行省右丞,都督佥事郭子兴为秦王府武傅,仍兼陕西行都督府佥事,都督同知汪兴祖为晋王府武傅,兼山西行都督府同知……都督佥事张温兼陕西行都督府佥事。③

虽然这则史料没有行都督官员的完整记录,但可看出陕西和山西行都督府内至少包括佥事、同知,与大都督府官员设置有一定的相似之处。更为重要的是,郭子兴、汪兴祖、张温原本都是大都督府的佥事、同知,行都督府佥事只是兼职,也印证了行都督府的派出性质。

《明实录》中对洪武初地方官员会见位次的记载中有行都督府官员:

> 诏定各行省、行都督府官与按察司官会见位次,凡诸道按察司官与行省及行都督府官公会,按察使、副使、佥事,俱坐于参政、佥都督之下,省郎中府经历之上。④

官员位次上行都督府佥都督(即佥事)与行省参政同,高于按察使,应是行都督府的最高武官。

关于行都督府在地方的设置情形,《明史》中记载"置各行省行都督府"⑤。但洪武九年(1376)改行省为承宣布政使前,在全境设置的行省共计12处,即浙江行省、福建

---

① 南炳文:《明初军制初探(续)》,第109页。
② 嵇璜:《续文献通考》卷61《职官考》,景印文渊阁《四库全书》,第627册,第662页;《明史》卷76《职官志五》,第1872页。
③ 《明太祖实录》卷53,洪武三年六月庚辰,第1051页。
④ 《明太祖实录》卷54,洪武三年七月丙申,第1061页。
⑤ 《明史》卷76《职官志五》,第1872页。

行省、江西行省、北平行省、山东行省、河南行省、湖广行省、山西行省、陕西行省、广东行省、广西行省、四川行省,而在《明太祖实录》中行都督府却只记载了四处,即洪武三年(1370)六月"设陕西、北平、山西行都督府"①,以及位于凤阳的行都督府。肖立军指出位于凤阳的行都督府名称变化复杂,其初设于洪武四年(1371),称"临濠行大都督府"②,洪武六年(1373)改称"中立行大都督府"③,最后于洪武七年(1374)九月改为"凤阳行都督府"④。除了《实录》中记载的四处,在其他文献中还有两处。光绪《江西通志》载:"明初,江西置行都督府,有大都督,左、右都督之官"⑤;《明陈讲都指挥使司题名碑记》记载:"河南都指挥使司在国初为行都督府,洪武五年改设"⑥。但是这两处记载都有存疑之处,周松通过梳理《江西通志》附注找到这则记载的出处,即明末徐石麒(笔者按,麒,当作麟)所作《官爵志》,但该书并无江西置行都督府的说法,推测这则史料应另有所本⑦。肖立军将碑记中的记载与其他史料相互印证,认为河南行都督府的记载存疑⑧。因此,目前确切可考的行都督府只有《明实录》所载的四处,如果要证明洪武初行都督在各行省都有分布,还需要进一步挖掘史料。但是也不排除在明初制度尚未稳定时期,统治者有将行都督府遍设于行省的想法。

在明初军制不稳定时期,行都督府也只是暂时的机构。除了设在凤阳的行都督府在洪武十二年(1379)仍有迹可循外,陕西行都督府、北平行都督府、山西行都督府都在洪武三年(1370)七月后不见踪迹,存在时间极短。随后(行)都卫陆续设置,洪武三年十二月辛巳,"升杭州、江西、燕山、青州四卫为都卫指挥使司,以徐司马、濮英等为各卫都指挥使"⑨,次日壬午,"置河南、西安、太原、武昌四都卫指挥使司"⑩,洪武七年(1374)"置西安行都卫指挥使司于河州"⑪。原北平、陕西、山西行都督府由燕山都卫、西安都卫、太原都卫取代,成为隶属于大都督府的地方军事机构。行都督府被取消后,(行)都卫成为大都督府直辖的军政机构,洪武八年(1375)朱元璋在全国疆土将(行)都卫改为都司、行都司,成为明朝稳定存在的地方最高军事机构。

以洪武十三年(1380)大都督府改为五军都督府为标志,可分为两个时期。洪武八年至十三年(1375—1380),(行)都司隶属大都督府,洪武十三年正月俱隶五军都督府。行都司分守一方,山西、北平二行都司隶于后军都督府,陕西行都司和四川行都司隶于

---

① 《明太祖实录》卷53,洪武三年六月壬申,第1040页。
② 《明太祖实录》卷64,洪武四年四月甲申,第1211页。
③ 《明太祖实录》卷85,洪武六年九月壬戌,第1515页。
④ 《明太祖实录》卷93,洪武七年九月丁丑,第1623页。
⑤ 光绪《江西通志》卷12《职官表十三》,《续修四库全书》,史部,第656册,第281页。
⑥ 雍正《河南通志》卷79《明陈讲都指挥使司题名碑记》,景印文渊阁《四库全书》,第538册,第656页。
⑦ 周松:《明初经略甘肃之举措及其历史影响》,《北方民族史》2019年第1期,第149页。
⑧ 肖立军:《明初行(大)都督府浅探》,《第十二届明史国际学术研讨会论文集》,大连:辽宁师范大学出版社,2007年,第339页。
⑨ 《明太祖实录》卷59,洪武三年十二月辛巳,1962年,第1163页。
⑩ 《明太祖实录》卷59,洪武三年十二月壬午,1962年,第1164页。
⑪ 《明史》卷76《职官志五》,第1872页。

右军都督府,湖广行都司和福建行都司隶于前军都督府,辽东都司隶属左军都督府。

行枢密院与枢密院、行都督府与大都督府都存在名称上的对应和层级上的派出关系,在明初军制不稳定时期,行枢密院和行都督府在一定程度上延续了前元行政机构的派出意味。行都司尽管带有"行"字,但却不是其所属中央机构五军都督府的派出机构。行枢密院与行都督府作为派出机构,与其所属的中央机构在职官上具有一致性,而五军都督府和行都司的职官设置却完全不同,五军都督府"设左右都督、都督同知、都督佥事等官"①;行都司设都指挥使、都指挥同知、都指挥佥事。行都司和五军都督府在职官设置、机构名称、官员品级上都不对应,因此,这两者不具有军事机构在中央和地方的派出关系。

行都司与都司在通名上具有相似性,与前元枢密院与行枢密院的命名方式相仿。在地理关系上,行都司为"分治"②,虽然与同名都司位于同一布政司境,但治所不同;在管理上,行都司与都司是平级的。在明人的观念中,这种平级关系一直是被认可的,但少人讨论。万历《郧台志》载"置军卫,控流移也;置行都司,复行都司制军也"③,行都司与都司都具有军事上的管理职能,在都司难以深入的地方由行都司对当地的卫所进行管理。本章在第三节对行都司与都司的关系将做进一步分析。

除行都司外,明朝带有"行"字的机构还有"行太仆寺"和"行在六部"。机构名称被冠以"行在"始于明成祖拟迁都北京之时,永乐六年(1408)明成祖"命礼部铸五军都督府、六部、都察院、大理寺、锦衣卫,印凡十四颗,印文并加'行在'二字"④,为迁都做准备。永乐十八年(1420)定都北京后成祖罢行部,六部不冠"行在"。"行在"字样后来在洪熙、宣德年间有短暂反复。这种"行在"命名的职官和机构是朱棣针对自己在迁都前常驻北京而设的。洪武元年(1368)设太仆寺"掌凡养马之政令"⑤,又于洪武三十年(1397)"置行太仆寺于山西、北平、陕西、甘肃、辽东,上虑西北边卫所畜马甚蕃息,而禁防疏阔,乃设行太仆寺以掌其政"⑥,行太仆寺"秩如太仆寺"⑦,二寺的官职以及对应的品级都相同,都设"卿(从三品)、少卿(正四品)、寺丞(正六品)"⑧。有官员认为"各处行太仆寺苑马寺卿、少卿等,官比与两京太仆寺,事体相同,在祖宗朝其选至重"⑨。行太仆寺尽管带有"行"字,官员品秩与太仆寺同,但其长期设置在明朝北边之

---

① 万历《大明会典》卷227《五军都督府》,第1113页。
② 成化《山西通志》卷1《建置沿革》,《四库全书存目丛书》,史部,第174册,第11页;王鸣鹤:《登坛必究》卷7《福建布政司》、卷8《山西布政司》、卷8《陕西布政司》、卷8《四川布政司》,《续修四库全书》,子部,第960册,第238、279、292、311页。
③ 万历《郧台志》卷1《建置·军卫》,台北:台湾学生书局,1987年,第38页。
④ 《明太宗实录》卷86,永乐六年十二月甲申,第1138页。
⑤ 朱奇龄:《续文献通考补》卷1《百官补一》,贾贵荣辑:《九通拾补》,北京:北京图书馆出版社,2004年,第4册,第40页。
⑥ 《明太祖实录》卷249,洪武三十年正月丁卯,第3607页。
⑦ 《明史》卷74《职官三》,第1801页。
⑧ 朱奇龄:《续文献通考补》卷1《百官补一》,贾贵荣辑:《九通拾补》,第40—41页。
⑨ 杨一清:《杨石淙文集一·为遵成命重卿寺官员以修马政事》,陈子龙辑:《明经世文编》卷114,第1062页。

地而非暂设机构,且不受太仆寺调遣,因此同样不具有派出意味。

有明一代具有平行之意的"行"字机构只有行都司,行太仆寺虽然隶属兵部,并且与行都司有千丝万缕的关系,但是在职能上算是军事体系的辅助机构,而不是完全意义上的军事机构。军事机构层面,从元代的行枢密院到明代的行都司,尽管都带有"行"字,在经过几次机构的更迭之后,其含义也从中央与地方的附属意味转变为地方平级机构平行之意。

二、行都司在明代的卫所盈缩

卫所是(行)都司下辖的基层军事组织,其数量盈缩体现了明朝对(行)都司布局和辖区的调整。由于明代行都司及其同名都司处于同名政区内,在机构调整时期会有此消彼长的情况,其卫和守御千户所数量的变化反映了明朝行都司在不同时期的调整。

通过图3-1可获取两点信息,一是通过行都司及其同名都司下辖卫所数量变化趋势对比可知,行都司对应的都司在卫所总量上始终高于行都司。在增减总趋势上,

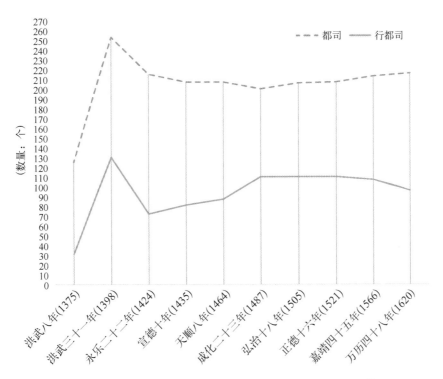

图3-1 明代行都司及其同名都司下辖卫所数量变化趋势①

---

① 注:统计资料来源于郭红、靳润成:《中国行政区划通史·明代卷》。

两者在洪武和永乐年间几乎同步增长或减少；永乐以后行都司和都司卫所数量走势呈微弱的相反之势，到成化年间时这一表现更为明显；成化以后，行都司和都司卫所总数走势呈平行态势；

二是行都司卫所数量在不同时期的波动情况，行都司和都司卫所在洪武年间都有较为迅猛的涨幅，随后永乐年间骤降；永乐以后至天顺八年（1464），行都司卫所基本处于缓慢增长的状态，成化年间行都司卫所数量有较大增长；成化以后，行都司卫所数量处于动态平衡状态，在总数上基本不变。基于以上观察，将明代行都司发展分为三个时期：洪武时期的初设期、永乐至成化年间的调整期、成化以后的平稳发展期。

需要说明的是，由于年份选择有限，且在时间间隔上没有严格控制，因此图3-1呈现出的平滑趋势实际上可能仍然会有波动，而且看似变化巨大的阶段可能只发生在一两年内，而其余年份都处于平稳状态。例如湖广行都司在万历年间经历了废罢而复设，其下辖的卫所隶属随之更改过两次，如果以万历最后一年作为断限，那么这一段废罢经历带来的卫所数量变化在图中无法体现。因此，为更加准确呈现卫所数量发生明显上升或下降趋势的具体时间，需要对历史趋势对应的时间段做细化处理，即统计和呈现相应皇帝在位期间每一年的行都司及其同名都司卫所数量。

(一) 洪武年间行都司的初设与卫所设置

图3-2呈现了洪武时期不同年份行都司和对应都司的卫所总量变化，可以看到两者在洪武年间的总趋势是波动上升的，其中洪武二十五至二十六年间（1392—1393）增长趋势明显。观察增幅，可以看到在设立行都司之后，其卫所处于缓慢增长状态，洪武八年（1375），陕西行都司、山西行都司、福建行都司和辽东都司下辖卫所数31个，至洪武二十五年达到62个，历经17年的时间，行都司卫所总数增长了一倍。洪武二十六年行都司卫所总数在一年内突然增加到113个，几乎是前一年总数的两倍。

洪武二十六年（1393）行都司卫所数量的迅猛增长，与当年陕西行都司在甘州的复设有一定的关系，甘州至凉州间的大量卫所都改属行都司，但最多也只有15个，数量有限。这一年北方各行都司增设或改隶了55个卫所，新增的大量卫所与当时北部边防形势有关。

明朝建立初期仍面临着北元的威胁，洪武二十年（1387）正月癸丑"命宋国公冯胜为征虏大将军、颍国公傅友德为左副将军……率师二十万北伐"[①]，随后冯胜等人率军

---

① 《明太祖实录》卷180，洪武二十年正月癸丑，第2721页。

第三章 明代行都司时空地理

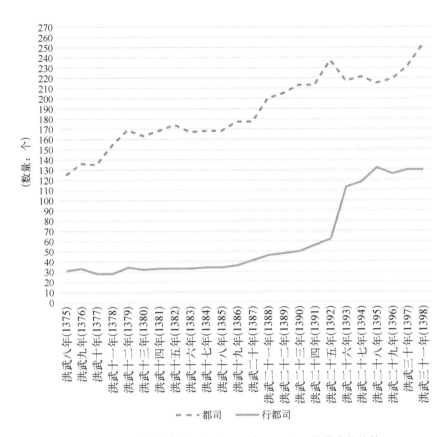

图 3-2 洪武年间行都司及其同名都司的卫所数量变化趋势

出松亭关攻庆州①、大宁②,至辽东获纳哈出降众③;蓝玉经捕鱼儿海之役捕获了北元皇室④;朱棣率师出古北口和迤都收服降众⑤;左军都督佥事刘真由凉州西征哈梅里⑥;蓝玉兵至罕东⑦。至洪武二十五年(1392),明朝已基本肃清北元势力。为巩固北边地区,朝廷在各行都司增置卫所,因此洪武二十六年(1393)卫所数量有明显增加,防守大为加强。同时在北边设置了大量屯卫用于农耕,其"官员皆在广虚之地"⑧,在防守布局上"兴、营诸屯卫封建宁藩,与辽东、宣府联络东西,为外边"⑨。此外,洪武二十五、二十六年(1392、1393)宁王朱权就藩大宁,辽王朱植就藩广宁,代王朱桂为就

---

① 《明太祖实录》卷 180,洪武二十年二月甲申,第 2725 页。
② 《明太祖实录》卷 180,洪武二十年三月辛亥,第 2731 页。
③ 《明太祖实录》卷 182,洪武二十年六月丁酉,第 2746 页。
④ 《明太祖实录》卷 190,洪武二十一年四月乙卯,第 2865 页。
⑤ 《明太祖实录》卷 200,洪武二十三年三月乙丑,第 3000 页;《明太祖实录》卷 200,洪武二十三年三月癸巳,第 3004 页。
⑥ 《明太祖实录》卷 210,洪武二十四年八月乙亥,第 3138 页。
⑦ 《明太祖实录》卷 217,洪武二十五年五月辛巳,第 3196 页。
⑧ 徐光启:《徐文定公集三·屯田疏》,陈子龙辑:《明经世文编》卷 490,第 5416 页。
⑨ 徐学聚:《国朝典汇》卷 159《兵部·九边说》,《四库全书存目丛书》,史部,第 266 册,第 390 页。

藩大同，二十八年（1395）肃王朱瑛就藩甘州，谷王朱橞就藩宣府，随之增设了一批王府护卫。新设的各类卫所和王府护卫共同成为行都司下辖基层驻防机构。除了依靠卫籍移民和当地人口，还有大量故元降人也被安置在北边行都司卫所中。北平、山西、陕西各行都司和辽东都司成为明初防御北境的藩篱。

（二）调整期：永乐至成化时期的行都司卫所

洪武三十一年（1398）行都司卫所总计130个，经历了减少又新增的过程，至成化二十二年（1487）总数为110个。从图3-3可以看到永乐年间行都司卫所数量有明显的下降趋势，随后至成化末年，行都司卫所数量逐渐增长，弘治以后，行都司卫所数量变化极小。

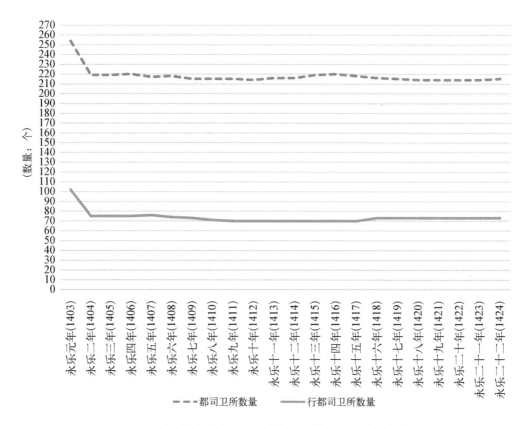

图3-3 永乐年间行都司及同名都司下辖卫所数量变化趋势

永乐年间行都司卫所的大量撤销或改属集中发生在永乐元年（1403）前后，这一年不再隶属行都司的卫所总计26个，此后永乐朝再未大力裁撤或改隶行都司卫所，其数量也一直维持在70个左右。

永乐元年（1403）被废除或迁治改隶的26个卫所均原隶属于北平行都司和山西

行都司,裁撤举措与靖难之役后朱棣对明朝北部的军事部署有关。北平行都司在永乐元年三月被迁移至保定,并改"行都指挥使司为大宁都指挥使司"①,其卫所或废或迁。山西行都司卫所的迁治、改隶和加强北京周围防守有关,建文四年(1402)其下辖的东胜左、右及云川、玉林、高山、镇朔、镇虏、定边八卫就已内迁至北京附近,这与永乐元年对山西行都司卫所的调整是一体的。

建文四年(1402)内迁的山西行都司八卫大多位于辖区西面,明人认为"诸边榆林之守在东胜……东胜裁而逾河内迁……东胜存则山陕有交应"②,内迁后山西行都司北部防线受到影响,并且造成辖区西面尤其是东胜一带广大地区兵力空虚。次年山西行都司改隶的六卫所中怀安卫、宣府前卫、万全左卫和万全右卫都是山西行都司辖区东部卫所,它们不再隶属于山西行都司,使得辖区东部的范围缩小。朱棣计划迁都,那么宣府一带对守卫京师具有重要的战略意义,明人认为对永乐迁都后的都城而言,"宣府为北辅"③,是"国之北门"④,可见战略位置的提升决定了军事隶属的改变。

北平行都司的内迁使原本在长城以北的广阔区域被放弃,原卫所自然也被撤销或内迁,其同名的北平都司亦同时废除。内迁后改名为大宁都司,不仅在名称上失去了与北平都司相对应的初衷,并且在管理和职能上都不再具有行都司的含义。

北平行都司在北部边防地区极为重要,"大宁在诸关山外,西北接宣府,东北抵辽阳,千里山鏊水屋,可庐而居。既挈其地界,山戎我遂"⑤,是北部防御屏障,与"辽东、宣府、大同势相连属"⑥,和山西行都司共同构筑北平与山西军事防线。北平行都司内迁保定后原辖区成为真空地带,"宣府、辽东势始分矣"⑦,"因挈去大宁都司并所属卫所,再无藩篱,所以与胡虏止隔一山,不及二十余里"⑧,"大宁改而宣府危,东胜失而大同弱"⑨,清人也对此评论:"大宁都司兴、营、义、会等卫在山后为外障,其后移入内地,藩篱单薄,异时外患未必不由于此"⑩。关于北平行都司内迁的影响,大量学者已做过论述⑪,都持此举不利于明代北部军事防御的看法。

---

① 《明太宗实录》卷18,永乐元年三月壬午,第320页。
② 陈际泰:《已吾集》卷10《边防议》,《四库禁毁书丛刊》,集部,第9册,第669页。
③ 丘濬:《京辅之屯》,陈九德辑:《皇明名臣经济录》卷17《兵部四》,《四库禁毁书丛刊》,史部,第9册,第310页。
④ 丘濬:《京辅之屯》,陈九德辑:《皇明名臣经济录》卷17《兵部四》,《四库禁毁书丛刊》,史部,第9册,第311页。
⑤ 郑晓:《端简郑公文集》卷8《书蓟州镇图后》,《四库全书存目丛书》,集部,第85册,第309页。
⑥ 陈全之:《蓬窗日录》卷1《四夷》,《续修四库全书》,子部,第1125册,第34页。
⑦ 陈全之:《蓬窗日录》卷1《四夷》,《续修四库全书》,子部,第1125册,第34页。
⑧ 马文升:《马端肃公奏疏三·为经略近京边备以豫防虏患事疏》,陈子龙辑:《明经世文编》卷64,第546页。
⑨ 蔡汝楠:《白石先生集·摅愚个言边情赞侪攘以光神武事疏》,陈子龙辑:《明经世文编》卷315,第3341页。
⑩ 朱鹤龄:《禹贡长笺》卷2,景印文渊阁《四库全书》,第67册,第26页。
⑪ 今人论述如清水泰次:《大宁都司の内徙につきて》,第125—141页;松本隆晴:《论永乐、宣德时期的北部边境》,赵毅、林凤萍主编:《第七届明史国际学术讨论会论文集》,第783—784页;韦占彬:《论明成祖对北部边防的调整与改造》,《石家庄师范专科学校学报》2000年第3期,第57—60页;张士尊:《永乐皇帝放弃大宁的前因后果》,《紫禁城》2011年第2期,第51—53页;彭勇:《建politics政局与明前期都司卫所管理体制的变革》,第123—131页;郭红、靳润成:《中国行政区划通史·明代卷》,第316—318页。

经永乐元年(1403)的大调整,直到永乐二十二年(1424)行都司卫所数量都比较稳定。从长时段来看,永乐至天顺年间行都司和同名都司卫所数量变化呈微妙的相反趋势。成化年间湖广行都司新增的17个卫所成为行都司卫所调整的重要一环。值得一提的是,成化二十三年(1487),李昂在镇压江西赣州府会昌、信丰诸县流民起义后建议在江西和闽南接壤处设立行都司,认为"会昌与福建接境,万山阻绝,为上杭、武平流贼所聚,虽尝有兵守御而寡弱不支,宜即会昌、武平立行都司,以统诸卫"①,虽然这条建议未被允诺,但反映了行都司在当时人看来仍是一种有效的军事机构。

(三) 弘治以后:安集大定下的废设争议

弘治以后,明朝的行都司基本进入了平稳时期,但实际上这一时期关于行都司设废的争议尤为激烈,在万历年间,湖广、福建二行都司都曾遭到裁撤,行都司整体卫所数量由万历元年(1573)的107个减少为96个,图3-4中的波折段则是二行都司在万历年间或废罢而复设、或直接裁撤对卫所数量影响的反映。

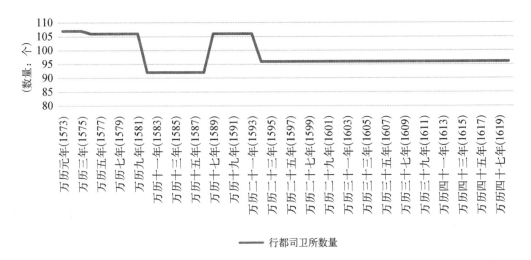

图 3-4 万历年间行都司卫所数量变化趋势

万历九年(1581),朝廷认为"抚治郧阳都御史添设百余年来,更置州县,安集大定,且三省各有巡抚,而郧阳所属有参政副使四员,使能协谋夹持,必不误事,抚治都御史似当裁革"②,郧阳抚治被罢后,湖广行都司也随即被裁,其下辖卫所归属湖广都司,对应图3-4中第一次卫所数量下降。实际上,关于裁撤湖广行都司的建议从其设立开始就一直伴随,成化十四年(1478)、正德十二年(1517)、嘉靖十八年(1539),朝

---

① 过庭训:《本朝分省人物考》卷42《李昂》,《续修四库全书》,史部,第534册,第125页。
② 《明神宗实录》卷111,万历九年四月己未,第2133页。

廷都因其废设和管理问题引发讨论。尽管湖广行都司后来被复设,但裁撤行都司的举动仍在进行,万历二十二年(1594)又裁撤福建行都司,对应图3-4中第二次卫所数量下降趋势。

第二节　明代行都司的设置因素

边疆、人口、交通是推动行都司设置的重要因素。其呈现的边界形态各不相同,与山川形便、犬牙相错的划界原则均有关联,辖区内山川地理、人口分布、关隘等因素都会影响其下卫所选址。但这些因素非一成不变,为此行都司在不同时局要求下会做出相应调整。

一、山川与犬牙：行都司辖区的形成

山川形便和犬牙相入这两种相互关联又对立的划界原则被历代统治者运用于行政区划中①,行都司辖区的形成也与这两原则有关。地理上的山川形便是行都司辖区形成的主导因素,但在局部也有犬牙之设。在明代地方高层管理体系之下,行都司与其他机构在辖区边界上犬牙相制。

就行都司辖区而言,整体还是以山川形便为基础,与山川地理形势相合度高,尤其是四川、陕西、北平、辽东四行都司。四川行都司辖区位于四川盆地外围,北面有大渡河形成阻隔,"大度(渡)河在四川行都司越巂卫城北,北源出吐蕃,下流与叙州马湖江合"②,其境内多山、海拔高,区域内多少数民族人口,地理和风俗上都与北部四川区域有差别,形成相对独立的地理单元。辽东都司东面以鸭绿江和朝鲜相隔,南面隔渤海与山东相望,西面狭窄的辽西走廊是除海路外辽东与中原保持交通往来的主要通道,使其成为四面阻绝的区域,在明人眼中其"三面濒夷,一面阻海,特山海关一线之路可以内通,亦形胜之区也"③。洪武二十六年(1393)以后的陕西行都司基本稳定下来,辖区主要由河西走廊和湟水流域组合而成,由于受到南部青藏高原与北部戈壁沙漠的限制,其地形狭长并且由东南向西北延伸,其治地甘州位于河西中段,"南有祁连之阻,北有合黎之环。南北相距,仅可百里,如筑甬道,中通一线,通饷道而接声援耳"④。

---

① 周振鹤:《中国行政区划通史·先秦卷》,上海:复旦大学出版社,2017年,第87页。
② 朱熹撰,爱新觉罗·玄烨批注:《御批资治通鉴纲目(三)》卷46,景印文渊阁《四库全书》,第691册,第438页。
③ 许论:《九边图论》,《四库禁毁书丛刊》,史部,第21册,第93页。
④ 梁份:《秦边纪略》卷3《甘州卫》,赵盛世等校注,西宁:青海人民出版社,2016年,第217页。

内迁前的北平行都司地处"喜峰口外古惠州地"①,"连亘宣辽,俯瞰北平之背"②,南面有燕山山脉为阻隔,东西两面则与辽东都司、山西行都司共同构筑明初北边的屏障。

此外山西行都司、福建行都司也是以山川形便为基础,但在局部有犬牙。山西行都司辖区在永乐、宣德时期波动较大,其中最能体现犬牙相入的是蔚州卫和广昌所的改属。蔚州卫及其下辖的广昌所位于与大同相连的盆地,洪武年间隶属山西行都司实际上更合山川之势。永乐迁都后,北京跃为京师,京畿之地的防守尤为重要,蔚州卫和广昌所在军事上的战略地位也随京城的北移提升。蔚州卫和广昌所处的盆地北部为恒山余脉,南部为恒山山脉,东南则有南北纵向的太行山脉,有浮图峪、插箭峪、紫荆关等隘口,对于与之毗邻的华北平原和京师有"一夫当关,万夫莫开"的屏障作用③。因此这一卫一所于永乐六年(1408)改属直隶后军都督府,又在宣德五年(1430)改属新设的万全都司,形成突入山西行都司东南的犬牙之势。

福建西部是武夷山、杉岭山脉,中部是鹫峰山、戴云山、博平岭山脉④,福建行都司正好处在这两组东北—西南走向的大山脉之间,与江西、福建都司相隔,形成相对封闭的山区地带。在地形上闽北与浙南相接,谭其骧认为"(浙江)南部旧台、温、处三府即椒、瓯二江流域,与南邻福建地形相似"⑤。与福建行都司地形相连的处州府庆元一带隶属浙江,成为福建与浙江间的犬牙。虽然犬牙之设能使地方无法据险而守,但将重要地险切割,又使得当地一旦发生流民作乱便很难治理。正统七年(1442)十二月,处州府下辖丽水盗陈善恭、庆元盗叶宗留合众入闽盗福建宝峰场银冶,尽管朝廷当时就"命浙江、福建有司捕治之"⑥,但效果不佳,甚至于正统十三年(1448)纠集山中流民爆发更大的动荡。在谷应泰看来,浙闽交界"道险而狭,迤逦千里,山势嶻嵲,灌木蓊翳,纠纷盘互,不逞之徒往往跳穴其间,内可以聚糗粮,下可以伏弓弩,急可以远遁走,缓可以纵剽掠,以故浙、闽多寇盗,好作乱,长吏不敢问,将兵者难扑灭,地险然也"⑦。顾祖禹也认为叶宗留叛乱与福建行都司北部犬牙相入的设置有关,"处州之龙泉、庆元与建宁之浦城、松溪犬牙出入。往者叶宗留尝肆恶其间,而建宁以及衢、信道皆为之梗"⑧。

行都司位置与辖区相对于周边都司而言有嵌入之势,亦有犬牙之意,设立较晚的

---

① 马文升:《马端肃公三记·抚安东夷记》,邓士龙辑:《国朝典故》卷97,北京:北京大学出版社,1993年,第1946页。
② 赵士喆:《建文年谱》卷下,上海:商务印书馆,1935年,第113页。
③ 丘晓蕾:《阳原—蔚县盆地盆地地域景观研究》,硕士学位论文,北京林业大学,2018年,第14页。
④ 李慧宏、杨园章:《山海并立:明清时期福建行政区划调整的基础与原则》,《福建史志》2021年第3期,第19页。
⑤ 谭其骧:《浙江省历代行政区域——兼论浙江各地区的开发过程》,《长水集》,第398页。
⑥ 谷应泰:《明史纪事本末》卷31《平浙闽盗》,景印文渊阁《四库全书》,第364册,第429页。
⑦ 谷应泰:《明史纪事本末》卷31《平浙闽盗》,景印文渊阁《四库全书》,第364册,第434页。
⑧ 顾祖禹:《读史方舆纪要》卷95《福建读史方舆纪要叙》,第4362—4363页。

湖广行都司在这方面最为明显。湖广行都司治郧阳,地处汉水上中游,是秦岭和大巴山两大山脉交错地,荆襄诸山连接陕西、河南、四川各境。位于四省腹心位置的郧阳"西控秦蜀,东捍唐邓,制荆襄,北连商洛,郡邑雄峙其中,犬牙相维,舟车萃止,昔人所称四塞奥区、三边重镇矣"①。此外,四川行都司亦是四川、云南间的犬牙。四川行都司辖区为故元云南行省罗罗斯宣慰司地,在地形和风俗上也与云南更接近,而明军攻下云南后将此地划归四川,使其成为插入云南北部的犬牙,加强了朝廷对云南的军事控制。

地理上的山川形便和犬牙相入是单层行都司辖区边界形成的因素,在明代多层官员架构下,行都司辖区内部还与不同层级机构在管理上犬牙相制。山西行都司与山西布政司下辖的大同府辖区不完全交叠,不同时期辖区边界差别较大,永乐六年(1408)山西行都司下辖蔚州卫和广昌卫改属,使得当地人口以一地之民分属两省,其地理上与大同府和山西行都司所处的大同盆地相连,但改属后军事人口先后由直隶后军都督府、万全都司管辖,而州县人口仍属山西布政司。分属两地的卫所与州县、军户与民户、军屯与民田在此地交错分布,不同户籍编制和征派徭役体系的人口共享当地的公共设施、文化资源、经济利益,由此产生的矛盾纠纷加大了当地的治理难度②。督抚设置后,地方机构层级又加一层,使得行都司辖区管理情形更加复杂。

湖广行都司嵌入四川、湖广、河南、湖广交界之地,在辖区上又与湖广布政司、四川布政司以及设罢无常的督抚叠床架屋。成化十二年(1476),郧阳抚治和湖广行都司先后设立并设于郧阳。郧阳抚治辖区包括原湖广巡抚下辖的安陆、沔阳二直隶州,河南巡抚下辖的郧阳、襄阳、荆州三府及南阳府之南阳、唐县、汝州、邓州、桐柏、南召、伊阳等州县,陕西巡抚下辖的汉中府及西安府之商县,四川巡抚下辖的夔州府东部地区③。湖广行都司在成化十三年(1477)正月卫所基本确定后辖区范围小于郧阳抚治,郧阳抚治管辖的河南南阳府、陕西汉中府和西安府相关各县都是湖广行都司未涉足的区域。嘉靖十八年(1539)兴都留守司新设后又割去湖广行都司东面部分卫所,其辖区进一步缩小。此外,瞿塘卫及其下辖的忠州所是湖广行都司伸入四川的犬牙。一卫一所位于四川布政司夔州府境,当地民户归布政司系统,卫所军户事务则由湖广行都司管理,在二司之上还有巡抚,成化十二年至十五年(1476—1479)是郧阳巡抚,十五年以后是四川巡抚。陕西、辽东、四川行都司因是实土,辖区内部不设布政司系统府州县,因此在管理上相对简单,但在督抚设置后其管理层级也相应增加。

洪武时各行都司本身与山川之势更合,虽有犬牙相入之意,但更多的是考虑人口、边疆等特殊地区的驻防。后永乐时期经过调整,山西行都司的犬牙更为明显,成

---

① 康熙《湖广郧阳府志》卷4《形胜》,《稀见中国地方志汇刊》,北京:中国书店,2007年,第36册,第477页。
② 邓庆平:《卫所制度变迁与基层社会的资源配置——以明清蔚州为中心的考察》,第155页。
③ 郭红、靳润成:《中国行政区划通史·明代卷》,第786页。

化十二年(1476)设立的湖广行都司更是嵌入周边都司的犬牙。在三司、督抚等多层管理架构的设置下,各辖区之间犬牙相制的特点更为突出。

二、行都司与人口安置

人口安置是作为军管型政区的行都司得以存在的前提,也是需要解决的问题。四川、陕西、山西、辽东行都司位于边疆区域且民族人口复杂,而"明代的边卫不仅仅是疆域的一部分,而且往往构成边境地区唯一的政区单位"[①],因此边地行都司对于人口安置十分重要。内陆多省交会的山林之地则多流民隐患,给地方治理造成困扰,在流民管控的需求下福建行都司和湖广行都司得以存在。边地人口和流民的安置是推动行都司设置的重要因素。

(一) 边地人口的安置

奇文瑛曾对京畿和辽东地区归附人进行研究,其中涉及明朝将大量故元归附人安置于辽东都司下辖卫所的案例,明初包含归附人在内的大量边地人口被安置进卫所,对行都司的建设有推动作用。

辽东、北平、山西、陕西、四川行都司辖区在明以前就已分布了各色民族,民族之间混合、分化,并伴随着北部民族南下以及与中原王朝持续不断交往下的走进与迁出[②]。元代在征战过程中又将已归附的民族和汉人迁入新平定之地,如至元三年(1266)"四川行枢密院谋取嘉定,请益兵,命朵端、赵璧摘诸翼蒙古、汉军六千人付之"[③],至元十一年(1274)正月庚寅"以忙古带等新旧军一万一千五百人戍建都"[④],边地民族人口和汉人在此过程中有了进一步增长和交融。元明鼎革之际,一部分故元军士滞留,以从征的方式被编入当地卫所。此外还有大量故元军兵来降,朱元璋对这类人采取招抚的态度。洪武年间是故元官兵集中来降的时期,从《明实录》中的安置办法来看,无论是自愿来降、战败被俘还是滞留中原的故元军户,都被编入卫所中[⑤]。其中大量降人被安置于行都司卫所中,成为边地人口的一部分。边地人口构成的复杂性加上大部分地区不设府州县的情况,使得行都司及卫所成为边地的实际管控机构。

此外,行都司还收入部分适合编入卫所的边地人口。洪武七年(1374)朱元璋准

---

① 曹树基:《中国移民史》第5卷,福州:福建人民出版社,1997年,第267页。
② 王文光、段红云对不同时期的民族分布做了梳理(王文光、段红云:《中国古代的民族识别》,昆明:云南大学出版社,2011年);曹树基有对民族和人口数量的统计(曹树基:《中国移民史》第5卷)。
③ 《元史》卷6《世祖三》,第109—110页。
④ 《元史》卷8《世祖五》,第153页。
⑤ 奇文瑛:《明代卫所归附人研究——以辽东和京畿地区卫所达官为中心》,北京:中央民族大学出版社,2011年,第27页。

"定辽都卫奏并卫所官军,以左千户所青州土军五千六百人属定辽左卫,以右千户所莱州土军五千人并本卫,军七百九十四人属定辽右卫,余军分为八千户所,内调千户余机领中后二所往金州守御,俱隶都卫"①。洪武二十五年(1392)月鲁帖木儿在四川西南叛乱后,朱元璋告谕镇守当地的蓝玉"其屯守建昌土军三千人宜收入营"②,土军是四川行都司诸卫所军士来源之一。边地人口中的归附人也有以一定比例编入卫所的,洪武十九年(1386),"置东宁卫,初辽东都指挥使司以辽阳高丽女直来归,官民每五丁以一丁编为军,立东宁、南京、海洋、草河、女直五千户所分隶焉"③。洪武年间处于边地行都司的建置初期,归附人的安置使其下辖卫所相应扩容和新增,《明实录》中洪武年间记载了大量安置归附人于边地行都司的情况,或新设卫所安置,或将其安置到现有卫所中。

卫所军是"世袭的,家族的,固定的"④,编入卫所的军士身份亦是家族世袭。"故元官兵被安置到卫所便成为明朝专职军役的成员,其家及家族提供军务物资的亲属,也皆成为军户"⑤,由此,边地被编入军籍的人口成为行都司的军士来源,形成军户家族。将边地人口安置于卫所,对当地军卫的建设有促进作用。洪武三年(1370)河州卫辖区"时城邑空虚,人骨山积,将士见之,咸欲弃之"⑥,随着大量吐蕃人、蒙古人、故元官兵来降,这一带卫所陆续建立,使得陕西行都司界线进一步西拓。无论边地人口并入原有卫所,还是被安置到新设卫所中,他们的加入都增强了明朝的边防力量。

边地五行都司大部分区域都不设州县,因此军士以外的边地人口也由行都司进行管理,如洪武二十六年(1393),"辽东遗民流寓安直境内者二十五户,男女凡百一十六人来归,诏东宁卫给粮抚绥而居之"⑦。但在辽东都司存在一种特殊的管理方式,永乐六年(1408)设安乐、自在二州安置北方蒙古和女真各部归附人。明代管理分军民两大系统,州这一行政区划在辽东却归行都司军政机构管理,与内地军民分管的区域完全不同。目前对二州与辽东都司卫所的关系已有不少研究,张大伟认为二州是辽东都司下辖的纯行政单位⑧,奇文瑛认为当地的女真移民是由安乐州与三万卫、自在州与辽海卫共同管理,州相当于居住之地,卫所则是差遣之所⑨。值得注意的是,边地行都司未设州县之地也可能存在民籍人口,民族人口密集之地还设有军民指挥司、军民千户所,隶于陕西行都司的河州卫、洮州卫、岷州卫、西宁卫,以及隶于四川行都司

---

① 《明太祖实录》卷87,洪武七年正月甲戌,第1544页。
② 《明太祖实录》卷220,洪武二十五年十月戊午,第3240页。
③ 《明太祖实录》卷178,洪武十九年七月癸亥,第2699页。
④ 吴晗:《明代的军兵》,《读史札记》,北京:生活·读书·新知三联书店,1979年,第92页。
⑤ 奇文瑛:《明代卫所归附人研究——以辽东和京畿地区卫所达官为中心》,第28页。
⑥ 《明太祖实录》卷56,洪武三年九月甲寅,第1098页。
⑦ 《明太祖实录》卷230,洪武二十六年十一月丙辰,第3365页。
⑧ 张大伟:《明代辽东都司辖下安乐、自在二州之分析》,《北方文物》1998年第2期,第88页。
⑨ 奇文瑛:《明代卫所归附人研究——以辽东和京畿地区卫所达官为中心》,第85页。

的建昌卫、宁番卫、越嶲卫、会川卫、盐井卫都曾是这一类型。由于民族聚集,相比北方其他实土卫所更需强调军民共管,因此一度加上"军民"二字①。

边地人口中归附的民族人口也可能叛服无常,如洪武九年(1376)四月,"官山卫指挥同知乃儿不花叛入沙漠,大同卫指挥使周立率大同、振武等卫将士讨之,追及白寺塔滩,获其辎重,乃尔不花遁去"②;洪武二十五年(1392)月鲁帖木儿叛乱,"建昌卫指挥使月鲁帖木儿,绎忽乐等叛,合德昌、会川、迷易、栢兴、邛部并西番土军,杀官军男女二百余口,掠屯牛、烧营屋、劫军粮,率众万余攻城"③;永乐元年(1403)北平行都司内迁后,边墙外的羁縻卫所——兀良哈朵颜、福余、泰宁三卫逐渐与蒙古各部勾连,使明朝北部屏障作用削弱,还有一些边缘羁縻卫所在史籍中遁迹,如东胜州附近的失宝赤五千户所,今内蒙古察汗淖附近的察汗脑儿卫等。实际上,明朝对归附人也并非全然信任,洪武十二年(1379)朱元璋敕陕西行都司所辖庄浪、凉州、碾北三卫"番将朵儿只巴部下有人来降……吾度其人马不下数万,不久必将入寇凉州、庄浪、碾北之地,尔等宜慎防之……不过恃其众多,欲扰边境耳,彼果众多,且宜按兵固守,观其有隙而后击之"④。

总体而言,明朝对边地人口的招徕和安置对边地行都司的建置起到了推动作用,当地人口成为行都司的军士以及军户家族的重要来源,是行都司在明朝边境长期存在的人口基础。长期来看,武官世袭制度下边地民族人口后代逐渐汉化,以嘉靖十一年(1532)二月担任四川行都司下辖宁番卫指挥同知刘英家族为例⑤,年满二十二岁的刘仪以其嫡长男的血缘承袭其父刘英卫指挥同知的职衔,追溯其先祖,一辈脱脱不花是山后人,洪武二十一年(1388)归附明朝,拨充抚州守御所小旗;二辈颜抚州奴,三辈保住,其父亲是第四辈,改姓刘,调往四川行都司宁番卫。刘仪家族在归附后随明军征剿,成为卫所军士,其父改汉姓说明其家族在与内地交融的过程中不断汉化。

(二) 行都司与流民安置

流民问题在明代长期存在,并且流民群体庞大。据李洵估算,在当时全国六千万在籍人口中,至少约有六百万人成为流民,其中流民问题最为严重的区域就有湖广、福建⑥。福建建宁一带三省交界,湖广荆襄一带四省交界,均山林茂密,原为人口相对稀少之地,因天灾人祸出走原籍的流民既可以在此开垦荒山耕作,又可以利用省际交

---

① 对"军民指挥使司"的设置和性质学者多有探讨,蔡亚龙对凌纯声、顾诚、郭红、郑宽维、罗勇等学者的看法做了梳理,认为其都持"军民司兼管军民"的观点,见蔡亚龙:《明代设置的军民指挥使司考论》,第 95 页。
② 《明太祖实录》卷 105,洪武九年四月己酉,第 1762 页。
③ 《明太祖实录》卷 217,洪武二十五年四月癸丑,第 3192 页。
④ 《明太祖实录》卷 126,洪武十二年八月壬辰,第 2013 页。
⑤ 《宁番卫选簿》指挥同知刘仪选簿。《中国明朝档案总汇》,第 58 册,桂林:广西师范大学出版社,2001 年,第 8 页。
⑥ 李洵:《试论明代的流民问题》,《社会科学辑刊》1980 年第 3 期,第 68 页。

界官府管控不得力的漏洞逃避赋役,同时还有丰富的矿产资源可以开采,因此两地成为流民主要聚集地,也容易发生流民动乱。

福建行都司治地建宁"居七闽之上游,襟山环水,东邻括苍,北据上饶,而西南之间,遥控交广"①,是福建的咽喉要地,历来容易滋生"群盗"②,明代之前即是兵家必争之地,顾祖禹对此有过论述:"宋绍兴二年,群盗范汝为据建州。韩世忠自温、台路进讨,曰建居闽岭上游,贼沿流而下,七郡皆鱼肉矣。及景炎初蒙古窥闽……入建宁,于是东西震动。时蒙古西入邵武,东侵福州,八闽瓦解。"③元明之际,朱元璋平定福建也是采取蒙古灭宋时的战术,即首先攻克建宁,"明初征陈友定,亦命诸将首攻建宁,盖所以夺敌之心喉也"④。朱元璋清晰地认识到建宁位置的重要性,因此在平定陈友定后在当地设建宁都卫以控制福建西部山区,洪武八年(1375)又将其改为福建行都司。福建境内多矿冶之利,时人有云"过浙有山皆置冶"⑤,建宁府下的松溪、寿宁、政和、浦城、崇安、建阳等县都有矿场坑冶。正统年间,邓茂七入闽挖银,随后"聚众至五十余万,遂自称闽王"⑥,又有叶宗留乱,"势益炽,攻建宁"⑦,掌府事左参政张瑛会同福建行都司指挥佥事徐信"分三路暗袭之,斩首五百余"⑧,邓、叶之乱最终被平定。在此之前,张瑛于永乐年间任建宁右卫指挥佥事,"擒尤溪寇林实三等二千余人"⑨,"擒李乌嘴等五百人,又剿处州贼池永康及捕浦城贼陈三观"⑩,可见福建行都司对流民叛乱的镇压作用。

明廷在地方叛乱被平定后会对福建行都司的军事部署进行调整。洪武二十年(1387)山寇谢仕贞作乱后,洪武二十四年(1391)设武平守御千户所隶汀州卫;景泰初年平定沙县邓茂七后,从沙县析置永安县,调邵武卫后千户所置永安守御千户所于永安县城,改隶延平卫;天顺三年(1462)上杭溪南阙永华、李宗政作乱后,于成化二年(1466)调汀州卫右千户所捍御其地,更名为上杭守御千户所。成化十三年(1477)调建宁右卫前千户所镇守浦城,即浦城守御千户所,以控制浙闽赣交界处的流民叛乱⑪。

湖广行都司治地郧阳一带为四省交会之地,其地域上的复杂性更超福建行都司,"荆襄为郧唇齿,南阳为郧股肱,商汉为郧吭背,而郧又三省腹心"⑫,当地背靠大巴山,山高谷深,明初禁止流民进入,白圭记载:

---

① 杨荣:《杨文敏公文集·送徐都指挥还建宁序》,陈子龙辑:《明经世文编》卷17,第136页。
② 顾祖禹:《读史方舆纪要》卷97《福建三》,第4435页。
③ 顾祖禹:《读史方舆纪要》卷97《福建三》,第4435页。
④ 顾祖禹:《读史方舆纪要》卷97《福建三》,第4435页。
⑤ 倪岳:《青溪漫稿》卷6《送沈时易少参赴闽藩专理矿事》,景印文渊阁《四库全书》,第1251册,第56页。
⑥ 王世贞:《弇山堂别集》卷69《命将下》,上海:上海古籍出版社,2017年,1633页。
⑦ 王世贞:《弇山堂别集》卷69《命将下》,1634页。
⑧ 何乔远:《闽书》卷70《武军志》,《四库全书存目丛书》,史部,第205册,第138页。
⑨ 何乔远:《闽书》卷70《文莅志》,《四库全书存目丛书》,史部,第205册,第620页。
⑩ 何乔远:《闽书》卷70《文莅志》,《四库全书存目丛书》,史部,第205册,第620页。
⑪ 郭红、靳润成:《中国行政区划通史·明代卷》,第618—619页。
⑫ 万历《郧台志》卷2《舆地·形胜》,第95页。

> （郧）地多山，元至正间流逋作乱，元祚终，竟不能制。国初命邓愈以大兵剿除之，空其地，禁流民不得入。然地介湖广、河南、陕西三省间，又多旷土，山谷陁塞，林箐蒙密，中有草木，可采掘食。天顺中岁，馑民徙入，不可禁。①

虽然郧地不允许流民私自进入，但明朝人口滋生，逢灾荒之年流民增多的情况下，"郧阳等府州县地土空旷，各处逃亡、流移、脱漏、埋没等项人民多往彼处潜住"②，"荆襄一带山林深阻，流民往往群聚其中，时或弄兵，以为民害"③。流向荆襄地区的流民，其原籍不仅有接壤之地如湖广、四川、陕西、河南，还有跨省而来的山东、山西、江西、南北直隶的府卫军民④。

成化元年（1465）四月，刘通（即刘千斤）和石龙（石和尚）等人在房县起义，"往来襄、邓、川、汉之间"⑤，由于郧阳一带处于四省交会之地，加上山脉的天然屏障作用，起义持续了三年之久才被镇压。成化八年（1472），"因川陕流贼啸聚"⑥，设竹山县守御千户所。为管理流民，"原尚书平贼乱、抚流移、籍户口，奏以郧为府，号郧阳"⑦，北城兵马吏目文会也就流民和开发向朝廷上疏：

> 成化年来，刘千斤、石和尚、李胡子相继作乱，大臣处置失宜，终未安辑。今河南岁歉民饥，入山就食，势不可止。能保无后日之患，经条上三事：曰荆襄土地肥饶，皆可耕种，远年入籍流民可给还田土，所附籍者领田力耕，量存恤之，其愿回籍者听；曰流民潜处，出没不常，乞选良有司为之抚绥，军卫官为之守御，则流民自安；曰荆襄上流为吴楚要害，道路多通，必于总隘之处加设府卫州县，立为保甲，通货贿以足其衣食，立学校以厚其风俗，则其民自趋于善矣。⑧

出于安顿流民和守卫关隘的目的，朝廷于成化十二年（1476）十二月设郧阳府"抚绥"，设湖广行都司守御。左都御史原杰"勘流民丁口共四十三万八千六百有奇，除断发原籍外，凡三十九万二千七百五十二丁口编附州县，开设郧阳府县、湖广行都司及郧阳卫"⑨。福建行都司和湖广行都司境内卫所皆非实土，因此对平定叛乱后的流民安置则交予当地州县负责。

---

① 范景文：《昭代武功编》卷5《白恭敏开设郧阳》，《续修四库全书》，史部，第389册，第541页。
② 万历《郧台志》卷3《宪体·敕谕》，第181页。
③ 白圭：《白恭敏奏疏·处置荆襄疏》，陈子龙辑：《明经世文编》卷42，第328页。
④ 原杰：《原襄敏公奏疏·开设荆襄职官疏》，陈子龙辑：《明经世文编》卷93，第824页。
⑤ 万历《郧台志》卷1《建置·总镇》，第28页。
⑥ 万历《郧阳府志》卷15《兵政》，台北：台湾学生书局，1987年，第487页。
⑦ 万历《郧台志》卷2《舆地·沿革》，第83页。
⑧ 谷应泰：《明史纪事本末》卷38《平郧阳盗》，景印文渊阁《四库全书》，第364册，第499页。
⑨ 万历《郧台志》卷1《建置·总镇》，第30页。

三、交通地理下的行都司

卫所选址无论是在旧有交通线路上,还是因其设立而形成新的交通枢纽,交通因素在卫所设置地理中都占有主导地位。结合杨正泰《明代驿站考》①所附驿站图以及明代卫所分布,行都司与都司卫所和驿路关系呈现不同的特征。都司与布政司在地方管理及辖区上相当关联,府州县治一般即是一地的政治、经济与交通的中心,通常也是卫所驻防的重心,因此都司辖区驿路均以布政司和都司治为中心,以府、卫为重要交通节点。而行都司因为地处偏远,其一线型分布特征更加突出,加之多位于边区,境内驿道在边防部署调整和流民动乱的背景下有变化。

陕西、山西、北平、辽东四行都司都在北边地区,洪武后期到永乐年间北部边防和时局变化下,逐渐形成一线型、纵横结合型两种卫所与交通空间模式。陕西行都司形成兰州卫至肃州卫一线,其驿站和卫所由东南向西北延伸,形成"以一线之路,孤悬几二千里"②的布局。北平行都司驿路从遵化卫向北出边墙,走宽河所—大宁诸卫一线,大宁至广宁的联络也以驿路加强。明初由南面进入辽东都司主要是从山东经海道至旅顺口驿登陆,"自江涉淮,历齐鲁,以达辽海"③。永乐中期以后山海关至辽阳的驿路成为北直隶与东北联络的主要通道。山西行都司则是南北驿道上卫所与东西向边地卫所纵横结合(详见第二章相关内容)。

边地行都司中只有四川行都司位于西南边地,其驿道在元代驿道基础上形成,大多数卫所即沿此线分布,为滇川的西路,但明代出云南主要还是依靠东部曲靖二线④。

处在内地的福建行都司和湖广行都司驿道沿山川分布,相较于边地行都司变化较小,但其驿道配合地方管控时会有相应调整。

福建行都司驿道有四个方向,福建西北地区的两个方向通往江西广信府和建昌府,向东至福州府是行都司和都司往来的主要通道,向南往福建西南及广东。行都司治地建宁"西带江西,东连浙右,形势四通,为全闽之藩屏,晋安之肩背"⑤,是福建的咽喉要地,东西向驿道加强了福建内部的联系,使得山海并立的地势联结起来,南北纵向的驿道加强了福建与赣粤之间的往来。行都司境内的卫所大多分布在驿道上,在驿道之外浦城所、永安所、武平所与镇压流民起义后的部署有关。邓茂七、叶宗留的活动范围主要位于与浙赣粤地理上相连的福建行都司区域。正统十四年(1449)起义被平定之后,统治者对福建行都司驿道做了调整,在汀漳二州陆续设增设八个驿站,

---

① 杨正泰:《明代驿站考(增订本)》,第112—131页。
② 许论:《许恭襄公边镇论·甘肃论》,陈子龙辑:《明经世文编》卷232,第2439页。
③ 金幼孜:《金文靖集》卷8《具庆堂记》,景印文渊阁《四库全书》,第1240册,第798页。
④ 王士性:《广志绎》卷5《西南诸省》,《四库全书存目丛书》,史部,第251册,第787页。
⑤ 顾祖禹:《读史方舆纪要》卷97《福建三·建宁府》,第4435页。

即三洲、九龙、平西、蓝屋、明溪、云霄、适中、平南。明代后期郭造卿曾评价福建行都司一带驿站和动乱的关系:"闽驿详于通衢,而深山茂林独少,是以官吏罕至,而奸宄逋亡,沙龙邓寇猖獗至炽,坐此耳。汀漳初设兵备,诸臣经画,为通道置驿,故其盗区渐弭。"①

湖广行都司的设立,缓解了湖广都司辖区过大带来的弊端,其境内的驿道也成为行都司与他省联系的交通网。行都司境内有汉江和长江两条大河贯穿,驿道基本沿两江分布,北部有流向东南的汉江,南部有长江横向贯穿行都司,南北走向的陆路驿道将河南都司、湖广行都司、兴都留守司、湖广都司串成一线,湖广行都司在驿站和河流的嵌套下成为多省联通之地。在驿道之外的卫所只有竹山、房县、远安三所,其位置对于镇压流民有重要作用,补充了驿道外的军事力量。

第三节　行都司与三司

明代在地方实行都指挥使司、布政使司、按察司三司并治,行都司分治于外。虽然行都司与三司治地不同,但关系却十分紧密,行都司与同名都司在机构属性、地理联系、职官品级方面有莫大的联系;与对应的布政司在职能上分管军民,但在管理上呈现不同程度的交叠,明代中后期布政司涉入行都司卫所的事务越来越多;按察司作为监察机构履行对行都司官员、地方事务的监察,与其他机构共同参与地方司法事务。

一、平行机构：行都司与都司

虽然明代全国疆土分为布政司系统和都司、行都司系统,但对于地方而言,二者关联性很强,《明一统志》《文武诸司衙门官制》等史籍在《建置》中将行都司与同名布政司记载在一处,如山西行都司记入《山西布政司》,湖广行都司记入《湖广布政司》,福建行都司记入《福建布政司》,反映了行都司与同名都司、布政司构成了地方的大政区。钟振林便将四川行都司与同名都司、布政司三者辖区合称为四川政区②。

行都司与同名都司同为地方最高军事机构,辖区相连,治地则在同一个大政区的两地。都司治地都位于政区行政中心,行都司则分治于外"控制边境"③。此外,二司

---

① 郭造卿:《关中经略议》,顾炎武:《天下郡国利病书》,上海:上海古籍出版社,2011年,第16册,第2974页。
② 钟振林:《明朝四川政区建置沿革及管理模式研究》,第39页。
③ "三司并治西安府而行都司则分治甘州,以控制河外。"(何景明:《雍大记》卷1《考易》,《四库全书存目丛书》,史部,第184册,第6页。);"三司并治太原而行都司则分治于大同,以控制边境云。"(《大明一统志》卷19《山西布政司》,景印文渊阁《四库全书》,472册,第415页。);"三司并治于武昌府,而行都司则分治郧阳以控制边境云。"(《大明一统志》卷59《湖广布政司》,景印文渊阁《四库全书》,第473册,第197页。);"三司并治福州府而行都司则分治建宁。"(《大明一统志》卷74《福建布政司》,景印文渊阁《四库全书》,473册,第560页。);"三司并治于成都,则行都司分治建昌以控制边境。"(陶永庆校正、叶时用增补:《大明一统文武诸司衙门官制》卷3《四川》,《续修四库全书》,史部,第748册,526页。)

在机构职官和等级上具有一致性,据《明史》记载:"都指挥使司。都指挥使一人,正二品;都指挥同知二人,从二品;都指挥佥事四人,正三品……行都指挥使司,设官与都指挥使司同。"①由于治地不同,辖区互不干涉,且从层级上看,行都司和都司分别对五军都督府负责,彼此间互不隶属。因此,行都司与同名都司是平行机构②。

行都司和都司为覆盖所在政区的两大军事机构,其辖区在明代历史上相对稳定。与都司同时设立的山西、陕西二行都司由于都处于北边,在明前期其北部边界有过变化,但于都司接界处变化极小,明代中后期辖区非常稳定。四川行都司不是经由都卫或行都卫独立形成,而是脱胎于四川都司,其辖卫除建昌前卫万历三年(1575)被废,其余五卫没有变动,与之相应的行都司辖区范围也没有变化,与四川、云南二都司的界线稳定。湖广行都司设立时,其下辖卫所则由湖广襄阳、荆州、德安三府及安陆、沔阳二直隶州和四川夔州府境内驻守的卫所组成,即原湖广都司西北部的卫所,嘉靖中承天府与兴都留守司的设置使其辖境有所缩小,之后辖区很稳定。虽然万历中期一度被废,但重设之后辖区仍是原来的范围。可见,辖区的稳定性与行都司一般设置于自然地理单元比较完整的地域有关。

行都司与都司看似独立处理辖区事务,实际上在必要时也会互相协助,主要体现在军事上。地域相连,使得行都司与都司在军事上不可能独善其身,尤其是防御外敌之时。福建"东四郡皆濒海而福为之纲毂,西四郡皆负山而建为之纲毂"③,福建行都司与福建都司正处在这种山海并立的地理形势,福建都司守御重点在倭寇时常侵扰的沿海地带,因此一向具有抗倭的职责,而福建行都司的设置是为了防范当地的流民聚集,《闽书》中"圣祖重建行都司于此(建宁),盖以防倭"④的记载,认为福建行都司是为了防倭而设有误,但是在抵抗倭寇一事上,福建行都司的确是参与其中的。英宗时朝廷曾命"福建行都司卫所官军于沿海地方协同备倭,周岁更代"⑤,可见福建行都司的主要职能是控制流民,但是在必要时也要轮班协助福建都司一同抗倭。辽东和山东隔海道相连,地域联系紧密,成化十七年(1481)十月,山东都司就曾协助辽东都司捉拿脱逃充军犯人,呈文记载"山东都指挥使司经历司,承奉都司札付……据辽海卫呈……犯人一名周政,系中中所百户王溶所军,成化十六年三月十一日故……犯人四名……所百户夏义所军,成化十六年八月十三日逃。百户孙荣所军,成化十六年八月二十日逃"⑥。可见辽东都司与山东都司作为同处一布政司且以海路相连的平级机构

---

① 《明史》卷76《职官五》,第1872页。
② 郭红对行都司和都司的关系也有述及,认为"行都司在层级上与都司是平等的,对自己所属的都督府负责"。(郭红、靳润成:《中国行政区划通史·明代卷》,第257页。)
③ 王世懋:《王奉常集·文部》卷13《重修建宁行都司记》,《四库全书存目丛书》,集部,第133册。
④ 何乔远:《闽书》卷34《建置》,《四库全书存目丛书》,史部,第204册,第657页。
⑤ 《明英宗实录》卷107,正统八年八月庚寅,第2168页。
⑥ 《山东都指挥使司经历司为奉饬坐提脱逃充军犯人耿清等给巡按山东监察御史的呈文》,辽宁省档案馆、辽宁省社会科学院历史研究所:《明代辽东档案汇编》,沈阳:辽沈书社,1985年,第908页。

在军事职务上有相互应援的义务。

二、辖区与职权交叠：行都司与布政使司

行都司辖区因其卫所实土或非实土的性质，与布政司府州县存在或完全重叠、或部分重叠、或不重叠的边界关系，谭其骧曾对两者进行解释："实际所谓实土卫所指的是设置于不设州县处的卫所，无实土卫所则指设于有州县处。"[①]因此卫所的管辖状态还与其是否具有实土性质有关，即行都司卫所是否处在民政系统（布政使司及其下辖的府州县）辖区内。实土卫所在辖区内具有兼管军民的职能，除了军事职能和上下隶属系统不同，其他功能与府州县相似。周振鹤还提出"实土卫所之外还有实土都司"[②]，在行都司中，洪武二十六年（1393）稳定后的陕西行都司辖区位于陕西布政司府州县以外，境内无府州县设置；永乐内迁前的北平行都司境内无府州县；辽东都司在明初有府州县设置，但到洪武二十八年（1395）尽数被废，其卫所成为实土性质；四川行都司境内在行都司设立以前曾有府州县，洪武十五年（1382）由云南布政司改属四川布政司，至洪武二十五年（1392）废府州县，之后在当地设卫所和行都司，也是实土性质。上述四行都司在设立的大部分时间都属于实土行都司，境内的军民事务都由其管辖，因此各自与其对应的布政司共同组成了更大的省级政区。福建行都司和湖广行都司无实土，其中福建行都司与福建都司的外界和福建布政司辖界重叠，而湖广行都司与湖广布政司的边界相对福建而言更加复杂，湖广行都司辖区有位于四川布政司夔州府境的瞿塘卫及忠州所，其他区域则与湖广布政司西北部重叠。山西行都司与山西布政司系统的关系也很复杂，结合山西行都司在明代的调整，永乐以前行都司北面的东胜诸卫，东面的万全、宣府诸卫都不在大同府内，永乐元年至五年（1403—1407）行都司辖区与大同府重合，永乐六年（1408）行都司东南部的蔚州卫和广昌所改属，虽然永乐以后山西行都司从整体看不是实土，但由于不同时期有实土、准实土卫所存在，所以在这块土地上行都司与山西布政司及其下的大同府交叠关系最复杂。

朱元璋在改行省为承宣布政使司时曾说"所以承者，朕命也；宣者，代言之也；布者，张陈之也；所以政者，军民休戚、国之利病，所以使者，必去民之恶而导民之善，使知有畏"[③]，其最初的设置意图是将布政司作为下达朝廷旨意和管理地方的机构。之后其职能进一步明晰，"布政使掌一省之政司、钱谷之出纳，十年会户版、均税役，登民数、田数以达于户部"[④]，负责掌管一省的民政和财政，并稽核户籍、征调赋役等。布政

---

① 见靳润成《明朝总督巡抚辖区研究》一书影印的谭其骧先生致靳的一封信。（靳润成：《明朝总督巡抚辖区研究》。）
② 周振鹤：《地方行政制度志》，上海：上海人民出版社，1998年，第353页。
③ 朱元璋：《明太祖文集》卷4《承宣布政使诰》，景印文渊阁《四库全书》，第1223册，第39页。
④ 爱新觉罗·弘历：《皇朝文献通考》卷85《职官考九》，景印文渊阁《四库全书》，第633册，第947页。

司需要对指定的行都司输送物资,陕西行都司虽然是实土卫所,但其屯田所种不足以支撑卫所军士生存,因此还需要布政司的支持,陕西宁州曾针对输送税粮、岁用至宁夏、甘肃等卫"山冈险阻,车辆不通,致累年亏欠"①,建议改输;"辽东都司布五十五万匹、棉花二十万斤,俱以山东布政司所征给之"②;"四川行都司建昌等六卫军士例应三年一次赏冬衣布花,今唯其期,请遣官驰驿,赴四川布政司运拨各卫以给"③;"山西行都司所属官军俸粮、折色、钞贯,每年差官于山西布政司关领"④。宣德十年(1435)以后,卫所军仓陆续转移至府州县,军士月粮和军饷由地方布政司负责,张金奎认为军仓转移使得布政司和地方政府也由此获得介入军队事务的机会⑤。军仓的归属关乎军士切身利益,明中后期卫所爆发的频繁兵变有不少与巡抚、布政司对军士月粮的发放控制有关。对于嘉靖元年(1522)元月爆发的甘州兵变,邓涛认为引线是巡抚许铭对军士月粮银问题的处理不当⑥。孙治勇分析了嘉靖年间在大同地区爆发的四次兵变,认为军士的诉求是解决长年拖欠的粮饷、处罚贪赃枉法的官吏、减轻劳役负担等实际问题⑦。

此外,布政使司还掌有一定的司法权,延续元代的理问所机构"掌推勘刑名"⑧,当军民之间产生纠纷时,由两机构共同审理,理问所便是约问制度下的断案机构⑨。如嘉靖二十八年(1549),四川行都司越嶲卫右所百户邵德从建昌粮储道领出本卫饷银,在回卫交割时出现失误,"因本卫未散前银造册,致将原领银差牌并领状未曾销缴"⑩,布政司怀疑其中有"盗出空印纸张诈冒支领情弊"⑪,将邵德"发理问所羁候,参呈巡抚都老爹李处"⑫。布政司和按察司可参与行都司的司法审判,万历二十年(1592)三月,定辽后卫周宣堡的高四向高长寿和秦氏母子讨取银钱未果,状告至掌印都司王印处,反被辽东都司印下舍人周仲文索要钱财,又被高长寿诬告奸情,遂在本屯自缢身死。

---

① 《明太宗实录》卷26,永乐元年十二月戊寅,第478页。
② 《明太祖实录》卷244,洪武二十九年二月庚子,第3546页。
③ 《明英宗实录》卷293,天顺二年七月辛卯,第6252页。
④ 《明英宗实录》卷49,正统三年十二月己卯,第955页。
⑤ 张金奎:《明代卫所月粮制度浅论》,《明史研究论丛》第8辑,北京:紫禁城出版社,2007年,第55页。
⑥ 邓涛:《明代兵变的转折点——嘉靖朝时局与甘州兵变》,《宁夏大学学报(人文社会科学版)》2016年第4期,第103页。
⑦ 孙治勇、史良:《嘉靖大同镇兵变问题浅析》,《山西广播电视大学学报》2020年第2期,第75页。
⑧ 《清史稿》卷116《职官志三》,北京:中华书局,1977年,第3346页。
⑨ 郭红对约问制度以及(行)都司卫所司法在布政司、督抚等民政系统的侵入下逐渐丧失独立性的过程做了详细梳理。(郭红:《军亦吾之民:明末判例判牍中的卫所司法地方化》,《中华文史论丛》2021年第3期,第245—402页。)此外还有张金奎的《明代卫所司法简论》。(张金奎:《明代卫所司法简论》,《故宫学刊》2006年第1期,第471—483页。)
⑩ 《四川各地勘案及其他事宜档册》,北京图书馆古籍出版编辑组编:《北京图书馆古籍珍本丛刊》,第51册,第741页。
⑪ 《四川各地勘案及其他事宜档册》,北京图书馆古籍出版编辑组编:《北京图书馆古籍珍本丛刊》,第51册,第742页。
⑫ 《四川各地勘案及其他事宜档册》,北京图书馆古籍出版编辑组编:《北京图书馆古籍珍本丛刊》,第51册,第742页。

案件发生后都司王印将状转行左卫掌印指挥杨得吉,对高四验尸后,招呈巡按驳批"秦氏因高四取讨欠银,伊男高长寿叫骂于先,本妇扯殴于后,复告奸情,以致高四自缢身死"①,周仲文"依求索人财者计赃准不枉法论壹百贯。无禄人减一等律,杖壹百,徒叁年"②,此案由分守辽海东宁道兼理边备屯田山东布政司右布政使粟在庭呈报。

行都司与布政司的交集主要体现在辖区的犬牙相制、粮饷军需和军民司法交涉上。位于边地的实土行都司,尽管其民化进程尚不足以设置府州县等民政机构,但其与民政系统仍存在各种联系,在互动过程中布政司介入到行都司管理中。

三、绳愆纠缪:行都司与提刑按察使司

提刑按察使司的职能按《明史》记载,"按察司掌一省刑名按劾之事。纠官邪,戢奸暴,平狱讼,雪冤抑,以振扬风纪,而澄清其吏治……副使、佥事,分道巡察,其兵备、提学、抚民、巡海、清军、驿传、水利、屯田、招练、监军,各专事置"③,可见其兼管军民两大系统,涉及地方各项事务以及对官吏的考察和军民利病等,行都司亦受相应按察使司的监管。

按察司对行都司官员的考核有考满和考察两种形式,尽管每任皇帝在位期间在考核的时间和方式上有所调整,但按察司在相当长的时间都参与对行都司的考核,不管是考满还是考察,行都司官员在军务上的表现都是考核的重要内容。山西按察司曾上奏行都司官员失职之事,成化五年(1469)"六月二十四日夜,山西行都司死囚十五人越狱,缒城以逋。都指挥毕英、马钦及指挥董谦等关防疏略,城禁不严,乞正其罪。都察院请下巡按御史逮治英等如律,并移文总兵等官督捕。诏姑不问,英、钦等停俸,谦等革冠带销项,同总兵等官所差人捕之,至囚获日以闻"④。经山西按察司监察,都察院和朝廷得以了解山西行都司的管理情况并做出相应处理。

按察司对军务的督察交由各道进行。按察司在一省范围内进行区域划分的道有分巡道、兵备道,长官由按察司的佐贰官副使或佥事担任,作为高层机构(布、按、都、行都司)和地方机构(府、州、县、卫、所)之间的监察机构⑤对兵备、清军、驿传、水利、屯田、招练、监军等事务进行巡视监督。在此过程中按察司不可避免地介入行都司管理。正统十年(1445)英宗擢升陈嶷为陕西按察司副使,命其专巡视水利和提督陕西

---

① 《分守辽海东宁道山东布政使粟在庭对求索人财与辱骂尊长等罪犯的审判书》,辽宁省档案馆、辽宁省社会科学院历史研究所:《明代辽东档案汇编》,第976页。
② 《分守辽海东宁道山东布政使粟在庭对求索人财与辱骂尊长等罪犯的审判书》,辽宁省档案馆、辽宁省社会科学院历史研究所:《明代辽东档案汇编》,第977页。
③ 《明史》卷75《职官四》,第1840页。
④ 《明宪宗实录》卷70,成化五年八月癸酉,第1382页。
⑤ 张小稳:《明清时期道的分类及其功能演变——现代行政督察专员区公署制渊源的视角》,《云南社会科学》2010年第3期,第132页。

行都司军卫屯种，并说道：

> 甘肃为西陲要地，旧制军士屯种足以给用，近年以来官豪势要及各管头目贪图厚利，将膏腴屯田侵夺私耕，又挟势专占水利，以致军士虚包子粒，负累逃徙者多。今特命尔往彼整理，尔须尽心区画，务要屯种有法，水利均平。果有仍复侵夺屯（田）、专占水利者除军职，及应奏官员具实奏来，其余即拏问明白。尔以朝廷耳目官简擢委托，宜廉勤公正，以身率人，必使事有成绩，人无冤滥，庶不负所任。或有空闲草场等地土堪以屯种及为豪强占据者，皆体实以闻。①

作为陕西按察司副使，陈嶷完全介入行都司屯田水利事务中。整饬兵备亦是按察司的主要职责之一。成化二年（1466），"命四川按察司佥事张琬整饬行都司兵备，抚治番夷"②。四川按察司整饬行都司建昌兵备兼分巡上川南道副使朱簠曾对四川行都司的夷情军务进行监察，嘉靖二十五年（1546）呈报当地"肆恶番夷越界杀死人命，烧毁房屋，绑掳人口，贻患地方"③之事，之后又对行都司征讨马猓番贼的过程进行上疏④，建议在会川卫和盐井卫添设守备官⑤。

按察司还监察行都司卫所清军、勾军事务。明代卫所普遍存在的逃军问题在行都司中也十分突出，以辽东都司和山西行都司军额为例，辽东都司呈报山东按察司耿佥事和都察院右佥都御使的军士马匹数目清册中登记："三万卫原额军士一千七百六……逃故五百六十八员名……（辽海卫）逃故七百七员名……铁岭卫原额军士二千二百二名……开原等五城并二十边堡军马，原额军舍余丁共该一万五千五百一十六员名，现在一万一千九百七十二员名，逃故三千五百四十四员名。"⑥虽不知此清单的统计时间，但仍可反映军士的流失现象。张金奎对山西行都司各时期有史可载的军额做了考辨和统计后认为，在册军额都可能存在"按籍有兵，而实在则无兵"的现象⑦。军士大量逃故给明代地方稳定带来很大隐患，勾补军士成为紧急之事。作为清理逃故军士基础的军籍黄册由卫所、各府州县共同编造⑧，清勾程序的完成需要行都司与多个机构配合完成，尤其是布、按二司，按察司要"比较其实以闻，都司当先以勾军之人通报按察司"⑨。

---

① 《明英宗实录》卷132，正统十年八月丙寅，第2633页。
② 《明宪宗实录》卷27，成化二年三月己未，第536页。
③ 张时彻：《芝园别集》卷1《奏议·建昌马疏》，《四库全书存目丛书》，集部，第82册，第397页。
④ 张时彻：《芝园别集》卷3《奏议·克平马猓番贼疏》，《四库全书存目丛书》，集部，第82册，第421页。
⑤ 张时彻：《芝园别集》卷3《奏议·添设会盐守备疏》，《四库全书存目丛书》，集部，第82册，第435页。
⑥ 《三万辽海铁岭三卫并开原五城二十边堡军士马匹数目清册》，辽宁省档案馆、辽宁省社会科学院历史研究所：《明代辽东档案汇编》，第181页。
⑦ 张金奎：《明代山西行都司卫所、军额、军饷考实》，第16页。
⑧ 何庆平：《论明代世军制下清勾制度的失败及其原因》，硕士学位论文，东北师范大学，2009年，第9页。
⑨ 《明宣宗实录》卷13，宣德元年正月癸丑，第355页。

陕西按察副使邝埜曾因行都司不上报按察司勾军安排而检举"陕西行都司掌司事、都督佥事李文等沮格不行,延历已久,无所质究,莫辨奸欺,请明正其罪"①,对此,宣宗认为:

> 都司当方面之寄,安内攘外,全仗兵力,所以令按察司考其勾军之数,将以革旧弊而收实用,彼不以报,是乐弛纵而恶绳检,姑记文等罪,令按察司再行督之,如其不悛,必罪不恕。②

按察司在诸多事务中都和布政司协同办理,因此也渗透到行都司的日常管理中。上文提及布政司与行都司两系统的司法"约问",按察司也会参与其中。正统十一年(1446),"四川行都司建昌卫土官把事刘华严奴奏署都指挥佥事施祥设立土豪通事,起灭词讼、剥害夷民、殴人致死等事。法司请下巡按御史,会四川按察司并行都司堂上官,廉其实以闻"③,获得批准。成化十四年(1478)八月,辽东都司都指挥同知与山东按察司、山东布政司共同会审犯人王友儿伪造衙门印信一案,三司意见一致为"拟伪造诸衙门印信者斩"④,同时也可反映辽东都司作为实际上的"山东行都司",在地方管理上与山东有千丝万缕的联系。成化二十一年(1485),宪宗还下令"都司卫所问拟囚犯,宜从巡按御史并按察司、分巡司审实具奏,不许坐视不理"⑤,强调了按察司对卫所司法的参与权。

第四节 督抚体系下的行都司

省一级三司鼎立、互不统摄的牵制关系成为明代地方应对突发事件的不利因素,宣德以后中央派遣总督、巡抚协调三司,统一事权,督抚遂成为实际上的地方最高长官。行都司虽分治于三司之外,但也与三司一同成为督抚事实上的下级机构。督抚的设置使得原本犬牙相制的辖区进一步交叠,行都司辖区内官员体系叠床架屋的特征更加明显。督抚制度成熟后其职权涵盖军务和民事,与行都司作为军事机构的职能有交叉之处,因此时人评价"三司权本重,巡抚初设便多龃龉,尤不便于武官"⑥。

---

① 《明宣宗实录》卷13,宣德元年正月癸丑,第356页。
② 《明宣宗实录》卷13,宣德元年正月癸丑,第356页。
③ 《明英宗实录》卷148,正统十一年十二月戊申,第2912页。
④ 《山东布政等会审伪造衙门印信之绞罪犯人王友儿的文件》,辽宁省档案馆、辽宁省社会科学院历史研究所:《明代辽东档案汇编》,第906—907页。
⑤ 《明宪宗实录》卷260,成化二十一年正月庚寅,第4420页。
⑥ 孙承泽:《春明梦余录》卷48《总督巡抚》,景印文渊阁《四库全书》,第869册,第17页。

一、行都司所处的督抚辖区

明朝总督和巡抚作为中央派驻到地方的高级官员,随着治所的固定、辖区的明确、职权的完善,地方正式长官的色彩越来越浓厚。辖区关系上,巡抚辖区或将行都司囊括其中,或与其他巡抚分管,出现一地两属的情形,在巡抚之外还设有总督,情况复杂。本节依据靳润成在《中国行政区划通史·明代卷》第三编中的考证,梳理行都司被不同的总督、巡抚管理的时间以及辖区。

(一) 山西行都司——宣大巡抚、大同巡抚——宣大总督

辖区囊括山西行都司的巡抚有宣大巡抚和大同巡抚,二巡抚为析出与合并关系。景泰二年(1451)宣大巡抚辖区分为宣府巡抚和大同巡抚,大同巡抚在天顺元年(1457)遭罢,又于次年复置。天顺四年(1460)大同巡抚与宣府巡抚再次合并为宣大巡抚,天顺六年(1462)再次一分为二。大同巡抚在成化六年(1470)再次遭罢,次年复置。山西行都司由宣大巡抚或大同巡抚监管,据吴廷燮对大同巡抚辖区的考证:

> 大同巡抚,巡抚大同地方赞理军务,节制阳和兵备、左卫兵备、冀北分巡、冀北分守四道,山西布政司大同府之应、朔、浑源三州,大同、怀仁、山阴、马邑、广灵、灵丘六县,山西行都司之大同左等十四卫、山阴等三所城堡,顺义诸部贡市。①

景泰二年(1451)置宣大总督,辖大同、宣府二巡抚之地,之后历经九次废而复置,嘉靖二十一年(1542)复置后常置不罢(图3-5)。

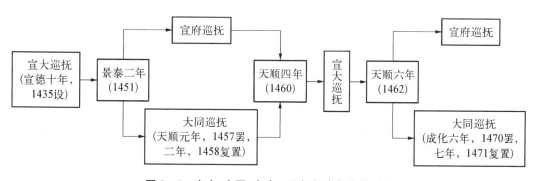

图3-5 宣大、大同、宣府三巡抚析出与合并过程

---

① 吴廷燮:《明督抚年表》,北京:中华书局,1982年,第148页。

(二) 陕西行都司——陕西巡抚、甘肃巡抚——三边总督

陕西行都司曾由陕西巡抚管辖,在正统元年(1430)后又隶析置的甘肃巡抚。陕西巡抚最初设于宣德二年(1427),管辖包含陕西行都司在内的陕西全境,历经罢而复设后于正统元年析置宁夏、甘肃巡抚,陕西行都司辖区归甘肃巡抚管辖。设罢情况如表3-2:

表3-2 管辖陕西行都司境时的陕西巡抚、甘肃巡抚设罢情况①

	设	罢	复设
陕西巡抚	宣德二年(1427)	宣德三年(1428)五月	宣德六年(1431)
甘肃巡抚	正统元年(1436)	天顺元年(1457)	天顺二年(1458)

甘肃巡抚管辖区域为:

> 巡抚甘肃等处赞理军务,统甘肃兵备、西宁兵备、庄浪兵备三道,陕西行都司之甘州左右等十二卫,镇夷等三所城堡,赤斤蒙古等六卫,朵甘等卫及宣慰招讨等司,西海丙兔诸部贡市。②

成化四年(1468)七月置三边总督,管辖陕西、甘肃、宁夏、延绥四巡抚之地,此时陕西行都司归属甘肃巡抚,同属三边总督所辖。三边总督同样设废频繁,历经六次废罢而后设,嘉靖元年(1522)复置后不再罢废。

(三) 四川行都司——四川巡抚、云南巡抚——云贵川湖广总制、川贵总督(天启)③

四川巡抚始置于景泰元年(1450),初期管辖除了松潘军民使司以外的四川全境,四川行都司自然也包含其中。景泰三年(1452)四川巡抚废除,天顺六年(1462)复置后四川行都司重属四川巡抚。隆庆三年(1569),云南巡抚"加兼建昌、毕节等处地方"④,之后四川行都司辖区一直属云南巡抚。

云贵川湖广总制在嘉靖七年(1528)为平定云南土官起事而设,"命伍文定为兵部尚书兼右都御史,提督云、贵、川、广军务,征兵讨之"⑤,当年事毕则罢。天启元年

---

① 根据郭红、靳润成:《中国行政区划通史·明代卷》第三编整理。(郭红、靳润成:《中国行政区划通史·明代卷》,第943—949页。)
② 吴廷燮:《明督抚年表》,第297页。
③ 川贵总督在万历年间和天启年间设过两次,两者在辖区上有相似,但治地不同,非复置。
④ 万历《大明会典》卷209《都察院一·督抚建置》,第1041页。
⑤ 谈迁:《国榷》卷54,嘉靖七年三月癸巳,第3375页。

(1621)，因四川永宁土官起事又设川贵总督前往镇压，辖四川、湖广、云南、贵州等地，行都司也应当在其辖区内。天启二年(1622)川贵总督析置为四川总督和贵州总督，贵州总督辖贵州、云南及湖广十一府，四川总督辖四川、湖广四府、陕西汉中府。天启五年(1625)川贵总督复置，辖四川、贵州、云南、广西、湖广及陕西，自此四川行都司长期归属川贵总督。

(四) 福建行都司——福建巡抚、南赣巡抚、浙江巡抚——江西总制、浙直总督

　　福建巡抚历经五次设废，其存在时间分别是正统元年(1436)、正统六年至景泰六年(1441—1455)、成化六年至成化十一年(1469—1474)、成化十四年(1477)、成化二十三年至弘治二年(1487—1489)，嘉靖三十五年(1556)复置后未遭废罢。其辖区为福建全境，打破了福建行都司和都司山海并立的格局。

　　弘治二年至嘉靖三十五年(1489—1556)福建巡抚缺席期间，南赣巡抚和浙江巡抚曾对福建部分区域进行管辖。弘治八年(1495)南赣巡抚设立，位于福建行都司辖区的汀州府在其辖区内。此外，位于福建都司境的漳州府也在弘治十年(1497)增属南赣巡抚。南赣巡抚于弘治十六年(1503)被废，又于正德六年(1511)重设，汀、漳再次处于其辖区。浙江巡抚在嘉靖二十六年(1547)复置时"兼管福建福兴、建宁、漳、泉海道地方"①，行都司治地建宁由其管辖，嘉靖二十八年(1549)被罢后又于三十一年(1552)复置，复置后其在福建的辖区为福宁州和兴化、泉州、漳州三府，已不含福建行都司辖地。值得一提的是，嘉靖三十一年至三十五年(1552—1556)，漳州府是浙江巡抚和南赣巡抚的重叠辖区。嘉靖三十五年福建巡抚设立后汀州、漳州二府还同时在南赣巡抚管辖之下，成为"两属"之地②。

　　总督方面，正德六年至十一年(1511—1516)福建接受江西总制管辖，浙直总督在嘉靖三十三年至四十一年(1554—1562)、嘉靖四十五年至隆庆元年(1566—1567)对福建进行管辖。

(五) 湖广行都司——郧阳抚治、湖广巡抚、四川巡抚——云贵川湖广总制、湖广贵州四川总督、川贵总督(万历)、四川总督、川贵总督(天启)、湖广总制、江西总制、河南山陕川湖总督、凤阳总督、河南湖广总督、九江总督

　　湖广行都司在明代的存在时间为成化十二年至万历九年(1476—1581)，以及万历十二年(1584)复设之后。由于其位置的特殊性，与其辖区有关总督和巡抚不仅经常更换，而且在边界上犬牙交错。

---

① 万历《大明会典》卷209《都察院一·督抚建置》，第1040页。
② 郭红，靳润成：《中国行政区划通史·明代卷》，第781页。

荆襄抚治改郧阳抚治后,在抚治原杰的奏请下设立湖广行都司,此时郧阳抚治辖原湖广、河南、陕西、四川四省部分地区,在辖区范围和边界上,其辖区与湖广行都司交叠但不完全重合。成化十五年(1579),湖广行都司辖区内夔州府治以东的地区长期改属四川巡抚,湖广行都司辖区同时接受四川巡抚和郧阳抚治的监管。正德二年(1507)郧阳抚治被罢后其监管的行都司辖区划归湖广巡抚,正德五年(1510)郧阳抚治复置,直到万历九年(1581)和湖广行都司一同被罢。

正德五年至万历九年(1510—1581),湖广行都司之上总督设置复杂。正德五年至九年(1510—1514)湖广总制、正德六年至正德十一年(1511—1516)江西总制都对湖广进行监管,云贵川湖广总制在嘉靖七年(1528)设而又废,嘉靖二十七年(1548)又设湖广贵州四川总督,于嘉靖四十二年(1563)被废。万历十二年(1584)湖广行都司复置,原郧阳抚治于前一年也恢复其原辖区,两者之后常置不废,此时湖广行都司辖区内的巡抚仍然是四川巡抚和郧阳抚治。总督一级则尚不稳定,万历二十七年至三十五年(1599—1607),辖区接受川贵总督监管;天启元年(1621),属川贵总督,次年析置四川、贵州二总督后,湖广行都司属四川总督,天启五年(1625)二总督合并复置,又属川贵总督。到了明清鼎革之际,为了镇压中部地区此起彼伏的农民起义,河南山陕川湖总督、凤阳总督、河南湖广总督、九江总督都在崇祯年间先后设立,并且都将湖广囊括,其中河南山陕川湖总督则将驻地安置在郧阳府,与行都司同治。

(六) 辽东都司——辽东巡抚、登莱巡抚、山永巡抚——蓟辽总督、保定总督、辽东宁远总督

宣德十年(1435)设辽东巡抚管辖辽东都司全境,之后经过三次废罢而复设,但废止时间都不超过一年。由于处在与后金政权交锋的前线,万历以后明朝在当地的督抚辖区因战况和边界收缩不断调整。天启二年至崇祯二年(1622—1629),辽东沿海诸岛由登莱巡抚管辖,崇祯三年(1630)罢而复置后继续管辖。崇祯四年(1631)后,山海关附近由山永巡抚管辖。天启以后辽东巡抚的辖区则从辽东全境缩为辽西走廊一带,崇祯时再缩至山海关外锦州以西。

管辖辽东的总督经历了析置的过程。嘉靖二十九年(1550)设置的蓟辽总督"总督蓟州、保定、辽东军务,镇巡以下,悉听节制"①,崇祯十二年(1639),析置保定总督,辖登莱巡抚之地,崇祯十五年(1642)被废后还属,崇祯十七年(1644)复置辖区不变;崇祯十四年(1641),还析置辽东宁远总督,辖山海关外辽东巡抚之地,崇祯十七年废罢后其地还属蓟辽总督。

总之,总督、巡抚辖区本身突破了原本相对独立的政区、军事单元,将行都司与其

---

① 万历《大明会典》卷209《都察院一·督抚建置》,第1040页。

他区域整合起来。北边的行都司之地多为横向联络,以边防为目标又使其常成为督抚治所在所在,蓟辽总督、宣大总督、三边总督及相关巡抚的设置将北边连成一片。管辖内地行都司的督抚多为镇压农民起义而设,福建巡抚的设立让福建行都司和福建都司的联系更加紧密,浙江巡抚和南赣巡抚也曾跨省级政区管辖福建行都司部分区域,打破了山川限制。就行都司辖区而言,明初为达到三司相互掣肘的目的使政区边界犬牙相制,而督抚之设使行都司在不同时期或全境被督抚辖区囊括,管理交叠的程度进一步加深,或被不同的督抚切割,或部分区域同时属于两处督抚。

  督抚的设置还改变了地方权力结构,原本行都司与三司是地方最高军政管理机构,督抚设置后成为其下级机构。随着地方事务的增多,督抚在地方逐渐长期化,从而打破了明初在地方设置三司相互分权的格局。但在本质上,明代的督抚并未发展成为固定且独立的地方最高机构,而是作为中央派驻地方负责某项具体事务的临时派遣。在与地方机构的关系上,督抚有权节制三司、行都司文武官员,但没有明确的隶属制度规定,也未成为名副其实的地方最高机构和长官,而行都司名义上依旧是所在辖区的最高军政机构。督抚在管理体系中位于行都司之上,而在制度上又是非正式的固定长官,难免龃龉,故明人评价"郡县之与督抚相视如客主,然临变则上官漫督之,而主者亦漫应之,军情之苦乐不体,官帑之出入无稽"①,亦适用于行都司与督抚之关系。

二、行都司的困境:以郧阳兵变为例

  督抚设置后,行都司由原来的地方最高军政机构之一变为总督、巡抚之下的机构,两大机构的新增使得地方官员管理架构更加繁杂。此外,在朝廷的反复调整下,督抚辖区往往囊括几省且设废无常,随之带来的地方管理和官员架构的改变,让处在夹层中的行都司深陷困境,明中后期行都司兵变不断也与此有关。处在明朝疆域腹心位置的湖广行都司先后有十四督抚在此监管,加上多省交界,行都司辖区内机构叠床架屋的现象尤为突出。湖广行都司作为最晚设置的行都司,最终在反复裁撤冗官的争议中被废罢,但当地行都司群体与其他机构的矛盾并未因此解决。其废罢后境内爆发的军士哗变反映了卫所军士与行都司之间的联结关系,行都司机构虽然被废,但当地卫所军士群体仍然还在,并且因各种利益纠葛不可避免与其他机构产生矛盾,在行都司这一层级缺席的情况下,只能寻求暴力的形式解决。因此,湖广行都司郧阳兵变可作为明代后期行都司尴尬局面的缩影,废设之争成为普遍面临的困境。

  万历九年(1581)湖广行都司被废除后,其卫所由湖广都司接管,在当地另设参

---

① 章焕:《章中丞奏疏·南方兵事疏》,陈子龙辑:《明经世文编》卷272,第2868页。

将。万历十五年(1587)十月,新任参将米万春尚未入郧阳府城,就与前任参将方印等人在城外谈到郧阳抚治李材同意生员将参将公署(即已废湖广行都司公署)改为书院,而将参将公署搬至县学,军士对李材此举大为不满之事。米万春偏护卫所军士,遂激发地方生员与军士武力争夺公署、军众喧哗、官员被殴至越墙而走的闹剧①。这一场发生在万历十五年间郧阳生员和卫所军士为争夺已废湖广行都司官署引发的兵变,在当时朝野引起很大的关注,在《明实录》、官员奏折、时人著述中多有记载,被称为"郧变""郧阳兵变""郧阳之变"②。彭勇认为这场兵变是因废除郧阳抚治和湖广行都司后导致的地方军民冲突③。军民冲突即生员和卫所军士之间的直接矛盾,但我们也可以看到卷入这场兵变旋涡的不仅有地方生员和卫所军士,还有这两股势力背后的高层官员在军与民的基层矛盾背后起到推波助澜的作用。已废湖广行都司官署恰是这场兵变旋涡的中心,废旧官署的归属权问题实则反映了地方高层官员间权力冲突和力量的博弈,凸显了明朝中后期行都司的困境。

(一) 冗官与废除

与卫所军士大量逃匿形成对比,冗官现象在嘉、万时期尤为突出。嘉靖时期"袭职者临试,悉纳赂权贵,虽乳臭小儿,无不中格,使军职益滥"④,霍韬也曾感慨"天下武职,由成化视洪武增四倍矣"⑤,地方动乱后朝廷增官添将也是常事,长期如此必然是武职"冗员日多,职守日紊,数亦难稽"⑥。因此,不断有人提出裁撤冗官,成化时期采取措施之一就有裁汰因时而设的机构和官员⑦。成化年间平定荆襄流民之乱后,总督军务右都御史项忠上疏:"今流贼已平,分守、守备皆宜取回,而抚民官、兴山县俱宜裁革"⑧,不愿当地有多重设置。尽管在抚治的建议下于成化十二年(1476)新设湖广行都司,但其从设立时就伴随着存废的争议,并与全国性的裁撤冗官争议纠缠在一起。

第一次存废问题的讨论在行都司设立后两年,成化十四年(1478)湖广总兵官都督金事王信"请罢郧阳行都司及卫,止至一所守御其地"⑨,兵部认为可行,然而皇帝的旨意是"其事经画已定,不可纷更"⑩,此次裁撤提议因当地的事务还需要湖广行都司

---

① 此事在沈德符《万历野获编》(沈德符:《万历野获编》卷22《督抚·郧变》,北京:中华书局,1959年,第559—560页)以及朱国桢《涌幢小品》(朱国桢:《涌幢小品》卷32《郧阳兵变》,上海:上海古籍出版社,2012年,第639页)中都有记载。
② 沈德符:《万历野获编》卷22《督抚·郧变》,第559—560页;朱国桢:《涌幢小品》卷32《郧阳兵变》,第639页。
③ 彭勇:《从"边区"到"政区":明代湖广行都司的制度运行与社会秩序》,第140—141页。彭文中将此兵变称为"丁亥之变",本书采取明人"郧阳兵变"的说法。
④ 李承勋:《李康惠公奏疏·覆霍韬军职疏》,陈子龙辑:《明经世文编》卷101,第906页。
⑤ 霍韬:《霍文敏公文集·再辞礼部尚书陈言疏》,陈子龙辑:《明经世文编》卷188,第1939页。
⑥ 霍韬:《霍文敏公文集·修书陈言疏》,陈子龙辑:《明经世文编》卷187,第1921页。
⑦ 吴建华:《明代官冗与官缺研究》,博士学位论文,厦门大学,2001年,第74页。
⑧ 项忠:《项襄毅公集·善后十事疏》,陈子龙辑:《明经世文编》卷46,第360页。
⑨ 《明宪宗实录》卷181,成化十四年八月丙午,第3268页。
⑩ 《明宪宗实录》卷181,成化十四年八月丙午,第3268页。

的存在,因此没有被应允。实际上,湖广行都司内部也存在冗官问题,甚至影响施政。正德十二年(1517)九月,把总荆州三卫官军水陆操练指挥同知戴英以疾辞任,在《明实录》中对此事的结果仅记载"抚治郧阳都御史陈雍进言'盗息,是官可革'"①。但在陈雍上的《革冗员以充实用疏》中较为详细地记载了戴英呈称辞的难言之隐:

> 荆州三卫虽有都指挥李钦,不堪任使。看得荆州卫指挥戴英律己廉谨,武略熟闲,相应委作三卫把总,以都指挥体统行事,仍令掌管本卫印信。况查本官实无前疾,足堪任使,推其意,盖以荆州既有守备都指挥,又有守巡等官,官列虚衔,事多掣肘,欲求革去而难于显言,托疾求代,岂其本心哉。及查荆州卫原考选军政掌印佐贰指挥李霈,庸碌欠为,戎务日废,合将戴英暂且革去把总名色,委令掌本卫印信。候有守备等项官员照例推用李霈,更替原考佐贰,使彼此各称其任可也。②

荆州卫指挥戴英因能力出众获得了荆州三卫把总的身份,以行都指挥体统行事。他谎称有病辞任的原因是荆州有多重官员,机构内既有守备都指挥,又有分守、分巡等官,而戴英"官列虚衔,事多掣肘"。从陈雍的态度来看,他希望皇帝能将李霈等不务正业的官员调用,让戴英能继续以虚衔担任实职。皇帝对此的答复是:

> 将把总荆州三卫都指挥照例裁革,就令戴英掌管本卫印信,责令修明军政。其襄阳就令抚民副使带管,各以时操练。庶几官无冗旷而实用得充,军无虚占而操守归一矣。③

戴英仍然担任荆州卫指挥,掌管本卫印信,裁革的应是把总荆州三卫都指挥一职。从戴英的难言之隐中可以感受到他在多层上级官员的压力下,以低官职处理更高一级职官事务时的尴尬处境。

第二次是在嘉靖十八年(1539),朝廷上有裁撤郧阳冗官的讨论,当时担任都察院右副都御史、抚治郧阳的王以旂在亲自勘察郧阳情形后作《四省交会图》奏于世宗,其中就说到"(郧阳)迄今六十余年,流逋静谧,奸宄潜消,智者归功。顾以人情事体不尽如初,彼此目为冗员"④,随后王以旂从地形和管理方面分析了不可废除设在郧阳的职官,明世宗在阅览奏折之后亦认为不可废,于是湖广行都司和郧阳抚治得以继续留存。

---

① 《明武宗实录》卷153,正德十二年九月辛卯,第2958页。
② 万历《郧台志》卷9《奏议·革冗员以充实用疏》,第417页。
③ 万历《郧台志》卷9《奏议·革冗员以充实用疏》,第417页。
④ 王以旂:《郧阳等处地方图说》,《三省边防备览点校》卷13《艺文上》,西安:西安交通大学出版社,2018年,第374页。

第三次是在万历九年（1581），朝廷认为："抚治郧阳都御史添设百余年来，更置州县，安集大定，且三省各有巡抚，而郧阳所属有参政副使四员，使能协谋夹持，必不误事，抚治都御史似当裁革。"①在郧阳抚治被罢后，时任吏部尚书的王国光奏请裁撤湖广行都司：

> 湖广行都司原为抚治衙门而设，止管郧、襄、荆、瞿、忠州等卫所，其事务原简。今抚治已裁，行都司实为冗员……行都司既已议裁，当设参将。②

可见朝廷认为当时郧阳已经安集大定，湖广行都司依附于郧阳抚治，既然抚治已经被裁撤，行都司自然也没有存在的必要，另外，万历八年（1580）张居正开始在全国范围内大力裁撤冗官，湖广行都司的裁撤也在此大背景下进行③。在经历一番废罢争议后湖广行都司在万历九年（1581）被正式废除。

冗官一直是朝廷想要解决的问题，但同时又不能失去对地方的有效管理，湖广行都司的设废问题一直反反复复，与当地复杂的情形有关。一方面，湖广行都司地理位置十分特殊，"夫郧阳、荆、南、汉、商并为重镇，本隶三省，去诸会城甚远，山川联络，溪谷险阻，广袤数千里，在昔为逋逃渊薮，群（盗?）不逞，屡据倡乱"④，实际上是四省交会。并且此地与各省会相距甚远，历来是流民的聚居之地，湖广行都司设立之后仍有流民流入，正德年间四川农民起义、河北刘六刘七农民起义都波及郧阳，天启六年（1626）爆发于陕西澄城的农民大起义于崇祯二年（1629）入郧阳，致使当地烽火四起。另一方面，郧阳一带管辖交错，非常复杂。郧阳抚治辖区包括湖广布政司境内的郧阳府、襄阳府、荆州府、安陆州，河南布政司境内的南阳府，陕西布政司境内的汉中府、商州、兴安州，此外还有数年管辖川东夔州、巫山、大宁等地。都察院右佥都御史孙应鳌就曾题称："郧阳一镇所辖在湖广则郧、襄、荆三府，在河南则南阳府，在陕西则汉中一府、商州一州，各以隔离省城辽远，各省巡抚控制不及。"⑤湖广行都司在初设时管辖湖广荆州、襄阳、德安及四川夔州四府境内的卫所。湖广行都司和郧阳抚治都是为管理郧阳一带而设的，治所也都设在郧阳，并且辖区交叠，郧阳抚治还管理陕西、河南的部分辖区，因此郧阳抚治范围上包含湖广行都司。按照明朝在地方实行三司治理的原则，当地还要接受按察司的监管。那么在郧阳一带四省交界的地方涉及的机构就有四布政使司、郧阳抚治、湖广行都司、四省按察司这十大省级机构。其官员设置更是

---

① 《明神宗实录》卷111，万历九年四月己未，第2133页。
② 王国光：《司铨奏草》卷2《覆湖广抚按陈省等吏科都给事中秦耀等条议裁革巡抚官员疏》，阳城历史名人文存编委会：《阳城历史名人文存》第1册，太原：三晋出版社，2010年，第113页。
③ 南炳文：《论张居正大力裁革冗官及其失败的原因》，《史学集刊》2005年第3期，第83页。
④ 王以旃：《郧阳等处地方图说》，《三省边防备览点校》卷13《艺文上》，第374页。
⑤ 万历《郧台志》卷9《奏议·兵部覆题改添提督军务疏》，第481页。

庞杂,除了府州县等常设的地方机构外,文官系统有湖广布政使司设置的分守下荆南道参政、分守上荆南道参政,按察司分巡下荆南道副使、分巡上荆南道副使;河南布政司设置的分守汝南道参政、分巡汝南道副使;陕西布政司设置的分守关南道参议、分守商洛道参议、分巡关南道佥事,武职人员则有郧襄守备、荆瞿守备、河南南阳守备、陕西汉中守备等①。在设置庞杂的官员后随之而来的就是职责上的相互推诿和制约掣肘,前文戴英谎称因病请辞便说明了官员在行事时诸多不便。万历二年(1574)四月,孙应鳌上疏认为:"郧阳等地方当四省交会之地,为奸盗逋逃之薮,自非兵戎克诘,无以弹压一心,乃今提督抚治,向以事权不专,遂致掣肘难行。"②因此当地不同系统的官员才会"彼此目为冗员"③。

当时朝廷都认为湖广行都司是为了配合郧阳抚治而设,因此在郧阳抚治废除后其也被裁撤,其下辖卫所回归原来的上层机构领属——湖广都司,另外设置参将镇守郧阳。裁撤冗官的浪潮在张居正去世后逐渐平息,恢复原来设官的声音也开始出现,御史王国以"郧阳叛乱之区……巡抚必不可缺"④为由建议恢复郧阳抚治,郧阳抚治遂于万历十一年(1583)正月恢复,但却没有立即复设湖广行都司,而是继续任命参将管理当地军士。湖广行都司被废除后产生了新的问题。陶晋英记载:

> 本朝分省亦惟楚为大,其辖至十五郡,如郧之房、竹山,荆之归、巴东与施、永、偏桥、清浪等卫所,动数千里,入省逾月,文移之往复,彝情之缓急,皆所不便。而辰、永督学屡合屡分,郧、沅开府或罢或兴。⑤

湖广行都司裁撤后,湖广都司辖区回到原来的广阔状态,郧阳的房县所、竹山所距离周边其他卫所很远,并且由于地理跨度太大,人员往来都司治城要耗费月余,传递文书相当奔波,如果地方预警则更加不便,加上多山的地形,进一步加大了交通和交流的阻碍。此外,辖区过大造成的官员调整等情形使得管理混乱的局面更加突出。在处理日常事务上,"参将客官,仅以事权弹压,而官军袭替、钱谷收支仍归湖广,往复二千余里,卫所多苦之"⑥,参将由外地官员充任,仅有事权,而官军的任免权和财政权等关系利害的实权都转交湖广三司,当地卫所若有亟待解决的事务,军士难免疲于奔命,顾念行都司之便利。湖广都司难以深入管理原行都司卫所,以及当地层级复杂的弊病使得当地的军民矛盾、官员矛盾越发积累,最终导致万历十五年(1587)爆发郧阳

---

① 万历《郧台志》卷5《官署》,第322页。
② 万历《郧台志》卷9《奏议·兵部覆题改添提督军务疏》,第484页。
③ 王以旂:《郧阳等处地方图说》,《三省边防备览点校》卷13《艺文上》,第374页。
④ 《明神宗实录》卷132,万历十一年正月壬午,第2465页。
⑤ 陶晋英:《楚书》,《丛书集成新编》,第95册,第494页。
⑥ 万历《郧台志》卷1《建置·军卫》,第38页。

兵变。

(二) 郧阳兵变背后的利益之争

郧阳兵变中涉及军与民两大群体,以及这两大群体背后地方不同层级文武官吏。此事发生后朝廷群臣的上书不仅反映了他们在处理兵变事宜不同阶段的看法,还影响着兵变处置结果的走向。

生员与卫所军士的冲突集中表现在争夺已废行都司公署的归属权,时人对郧阳兵变的经过有两处比较完整的记载,在《涌幢小品》中较详细:

> 万历十五年,李见罗材抚郧阳,改参将公署为书院,十月初二起工。是日,参将方印已解任去,米万春继之,会于离城六十里之远河铺。方有忿言,米激军士梅林、王所、熊伯万、何继持传牌令旗,与杜鹤等鼓躁而入,毁学牌,抢掠围逼军门。凡诸不便事宜文卷,逼取军门外烧毁,又勒饷银四千二百两充赏。次日,米尚次城外十里,李飞柬速之。又次日,米入城,鼓吹铳炮,过军门履任,释戎服晋见。仍勒上疏,归罪道府生员。疏必经米验过,追改者再,仍收城门锁钥,李隐忍从之。复阅操行赏,哨官杨世华云:"乘此冒赏,近乎劫库。"米佯怒而心是之,即讽军士,告之月粮,旧折三分,增至四分。适副使丁惟宁入城,一见米即云:"各官兵将拥汝为主帅。"米大怒,拥众喧乱。守备王鸣鹤仗剑大喝曰:"杀副使是反,谁敢,谁敢!"丁仅得免,李避走襄樊。裴淡泉应章代之,好言慰米。仍仗杀梅林、王所,事得定,而讹言传数年不息。①

沈德符对此事的记载稍简略:

> 见罗(李材)自负文武才,以讲学名天下,至折毁参将公署,改建书院,为其将米万钟(即米万春)设谋鼓噪,禁李于署不得出,自为疏逼李上之朝,委罪文吏,及师儒曲为诸卒解释。时新道臣为丁惟宁,初至稍以言呵止之,遽遭殴詈,丁故美髯须,剃之殆尽,几至举军叛逆,赖守备王鸣鹤救止,丁始得脱。后虽仅调官,然雕辱极矣。②

上述记载都是李材改参将公署为书院在先,引起军士不满才发生兵变之事。在李材看来:

---

① 朱国桢:《涌幢小品》卷32《郧阳兵变》,第639页。
② 沈德符:《万历野获编》卷22《督抚·郧变》,第559—560页。

> 因郧阳府县两学生员惑于风水，欲将分守参将驻扎旧设行都司公署议改学宫，一时军众思系本管衙门，忿激躁呼，将首议数生住屋一并毁打，以相酬对，致乖法体。①

李材认为此事是生员先试图将参将公署改为学宫，而军众因对行都司的归属感才会对生员动武。参将公署与旧行都司公署的位置，以及生员在改建书院一事中的作用在《万历武功录》中也有记载：

> 郧阳故建行都司，顷报罢，建参将一人。堪舆家传，以为县学金星居兑、旗鼓列前，可居参将，而行都司高厂，可建学。丁亥冬，郧阳两学诸生胡东昭、徐登高、宋申东、廖光宙等乘参将米万春未到官，请于抚谕使李材，欲改行都司为两学学宫，而以县学为参将府，两便。②

郧阳生员胡东昭等人看上了旧行都司的公署，想将其改为两学学宫，将设于旧行都司公署的参将公署搬去县学，通过堪舆之说将公署搬迁一事合理化，并且试图抢在参将米万春赴任之前将事情解决。军士在动工改建之日鼓噪而入，毁掉生员学牌、文卷等，与生员发生冲突，显然军士认为改建书院侵犯了自己的领地。那么李材是否同意改建书院呢？《万历武功录》又载：

> 抚谕使弗从，而会分守荆南使丁惟宁与郧阳守沈铁亦以文移请从堪舆议也，台御史始可之，顷东昭等亟为改图。③

虽然这则史料显示李材是在其他官员的极力怂恿下，并且经过堪舆后才答应生员改建，但综合其他因素考量，李材对于改建书院一事是有主动之心的，一是其本身崇尚讲学，二是受当时修建书院之风浓烈的影响。沈德符在《万历野获编》记载：

> 自武宗朝王新建以良知之学行江浙两广间，而罗念庵、唐荆川诸公继之，于是东南景附，书院顿盛，虽世宗力禁，而终不能止。嘉靖末年，徐华亭以首揆为主盟，一时趋骛者人人自托吾道，凡抚台莅镇，必立书院，以鸠集生徒，冀当路见知。

---

① 万历《郧台志》卷9《奏议·营军噪呼乞恩宽处以宁地方疏》，第546页。
② 瞿九思：《万历武功录》卷2《叛兵王礼、董承恩、张锁儿、张胜豪列传》，《续修四库全书》，史部，第436册，第201页。
③ 瞿九思：《万历武功录》卷2《叛兵王礼、董承恩、张锁儿、张胜豪列传》，《续修四库全书》，史部，第436册，第201页。

其后间有他故,驻节其中,于是三吴间竟呼书院为中丞行台矣。①

李材本身"好讲学"②以及"凡抚台莅镇,必立书院"③的政绩风气,使他担任郧阳巡抚期间便"大开讲学"④,"高厂"⑤的旧行都司官署成为生员眼中的书院新地,李材自然欣然同意。

《涌幢小品》中还提到米万春及其部下入城以后与李材等人就卫所军士的饷银、月粮等问题相要挟,而卫所粮饷不足又是明中后期普遍存在的问题,宣德十年(1435)军仓管理权转交布政司系统后卫所军士粮饷自然也受民政系统控制。正德三年(1508),湖广守臣曾奏"荆州等卫仓廪空虚,军士月粮连年不得关支,乞差官区处",户部议"覆诏责巡抚并司府州县卫所官不能事事,以致空虚"⑥,户部的谴责反映了巡抚和地方官在行都司荆州诸卫军仓空虚一事上的责任。因此,原湖广行都司卫所军士对月粮的诉求才会转为对地方官李材等的强烈不满,同样是卫籍出身的米万春则积极响应。因而在此次卫所军士和生员的冲突中,米万春和李材分别处于武官和文官权力旋涡的中心。

李材,字见罗,嘉靖四十一年(1562)进士,在担任云南按察使时因征缅战争胜利于万历十四年(1586)六月被擢升为都察院右佥都御史,抚治郧阳⑦。李材"好讲学,遣部卒供生徒役,卒多怨"⑧。在任期间,"李材不操练军士,日惟讲学,自喜优青衿而严武弁"⑨,"学徒至郧阳者率游武当山,役营兵以为舆担,营兵皆怨,副使丁惟宁议减两月兵粮,以供讲学之费,材又改参将署为书院,择以是月朔兴工"⑩,李材、丁惟宁等文官对军士的役使、生员和军士的悬殊待遇,从侧面反映了卫所军士地位的衰落。

米万春,在《实录》或时人的著作中被误记作朱万春。《明神宗实录》显示万历十年(1582)浙江总捕都司米万春被任命为山东都司佥书,万历十五年(1587)被任命为参将,主要负责镇抚郧阳。兵变发生时,米万春正在赴任途中。后来担任郧阳抚治的裴应章在重新审理此事时,认为"当是时万春有同袍御侮之心,则闻变之际如拯溺救焚,疾趋而进之不暇"⑪,因此,米万春作为世袭武职,对卫所军士有同情之心,才会在军士利益和生存空间受到压迫时如此愤慨。加上前任参将方印与米万春在郧阳城外

---

① 沈德符:《万历野获编》卷 24《畿辅·书院》,第 608 页。
② 《明史》卷 227《李材列传》,第 5957 页。
③ 沈德符:《万历野获编》卷 24《畿辅·书院》,第 608 页。
④ 陈建:《皇明通纪集要》卷 35,《四库禁毁书丛刊》,史部,第 34 册,第 392 页。
⑤ 瞿九思:《万历武功录》卷 2,《续修四库全书》,史部,第 436 册,第 201 页。
⑥ 《明武宗实录》卷 35,正德三年二月丁酉,第 853 页。
⑦ 《明神宗实录》卷 175,万历十四年六月庚辰,第 3223 页。
⑧ 《明史》卷 227《李材列传》,第 5957 页。
⑨ 《明神宗实录》卷 203,万历十六年九月己未,第 3796 页。
⑩ 陈建:《皇明通纪集要》卷 35,《四库禁毁书丛刊》,史部,第 34 册,第 392 页。
⑪ 万历《郧台志》卷 8《奏议·究处奸将疏》,第 569—570 页。

的谈话,使米对于郧阳一带复杂的层级结构有所了解,在上任初策划此事可能也有凝聚卫所力量和树立武官权威的目的。

郧阳兵变表面上是因争夺公署引起的兵变,实际上反映了行都司被废后卫所军士的生存空间已经遭到挤压,不仅月粮和饷银供应不足,还要充当文官的力役,在李材上任后甚至成为生员的力役。郧阳卫所军士所属的湖广都司治所又相距甚远,对当地情形难以具体了解和控制,因此出身卫籍的米万春对军士遭遇感同身受并支持军士的行动。

朝廷收到经米万春验过的李材上疏后,对此事做出决断:

> 上命夺材俸半年,丁惟宁、王鸣鹤各一年。沈铁、冯高、杜应鸣、胡东昭等巡按提问,鼓众首事军人王礼等三人免死充军,余免究。已材疏论惟宁始鼓攻剿之虚声,增其疑畏,继激告粮之军众,喧哗于庭,惟宁越墙而走,伤体损威,宜行议处,得旨降惟宁三级。给事中陈璧言材薄罚,未尽其辜,遂命材回籍听勘。①

朝廷当即惩罚了李材、丁惟宁等人,在给事中的建议下,命李材回籍听勘。此次兵变除了李材与米万春,涉及的还有李材方的丁惟宁、王鸣鹤,生员胡东昭、徐登高、宋申东、廖光宙;米万春方的军士梅林、王所、熊伯万、何继、杜鹤等。值得注意的是,在皇帝的旨意中,对李材、首事的军人及生员都做了相应处罚,却丝毫没有提及米万春。后来,李材又因征缅一事被诬告为"虚张功伐"②,皇帝大怒将其入狱,尽管申时行等官员都劝阻皇帝,给事中唐尧钦等进言"材以夷攻夷,功不可泯。奏报偶虚,坐以死,假令尽虚无实,掩罪为功,何以罪之?设不幸失城池,全军不返,又何以罪之?"③,但皇帝仍不改其意,李材因此入狱五年。

郧阳兵变发生后,对李材的治罪层层加码,而起事者米万春毫无处罚,这一决策引起大量官员对此事的议论,尤其是原湖广行都司辖区内的官员、河南道御史杨绍程和湖广巡抚官也参与其中,对米万春进行弹劾,杨绍程注意到米万春在兵变一事中的煽动作用,上奏称:"参将米万春实为乱本。营兵非万春令不敢发,且以行都司改儒学,论已经时,勘以数次,何以寂然无声?万春方至,而辄有烦言,宜穷究正法治。"④巡抚湖广右佥都御史邵陛亦奏:"以郧阳兵变事追论参将米万春,应逮治正刑……万春虽抵境未任,实嗾之,而任后所以窘辱道院府县官,致不可堪。"⑤郧阳抚治裴应章看到了事变中的关键:

---

① 《明神宗实录》卷192,万历十五年十一月戊子,第3609页。
② 《明史》卷227《李材列传》,第5957页。
③ 《明史》卷227《李材列传》,第5957页。
④ 《明神宗实录》卷198,万历十六年五月癸巳,第3730页。
⑤ 《明神宗实录》卷203,万历十六年九月己未,第3796页。

> 诸生所从来久远矣,第无所激则不发,无所因则不成,而其根固不系于改学之一事也,盖改学之议始于去年四五月间,非骤然起也。先任抚臣李材批行该府文移往返及府卫县官踏勘无虑数次,经度且半年矣。当时军士寂然,并无一人有异议者,何至十月初四日动土之后忽尔呼噪如疾风迅雷之不及瞑目掩耳也?①

朝廷在收到多方针对米万春的弹劾之后,才将其革任回卫差操。相比李材所受处罚,对米万春和卫所军士的态度明显更为宽容。造成差别的原因应从多方面分析,就兵变一事而言,的确是李材和生员企图改建公署在先引发的祸端,并且李材上呈的奏疏是经由米万春审核过的;此外也与当时官员修建书院的风潮过盛有关,"今上初政,江陵公痛恨讲学,立意蓊抑"②。明神宗前期,朝廷对讲学和大兴书院之事有所抑制,而兵变恰因改建学宫引起,因此李材难辞其咎。经郧阳兵变一事,"李见罗在郧阳遂拆参将衙门改造,几为武夫所杀,于是人稍有戒心矣"③,兴建书院之风稍有所抑,在一定程度上打击文官势力。从稳定地方的角度来看,卫所军士在明中后期后地位下滑,军伍之变频发,嘉靖元年(1522)甘州兵杀巡抚许铭、三年(1524)大同兵杀巡抚张文锦和参将贾鉴,十二年(1533)大同兵杀总兵官李瑾,十四年(1535)辽东兵禁锢巡抚吕经,三十九年(1560)南京驻兵杀总督粮储侍郎黄懋官,李贽记载:"自嘉隆以来,余目击留都之变矣,继又闻有闽海之变,继又闻有钱塘兵民之变,以及郧阳之变矣,当局者草草了事,招而抚之"④,可见朝廷的宽容态度不仅是对于郧阳的卫所军士。卫所相关人口数量大,如果将罪名连坐,必然会涉及众多人员,一旦起事更加难以镇压。此外,采取暴力的卫所军士其实也是繁杂管理层级下被压迫的受害者,兵变的频繁发生也正反映了卫所制度的弊端在明后期更加明显,并且朝廷难以解决。而郧阳一带地形复杂,又是四省交会,容易滋生动乱,朝廷既要依靠军士镇压和稳定地方,又要防止叛乱在军队中发生,不得不采取安抚的措施。

郧阳兵变发生之后,继任郧阳抚治的裴应章认为行都司的裁撤致使当地出现了种种问题:

> 事难兼摄,情不由通,官员之袭替、旗役之并枪、钱粮之派征、文移之申呈,俱由省城都司,以致往返二千余里,受累不可胜言。且各军民视都司为专官,以参将为客寓……向使先不议裁,则顷改学之议亦无由兴,而鼓噪之事亦何自出?此纷更之所以害事也。⑤

---

① 万历《郧台志》卷9《奏议·究处奸将疏》,第568—570页。
② 沈德符:《万历野获编》卷24《畿辅·书院》,第608页。
③ 沈德符:《万历野获编》卷24《畿辅·书院》,第608页。
④ 李贽:《续焚书》卷2《西征奏议后语》,长沙:岳麓书社,1990年,第349页。
⑤ 万历《郧台志》卷9《奏议·条议善后事宜以图久安疏》,第579页。

裁撤行都司原本是要减少冗官带来的费用和弊端,然而裁撤之后"经费不减少于曩时,事体掣肘,于今日乃犹守拘挛"①。朝廷也看到了卫所军士和地方生员在争夺旧行都司公署背后更深层次的矛盾和冲突,因此在惩罚了李材和米万春等主要官员及起事者后,着手解决原行都司卫所军士在生存和归属上的问题。经此兵变,"各军呈乞加粮,凡实授小旗以下议月支实米八斗,折钞二斗,折色米每石作四钱。都御史李公黾勉从之,新增本色二斗,于府仓概支……通共该补折粮银二千八百三两二钱"②,卫所军士的待遇有所提高。郧阳卫掌印指挥千百户张光祖等各官及拘集旗军乡约蔺禄等俱称:"裁革阃司、改设参将,地方事体势分阻隔,本卫一应钱粮、袭替文移等项,多属不便,若议复设行都司统摄,则地方官军永赖保障。"③

湖广行都司在废除之后,郧阳一带的卫所孤身处在原本就非常复杂的官员架构之下,卫所军士的生存空间更是受到挤压。虽然参将的设立也能管理军士的一些事务,但是仍无法取代行都司对卫所军士的联结作用,正如裴应章所说:"今照军门镇治地方,境连四省,即参将之添设固亦足以弹压三军,而流官之体统终不足以联属众志。"④

此外,张居正去世后政局变化,其裁撤冗官的方针被放弃,前期不应裁撤的官员也开始逐步恢复,与湖广行都司几乎同时被裁撤的郧阳巡抚也在这一时期被重新设置。最终万历十六年(1588)朝廷"复设湖广行都司掌印"⑤,随后又陆续添置湖广行都司其他官员,裴应章感叹道:"防悬于兵、兵悬于将,都司设而郧治,都司复设而郧兵复治。"⑥

(三) 行都司的困境

郧阳兵变表面是卫所军士和生员争夺行都司官署归属权,实质是湖广行都司被罢后遗留问题的大爆发,军士待遇和地位降低、军民矛盾、文武官员矛盾、多省交界的管理问题以及当地复杂的官员结构在湖广行都司被废除后进一步激化。实际上,这些问题也是明中后期行都司普遍面临的困境,各行都司兵变此起彼伏亦是此因。

嘉靖元年(1522),山西行都司所在地发生大同兵乱,哗变士兵焚大同府、入行都司纵狱囚、杀巡抚张文锦等系列反叛行为起因是"七月以粮饷弗给,聚众欢噪欲为乱,上特命法司会议,如法司议,诏戮其为首者五人,余调极边哨守。是岁筑水口等五堡,遣卒二千五百家戍之,皆不乐往,文锦严令趋之"⑦。随后在参将的威逼下,郭文、柳忠等遂倡乱,出走塞上,又在副总兵的剿捕下,逃逸诸卒因惧纠集造反。此次兵变与郧

---

① 万历《郧台志》卷9《奏议·条议善后事宜以图久安疏》,第579页。
② 万历《郧台志》卷8《储饷》,第407页。
③ 万历《郧台志》卷9《奏议·条议善后事宜以图久安疏》,第576页。
④ 万历《郧台志》卷9《奏议·条议善后事宜以图久安疏》,第577—578页。
⑤ 《明神宗实录》卷203,万历十六年九月乙亥,第3803页。
⑥ 万历《郧台志》卷7《兵防》,第372页。
⑦ 陈建:《皇明通纪集要》卷28,《四库禁毁书丛刊》,史部,第34册,第317—318页。

阳兵变不同的是,被造反卫所军士拥立为主的革任总兵官朱振未对军士煽风点火,"振与约,勿犯宗室、勿抢仓库、勿纵火杀人,卒曰诺,众稍戢胁"①。叛军拥立朱振的原因与其曾在大同任职有关,并且卫籍身份使其对卫所军士有更为深厚的感情,《实录》记载,正德十六年(1521)"罢镇守宣府总兵官署都督同知朱振回卫闲住,以御史吕秉彝劾其挪移借支、浪费军饷故也",②借支的军饷很有可能是卫所出身的朱振发放给了军士。上文列举的多次兵变事件中,被害者从未有行都司官员,而大多是巡抚,这也是卫所军士在督抚设置后地方官员结构转变下矛盾积累的应激反应。

尽管北边行都司卫所军士多次造反,但却没有像湖广行都司那样遭到废罢,这是因为湖广行都司处在废除冗官的大背景下,加上当地官员架构层级繁复,官员认为湖广行都司当地已经安集大定,故将其废除。而北边行都司以防虏为主,明中后期军籍人口大量逃匿且清勾效果并不明显,如果再对军士予以强烈镇压或废除行都司,会造成北部边境兵力进一步空虚,因此以安抚为主,未议废除。对此,朝堂大臣多有不满,认为:"苟上有假借之法,则下多放荡之情,往陕西兵变,未几而大同效尤,说者谓大同之变,所以处陕西之变者启之也,大同杀参将、杀巡抚,未几而又杀总兵,说者谓李瑾之变,所以处张文锦之变启之也,盖惠竭矣而威或不伸。"③但实际上安抚军士也是朝廷的无奈之举。

与湖广行都司同样位于内地多省交界的福建行都司在明后期也经历了废罢。福建行都司在万历二十二年(1594)遭到废罢④,时人许孚远在《敬和堂集》中对革除福建行都司官员有评价"裁革行都司各官,添设建宁守备一员,此谓因时制宜、省事安民之术"⑤,并对行都司被裁撤后的机构官员做了举荐:

> 行都司佥书刘宗汉,矫矫虎臣之姿,兢兢墨士之守,分阃建州而军民戴德……(福建)行都司衙门,本官相应速为推补,邓钟原起都司佥书而兼守备,今阅期年,历有劳绩,应改职衔以优体貌者也。⑥

关于福建行都司被废的原因,许认为"剿捕在兵而不在军,督调在抚臣与总兵,而不在都司……然则何取于行都司之重设也"⑦,剿捕和督调都已有其他系统官兵完成,福建

---

① 方孔炤辑:《全边略记》卷2《大同略》,《续修四库全书》,史部,第738册,第255页。
② 《明世宗实录》卷4,正德十六年七月甲子,第183页。
③ 《明世宗实录》卷177,嘉靖十四年七月甲申,第3822—3823页。
④ 谢忠志(《明代的五行都司》,第77—142页。)以及杨园章(《明代福建行都司的设置与裁撤缘由探析》,第155页。)都持福建行都司在万历二十二年(1594)被废的看法。
⑤ 许孚远:《敬和堂集》卷7《参劾武职并议革行都司疏》,张琴校点,《儒藏(精华编)》,北京:北京大学出版社,2016年,第263册上,第553页。
⑥ 许孚远:《敬和堂集》卷7《荐武职官疏》,张琴校点,《儒藏(精华编)》,第263册上,第578—579页。
⑦ 许孚远:《敬和堂集》卷7《参劾武职并议革行都司疏》,张琴校点,《儒藏(精华编)》,第263册上,第553页。

行都司便没有再设的必要。许孚远的观点和湖广行都司被废时有官员认为郧阳一带"安集大定"①"行都司实为冗员"②有相似之处。但是,同样都是位于明朝内地统治薄弱地带,福建行都司被废后却没有像湖广行都司一样再次新设。其原因在于福建行都司辖区范围相对于湖广行都司而言更小,在管理上更易于将行都司与都司统筹管理。此外,福建行都司边界平整并且与周边各省辖区明确,当地的督抚设置后基本是管理福建全境,由此福建行都司和都司并立的态势有所消融,南赣巡抚和浙江巡抚虽然也曾将福建纳入管辖,也只是在福建巡抚缺席的情况下管控福建部分地区,在此辖区基础上形成的官员结构也更为简单。而湖广行都司与周边地区辖区交叠,在此设立的督抚众多且更换频繁,辖区切割的程度最深,但同时湖广行都司辖区又与省会距离遥远,因此湖广行都司境虽然官员层级复杂,但又不得不复设。

湖广行都司的存在能平衡当地文武官员的力量,使得郧阳一带的卫所军士能"兵悬于将"③,一定程度上减少军士对其他机构的抵触心理,也能解决湖广都司辖区过大、难以管理的问题。但要解决郧阳一带繁杂架构,又要便于有效处理当地事务,要等到清代统治者将湖广一地分为湖南、湖北两省。

小　　结

明代行都司继承了前元"行"字机构的命名方式,其含义在经过朱元璋对军事机构的多次改制后,从"派遣"转变为"平行"之意味,即等级上与都司平行,分属中央五军都督府。纵观明朝,朝廷对行都司及其卫所的调整与时局变化相随,行都司卫所数量在不同的时期呈现不同的趋势,洪武时期的上升趋势是行都司处于建置初期以及巩固北边防御的需要;永乐至成化年间呈波动趋势,永乐元年(1403)对北部边防做了调整,废除北平行都司,废或迁移了山西行都司的部分卫所,卫所数量呈明显的下降趋势,成化年间湖广行都司的设立使行都司卫所数量又有新增;万历以后,朝廷在局势已安集大定的判断下曾裁撤湖广行都司和福建行都司。

边界、人口、交通既是行都司政区形成的推动因素,也是统治者在时局变化下对行都司进行部署调整的考量因素。地理上的山川形便和犬牙相制是行都司辖区边界的特征,在明代多层官员架构的制度设计下,行都司还与布政司、都司、按察司、巡抚、总督在辖区与管理上犬牙相制。人口是行都司得以存在的前提,边地人口和省际交

---

① 《明神宗实录》卷111,万历九年四月己未,第2133页。
② 王国光:《司铨奏草》卷2《覆湖广抚按陈省等史科都给事中秦耀等条议裁革巡抚官员疏》,阳城历史名人文存编委会:《阳城历史名人文存》第1册,第113页。
③ 万历《郧台志》卷7《兵防》,第372页。

界的流民都是行都司的管控对象,边地行都司因卫所具有实土或准实土的性质成为安置和管理当地军民的机构,而内地行都司因非实土的性质成为镇压流民作乱的军事机构;驿道和行都司卫所相辅相成,在政局和防御策略转变下行都司交通也因时而变。

　　明代在地方实行都、布、按三司并治,行都司作为与都司平级的机构虽然被分置于外,但由于辖区和管理上犬牙相制的设计,行都司与三司有诸多交集。行都司与同名都司辖区上相互独立,但作为同样隶属五军都督府的军事机构,在军事职能的发挥上两者需要合作。行都司卫所性质的不同使其与布政司在辖区上呈交叠,在管理上二司虽然分管军民,但无州县之设的行都司实土卫所兼管军籍与民籍人口;行都司非实土卫所因与州县同治,军政与民政事务则有更多的联系与纠纷。按察司及其分巡道、兵备道对行都司官员及军务进行考核和监察,参与清军、兵备、屯务、水利等事务,同时不可避免地介入了行都司的内部管理。

　　行都司与布、按二司在明初的制度设计下确实起到了相互牵制的作用,但在一定程度也出现了事权不一、运转不灵的弊端,这也是宣德以后在三司和行都司之上又设总督、巡抚的原因之一。但督抚的设置又使多层官员架构更为复杂,行都司在上层督抚、同级三司的夹层中被包裹和掣肘,陷入官员结构和自身地位转变的困境。同时冗官问题也是朝廷试图解决的,行都司在明后期的种种弊端使其成为朝廷意欲裁撤的机构,尤其是非实土的湖广行都司和福建行都司。湖广行都司作为最晚设置的行都司,在辖区和管理层级上叠床架屋的特点尤为突出,其存废在裁罢冗官的背景下饱受争议。尽管湖广行都司一度被裁撤,但当地卫所军士群体仍然存在,并且在官员庞杂却又无官可依的状况下加深了与其他机构的矛盾。在此情形下,军民矛盾、地方管理的矛盾、文武官员之间的矛盾以废旧湖广行都司官署的归属为引线,爆发了郧阳兵变。兵变平定后湖广行都司复设,但并不意味废除行都司声音的消失,福建行都司随后又被废除,而行都司卫所此起彼伏、愈演愈烈的兵变也给行都司带来莫大的存废压力。

　　行都司的设置过程体现了明朝在时局转换下对疆土管理和官僚体系的调整,其在统治者不断部署和自身局限性中陷入困境,但在明代并无彻底的改变。纵观明代,行都司始终是巩固疆土的屏障,是抵御北部威胁的重要边防力量,而在内地山林地带,行都司也是平定流民动乱和稳定地方秩序的机构。行都司的存在推动着王朝统治薄弱区域的发展,在未设州县之地以军事机构兼管军民的方式使地方逐渐发展,有了向正式政区转化的可能,其所在区域最终在清代融入民政系统中。

第四章
明代卫所进士的时空分布

明代选官以科举、贡举、荐举三途并用,科举占主要地位,科举考试功名最高者称为进士,非进士出身者基本无缘进入内阁,可见进士地位之高。进士是明代官僚队伍中的主体,数量较多、文化水平较高,其群体影响深远,所以相关研究较为热门。在历史文化地理研究中,进士就经常作为分析地区文化是否发达的指标,主要方法是将收集的进士资料复原到地理空间中,梳理其时空分布特点及成因,目前对于明代进士总体、各布政司、府州县和各籍别的研究成果较多,但是对于卫所进士这一群体的整体性研究仍较少见。

卫所进士指以卫所为户籍参加科举的进士,是明代进士群体的重要及特殊组成部分。卫所进士的一大特点就是出身于卫所,卫所作为明代疆土与人口的重要管理形式,其科举人群有着不同于府州县的特征。出身于这个体系下的进士在卫所军事、移民、家族、教育等背景下成为特殊的科举人群。

在已有研究中,学者多研究明代进士中的"军籍"进士,忽视了"军籍"中既有来自府州县(原籍军户),也有来自卫所的进士(卫所军户),所以无法呈现来自卫所的进士群体原貌。"军籍"是明代的一种基本户籍,《明史》载"凡户三等:曰民,曰军,曰匠……军有校尉,有力士,弓、铺兵"[①],卫所进士的户籍基本上都属于广义上的军籍。原籍军户虽为军籍,但其在与科举相关的教育、社会环境等方面与民籍无二,而在卫所的军籍进士与卫所的区域社会、教育体系相关联,更能反映卫所人口在科举中的状况,因此有必要将两者加以区分。

同时,卫所人口对科举的追求与进士的层出反映了卫所对辖区及人口正常化管理的需求。一方面,卫所子弟需要有进入常规仕途的渠道;另一方面,这也是卫所行政管理职能实现的一个重要表现。除军事职能外,卫所还有与人口管理相匹配的军籍制度,有卫学或附于邻近府州县学的教育体系,有经历司管日常行政,有镇抚司管

---

① 张廷玉:《明史》卷77《食货一》,第1878页。

司法,在这一完备的与地理相结合的行政管理体系中也必须有科举与之相适应。看似与卫所军事职能更为匹配的武举,一方面在明初并不规律,明中后期才逐渐成型;二则人数较少,加以入仕职位受限,并不适合卫所下众多的生员,而且竞争激烈,考取武举的难度也很高,所以卫所武进士只能作为卫所进士的一个旁支。卫所进士有明显的家族性,与武官家族、移民来源等有着密切的关联,其是卫所人口由武向文转向的代表,与明代卫所民化的变迁相随。因此,探讨卫所进士不仅有利于明确这一出身特殊的人群在明代科举、教育中的地位,更有助于分析其在卫所变迁中的作用。卫所进士与在卫家族、原籍军户等的时空研究,对理解卫所制度、卫所与区域社会等亦有意义。虽仕途没有明显差异,但由于出身军籍,卫所进士出身的官员往往比民籍出身的官员更关注军事,其态度与作为会影响朝廷的施政,此亦值得探讨。

  在时间分布上,卫所进士的数量呈现出明初稀少、中期大幅度增加再到末年减少的山峰状,此趋势与张金奎描述军户地位的变动趋势恰恰相反[①]。在空间分布上,总体上呈现出北多南少、大分散小集聚的特点,500个左右的卫所出过进士,平均每个卫所只有几个进士;等级较高、区位较为重要的省治卫所往往进士数量较多,最为明显的莫过于北京,分区域来看,边疆地区的进士中出身卫所的比重远高于内地。此外,卫所进士的数量远远少于府州县,还有许多卫所进士就读于府州县学,说明卫所的文教之风还是无法与府州县相比。因此,探讨卫所进士的时空分布,有利于直观地把握这一群体的流动趋势及各区域卫所的文化发展状况。

第一节 明代卫所进士考辨

  卫所进士的定义及其范围的界定是本章研究的前提条件,其中涉及进士的现居地与祖居地,在不详查其生平事迹的情况下,不论是祖居地卫所还是现居地卫所,因其与卫所关联性较强,故都认定其为卫所进士。卫所的户籍种类对于其所负担的徭役有所影响,可作为家庭社会地位判断的标准之一,进士具体是哪种役籍并不影响其卫所进士的身份。

一、考证原则和卫所进士的区分

  卫所进士指以卫所为户籍参加科举的进士。狭义的卫所进士是指在卫所长期生

[①] "卫所军户在明代的地位变化经历了一个由高到低,再触底反弹的过程,呈现为抛物线形状。"(张金奎:《明代卫所军户研究》,第395页。)

活,受到卫所军事文化的熏陶,之后走上科举道路的人员,其户籍记载一般是"某卫籍""某所籍"。广义的卫所进士是指本人或者其祖上在卫所生活过,而本人在应试时填报履历,注明自己的户籍是卫所,或乡贯是卫所。卫所进士可以说都是卫所籍,从户籍类别来看,卫所进士以军籍、官籍为主,还包括少量匠籍、民籍等其他户籍。

之所以从户籍记载来判定卫所出身的主要原因有二,其一是因为考生只能在户籍所在地报考,洪武三年(1370)规定考生应"本姓乡里举保,州、县申报行省印卷乡试"①,洪武十七年(1384)重开科举:"乡试,直隶府州县则于应天府,在外府州县则于各布政司。其举人,则国子学生及府州县学生员之学成者、儒士之未仕者、官之未入流者,皆由有司申举。"②这一原则整体上为明朝所坚持,所以此方法最为简单有效;其二,详查进士生平事迹,此方法虽然可靠性更强,但需要面对明代两万多名进士,工作量过于繁重,故只能作为次要手段。

户籍记载情况也较为复杂,主要存在两个问题:一是乡贯和户籍(或现籍)的区分,二是户籍种类的多样性,主要是卫所进士的户籍种类及其与军籍、官籍、军户的异同。

(一) 卫所进士的乡贯与户籍

关于明代乡贯与户籍,笔者认为乡贯指一个人的祖上原先居住占籍的地方,户籍指一个人现在居住占籍的地方,贯与籍的使用存在混融趋同的现象。对于明代籍贯的区分,学界多有讨论。朱保炯、谢沛霖所编《明清进士题名碑录索引》指出:"明朝进士,籍贯有户籍、乡贯之分,户籍又有各种籍别……户籍、乡贯并有的;先注明户籍,后注明乡贯,并加括号。"③虽然作了区分,但户籍与乡贯的异同并未得到说明。王毓铨在《籍·贯·籍贯》一文中提出较有影响力的观点,认为籍与贯是分明的两个概念,籍是"役籍",贯是"乡贯",役籍是配户当差制的产物,指的是一个人所承担的徭役类型,而贯是指一个人的出生地、居住地,他的户役役籍所在地④。王氏认为籍并不具有地理意义,贯才具有地理位置。其他学者提出了与王毓铨不同的观点,顾诚就提出王氏的解释在一定范围内是正确的,然而却不能用以说明卫籍,因为卫籍人士的籍贯在各种史料记载下非常混乱不堪⑤。沈登苗进一步指出,王氏对"籍贯"的释义,"无意间排斥明代最基本的贯——户籍(现籍)住址,也就是说,将乡贯(祖籍)取代了现籍。明朝并不存在所谓的'籍贯'制度,说明代的'籍'指役籍,'贯'指居住地也都可接受。但在历史文献中,大量的明代人物既有祖居地,又有现居地。要研究这些人物,就自然引

---

① 王世贞:《弇山堂别集》卷81《科式考一》,北京:中华书局,1985年,第1541页。
② 《明太祖实录》卷160,洪武十七年三月戊戌,第2467—2468页。
③ 朱保炯、谢沛霖:《明清进士题名碑录索引·编例》,上海:上海古籍出版社,1980年。
④ 王毓铨:《籍·贯·籍贯》,《王毓铨史论集》,北京:中华书局,2005年,第785—792页。
⑤ 顾诚:《谈明代的卫籍》,第56—65页。

出了对于'贯'的双重意义之讨论,贯有乡贯,又有户籍登记住址"①。沈氏将"贯"解释为既有祖居地又有现居地的双重含义。高寿仙做了较中肯的总结,根据现存登科录开报户籍乡贯的情况将之分成四大类,A类只报了一个籍,可以是以原籍为"贯",也可以是以占籍为"贯";B类则是自发迁徙,所以报了户籍和乡贯(但是填报的结果细分为三种,以原籍为"贯"者分为占籍和未占籍,还有一种是以占籍为"贯");C类是因服役而迁徙(填报的结果细分为三种,以占籍为"贯"者分为后列原籍和居住地,还有一种是以原籍为"贯");D类则是以役籍为"贯",后列居住地。所以高寿仙认为明代对于籍贯的表述并无明确而统一标准,考生的理解也大不相同②。

综上,笔者主要采纳沈登苗和高寿仙的观点,以《天一阁藏明代科举录选刊·登科录》《国朝历科进士题名碑录初集》所附《明洪武至崇祯各科》记载为准,乡贯指祖居地,户籍(或役籍)指现居地,但也有例外。这种户籍与乡贯不一致的原因是卫所的移民造成的,可能是自州县迁移至卫所,也可能是从卫所迁移至州县,或者是从卫所迁移至另一个卫所。第一种情况,进士只报了一个地址,则不再深究这单一的籍贯是乡贯还是户籍,一律以户籍处理。如成化十四年(1478)进士"刘洪,贯湖广安陆卫。军籍"③。只有安陆卫这一地理信息,那么就以安陆卫作为户籍。第二种情况,当"卫(所)籍""卫(所)人""县籍""县人"等州县和卫所都有记载的情况,有时记载的是卫籍县人(这种情况和第二种相同),有时记载的是卫人县籍,或者是卫人卫籍(不同的卫所),如天顺八年(1464)进士"李东阳,贯湖广茶陵县人。金吾左卫军籍"④,则是以湖广南部茶陵县为乡贯,金吾左卫为户籍,从《李东阳集》可见李东阳自曾祖开始就迁入北京,"府君在国朝洪武初,以兵籍隶燕山右护卫,挈先祖少傅府君以来,始居白石桥之旁",但曾祖"始居北方,风土不习,言语不相解,未久而卒"⑤。又如嘉靖二十年(1541)进士"王抚民,贯直隶真定卫右所,军籍。山西清源县人"⑥,似乎是州县的进士,已经脱离了卫所,如果是山西的县籍,乡试地应在山西,但是查其入学地是真定府,乡试地是顺天府,说明该进士户籍在卫所。再如弘治十八年(1505)进士"张翰,贯腾骧右卫,军籍,辽东广宁后屯卫人。国子生……顺天府乡试第八十五名,会试第二百四名"⑦,就存在两个卫所,其他史料载其为"宛平人"⑧,因明代在正统十二年至嘉靖十三年(1441—1534)规定辽东生员在山东乡试,但该生乡试地在顺天府,且是国子

---

① 沈登苗:《明代双籍进士的分布、流向与明代移民史》,第313—326页。
② 高寿仙:《关于明朝的籍贯与户籍问题》,《北京联合大学学报(人文社会科学版)》2013年第1期,第25—35页。
③ 龚延明主编:《天一阁藏明代科举录选刊·登科录》上册,宁波:宁波出版社,2016年,第501页。
④ 龚延明主编:《天一阁藏明代科举录选刊·登科录》上册,第280页。
⑤ 李东阳:《李东阳集·文后稿》卷8《记·曾祖考少傅府君诰命碑阴记》,长沙:岳麓书社,2008年,第1042页。
⑥ 龚延明主编:《天一阁藏明代科举录选刊·登科录》中册,第736页。
⑦ 龚延明主编:《天一阁藏明代科举录选刊·登科录》中册,第178页。
⑧ 沈榜:《宛署杂记》卷16《人物·乡贤》,北京:北京古籍出版社,1980年,第179页。

生,其户籍是腾骧右卫的可能性较大。从以上这些情况来看,"籍"的记载往往更能代表户籍(现居地)。也就说明卫所人口在卫所和州县之间的流动性较大,卫所进士的身份一定程度上被模糊了,但这又引出了一个"人"的问题,那么"籍"和"人"是否可以当作卫所进士的判断标准? 根据吴宣德的研究,"尽管偶有例外,但多数进士的著籍地就是其生活、学习的地方,所以著籍地在区分进士的地区来源上较乡贯更能够反映该地区的教育、科举等的实际情形"[①],所以将籍为卫所的进士都视作卫所进士是合理的;"人"字也经常用来表示进士现在所处的地区,所以将"人"作为卫所进士的判断标准也合理。虽然,这两个判断的标准存在一定的误差,有时两者都能指代乡贯,有时两者都指代现籍,不论是乡贯还是现籍,能得到记载就说明该进士与卫所存在千丝万缕的联系,少量误差不会对统计结果造成较大影响。

(二) 卫所官籍与军籍的关系

在军籍之外,还有一个比较特殊的籍,那就是官籍(或官户)。这一名词较早由唐代《唐律疏议》载:"官户者亦谓前代以来配隶相生,或有今朝配没,州县无贯,唯属本司。"[②]官户在唐代是因犯罪没官的地位低下者。明人尹畊认为:"官、军户者,古无是称也,盖自后世始。武阶之家,嫡嗣职,孽受庇,于是称官户。兵役之家,一补伍,余供装,于是称军户。"[③]意即官户就是军官之家,武职世袭,尹畊作为明代蔚州卫出身的进士,其对官户、军户的判断具有较高的可信度。根据唐文基的研究,任官之家可获得田赋优免和免服杂役的特权[④]。明代的官籍(或官户)相较军户拥有更高的社会地位。关于官户与军户的关系存在争论。廖英舜对官籍进行了系统的研究,认为官籍与军籍在来源以及升迁上有密切的关系,但彼此间仍存有差异,官籍进士并不单纯的只是卫所军官家庭出身,还包括其他类,如太医院、四夷馆,甚至地方州县民籍家族出身的也不在少数,故应将官籍从军籍中细化出来讨论,统计出官籍进士937人[⑤]。黄谋军认为官籍确实存在多重来源,但卫所分布为大宗[⑥]。很明显,广义上的官籍与军籍并不完全等同,所以官籍与卫所籍应是部分重合的关系,因为大部分的官籍进士都是武官家庭出身,所以两者关系较为密切。卫所武官包括可以世袭的武官九等和不能世袭的流官八等,退一步讲,按上文笔者支持的役籍层次分类法,官籍应该归属于某个基本户籍(军、民、匠、灶),但是官户具有免除部分徭役,同时具有多种身份来源和职业需要,这一特殊身份使其在一定程度上游离在国家征发徭役赋税之外,与军、民、

[①] 吴宣德:《明代进士的地理分布》,第19页。
[②] 《唐律疏议》卷3《名例三》,北京:商务印书馆,2006年,第4页。
[③] 尹畊:《塞语·官军户》,《四库全书存目丛书》,子部,第31册,第68页。
[④] 唐文基:《明代赋役制度史》,北京:中国社会科学出版社,1991年,第108页。
[⑤] 廖英舜:《明代官籍进士研究——以天一阁藏明代登科录为主》,硕士学位论文,台湾东吴大学,2010年。
[⑥] 黄谋军:《明代官籍再探》,《中国史研究》2022年第1期,第149—165页。

匠、灶都产生了明显区别，似乎并不需要简单地归入哪一种基本户籍。因卫所官籍的特殊地位，为方便对比，笔者将卫所官籍纳入广义军籍，所以官籍可与狭义军籍并列，但卫所官籍仍属于广义军籍。

(三) 卫所军籍的归类和种类

上文中所讲的籍是指具有地理信息的户籍，也就是现居地。此处所要分析的是明代配户当差制度，也就是要服徭役的籍的类别，称役籍或者籍别。关于户籍种类的多样性，本文户籍的含义包含现居地和役籍，在本节户籍与役籍（籍别）可视作同义词，而当使用"役籍"这个词时则指具体的籍别，如民籍、军籍、旗籍、校籍。虽然这样的区分不尽妥善，因为户籍与役籍本身就有很多相同的地方，但如果不加以区分，会造成笔者解释一些现象时混淆不清。明代户籍制度主要承袭自元代以职业划分诸色户计的制度，且明代卫所人员以军籍为主，所以用与明代卫所人员相关性最强的元代军户为例，就有13种（表4-1）。

表 4-1　元代军籍种类[①]

序号	户计名称	职　　能	来　　源
1	军　户	执戈戟以保卫乡国，勘定祸乱	《元史》卷 5/7/11/19/103/149《元典章》卷 17
2	正军户	民户中"合二三人而出一人，则为正军户"	《元史》卷 98
3	贴军户	民户中出为正军户以外者	《元史》卷 98
4	匠　军	取匠户为军者	《元史》卷 98
5	炮　军	以技而命名	《元史》卷 98
6	弩　军	以技而命名	《元史》卷 98
7	水手军	以技而命名	《元史》卷 98
8	射生军	屯田民为保甲丁壮曰射生军	《元史》卷 5
9	屯田军	屯田于府路州县	《元史》卷 5
10	余丁军	取富商大甲一人，曰余丁军	《元史》卷 98
11	质子军	取将校之子弟充军，曰质子军，又曰秃鲁华军	《元史》卷 98
12	独户军	以贫富为甲乙，户出一人	《元史》卷 98
13	渐丁军	孩幼稍长后，而籍之之军	《元史》卷 98

① 转引自黄清连：《元代户计制度研究》，台北：台湾大学出版中心，1977年，第197—198页。

明代沿用元代的军籍但有所变化，《明史》载："凡户三等：曰民，曰军，曰匠。民有儒，有医，有阴阳。军有校尉，有力士、弓、铺兵。匠有厨役、裁缝、马船之类。滨海有盐灶。寺有僧，观有道士。毕以其业著籍。"①并且役籍不能随意改动。《大明会典》载："凡军、民、驿、灶、医、卜、工、乐诸色人户，并以籍为定。若诈冒脱免、避重就轻者，杖八十。其官司妄准脱免及变乱板籍者，罪同。若诈称各卫军人，不当军民差役者，杖一百，发边远充军。"②军籍更加难以改动，《明史》载："户有军籍，必仕至兵部尚书始得除"③，虽然脱籍并非如此严苛，但其难度也是可想而知。根据张金奎的整理④，大概有如下五种情形，军籍始得脱除：户下有丁入仕，且官至兵部尚书或相应级别⑤，获得皇帝特许，如邝埜，以兵部左侍郎为帝优宠，于正统时除籍⑥，又如顾佐，"以子能盖父之愆"，于正统元年除户内军役⑦；与宗室通婚⑧；生员应起解者送翰林院考试成效者，开伍发回⑨；得到皇帝特旨，如洪武时的李彦才、陈质、唐庸，宣德时的鲁舆等；本身正在承担特别劳役，如皇陵户⑩。

元明军籍的差异除了脱籍的难度这一点外，另一点在于明代军事人员的记载比元代更为复杂，有一些其实只是代表非固定的赋役或者是一种选拔出的军人的来源。关于军籍的归类问题，包含目前学界仍有争论的关于籍别的"层次分类说"或"平行分类说"⑪。层次分类说指明代的这些籍别是有层层归属关系的，如《明史》所载的"民有儒，有医，有阴阳"⑫，一些更为具体的役籍会归属于军、民、匠等大类的役籍；平行分类说则认为各种役籍是相互独立的，那就有儒籍、医籍、阴阳籍、民籍等多种役籍并列。笔者支持层次分类说，理由主要有二：其一，《明史》所载明显支持此观点，且《后湖志》载："人有千门万户，总出于军、民、匠之一籍。惟据旧籍以查驳，庶欺隐者、改窜者始不能逃。"⑬《后湖志》由明代管理南京后湖黄册的官吏们共同编纂而成，而黄册制度是明代系统的户籍赋役制度，据此修成的《后湖志》并非一般志书可比，堪称"国家档案馆的馆志"⑭，其对于明代总体户籍的判断需要给予足够的重视。其二，吴智和依据"户口以籍为断，籍以职业为断"这一原则划分出了14种职业户⑮，但吴氏完全是将职

---

① 《明史》卷77《食货一》，第1878页。
② 万历《大明会典》卷163《刑部五·律例四·人户以籍为定》，第837页。
③ 《明史》卷92《兵志四》，第2258页。
④ 万明主编：《晚明社会变迁问题与研究》，北京：商务印书馆，2005年，第408页。
⑤ 《明史》卷92《兵志四》，第2258页。
⑥ 万历《湖广总志》卷53《献征七·邝埜传》，《四库全书存目丛书》，史部，第195册，第507页。
⑦ 《明英宗实录》卷15，正统元年三月庚辰，第285页。
⑧ 《明宣宗实录》卷90，宣德七年五月丁亥，第2069页。
⑨ 万历《大明会典》卷154《兵部三十七·勾补》，第788页。
⑩ 《明英宗实录》卷61，正统四年十一月己未，第1162页。
⑪ 钱茂伟：《国家、科举与社会——以明代为中心的考察》，北京：北京图书馆出版社，2004年，第170页。
⑫ 《明史》卷77《食货一》，第1878页。
⑬ 赵官等撰：《后湖志》卷10《事例七》，《南京稀见文献丛刊》，南京：南京出版社，2011年，第202页。
⑭ 吴福林：《导读》，赵官等撰：《后湖志》，《南京稀见文献丛刊》，第1—8页。
⑮ 吴智和：《明代职业户的初步研究》，《明史研究专刊》1981年第4期，第59—144页。

业与役籍等同视之,按照此方法,那么明代的役籍可能会同时并列数十上百种,这对于国家管理来说会是严峻的挑战。高寿仙做了总结,认为明代存在基本户籍(军、民、匠、灶四种,以下称基本役籍)和次生户籍(如富户籍、铺户、矿户等,以下称次生役籍),虽然基本户籍和次生户籍并不能一一确定归属关系,有的户籍还是几种基本户籍的混合,如州县的军户、匠户,他们就同时具有军民、军匠两种基本户籍的性质,而像官籍并不在役籍的范畴①。因为明代的法令并未真正对籍别进行归类,而地方志和进士登科录记载的籍别种类繁多,难免令人感到籍别之间平行并列,这其实是明朝对于户籍管理缺乏统一原则的体现,但是籍别太多势必会对中央管理造成严峻挑战,这并不是中央政府愿意看到的,很多籍别是各地政府在管理过程中逐渐发展产生的。笔者统计,广义的军籍包括军籍、屯籍、力士籍、勇士籍、校籍、旗籍、小旗籍、总旗籍、弓兵籍、校尉籍、校籍、军盐籍、军灶籍、军民籍、官籍(卫所官籍,包含军官籍)等十多种次生役籍(实际部分的军籍应该是其他籍,但史料记载过于混乱无从分辨,姑且都记为军籍);而狭义的军籍则是广义的军籍中除去官籍(卫所官籍)后的军籍。

(四) 卫所的籍别与卫所进士的定义

在解决了军籍、官籍的分类和范畴问题后,还有一个问题是,既然明代实行这种静态的整体按职业划分的役籍管理制度,那是不是说明卫所人员的籍别都是固定的,所以卫所人员都是军籍?军籍人员都属于卫所?其实不然,顾诚提出明帝国的疆域分别隶属于行政系统和军事系统,都司卫所管辖了大片行政系统不便管辖的疆土,都司卫所并不仅仅是军事系统,许多都司卫所还管辖部分州县和人口、土地②。都司卫所也有部分其他籍别的人员,据笔者统计卫所役籍种类还包含匠籍、民籍等少量其他役籍。所以,卫所进士的役籍并没有限定的种类,只是大体都归属于军、民、匠、灶四大类。如隆庆五年(1571)卫所进士"刘惠乔,贯广东潮州府潮阳县。民籍。福建镇海卫人"③,此为非军籍卫所进士的例证,说明卫所人员并非都是军籍;军籍人员也并非都身处卫所,如宣德五年(1430)进士"范镕,贯江西抚州府临川县。军籍"④,此为军籍进士非卫所人员的例证,而且是《天一阁登科录》和《题名录》记载不冲突的例证。所以军籍进士与卫所进士是部分重合的关系。

明代军户制度承袭于元代,但元代军户不存在原籍军户和万户府(卫所)的区别,明代的军户则分为州县军户和卫所军户,于志嘉认为:"明代军户分为三种:即卫所

---

① 高寿仙:《关于明朝的籍贯与户籍问题》,第25—35页。
② 顾诚:《明帝国的疆土管理体制》,第135—150页。
③ 龚延明主编:《天一阁藏明代科举录选刊·登科录》下册,第449页。
④ 龚延明主编:《天一阁藏明代科举录选刊·登科录》上册,第21页。

军户、原籍军户和寄籍军户。"①卫所军户指驻扎于卫所的军人及其留居本卫所的家属，归所隶属的卫所管理，纳军赋；原籍军户则是卫所军人原籍的亲属，归所居住州县管理，纳民赋，对卫所军户有补役、帮贴义务，即对卫所军户提供经济上的支援；寄籍军户是居住在卫所附近的郡县（非原籍）、购置有田产（非军屯）、平时在寄籍的郡县纳粮当差、对卫所军役有帮贴之责的。而能够产生进士的卫所军户是本书的主要研究对象。但由于卫所还包括部分民籍以及其他人口，所以卫所军户也只能说是卫所人口的主体代表。

所以这种多役籍进士的群体与纯军籍进士的研究有较大不同②，因为大量的军籍进士长期居住在州县，这部分进士在与科举相关的教育、社会环境等方面与普通民籍没有明显差别，而在卫所的进士与卫所的区域社会、教育体系相关联，哪怕个别人员长期生活在州县，但是其履历上的卫所记忆却是真实存在的，整体上来说卫所进士更能反映卫所人口在科举制度中的情况，因此有必要将两者加以区分。

总而言之，笔者的观点是：乡贯代表祖居地，户籍代表现居地和役籍双重含义，而役籍是遵从层次分类说的具体籍别，分为基本役籍和次生役籍。最终形成乡贯、户籍、役籍三个概念相互区分相互补充的情况。乡贯和户籍是卫所的都属于卫所进士，卫所进士的具体役籍也将单独统计，将其户籍的地理意义与身份意义分开。

因为在户籍的统计中，卫所进士往往都是在卫所中负有具体的役籍，"卫籍"其实代表类似"县籍"这种地理概念而非役籍，所以当多种文献记载出现不同时，应以更为具体的役籍为准。如天顺四年（1460）进士"陈峻，顺天府锦衣卫籍"③，《题名录》仅载"卫籍"，而《天一阁登科录》就写道"陈峻，贯锦衣卫，官籍。直隶丹徒县人"④，此时笔者统计的该进士役籍就会是官籍，而不是卫籍，而其现居地就是顺天府。户籍、乡贯和役籍的区分对于卫所进士的统计来说具有基础性作用。

除了收集卫所进士的户籍、乡贯、登科年份、名次之外，笔者还将记录卫所进士的所属卫所、登科年龄、所治五经、祖上和同辈任官、役籍、入学地等信息，以期对卫所进士进行全面的考查，并能与全国进士进行总体性比较研究。

二、卫所进士总数和时间分布特征

明代进士总数使用吴宣德统计的 24 862 人⑤。明代卫所进士的数量依据历代进

---

① 于志嘉：《试论族谱中所见的明代军户》，《"中研院"历史语言研究所集刊》1986 年第 57 本第 4 分，第 635—668 页。
② 孙经纬：《明代军籍进士研究》，第 7—16 页。
③ 李周望：《国朝历科进士题名碑录初集·明洪武至崇祯各科附》，北京：中华书局，1962 年，第 278 页。
④ 龚延明主编：《天一阁藏明代科举录选刊·登科录》上册，第 251 页。
⑤ 吴宣德：《明代进士的地理分布》，第 50—54 页。

士登科数据库和《题名录》《天一阁登科录》《皇明进士登科考》等科举文献,笔者统计出有卫所进士的科次74科,共1998人,统计科次占明代可考总科次89科的83.14%,统计人数占明代进士总数的8.04%,占广义军籍进士总数的30.66%。笔者将卫所进士与军籍进士、明代进士的数量进行对比,按科年的时间顺序排列,得表4-2。

表4-2 明代各科卫所进士数量及所占比例统计①

公元	科年	卫所进士（人数）	军籍进士（人数）	明代进士（人数）	比例1（百分比）	比例2（百分比）
1371	洪武四年	0	5	120	0.00%	0.00%
1385	洪武十八年	1	0②	472	0.00%	0.21%
1388	洪武二十一年	0	0	97	0.00%	0.00%
1391	洪武二十四年	0	0	31	0.00%	0.00%
1394	洪武二十七年	0	0	100	0.00%	0.00%
1397	洪武三十年	0	0	114	0.00%	0.00%
1400	建文二年	0	15	110	0.00%	0.00%
1404	永乐二年	0	0	470	0.00%	0.00%
1406	永乐四年	0	0	219	0.00%	0.00%
1411	永乐九年	0	10	84	0.00%	0.00%
1412	永乐十年	0	14	106	0.00%	0.00%
1415	永乐十三年	2	54	351	3.70%	0.57%
1418	永乐十六年	2	0③	250	0.00%	0.80%
1421	永乐十九年	0	0	201	0.00%	0.00%
1424	永乐二十二年	1	0④	148	0.00%	0.68%

---

① 比例1为卫所进士占同科军籍进士比例,比例2为卫所进士占同科明代全部进士的比例。军籍进士该列数据来源于孙经纬：《明代军籍进士研究》,第4—6页。明代进士该列数据来源于吴宣德：《明代进士的地理分布》,第50—54页。
② 笔者统计有一名进士,姓名"应孟吕",未载其籍别,故而未有军籍进士。明初资料较少,而且这一时期全部进士的现存史料较少,出现缺漏十分常见。参见俞宪：《皇明进士登科考》卷2《洪武十八年乙丑》,龚延明主编：《天一阁藏明代科举录选刊·登科录》下册,第721页。
③ 笔者该科统计存在两名卫所进士,都出自《碑录》,为"金诚""王弘",并未载其籍别,故而未有军籍进士。
④ 笔者该科统计存在一名卫所进士,出自《碑录》,为"李信",未载其籍别,故而未有军籍进士。

第四章 明代卫所进士的时空分布

续 表

公 元	科 年	卫所进士（人数）	军籍进士（人数）	明代进士（人数）	比例1（百分比）	比例2（百分比）
1427	宣德二年	0	0	101	0.00%	0.00%
1430	宣德五年	0	21	100	0.00%	0.00%
1433	宣德八年	0	17	99	0.00%	0.00%
1436	正统元年	0	19	100	0.00%	0.00%
1439	正统四年	3	24	99	12.50%	3.03%
1442	正统七年	4	34	149	11.76%	2.68%
1445	正统十年	6	37	150	16.22%	4.00%
1448	正统十三年	9	43	150	20.93%	6.00%
1451	景泰二年	12	66	201	18.18%	5.97%
1454	景泰五年	35	110	349	31.82%	10.03%
1457	天顺元年	27	102	294	26.47%	9.18%
1460	天顺四年	15	53	156	28.30%	9.62%
1464	天顺八年	20	91	247	21.98%	8.10%
1466	成化二年	33	114	353	28.95%	9.35%
1469	成化五年	16	87	247	18.39%	6.48%
1472	成化八年	26	68	250	38.24%	10.40%
1475	成化十一年	39	119	300	32.77%	13.00%
1478	成化十四年	35	135	350	25.93%	10.00%
1481	成化十七年	30	99	298	30.30%	10.07%
1484	成化二十年	27	101	300	26.73%	9.00%
1487	成化二十三年	41	139	351	29.50%	11.68%
1490	弘治三年	27	101	298	26.73%	9.06%
1493	弘治六年	38	125	298	30.40%	12.75%
1496	弘治九年	37	93	298	39.78%	12.42%

续 表

公元	科年	卫所进士（人数）	军籍进士（人数）	明代进士（人数）	比例1（百分比）	比例2（百分比）
1499	弘治十二年	38	113	300	33.63%	12.67%
1502	弘治十五年	45	120	297	37.50%	15.15%
1505	弘治十八年	42	114	303	36.84%	13.86%
1508	正德三年	47	113	349	41.59%	13.47%
1511	正德六年	51	138	349	36.96%	14.61%
1514	正德九年	53	141	396	37.59%	13.38%
1517	正德十二年	48	126	349	38.10%	13.75%
1521	正德十六年	44	124	330	35.48%	13.33%
1523	嘉靖二年	54	156	410	34.62%	13.17%
1526	嘉靖五年	38	121	301	31.40%	12.62%
1529	嘉靖八年	34	114	323	29.82%	10.53%
1532	嘉靖十一年	45	113	316	39.82%	14.24%
1535	嘉靖十四年	33	112	325	29.46%	10.15%
1538	嘉靖十七年	34	112	320	30.36%	10.63%
1541	嘉靖二十年	36	101	298	35.64%	12.08%
1544	嘉靖二十三年	30	109	312	27.52%	9.62%
1547	嘉靖二十六年	34	96	301	35.42%	11.30%
1550	嘉靖二十九年	39	112	320	34.82%	12.19%
1553	嘉靖三十二年	47	132	403	35.61%	11.66%
1556	嘉靖三十五年	29	98	296	29.59%	9.80%
1559	嘉靖三十八年	33	88	303	37.50%	10.89%
1562	嘉靖四十一年	41	96	299	42.71%	13.71%
1565	嘉靖四十四年	37	111	394	33.33%	9.39%
1568	隆庆二年	38	111	403	34.23%	9.43%

续 表

公 元	科 年	卫所进士（人数）	军籍进士（人数）	明代进士（人数）	比例1（百分比）	比例2（百分比）
1571	隆庆五年	46	118	396	38.98%	11.62%
1574	万历二年	25	80	299	31.25%	8.36%
1577	万历五年	28	76	301	36.84%	9.30%
1580	万历八年	23	92	302	25.00%	7.62%
1583	万历十一年	39	92	341	42.39%	11.44%
1586	万历十四年	26	93	351	27.96%	7.41%
1589	万历十七年	31	107	347	28.97%	8.93%
1592	万历二十年	30	86	304	34.88%	9.87%
1595	万历二十三年	26	88	304	29.55%	8.55%
1598	万历二十六年	19	90	292	21.11%	6.51%
1601	万历二十九年	22	91	301	24.18%	7.31%
1604	万历三十二年	19	93	308	20.43%	6.17%
1607	万历三十五年	16	86	298	18.60%	5.37%
1610	万历三十八年	21	86	302	24.42%	6.95%
1613	万历四十一年	19	80	344	23.75%	5.52%
1616	万历四十四年	20	87	344	22.99%	5.81%
1619	万历四十七年	14	83	345	16.87%	4.06%
1622	天启二年	24	112	409	21.43%	5.87%
1625	天启五年	16	86	300	18.60%	5.33%
1628	崇祯元年	16	84	353	19.05%	4.53%
1631	崇祯四年	8	7	349	114.29%	2.29%
1634	崇祯七年	14	7	302	200.00%	4.64%
1637	崇祯十年	8	7	301	114.29%	2.66%
1640	崇祯十三年	8	6	296	133.33%	2.70%

续表

公 元	科 年	卫所进士（人数）	军籍进士（人数）	明代进士（人数）	比例1（百分比）	比例2（百分比）
1642	崇祯十五年	12	10①	263	120.00%	4.56%
1643	崇祯十六年	12	2②	402	600.00%	2.99%
合计		1 998	6 516	24 862	30.66%	8.04%

为更好地表现三类进士的时间分布变化规律，笔者据上表整理成图4-1。

卫所进士在明代的不同时段分布极不均衡，图4-1所示卫所进士的时间分布与军籍进士、明代进士的分布似乎有所关联，为了证实这一结论，笔者采用CORREL函数（即相关系数）进行计算，若得到的结果越接近于1，就说明相关性越大，越接近于0就说明相关性越小。结果得出卫所进士与军籍进士的相关系数为0.92，呈极强的正相关性；卫所进士与明代进士的相关系数为0.64，呈中等程度的正相关性；军籍进士与明代进士的相关系数为0.61，呈中等程度的正相关性。数据表明，虽然卫所进士的数量仅有军籍进士的三分之一弱，但其兴衰趋势却整体相当，而卫所进士和军籍进士与明代进士的相关性只有中等程度，这正好说明具有军事色彩的卫所进士与军籍进士的特殊性。进士的产生需要经过长年累月的积累，卫所进士的时间分布之所以出现这样的态势，必然跟其所处的各种环境相关，笔者认为主要有以下几个因素：首先是政治因素，如卫所的设置，只有卫所设置且获得较为稳定的发展后，卫所人员才能获得稳定的生活环境，才有机会进入科举，且中央和地方所设立的教育配套制度也会对卫所人员读书仕进起推动作用；其次是军事因素，战争的频发和卫所人员的频繁出征，会对卫所内部的人口、经济、文化造成较大的损失；最后是经济文化因素，随着卫所和当地社会的不断发展，卫所人口增长，经济情况有所改善，军人的地位有所下降，出于经济文化客观条件的允许和提高自身社会地位的主观意愿，开始有越来越多的卫所人员参与科举。根据此三类因素，结合卫所进士的数量变化，笔者将卫所进士的时间分布分为四期。

（一）洪武至正统末年（1368—1449）

第一期历时81年，共举行23科，录取3 821人，仅有8科产生卫所进士28人，产生军籍进士的有12科293人，此时期是卫所进士的萌芽阶段，整体特征是数量稀少

---

① 此年份根据孙经纬的研究军籍进士数量为零。笔者根据自己所做统计表，将卫所进士中的军籍部分填上。
② 再次出现了卫所进士多于军籍进士的情况。笔者统计的崇祯十六年（1643）卫所进士为12人。其中7人为民籍，其余5人缺载籍别。孙氏所统计同年份军籍进士仅为2人。原因可能是笔者与孙氏统计存在误差或缺漏。

第四章 明代卫所进士的时空分布

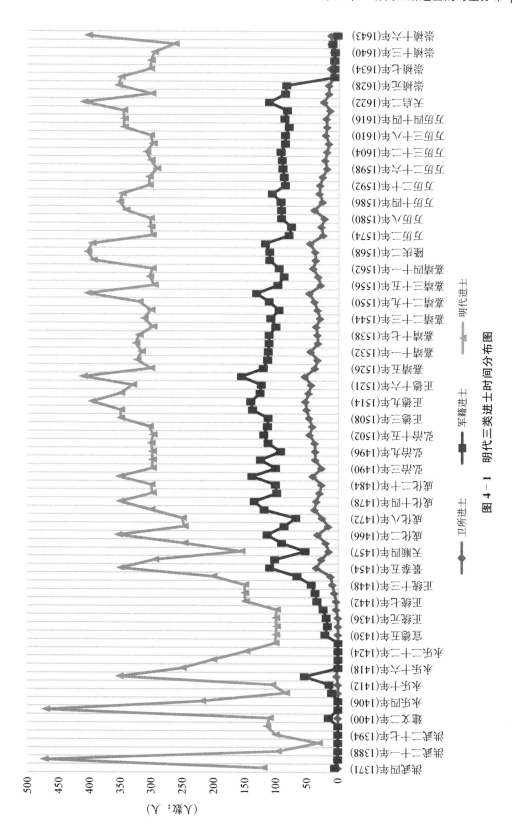

图 4-1 明代三类进士时间分布图

且不稳定。洪武年间仅有1人,应孟吕,浙江昌国卫人,名次不详①,且该进士"任兵科给事中,为选武官作弊,处决"②。笔者认为数量少的主要原因有四:

其一,洪武年间卫所初步设置,而且还经常处于变动之中,位置的改动和撤废较为频繁,卫所人口还未能安居,相关的府州县学和卫学等设置也刚起步;其二,元末至洪武年间,战争频繁,根据相关统计,仅洪武元年至洪武三十一年(1368—1398)就有主要战争77场,占明代战争578场的13%③;其三,此时期人口流失严重,社会经济遭到了严重破坏,仅以人口为例,《元史·地理志》载至顺元年(1330)载户部钱粮户数13 400 699户④,《后湖志》载洪武二十六年(1393)户数10 652 789户⑤,远小于元代至顺元年(1330)钱粮户。在人口因素之外,选拔和铨选官员的制度尚未成熟也是重要原因,洪武年间的文武官职分流尚不明显,且元代教育和科举制度的不完善使得文官系统空缺较大,由国子监和府州县学以及吏员提拔上来的文官行政经验和能力有所不足,导致明廷只能大量从军队系统选拔有文才者到行政系统任职⑥。另外,开国功臣较多,任其为行政官员也是安抚的手段。如洪武十五年(1382),起致仕济宁左卫镇抚胡溥为山东布政使司右布政使;济州卫百户周景为左参议;永平卫百户范诚为右参议;宣武卫百户张端为山西布政使司左参政;永清右卫千户王福为左参议;永平卫百户刘清为右参议;龙骧卫百户张林为广东布政使司左参政;南昌卫所镇抚江崇为右参议;羽林左卫百户龙德为浙江布政使司右布政使、周先为四川布政使司左布政使;徽州守御百户周良为陕西布政使司右布政使⑦。洪武年间以军户为主的卫所人口,其地位整体还较高,卫所武官还可担任文官官职,所以在主观意愿和客观条件上都没有求取科举的诉求。名士张以宁认为:"名一在伍符尺籍,则颉颃作气势,视文儒士若敌仇,不媚嫉则姗笑者几希。"⑧虽然文人的描述可能有夸张成分,但也能反映出当时军人地位较高的情况。

建文至永乐年间不过5人,陕西2人,广东1人,浙江1人,分布较为散乱,与洪武年间相比略有进步,但区别不大。首批永乐卫所进士出自宁夏诸卫,永乐十三年(1415)徐琦和曹衡二人同榜进士,祖上戍守宁夏,为卫所移民后裔。徐琦为三甲九十七名,"南京兵部尚书徐琦卒。琦字良玉,浙江钱塘县人。祖谪宁夏,遂生其地。登永乐乙未进士,授行人司行人"⑨。曹衡为二甲十三名,"永乐十三年乙未陈循榜……曹

---

① 俞宪:《皇明进士登科考》卷2《洪武十八年乙丑》,龚延明主编:《天一阁藏明代科举录选刊·登科录》下册,第721页。
② 朱元璋撰:《御制大诰三编·进士监生不悛第二》,《续修四库全书》,史部,第862册,第317页。
③ 中国军事史编写组:《中国历代战争年表》下册,北京:解放军出版社,2003年,第31—34页。
④ 《元史》卷58《地理一》,第1346页。
⑤ 赵官等撰:《后湖志》卷2《事迹二》,《南京稀见文献丛刊》,第11页。
⑥ 张金奎:《明代卫所军户研究》,第385页。
⑦ 《明太祖实录》卷142,洪武十五年二月乙亥,第2240页。
⑧ 张以宁:《徐清甫三孙字说》,钱伯城等编:《全明文》卷43,上海:上海古籍出版社,1994年,第127—128页。
⑨ 《明英宗实录》卷227,景泰四年三月己卯,第4967页。

衡,从戍宁夏乡试,任知府"①,此二人是第一代宁夏进士②。永乐年间社会经济人口仍在恢复阶段,《明太宗实录》载永乐元年(1403)户数 11 415 829 户③,仍小于元代至顺元年(1330)钱粮户,这一恢复阶段被明成祖发起的靖难之役所延缓,北方的一些边防重镇被放弃,如"改北平行都司为大宁都司,迁之保定,调营州五屯卫于顺义、蓟州、平谷、香河、三河,以大宁地界兀良哈"④,导致北方边防压力增加。靖难成功后,增设卫所、扩充亲军卫,后迁都北京,其间整饬北方防务,积极防御,调动了大量九边和北京附近的卫所军队。据不完全统计,郑和下西洋时,随从军官主要来自南北二京的卫所,有 169 人⑤,军士则以南京及周围卫所、浙江、福建卫所为主。永乐年间,用兵十分频繁,军人的地位较高,"谚恒言军强民弱"⑥,虽然军户数量占比较大,曹树基估计永乐年间州县军户户数约 219 万户⑦,占永乐元年总户数的 19.18%,但卫所人员未能得到休养生息,且提升地位的途径较多,卫所的科举也未得到足够的重视,故而卫所进士虽有增加但仍十分稀少。

洪熙至宣德年间未产生卫所进士。与洪武永乐年间相比,军事行动较少,北方防务实行消极防守,"弃地盖三百里,自是尽失龙岗、梁河之险,边陲斗绝,益骚然矣"⑧,明廷收缩防线,郑和下西洋也仅进行了一次。此时期更注重治理内政,使得社会经济持续发展,但却未有卫所进士产生,笔者认为一是边防和内部还不十分稳定,无暇顾及。二是朱高炽、朱瞻基在位时间太短,短暂的十年仅开三科,总招收的进士人数仅 300 人,录取的进士数量较少,如果计算各年号的卫所进士所占总进士比例,就会发现洪武年间仅 0.01%,建文至永乐年间 0.03%,洪熙至宣德年间所招收的 300 名进士若按这两个比例计算确实也无法诞生出一名卫所进士。三是卫所配套教育的作用有限。陈宝良认为:"洪武十四年(1381),辽东都司学的设立,开创了在卫所设学的先例。"⑨根据蔡嘉麟的统计,在正统末年之前,设立过的卫学已达到 87 所,其间被废除的仅 13 所⑩。卫学数量较多但卫所进士却较少,多在于卫学的设置往往晚于史料所载的时间,地方需要进行筹备,而且各地差异较大,卫学教育职能的发挥也有限且需要时间,不可能刚设置好卫学就能产生进士。所以正统十四年(1449),宁夏卫出身的南京兵部尚书徐琦就以"军卫无学校"为由奏请"天下卫所视府州县制,皆立

---

① 弘治《上海志》卷 8《人品志》,上海:中华书局,1940 年,下册,第 268 页。
② 范宗兴等:《方志与宁夏》,银川:宁夏人民出版社,2008 年,第 131 页。
③ 《明太宗实录》卷 26,永乐元年十二月壬寅,第 488 页。
④ 《明史》卷 91《兵三》,第 2236 页。
⑤ 徐恭生:《再谈郑和下西洋与〈卫所武职选簿〉》,《海交史研究》2009 年第 2 期,第 31—47 页。
⑥ 《明太宗实录》卷 30,永乐二年夏四月甲申,第 547 页。
⑦ 曹树基:《中国人口史·明时期》,福州:福建人民出版社,1997 年,第 379 页。
⑧ 谷应泰:《明史纪事本末》卷 20《设立三卫》,北京:中华书局,1977 年,第 318 页。
⑨ 陈宝良:《明代儒学生员与地方社会》,北京:中国社会科学出版社,2005 年,第 111 页。
⑩ 蔡嘉麟:《明代的卫学教育》,第 37—94 页。

学校"①。直到正统末年还有"军卫无学校"的说法,哪怕徐琦有夸大的成分,但因出自卫所出身的官员之口,当具有一定的可信度,加上正统年间确实大规模地建设卫学,反映出部分卫所教育的落后。直至正统末年,卫学都呈现这番景象,反推至宣德年间,卫所的教育情况应是不容乐观。相比之下,府州县学已完备,府州县人员的教育情况大大改善,此时是府州县人员科举竞争力与卫所人员差距较大的时期。虽然未有卫所进士,但在宣德四年(1429)后军籍进士持续出现,虽然都是州县军籍进士,但从州县军籍与卫所军籍的密切关系以及此时卫所仍产生举人来看,卫所举人和军籍进士的持续出现就意味着卫所进士有可能在一段时间后出现。所以在正统年间哪怕北方边防濒于瓦解,但社会经济整体仍在发展,卫学和府州县学等官学的设立和政策的支持开始显现,所以军籍进士已经呈上升趋势,卫所进士也随之出现且呈上升趋势,在正统四年(1439)之后,卫所进士再未缺席明代各科的进士名录。

(二)景泰至成化年间(1450—1487)

第二期历时 37 年,一共举行 13 科录取 3 696 人,产生卫所进士 356 人、军籍进士 1 284 人。第一名明确记载出身卫学的进士王竑也在此时出现,"正统四年第二甲三十名:王竑,贯湖广武昌府江夏县,军籍。河州卫学军生……曾祖景,元水军翼万户。祖俊卿,福州右卫百户"②。卫学出身的卫所进士的产生标志着此时期是卫所进士和军籍进士的发展阶段,每科卫所进士都达到了 10 人以上,但数量不稳定。此处有一个较为奇怪的现象,正统十四年(1449)的土木堡之变对明王朝的京营造成了毁灭性的打击,锦衣卫伤亡过半,许多卫所受到波及,但自此以后卫所进士的数量却能不断增加,这主要得益于正统年间大规模建设卫学和军事体制的改变。首先,卫学的教育成果开始逐渐显现,卫所人员多需要通过学校教育才能入试,正统九年(1444)云南道监察御史计澄等奏:"如遇称系军生并各衙门吏典承差人等,不由学校、不经考验,其间奸盗贪墨无所不有,此等之徒一体不许入试,庶革奔竞之风下","礼部议如澄言"③,军生即军中俊秀者,许多军生就出自卫所。《明实录》所载就说明军生入试已经成为当时并不少见的现象了。通过卫学和儒学府州县学等方式,卫所进士不断产生。其次,土木堡之变的危机使明朝重视募兵及营兵体制,卫所的军事地位下降,军人的危机感增加,为求提升社会地位,他们将目光转向科举以获得文职,甚至出现宁可做品级较低的文官,也不愿意任武官。于谦之子于冕就"荫授副千户,坐戍龙门。谦冤既雪,并得冕官。自陈不原武职,改兵部员外郎。居官有干局,累迁至应天府尹"④。但

---

① 《明史》卷 158《徐琦传》,第 4316 页。
② 龚延明主编:《天一阁藏明代科举录选刊·登科录》上册,第 63 页。
③ 《明英宗实录》卷 118,正统九年秋七月丙辰,第 2379 页。
④ 《明史》卷 170《于谦传附于冕》,第 4551 页。

此时处于军人地位下降的初期,故数量不太稳定,而且于冕作为文官之子,不能完全代表地方的普通卫所人员的态度,相反,有的边卫人员不愿进入卫学读书,根据广宁后屯卫进士贺钦进入义州卫学所载:"景泰初,吾州以边卫奋武,绝少文学。卫庠虽设,而为生员者多官府拘执充之,故当时校各所出丁重役,则曰:吾所有读官学者若干人矣,是以读书为重役也。"①或许卫所中出身上层的人员危机感较强,而中下层人员的科考意愿相对微弱。整体来说,因卫所进士数量进入增长期,卫所人员对于科举入仕已经渐渐由排斥转向接受和追求。

(三) 弘治至隆庆年间(1488—1572)

第三期历时 84 年,一共举行 28 科录取 9 287 人,产生卫所进士 1 118 人,产生军籍进士 3 208 人。此时期是卫所进士和军籍进士的高峰期,平均每科产生卫所进士 40 人、军籍进士 115 人,卫所进士与军籍进士、全部明代进士之比整体保持在 1∶3∶8。

卫所进士数量的巅峰期与王毓铨所提出的明代军户地位低下论恰成对应②,这一观点为张金奎所质疑和补充,还将卫所军户地位进行了分期,认为其经历了一个由高到低、再触底反弹的过程,呈现为抛物线形,张辅和张任学是这条抛物线上的两个基点,于冕则是这条抛物线的坐标③。张辅(1375—1449)是明前期的重要武将,张任学是天启五年(1625)进士,明末将领,于冕前文已述。张金奎对卫所军户地位的分期与笔者对卫所进士的统计重合度较高,恰恰说明卫所进士的产生与卫所军户地位之高低呈负相关关系。

有一条正德七年(1512)的政策关于奖励边卫生员杀敌:

> 定生员军功升级事例,一级者,廪膳生员为冠带、署总旗;增、附生员为冠带小旗。积功递加,其子孙承袭。该署所镇抚者减去署职、该冠带总旗者革去冠带,俱止与总旗世袭。积至实授千百户以上者,亦照前例减革世袭。④

即有功的生员可获武职,但生员获武职之后,等于弃文从武,自断原本的科举道路,应为生员所抗拒,果不其然在三年后改为:"兵部覆奏增附生员获功事例,凡二级入监,一级者食廪,不愿者荣以冠带。其已授总小旗愿如今例改正者,听制可"⑤,即有功的生员可以享受食廪甚至是进入国子监的机会,这对于生员的科举道路有所帮助,也正是政策改动的原因。边卫本是边境崇尚军功之地,政策的变动说明在边卫也盛行文

---

① 贺钦:《医闾先生集》卷1《言行录》,《丛书集成续编》,台北:新文丰出版社,1989年,第140册,第46页。
② 王毓铨:《明代的军户》,《王毓铨史论集》,第650—671页。
③ 张金奎:《明代卫所军户研究》,第395页。
④ 《明武宗实录》卷95,正德七年十二月戊辰,第2017—2018页。
⑤ 《明武宗实录》卷126,正德十年六月庚申,第2518页。

尊武卑,那么内地武职和军人地位之卑下更是有过之而无不及。

除了因地位低下带来的改变社会地位的自发愿望和经济、政策条件外,明代兵制的变化也是一大因素,募兵制逐渐占据上风,一方面使得卫所地位下降,人员就有更多的机会寻求自身的职业发展,更容易产生进士;另一方面却也加速了卫所的崩坏,这为后面卫所进士数量减少埋下伏笔。

(四) 万历至崇祯年间(1573—1644)

第四期历时 71 年,一共举行 25 科录取 8 058 人,产生卫所进士的有 25 科 496 人,产生军籍进士的有 24 科 1 721 人。此时期是卫所进士和军籍进士的衰退期,平均每科产生卫所进士 20 人、军籍进士 71 人,卫所进士与军籍进士、全部明代进士之比保持在 1∶3∶16。

虽然人数有所衰退但还能保持一定的数量,主要在于卫所人员的经济、生活、教育条件变化不是很大,衰退的原因则是逃军。逃军早在洪武年间已有,隆庆年间谭纶奏称:"国家众建卫所,棊列中外,除锦衣等卫,其在外卫所通计额军三百一十三万八千三百名,而武官之数不与焉。其始军无缺,伍粮有定额而食常足,今中外马步官军大约止可八十四万五千有奇。"① 既然逃军早就十分严重,势必对卫所的人口造成影响,何以卫所进士在嘉靖及之前的时期数量达到鼎盛?笔者认为主要原因有二。

首先是明王朝实行的清勾制度。在宣德及之前,清勾制度成效明显,"明代清理军伍之始,是时兵政修明,无勾扰之弊。迨其后法日弛而弊日滋,勾军之害不可胜举,而兵亦日弊矣"②。清勾制度使军士得到一定程度的补充,维持了卫所的人口数量。不过嘉靖年间的军士逃亡已经十分严重。

其次是卫所重文轻武的社会现实,以及军户地位低下时所萌生的改变地位的强烈愿望,但是真正最为低下的军户实际上只能逃亡,逃亡也多自地位最底层的开始,而部分中间阶层地位虽不高但也不至于逃亡,就可以积极尝试科举。张金奎认为"军户较其他人户谋取政治保护的愿望更为强烈",所以留下的军户更具有改变现状的勇气和经济条件③。但明代军户持续的逃亡终究会掏空卫所的人口,"明朝中后期军户数量呈持续下降趋势"④,所以哪怕军户努力通过科举等事业来改变社会地位,但在人口基数减少的情况下,卫所军户的进士数量势必会有所减少。

至崇祯年间,明朝国势已经濒临崩溃,卫所进士较少却还能保持一定的数量,可谓是制度惯性使然。军籍进士的数量衰减比卫所进士来得更快,最后到崇祯十六年

---

① 谭纶:《谭襄敏公奏疏·论理财疏》,陈子龙辑:《明经世文编》卷 322,第 3438—3439 页。
② 嵇璜等:《钦定续文献通考》卷 122《兵考·兵制》,景印文渊阁《四库全书》,第 629 册,第 456 页。
③ 万明主编:《晚明社会变迁问题与研究》,第 425 页。
④ 万明主编:《晚明社会变迁问题与研究》,第 425 页。

(1643),11 名卫所进士中 9 人为民籍,军籍仅 2 人,似乎说明军籍的大量脱籍甚至是逃亡现象十分严重,笔者推测崇祯年间的农民起义以及满清政权对辽东的进攻导致卫所作战人员(以军籍为主)大量逃亡,而卫所中承担非作战职能的人员因多从事耕种等任务,危险系数较低,所以逃亡较少,故其代替卫所军籍人员成为卫所进士的主力,同时也不排除崇祯末年军籍的脱离或者说是军籍民籍的混融已进一步加深。

总而言之,有明一代,卫所进士的数量表现为前期极少,中期稳定增多,且持续时间长,后期逐渐减少直至明亡。整体上呈现一个低—高—低的接近于正态分布的曲线,其高峰期为正德年间,正好与明代国祚的中间线相同,衰落期为万历之后,似乎与明王朝的发展历程以及卫所自身的兴废存亡相关。

第二节　卫所进士的空间分布

卫所进士分布的不均衡不仅体现在时间上,更体现在空间上。两京卫所进士最为集中,北京以其卫所数量上的巨大优势和政治中心的地位,产生了四分之一强的卫所进士,位居第一;南京次之,产生了十六分之一的卫所进士。其余的在外卫所进士多分布在北方和西南等科举中等发达区域或落后地区。由于一个卫辖有多个所,史料记载中往往都会省略只记载到卫,这间接加剧了卫所进士分布局部集中的特点。

为了更加直观地展示卫所进士的地理分布情况,笔者以 1582 年明代都司、布政司为底图,附以当年的卫所坐标,将卫所进士全部附着在 1582 年的卫所坐标之上。在进行整体空间分布分析时,笔者使用都司底图,以显示卫所地理位置和都司卫所隶属关系,按都司进行划分更能体现卫所进士自身的特殊性,虽然卫所进士的乡试地点一般在相应的布政司的治所,看似与都司没有关系,但卫所进士的产生却是离不开都司卫所这一环境的影响,特别是不与府州县同城的卫所,而且布政司、府州县的行政区划与都司卫所并不相同。

在对各个具体地区进行空间分布分析时,笔者使用布政司和府级的政区底图,用以讨论卫所进士与所在府级政区进士的异同,不会将该布政司之外的卫所进士纳入地图中,如贵州都司的永宁卫、乌撒卫位于四川布政司境内,那么在探讨贵州布政司境内的卫所进士时,就不会将之纳入贵州布政司底图之中。

此外,因卫所有置废及隶属变化,1582 年后还有少量新设,如果出现个别卫所进士登科之时其卫所与 1582 年的底图有所不符,一般以登科时的卫所坐标、名称和归属为准,追加原 1582 年已废或未设的卫所坐标,如 1477—1529 年的安陆卫隶属于湖广行都司,1529 年后安陆卫改为显陵卫,1539 年又改为承天卫,属于兴都留守司。因此安陆卫的卫所进士在统计时计入湖广行都司或湖广布政司。

卫所进士的产生也受当地科举发达程度的影响,为方便叙述,笔者借用沈登苗在《明代双籍进士的分布、流向与明代移民史》一文中对科举发达地域的分等情况,形成表4-3,分为A、B、C三类,分别为科举发达地区、科举中等发达区和科举落后地区,后两种可统称为科举较不发达地区。

表4-3 明代各省科举发达程度分等①

A类省份	B类省份		C类省份
南直	山西	湖广	广西
浙江	山东	陕西	云南
江西	北直	四川	贵州
福建	河南	广东	辽东

一、北多南少——卫所进士的整体空间分布

两京京卫的进士数量过多,仅北京就达到了477人。故而表4-4将两京京卫单独列出,京卫进士也作单独讨论。

表4-4 明代各都司卫所进士数量②

都　司	卫所数量(个)	卫所进士(人)	每卫平均进士数量(人)
北京京卫	36	477	13.25
南京京卫	26	81	3.12
直隶中军	32	121	3.78
直隶后军	32	173	5.41
陕西都司	32	143	4.47
河南都司	21	136	6.48

---

① 与沈登苗完全按照明代进士人数分A、B、C等一样,只是此处将安徽、江苏大部纳入南直,湖北、湖南大部合并为湖广。(沈登苗:《明代双籍进士的分布、流向与明代移民史》,第313—326页。)

② "都司"以1582年底图为准,此外也有直隶五军都督府,为了简便,统称为都司。"卫所数量"指该都司辖区出过进士的卫所的数量,包括所有卫和守御千户所、牧马千户所等不属于卫而直隶都司的所。"每卫平均进士数量"指平均每个卫所出进士的数量,计算方式为卫所进士÷卫所数。

续 表

都　司	卫所数量(个)	卫所进士(人)	每卫平均进士数量(人)
云南都司	18	124	6.89
四川都司	13	96	7.38
山东都司	16	76	4.75
湖广都司	21	72	3.43
辽东都司	17	71	4.18
山西都司	13	74	5.69
贵州都司	12	57	4.75
福建都司	11	54	4.91
浙江都司	10	39	3.90
大宁都司	9	37	4.11
广西都司	10	37	3.70
湖广行都司	12	30	2.50
万全都司	11	24	2.18
兴都留守司	3	15	5.00
广东都司	6	17	2.83
山西行都司	8	13	1.63
陕西行都司	5	9	1.80
江西都司	7	12	1.71
中都留守司	3	6	2.00
福建行都司	2	3	1.50
四川行都司	1	1	1.00
合　计	382	1 998	5.23

在排除数量巨大的两京京卫后,如果区分南北方,以秦岭淮河为界,横跨南北的都司以都司驻地为准,实际上南北差距并不显著,甚至北方还有一定优势(表4-5)。

表 4-5 南北卫所进士数量差异①

南北方	都司数量(个)	总卫所数(个)	卫所数(个)	卫所进士数(个)	平均1(人)	平均2(人)
北方	11	290	164	753	2.60	4.59
南方	16	433	161	686	1.58	4.26

卫所进士与全部进士的不同在于明代进士整体数量分布以南直、浙江、江西等长江下游一带和福建为首,呈现东多西少、南多北少的态势②,与明代江浙一带文风鼎盛、经济繁荣、人口稠密有密切的关系,可以说以经济和文化为主导。而卫所进士的分布则是出现北京城遥遥领先,南京次之,北多南少、东西较为均衡的态势。刘海峰认为"历代科举人才的产出都不均衡,其地理分布折射出各地经济和文化教育水平的差异"③,该推论或许可以说明整体,但不足以说明卫所进士的分布情况。首先,卫所和其所拥有的人口分布与府州县不同,卫所是军事机构,其分布多少与当地人口多寡、经济贫富并无直接关系,卫所的设置多是以军事镇戍为目的,所以主要分布在北部边疆、西南少数民族聚居区和沿海地区,空间分布的差异造成卫所人口数量的地域性差异。其次,卫所在科举上处于先天劣势,两京卫所可凭借较好的教育资源并得到国子监中试名额的照顾,在外卫所在科举较不发达地区,凭借分卷制度的保护,加上自身的努力,才能产生更多的进士,所以卫所进士的分布以两京、北方、西南地区为主,东南地区反而卫所进士最少。

卫所进士与全部进士的共同点在于都有一定的聚集性,各省的政治、文化中心往往是两类进士的集中分布地带。笔者以空间自相关分析(spatial autocorrelation)进行验证,以研究卫所进士与所处地理位置之间是否存在相关性,有空间正相关、负相关和不相关三种结果。其中空间正相关性是指一个区域内的某一属性取向相近,负相关性指属性取向相反,空间不相关则说明这些临近分布的属性之间不存在相关关系。方法是采用莫兰指数(Global Morn's I),以此来判断卫所进士的分布状态是集聚还是离散④。莫兰指数I的取值范围是[-1,1],当I>0,是为空间正相关;I<0,是为空间负相关;I=0,是为空间不相关。I值越接近于1,就说明空间相关性越显著。本书利用ARCGIS软件进行分析,由于该算法是基于数量较多的面数据,所以政区底图使用1582年府级政区图,也就是说本次的分析基于明代府级行政区的空间,之所

---

① "总卫所数"是根据郭红、靳润成:《中国行政区划通史·明代卷》,第249—710页,统计出所有的在1582年存在的卫所数量,包括卫和守御千户所。"卫所数"指出现过进士的卫所的数量。"平均1"是为进士数÷总卫所数,"平均2"是为进士数÷卫所数。
② 吴宣德:《明代进士的地理分布》,第60—61页。
③ 刘海峰:《科举学导论》,武汉:华中师范大学出版社,2005年,第324页。
④ 武强:《基于空间计量方法的明清时期河南进士地理格局演变分析》,第140—151页。

以不使用明代都司,是因为都司数量太少,样本量不足的情况下做出的分析较不显著,至于各个卫所的管辖范围暂时无法全部考证出来,那么退而求其次选择府级政区是较为合适的选择,共有258个面数据。此外,使用通用G指数(Getis-Ord General G)判断卫所进士空间分布是高值空间集聚还是低值空间集聚,以弥补全局莫兰指数的不足(图4-2)。

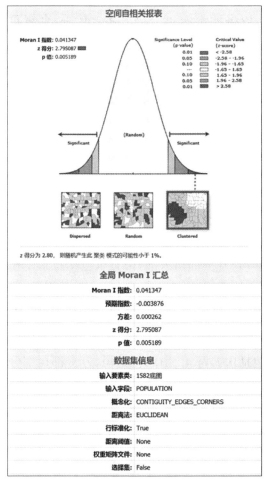
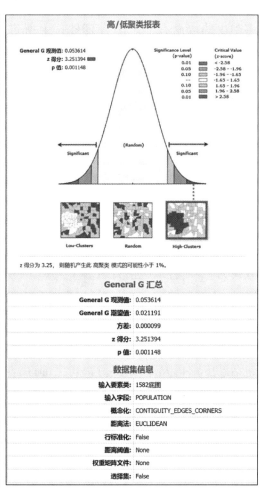

图4-2 全局莫兰指数与空间聚类分析

I=0.041 347,Z=2.795 087,P=0.005 189。I>0表明,明代各府的卫所进士呈空间正相关,出现聚集性分布的情况,而非随机分布状态,但是这种空间自相关关系比较微弱。Z>2.58、P<0.01表明,该计算结果的置信度为99%,也就是说计算结果的可靠性为99%,而推翻此结果的概率不大于1%。General G指数的观测值大于期望值,表明有99%的概率卫所进士呈高值集聚,但是这种关系比较微弱。

笔者认为这一聚集性也跟交通有关,如果将卫所进士的分布与明代驿路相结合,就能够发现卫所进士与驿路的关系。绝大部分产生进士的卫所都处在驿路线路之上,只有极少数与驿路有一定的距离。交通的发达程度与经济、文化传播密切相关,明王朝建立的驿路网络不仅加强了中央对地方的控制,而且文化还能顺着这些道路不断延伸至国家的边疆。

卫所进士的分布受到政治、交通层面地位的影响较大,这用来解释卫所进士北多南少的局面有一定的合理性。卫所进士较多的都司可分为三种：其一,京畿重地,即直隶中军和直隶后军;其二,边防重镇和临近京师的内地,即山西都司、河南都司、山东都司、辽东都司、陕西都司、大宁都司、万全都司;其三,西南边地,即云南都司、四川都司、贵州都司等少数民族较多的地区。卫所进士的分布出现了一定的聚集性。

二、京畿重地：卫所科举发达区

科举考试在乡试环节以布政司为基准,而非都司,像辽东都司的生员只能去山东济南府、北直隶顺天府参加乡试,都司并无独立开科的职能。所以本节地域分区以布政司为主,北直隶包括直隶后军大部、大宁都司、万全都司大部;南直隶包括直隶中军大部、中都留守司;河南包括河南都司和汝宁府;陕西包括陕西都司、陕西行都司、潼关卫;云南大致等于云南都司;四川包括四川都司、四川行都司、贵州都司和湖广行都司的部分地区;山东包括山东都司和直隶后军、直隶中军都督府的部分地区;湖广则包括湖广都司大部、湖广行都司大部;山西包括山西都司、山西行都司、万全都司部分地区;贵州包括贵州都司大部、镇远府、思州府、黎平府、石阡府、思南府、铜仁府;福建包括福建都司、福建行都司;浙江包括浙江都司和嘉兴府;广西、广东和相应的都司基本相同;江西包括江西都司和直隶前军都督府飞地九江卫附近;辽东因位置特殊,单独列举。

(一) 两京京卫

南北二京卫所包含亲军和直隶五军都督府等种类,其进士人数见表4-6。北京京卫的进士数量数倍于南京,一方面因为北京京卫的数量自永乐迁都后就比南京要多,人口基数大;另一方面南京处江南财赋之地,科举兴盛,南京的卫所人员就会面临来自府州县人员的激烈竞争,自身文化积累的劣势使得南京的卫所人员科考较难成功,相比之下北京所处北直隶的科举不是十分发达,来自府州县人员的竞争没有南京激烈,卫所人员科考成功率较高。

表 4-6 两京京卫进士人数统计

序号	北京京卫	隶属	卫所进士(人)	序号	南京京卫	隶属	卫所进士(人)
1	锦衣卫	亲军卫	224	1	锦衣卫	亲军卫	19
2	武功卫	工部	40	2	留守卫	亲军卫	16
3	府军卫	亲军卫	21	3	金吾卫	亲军卫	5
4	武骧卫	亲军卫	22	4	旗手卫	亲军卫	5
5	腾骧卫	亲军卫	20	5	鹰扬卫	后军都督府	5
6	金吾卫	亲军卫	16	6	龙江卫	左军都督府	5
7	留守卫	亲军卫	15	7	府军卫	亲军卫	4
8	羽林卫	亲军卫	12	8	羽林卫	亲军卫	3
9	大宁卫	后军都督府	11	9	水军右卫	右军都督府	3
10	神武卫	亲军卫	9	10	广洋卫	中军都督府	2
11	燕山卫	亲军卫	9	11	孝陵卫	中军都督府	2
12	忠义卫	后军都督府	9	12	应天卫	中军都督府	2
13	彭城卫	工部	9	13	江阴卫	后军都督府	2
14	龙骧卫	前军都督府	7	14	兴武卫	后军都督府	2
15	义勇卫	后军都督府	7	15	神策卫	亲军卫	1
16	济阳卫	亲军卫	5	16	骁骑右卫	左军都督府	1
17	旗手卫	亲军卫	4	17	广武卫	右军都督府	1
18	牧马千户所	中军都督府	4	18	牧马所	中军都督府	1
19	富峪卫	后军都督府	4	19	牺牲所	太常寺	1
20	永清卫	工部	4	20	龙骧卫	前军都督府	1
21	神策卫	亲军卫	3		合计(人)		81
22	通州卫	亲军卫	3				
23	武成卫	后军都督府	3				
24	大兴左卫	亲军卫	2				

续 表

序号	北京京卫	隶属	卫所进士(人)	序号	南京京卫	隶属	卫所进士(人)
25	济州卫	亲军卫	2				
26	和阳卫	中军都督府	2				
27	虎贲左卫	亲军卫	1				
28	龙虎卫	左军都督府	1				
29	骁骑右卫	左军都督府	1				
30	镇南卫	左军都督府	1				
31	右军都督府	右军都督府	1				
32	长陵卫	中军都督府	1				
33	豹韬卫	前军都督府	1				
34	会州卫	后军都督府	1				
35	兴武卫	后军都督府	1				
36	奠靖所	太常寺	1				
	合计(人)		477				

  两京京卫的卫所进士数量是在外卫所不能相提并论的，以亲军卫为最，北京京卫中产生进士的有 16 个亲军卫，进士 368 人；南京京卫中则有 7 个亲军卫，进士 53 人。亲军卫占据了绝大部分的京卫进士，亲军卫中又以锦衣卫为最，北京锦衣卫进士 224 人，南京锦衣卫进士 19 人。亲军卫的地位更高，而锦衣卫又是亲军卫之首，特别是北京锦衣卫，其人员构成与地位都决定了举业之发达。南京锦衣卫则相对弱了很多，对此张金奎认为"永乐迁都后，锦衣卫留在南京的部分地位已经和一般卫所区别不大"[①]。

  如将京卫分为亲军卫和其他京卫，亲军卫又析出锦衣卫与其他，锦衣卫、亲军卫、其他京卫地位的差距使得这三个等级的卫产生的进士数量形成差异。不计锦衣卫的亲军卫相比在外卫所而言仍然具有一定优势，而排除了亲军卫的其他京卫的所产生的进士人数与在外卫所差距不明显。虽然在京所卫内部差异较大，但也掩盖不了京卫的整体优势，只是这一优势为地位较高者获得。笔者认为京卫的进士数量之多和内部差异，主要可以从两个方面解释：

---

① 张金奎：《游牧文明因子与明朝卫所体系中的亲军卫——以锦衣卫为中心的考察》，《文史哲》2019 年第 6 期，第 145 页。

首先是政治经济地位较高。"禁卫皆天子之军,而锦衣尤为亲近"①,京卫的待遇较为优厚且地位较高,为京卫子弟的科举事业打下人员与经济基础。而京卫中,又以锦衣卫为首,锦衣卫与一般卫所的世袭制度有所不同,卫所军士多以从征、归附、谪发、垛集而来,而"一惟其世,独锦衣之任则不以世而以能"②,锦衣卫的选拔方式主要有军士比试选拔和从富有实战经验的外卫官兵中选取,而且入选者都是武官而不是普通军士③,这说明锦衣卫所选拔者地位较高。此外,世袭也是锦衣卫另一种选拔方式,有利于锦衣卫政治、经济地位的长期保持,为其后裔求取科举提供了重要条件。锦衣卫的职能变化也使得其直接参与作战的机会变少,明初还参与大型作战,如山东人陈雄"洪武三十三年为顺民起取(赴)京,选充锦衣卫力士,永乐元年并充小旗,四年征进安南等处,十四年并升本所总旗。二十一年随征迤北,升锦衣卫前所百户,老疾"④,而到了正统年间成国公朱勇上奏:"奉命选拔三千大营,五军、神机等营精锐官军十五万一千有奇。欲将续选行在锦衣等七十卫官军,与之相兼编伍训练。然于内有守陵、守卫、供役、上直者,乞为处之。上命守陵、守卫各存其半,供役上直旗校隶锦衣卫官督操,其余俱听训练备用。"⑤意即大量的锦衣卫和其他亲军卫不参与京营操练,较少参与操练,自然更少能参与作战。到了弘治年间,明孝宗甚至驳回了"以锦衣及腾骧等四卫军旗勇士校尉六万八千余人选补团营之缺"⑥,还令"今后各衙门查理戎务,不许以五卫混同开奏"⑦,团营作为作战的主体,锦衣卫不参与补缺就说明其已经基本远离作战了。锦衣卫首位进士出现在景泰二年(1451),正好符合锦衣卫自身的发展情况。因锦衣卫地位显赫,故在明代中期审籍锦衣卫者较多,嘉靖年间就提到这种情况:"时旗校殷通等千三百余人亦援例乞升,兵部议祖宗之法武职非军功不授,正德间始以恩幸审籍锦衣。"⑧在隆庆年间已有官员上奏要求裁减:"工科都给事中魏时亮请汰锦衣卫军校及监局匠役冗滥者,从之。"⑨关于锦衣卫进士的细致研究已有黄谋军的相关研究⑩,故此这里仅进行概述。

其次是教育和科考机遇。京卫子弟更容易进入国子监,国子监作为最高学府,虽然在明代中期之后由于例监、纳贡的出现导致生源质量的下滑,有所旷废,但仍保持

---

① 陆世仪:《禁卫议》,冯梦龙:《冯梦龙全集》第17册《甲申纪事》卷12,南京:江苏古籍出版社,1993年,第240页。
② 邱濬:《大学衍义补》卷118《治国平天下之要·严武备·宫禁之卫》,海口:海南出版社,2004年,第1853页。
③ 张金奎:《游牧文明因子与明朝卫所体系中的亲军卫——以锦衣卫为中心的考察》,第123—147页。
④ 《武骧右卫选簿》世袭百户陈俊选簿,外黄,中国第一历史档案馆、辽宁省档案馆编:《中国明朝档案总汇》,第53册,第148页。
⑤ 《明英宗实录》卷37,正统二年十二月辛未,第716页。
⑥ 《明孝宗实录》卷155,弘治十二年十月辛亥,第2782页。
⑦ 《明孝宗实录》卷155,弘治十二年十月辛亥,第2783页。
⑧ 《明世宗实录》卷10,嘉靖元年正月辛亥,第366页。
⑨ 《明穆宗实录》卷15,隆庆元年十二月癸巳,第411页。
⑩ 黄谋军:《明代锦衣卫进士群体的构成特点及其成因》,《中国文化研究》2021年第4期,第131—142页。

着一定的教育功能,而且监生参与两京乡试还有优待。林丽月认为:"在两京乡试135名解额中,各有30个名额是保留'皿'字号卷的考生,即以南北国子生入试的士子。隆庆四年(1570)礼部奏准,鉴于两京国子监恩贡生员数增多,增额各15名,不为例。显然,是年两京乡试解额增为150名,只是把'皿'字号卷的名额从30名增为45名。当然一般府、州、县学生员并未受惠,其例也为一时权宜之措,其后解额仍维持135名。"①在558名京卫进士中有304名进士出自国子监,占54%,北京国子监256人,南京国子监48人。乡试解额作为考中贡士的前一步,录取率相比会试、殿试要低得多,根据郭培贵的研究,万历及之后乡试录取率平均仅3.13%,同时期会试录取比例为6.99%②。乡试的照顾间接提高了考中进士的概率,即使卫所人员仅通过了乡试而在会试落榜,取得举人的身份对于其摆脱徭役培养下一代读书仕进也是一大进步。余下京卫进士中有131人入学地暂不可知,所以只剩123人是入地方儒学,其中又有83人出自顺天府、应天府府学,6人来自京卫卫学,其余约34人来自其他府州县学。解额较多的不仅仅是国子监,整个北直隶的解额都较多,乃至冒籍参加北直隶乡试的现象也较多,"夫人才之生,具地者多寡不同,故解额因之而异。至于会试则分为南、北、中卷,取之各有定数,所司不得增损。奈何法久禁疏,遂有游学狡诈之徒见他方解额稍多,中式颇易,往往假为流移,冒籍入试"③。

(二) 南北直隶

北直隶布政司府州县的数据仍是使用吴宣德④统计的结果(包括各地区的府级、布政司进士数据),其府级进士人数也包含卫所进士。

北直隶共有进士2 419人⑤,其中卫所进士662人,占比27.36%,其比例远高于全国平均水平(8.04%),北直隶的卫所进士分布可以分为三个层次,亲军卫最高(368人),普通京卫次之(109人),最后是其他北直隶地区(186人)。所以在除去京卫后,北直隶仅剩185人,但总体数量相比全国其他地区并不逊色。北直隶的卫所官籍进士达到207人,主要分布在京卫,占全国643名卫所官籍进士的32.19%,可见卫所进士中官宦家庭出身者多在北直隶。

顺天府进士总数1 073人,笔者统计的顺天府卫所进士477人,占比达44.45%,这也是京卫造成的。对于万全都司,吴宣德并未统计,实际上万全都司诸多卫所和位于大同府境内的蔚州卫都曾有进士(本章在统计北直隶卫所进士人数时,扣除了蔚州

---

① 林丽月:《科举竞争与天下之"公":明代科举区域配额问题的一些考察》,《二十世纪科举论文研究选编》,武汉:武汉大学出版社,2009年,第475—498页。
② 郭培贵:《中国科举制度通史·明代卷》,第269页。
③ 《明世宗实录》卷281,嘉靖二十二年十二月乙酉,第5468页。
④ 吴宣德:《明代进士的地理分布》,第66—79页。
⑤ 吴宣德:《明代进士的地理分布》,第68页。

卫的 4 名进士),万全都司产生了 20 名卫所进士。相比之下,大宁都司卫所进士 37 人,比万全都司多,但与保定府进士 275 人相比,占比仅有 13%。笔者认为这与京畿南部相对安定的环境、保定府一带文化的繁盛有关,由于大宁都司并不在北部边防的第一线,都司与保定府同治一城,内部府州县较多,科举竞争压力较大,虽能产生一定的卫所进士,但人口基数和文化积累的差距使得卫所进士的数量难以占得优势。此外东部的永平卫与卢龙卫、东胜左卫同治一城,皆在永平府城,卫所较多且能依靠府学,查其卫所进士皆是国子生或者永平府学生,故卫所进士较多。北直隶在外卫所虽在京畿,但不具备京卫得天独厚的优势,在排除了北京城和万全都司卫所进士后,其他卫所进士的数量与所处府级政区的进士数量基本不在一个量级。

南直隶共有进士 3 892 人①,其中卫所进士 201 人,占比 5.16%,低于全国平均水平(8.04%)。与北直隶类似的是南京在京卫所的进士数量也较多,达到了 81 人,占应天府进士总数 344 人的 23.55%,领先于在外卫所的进士数量及其与府级进士数的比例,南直隶在外卫所的进士数量与所处府级政区差距更加明显。南直隶边防压力较小,坐拥江南财赋重地,科举文化兴盛。

在空间分布上,南直隶在外卫所进士多分布在运河沿岸和东南地区,大运河沿岸经济较为发达,卫所也较多,故进士较多。东南部经济、文化最为发达,苏、松二府历来教育发达,军户多出自本地附近,所设卫所皆为无实土,只有太仓、镇海、金山三卫附近皆无府州县学,位置略为偏远,需设卫学,《镇海太仓卫建学之碑》载:"宣宗皇帝临御之七年,诏天下增建学校,广育贤才,将以光隆皇祚,益昌文明之化,是时镇海、太仓二武卫城守要害,以控制江海,生齿繁而俗狃于悍,其子弟愿学虽众,而不能自拔也,有隶戎伍者查用纯,以故宋文庙尚在,乃表得诣。"②张程娟认为:"太仓卫学的建立……更多是太仓卫所利用国家政策主动提议建立卫学。镇海太仓卫学培养出举人 58 人、进士 14 人、贡生 17 人,远超昆山、常熟县学。"③

正统四年(1439)镇海、太仓卫学和金山卫学在工部侍郎江南巡抚周忱的支持下建成。此地卫学与其他地方卫学较大的不同在于其军民共享的性质,虽然金山卫规定"凡武臣及军士子弟皆许入学,其隶郡县者从入郡县学,民生隶卫者,亦从入卫学"④,但实际上这两个卫学都接收府州县人员入学,"太仓镇海正统初始立学,二卫生各入一斋以别之,凡昆山、常熟民生附入于中者中举,各注于卫云"⑤,而金山卫实际上也接收了府州县人员。既然是卫学,卫所军生就享有岁贡和粮廪等照顾,待遇较府州县人员入卫学者优厚,"卫学军生例有岁贡,三学民生附近卫学肄业,既无粮廪之资,

---

① 吴宣德:《明代进士的地理分布》,第 69 页。
② 嘉靖《太仓州志》卷 9《古迹·镇海、太仓卫学》,《天一阁藏明代方志选刊续编》,第 20 册,第 670 页。
③ 张程娟:《明代镇海太仓卫学教育发展初探》,第 47—53 页。
④ 正德《金山卫志》卷 1《学校志》,上海:传真社,1932 年影印本,第 21 页。
⑤ 正德《姑苏志》卷 6《科举表中》,《天一阁藏明代方志选刊续编》,第 11 册,第 402—403 页。

又无岁贡之路"①,有鉴于此,镇海、太仓卫学于弘治十年(1497)随着太仓州的设立而改为州学,这是卫所民化的成果,也是对镇海、太仓卫学的肯定。即使有照顾,在改为州学之前,镇海、太仓卫学培养出的进士却是以州县人员为主,产生进士10人,州县人员6人,卫所人员仅2人。镇海、太仓两卫产生进士13人,有9人在改州学后才考中进士。加上苏州卫进士13人,苏州府境内的卫所进士共达26人,虽然数量相对苏州府而言微不足道,但其数量能与其他都司卫所的进士核心区相提并论,实属不易。

金山卫处于松江府南境,若论卫所进士数量,金山卫并无特别之处,其贡献在于金山卫学。根据陈凌的研究,明代金山卫产生进士11人,金山卫学产生进士18人②。笔者核查其附录所列松江府进士名单,发现出自金山卫进士实际仅有4人(4人皆出自金山卫学,其中金山卫2人,南汇、松江二所各1人),金山卫学产生的进士大部分为华亭县或上海县人。金山卫虽然所出进士不多,但金山卫学为本区域人员提供教育服务,培养了许多府州县进士。

三、九边的卫所进士

九边东起辽东,西至陕西,绵延万里,卫所人员也有教育与科举的需求,本部分主要介绍九边中辽东、陕西、山西等地区的卫所进士,其余已在北直隶部分有所介绍,不再赘述。九边卫所进士整体沿前线呈线状零星分布,而多集中在位居二线的政治军事中心,这是因为前线战争较多,身处二线的政治军事中心社会环境较稳定,教育资源也比前线更好。

(一) 辽东都司

由于辽东当地仅有都司,无法自行开科取士,只能就近前往山东乡试。但海道时有受阻,亦有陆路经山海关、过北直隶入山东应试者。明代中期,海道有多年不通,辽东生员均于夏日出发,冒暑经陆路以应秋闱,道路艰远,影响科考。嘉靖十年(1531)辽东生员徐潮等上奏:

> 惟照嘉靖十年例该乡试,臣等俱蒙巡按辽东谢御史某考送山东布政司乡试,随于六月内起程。闰六月入关,时值天雨连绵,平地皆水,冒暑冲泥,延至七月终方才到省中,间触犯暑湿,大半感疾,多不终场。臣等勉强全场,而志昏力倦,仅能成文,以致本学中式止生员韩伟一人,而臣等俱被黜落,委属文理荒谬。岂敢

---

① 嘉靖《太仓州志》卷10《遗文·奏立州治以立地方疏》,《天一阁藏明代方志选刊续编》,第20册,第739页。
② 陈凌:《明清松江府进士人群研究》,第26—29页。

有怨尤,但念臣等由辽东以至山东往返六千余里,跋涉四个余月,辛苦万千,难以尽诉……辽东先年学校之名虽设,而科举之途未开。至正统丁卯,地方抚臣始选都司等学军生张昇、金统律二人起送应试。彼时辽东、山东原有海道之便,却将昇等咨送山东,既而中式。以后,科举遂以昇等为例,实因袭之,非旧规也。况今海道不通已四十余年,臣等何由以乘其便。向使辽东先年既有科举跋涉,果如今日之远,庙堂之议必酌量地里远近附之顺天无疑。又况辽东学校见属巡按管理与直隶提学事体相同,而科举乃属之山东,窃恐法制不如是也。①

生员们认为在海路不通四十年的情况下,辽东至山东陆路遥远多有不便,对考试的状态影响很大,又以潼关卫就近附试陕西、宣府诸卫附试顺天府为例,提出在距离的远近和管理的方便上辽东都以在顺天府应试更为方便。在各方争取下,其建议得到朝廷准许,自嘉靖十三年(1534)起辽东生员可附试顺天府②。

辽东都司可考进士71人,是科举落后地区,以乡试地点的不同分为两个时期,在嘉靖十三年(1534)之前,共有43名进士,其中有36人在山东乡试,仅有4人在顺天府(另外3人未记载乡试地)。嘉靖十三年之后,乡试地点开始多元化,28名进士的乡试地中12人在顺天府、4人在山东、1人在山西、1人在浙江(其余10人未记载乡试地)。有的是以其现籍报考乡试,如在山东乡试的4人都是来自山东青州府临朐县,是卫所进士家族,冯裕③自广宁左卫回山东乡试(乡试时间未知),正德三年(1508)考中进士,后其子孙继续考取功名。在浙江、山西乡试者也系乡贯或现籍为该地。说明明代中后期卫所的移民已经可以到其他地方乡试,部分乡试地与卫所就近附试地不同,或许也可以作为判断移民的一个标准,特别是指从卫所迁到州县者。

从时间分布的结果来看,修改乡试地点对于卫所进士的数量影响并不大,嘉靖十三年(1534)后所产生的进士数量甚至不如之前,笔者认为最主要的原因是辽东战事较多,导致社会动荡,万历末期后辽东逐步沦陷,辽东生员只得进入关内,所以天启、崇祯年间考中的辽东进士(共5人)也非身处辽东。孙珊珊对辽东举人、进士的研究也证明了这一点④。辽东进士的活跃阶段在正统十年到嘉靖四十一年(1445—1562),118年间产生进士58人,衰退阶段在隆庆二年到崇祯十五年(1568—1642),75年间产生进士13人。辽东在面临女真政权的进攻之下,仍然能产生一定数量的进士,说明辽东的科举文化已经有了一定的发展,只是仍然较为薄弱,在明初辽东乡试解额能够不拘额数就说明其乡试不理想,于是万历二十五年(1597)辽东巡按御史李思孝曾建

---

① 黄训编:《名臣经济录》卷26《礼部·仪制中·改便科举以顺人情疏》,景印文渊阁《四库全书》,第443册,第548—549页。
② 嘉靖《辽东志》卷6《人物·举人》,《辽海丛书》,第3页下。
③ 李周望:《国朝历科进士题名碑录初集·明洪武至崇祯各科附》,第542页。
④ 孙珊珊:《明代辽东的教育与科举》,硕士学位论文,辽宁师范大学,2010年。

议加以特殊照顾:"奏请以辽东士子编为边字号"①,"盖特别奖掖,以广登进之路也"②。

从地理分布来看,辽阳城各卫(19人)和广宁城各卫(18人)进士数量较多,二城卫所进士合计已经超过辽东进士之半数,原因是二城分别是辽东、辽西的军事、文化中心,人口较多,卫学更完备。整个辽东都司卫所进士的产生更加依赖卫学。卫所进士的数量与军事移民的铺展相关,辽东人口稀少,所以军事移民的重点是从山海关沿海而出直达辽阳进行的步步设防,广宁诸卫处在顺天府与辽东的连接点,地位重要,且在陆路距离上距离顺天府和山东较近,所以其卫所进士也较多。相比之下,辽东半岛的沿海地区盖州卫、复州卫、金州卫本是海路的重要节点,但因明代中期海运的衰落,地位有所下降,所以辽东半岛的沿海地区进士较少。

(二) 陕西

明代的陕西地区实际上囊括了陕西布政司、陕西都司和陕西行都司。为了便于统计,属于中军都督府的潼关卫亦在本处呈现。

陕西共有进士1 022人③,其中卫所进士152人,占比14.87%,远高于全国平均水平(8.04%)。

从时间分布来看,卫所除了永乐年间出现3个卫所进士外(宁夏卫2人、河州卫1人),剩下的进士皆在景泰五年(1454)之后才陆续出现,与全国卫所进士和陕西进士的时间分布近似。前期卫所进士少的原因是"初以北方丧乱之余,人鲜知学"④,陕西位于明朝的西北边疆,边防压力巨大,造成陕西特别是其北部社会的不稳定,陕西东西和南北距离都较长,北部卫所发展教育有一定困难;明中期社会经济有所恢复,卫所进士数量增多;但到了后期陕西生态环境恶化,鼠疫和旱灾多发,民生逐渐凋敝,只不过卫所进士的衰落没有陕西府州县进士那般迅速。也许正如孔德成推论,天灾人祸对关中腹地影响较大,而对于陕西卫所影响不大。⑤

在地理分布上,陕西的资源主要都集中在西安府,所以不论是府级政区还是卫所,西安的进士都首屈一指,西安府的进士占陕西进士的六成,表现出很高的聚集性。卫所进士数量以西安府各卫和宁夏卫为最,进士分别达到35人、25人。庆阳卫、绥德卫、潼关卫也分别达到13人、9人、9人。但西安府的卫所进士并不是一开始就很显著,实际上最早的卫所进士产生于永乐十三年(1415)的宁夏卫。西安各卫所进士产生在景泰五年(1454)。陕西地域辽阔且地形复杂,交通的不便导致文化传播效果有

---

① 嵇璜等撰:《钦定续文献通考》卷35《选举考·举士》,景印文渊阁《四库全书》,第627册,第210页。
② 《奉天通志》卷155《选举二·举人》,沈阳:文史丛书编辑委员会,1983年,第3584页。
③ 吴宣德:《明代进士的地理分布》,第75页。
④ 《明史》卷69《选举志》,第1679页。
⑤ 孔德成:《明代陕西进士群体考论》,硕士学位论文,宁夏大学,2021年,第44—47页。

限,在有卫学的情况下也较难产生进士。

潼关卫进士较多,得益于卫所的风气修整,"潼自明建关守御以来,集四方之人,俗各不一。历明三百年,自成一风俗。人尚气节,好文学,修饬廉隅"①,开科取士更是至明才有所发展,"关门登仕籍者,前代无所考。至明,科第始著,虽不及他邑之多,然其功业勋名炳焕一时,则有可述而志者"②。

宁夏镇较为富饶,嘉靖《宁夏新志》记其地"左黄河,右贺兰,山川形胜,鱼盐之利,在在有之……塞北一小江南也"③,卫所众多且有较多军屯,在陕西各卫所中地位特殊。宁夏卫出身的兵部尚书徐琦于正统末年提出广设卫学,而宁夏诸卫卫学也在其中,卫学数量较多,有宁夏卫及宁夏前卫、左屯、右屯、中卫、后卫、中屯卫,合计七卫学。虽说学校数量的多寡并不能保证生源质量,但根据25名宁夏各卫进士的入学地而言,有6人是卫学生,仅有2人明确是县学学生,还有11人为国子生。可知卫学的确在宁夏诸卫的教育中发挥了作用。

陕西行都司是实土,其下并未有府州县,地理位置更加偏远,但许多卫所都有进士产生,笔者认为也是由于卫学数量较多,1582年陕西行都司辖十一卫四所,其中甘州五卫同处一地且有行都司儒学,另有卫学11所,以区区一地坐拥明朝十分之一左右的卫学数量,成为当地教育的基础。陕西都司的卫学也较多,多分布在北、西、南部的实土卫所。

(三) 山西

山西的情况与陕西类似,有山西布政司、山西都司和山西行都司之设,属于万全都司的蔚州卫和广昌所部分与属中军都督府的蒲州所也将在本部分呈现④。山西共有进士1 139人⑤,其中卫所进士99人,占比8.69%,略高于全国平均水平(8.04%)。

时间分布上,根据齐香君的研究,洪武时期山西进士较多,建文至景泰年间数量下降,景泰至崇祯年间数量起伏上升,所占全国进士总数在4%—5%之间⑥。山西的社会经济文化发展较为落后,卫所进士的产生也较晚,在正统十年(1445)出现,此后又间断十五年,直到天顺四年(1460)后才陆续涌现。

山西南北狭长,边防压力集中在北,所以南北方的差距相比陕西地区更为明显。在户口数和进士人数方面,南部的平阳府、潞安府、沁州、泽州最多,平阳府的进士还多于太原府;中部太原府、汾州府、辽州次之;北部大同府最少。卫所的分布

---

① 唐咨伯:《潼关卫志校注》,西安:三秦出版社,2015年,第16页。
② 唐咨伯:《潼关卫志校注》,第106页。
③ 嘉靖《宁夏新志·宁夏新志序》,《续修四库全书》,史部,第649册,第46页。
④ 郭红、靳润成:《中国行政区划通史·明代卷》,第63、321、542页。
⑤ 吴宣德:《明代进士的地理分布》,第75页。
⑥ 齐香君:《明代山西进士群体构成研究》,硕士学位论文,辽宁师范大学,2012年,第13—17页。

情况则与之相反,大部分军事力量部署在北部抵御蒙古,北多、中次之、南少。但是卫所进士的分布多集中于中部太原府诸卫,大同府境内卫所次之,南部最少。卫所进士的分布与卫所的分布有所不同,是因为卫所进士的产生需要较为稳定的社会环境,大同府境内卫所虽多却战事频繁。具体表现为北部大同府内多卫所和卫学,卫所进士的产生多呈个位数零散分布,中部太原府境内的振武卫和太原卫进士数量分别达到了 25 人、26 人,太原府是山西布政司的政治、经济、军事中心,其内卫所众多,人口基数较大,且相比北部大同府而言,社会环境相对稳定,所以考取进士具有较大优势。

如果将陕西与山西相比,陕西比山西更加地广人稀,以嘉靖二十一年(1542)数据为例,山西 592 890 户,5 069 515 口,而陕西只有 395 607 户,4 086 558 口①。在洪武年间,山西的户口数已近陕西的两倍。双方的户数差距为 1.49 倍,口数差距为 1.24 倍,但山西卫所进士却比陕西少很多。在卫所数量上,陕西的卫所更多,1582 年陕西卫所 71 个,且有许多为实土,山西卫所仅有 38 个;在分布上,山西的军士多在北部大同府境内,这部分卫所面临的边防压力最大,中南部卫所数量少;而陕西都司的卫所和兵力配置南北部较为均衡。根据笔者对九边卫所进士的对比,除宁夏诸卫进士较多之外,位于北部边境前线的卫所进士往往是零星分布,在第二线的政治军事中心则能产生较多卫所进士。如大宁都司进士数量多于万全都司,山西的大同府、陕西的西安府境内卫所进士都多于其他地区,辽东都司全境都在前线,但其较为特殊,卫所进士主要集中在辽阳城诸卫和靠近顺天府的广宁诸卫。

四、进士过半自卫所——西南多民族地区

西南地域广袤,笔者主要选择最具有代表性的贵州、云南,相比四川,云贵地区是最为典型的偏远的少数民族地区和科举落后地区,其卫所进士数占据了云贵地区进士优势,其特殊性值得探讨。郭红曾以贵州地区为例,指出在明代卫所入驻之前,少数民族的人口数量和文化都占据了绝对优势,所以汉文化影响力非常微弱,卫所军队带来了大量的汉族人口,他们沿着固定的交通路线驻扎在卫所,长期保持着自身的文化,"成此者皆中州人,其冠婚丧祭之礼能不混于流俗"②,逐渐形成了独特的文化地理单元。因为卫所人员较少数民族更重视科举教育,贵州有司言"贵州布政司言普安州儒学生员皆是罗罗僰人,莫知向学,今选俊秀军生王玺等入学读书以备贡举"③,故明

---

① 赵官等撰:《后湖志》卷 2《事迹二》,《南京稀见文献丛刊》,第 13—14 页。
② 《大明一统志》卷 88《贵州布政司》,第 1362 页。
③ 《明宣宗实录》卷 28,宣德二年六月己未,第 741 页。

代贵州的进士多来自卫所①。

(一) 贵州

贵州卫所进士包括贵州布政司境内卫所②,隶属于贵州都司的永宁卫、乌撒卫二卫因在四川布政司境内故不在本处呈现,为了与设府州县的辖区进士进行对比,采用贵州布政司底图。贵州共有进士 99 人③,卫所进士 54 人,占贵州进士总数的 54.54%。广义军籍进士 61 人④,笔者所记卫所广义军籍进士 49 人,说明原籍军籍进士在州县者较少,军籍人员较难以脱离卫所,遑论脱离卫所后再求取功名。

贵州地方偏远,经济文化发展缓慢,元代贵州就分隶于云南、湖广两省,虽然元廷在播州、永宁宣抚司、普安路、普定路、顺元路等建立儒学,但基础仍十分薄弱,甚至还不如位置更遥远的云南。《黔语》称"滇、黔世并称,顾黔入中国为最后。元明以前名胜遗迹及金石文字,滇事多记载之书,黔则鲜有述者。又郡邑率阙志乘,此与滇异也"⑤,所以在明初设布政司、都司后的一百多年内,一直未能独立开科取士。

洪熙元年(1425),"贵州所属有愿试者,于湖广就试"⑥,附试湖广,宣德二年(1427)改附试云南,"本司所辖州郡生徒堪应举者许于湖广布政司就试。缘去湖广路远,于云南为近宜,就近为便。上命就试云南"⑦。云贵乡试这一合称主要指这一时期以云南为主、贵州附试的一百余年的时间。但云南还是太远,思南人田秋认为:"且以贵州至云南相距二千余里,如思南、永宁等卫,且有三四千里者。而盛夏难行,山路险峻,瘴毒浸淫,生儒赴试,其苦最极。中间有贫寒而无以为资者,有幼弱而不能徒行者,有不耐辛苦而返于中道者。至于中冒瘴而疾于途次者,往往有之。"⑧任贵州巡按监察御史的王杏于嘉靖十四年(1535)奏请贵州独立开科:

> 今百五十年,文风十倍,礼义之化,已骎骎与中原等,乃惟科场一事,仍附搭云南,应试中途间有被贼触瘴、死于非命者,累世遂以读书为戒。倘蒙矜悯,得于该省开科,不惟出谷民黎获睹国家宾兴盛制,其于用夏变夷之意,未必无少补矣……贵州文教渐洽,人才日盛,科不乏人,近年被翰苑台谏之选者,往往文章气

---

① 郭红:《明代卫所移民与地域文化的变迁》,第 150—155 页。
② 有属于湖广都司的偏桥卫、镇远卫、清浪卫、平溪卫、五开卫、铜鼓卫、平茶所、平茶屯所、中潮所、铜鼓所、新化亮寨所、黎平所、隆里所、新化屯所等六卫八所,敷勇卫在 1630 年才设置,但因出现卫所进士,故也附加于此。
③ 吴宣德:《明代进士的地理分布》,第 77 页。
④ 孙经纬:《明代军籍进士研究》,第 4—6 页。
⑤ 吴振棫撰:《黔语》《序》,《黔南丛书》,第 10 辑,贵阳:贵州人民出版社,2010 年,第 273 页。
⑥ 《明宣宗实录》卷 9,洪熙元年九月乙卯,第 245 页。
⑦ 《明宣宗实录》卷 28,宣德二年六月己未,第 741 页。
⑧ 田秋:《请开贤科以宏文教疏》,唐树义等编:《黔诗纪略》,《贵州古籍集粹》,贵阳:贵州人民出版社,1993 年,第 102—103 页。

节与中原江南才俊齐驱。今既查省城南隅有空闲分司堪立贡院,即动支前项官银于议定基址建立贡院,依期开设乡试,以备一省宾兴之制。①

因贵州与四川、湖广二省犬牙交错,就近附试原则在贵州最多,所以处在交界地带卫所的乡试地点可较为灵活,王杏的上奏道尽偏远卫所科举之苦,还涉及其他地区的案例。属于贵州都司的永宁卫、乌撒卫都处于云贵川三省交界处,进士6人中有5人在贵州乡试,余下1人在云南乡试。湖广都司所属也存在这种情况,嘉靖二十二年(1543)"平溪等五卫军生暨宣抚司民生,称去各该省治险远,比例就近附试,该提学副使蒋信、谢东山先后议呈两院题奉,钦依勘合卫司生儒,俱起贵州应试"②。

贵州卫所前期进士较少,因为到外省参加科考路途遥远,多有不便,加之明前期贵州的经济文化还在发展中,所以在嘉靖十六年(1537)以前,仅有18名卫所进士,有表明乡试地的11人,全部在云南乡试或云贵乡试。此时期以贵州卫的所在地贵阳府为界,分东西两边,形成表4-7,独立开科前西部的卫所进士数占据优势。

表4-7 1537年前贵州卫所进士分布

西 部	卫所进士(人)	东 部	卫所进士(人)
贵州卫	4	平越卫	2
赤水卫	4	兴隆卫	1
普定卫	2	平溪卫	1
合 计	10	合 计	4

若将时段放宽到整个明代,贵州卫所进士西部达到35人,东部为19人,如果西部再算上处于四川布政司境内的永宁卫6人和乌撒卫2人,将达到43人,还是超过东部。虽然乡试地点的改变未能扭转西强东弱的局面,但仍明显促进了贵州科举的发展和地域的平衡。

在地理分布上以贵阳为首,贵阳是贵州的中心,经济、文化、卫所数等都有显著优势;交通上,驿路的开通也以西部为主,且贵阳及其以西距昆明比之武昌府要短很多,使得从西部去往云南参加科考更为方便。陆路交通以外,西北的赤水河连通了贵州与四川,牛栏江连通了黔西与云南,南盘江和红水河连通了黔西南与两广,交通的便利促进了西部矿产的开发、商业的繁盛以及人口的增长,连带促进了教育的发展。东

---

① 万历《贵州通志》卷19《经略·修文》,《日本藏中国罕见地方志丛刊》,第18册,第442—443页。
② 万历《贵州通志》卷18《兼制·学校》,《日本藏中国罕见地方志丛刊》,第18册,第413页。

部学子虽然短暂附试湖广,但道路迢迢,几乎找不到贵州生员入湖广乡试者,遑论贵州卫所进士在湖广乡试者。

(二) 云南

明代云南共有进士247人①,其中卫所进士124人,占云南进士总数的50.20%,远高于全国平均水平(8.04%),有一半的进士出自卫所。广义军籍进士127人②,笔者统计卫所军籍进士115人,说明在云南府州县军户较少。

云南与贵州同处西南,云南位置更为偏远,但云南的进士和卫所进士数量都明显多于贵州,不过卫所进士占本省全部进士的比例却有所不如。这与元代对于云南的儒学教育建设有关,元人在中庆路(明代云南府)、大理路首设儒学提举和文庙,将儒学教育在云南铺设开来,元代云南共中进士5人,皆为昆明人③。除此之外,昆明还出现了一批通晓儒学的人才,如王升,"字彦高,号止庵,昆明县利城坊人,通经术,能文章。由教官历任至云南诸路儒学提举、曲靖宣慰使司副使,授朝列大夫"④。云南儒学建设使得卫所进士的就学环境稍好,同时也使府州县拥有了一定的竞争力。

元代的云南已经展现出了一定的科举竞争力,并将这一情况和地域发展的不平衡延续到了明代,周振鹤就将明代云南的儒学发展划分为核心区域、外围区域、边缘区域及空白区域四类,卫所进士的分布相比之下更集中于核心区域⑤。云南的进士和卫所进士主要集中在云南府、大理府、临安府、永昌府,这既是云南经济文化相对发达、人口密集区,即核心区域,也是卫所数量较多的区域。以上四府所对应的卫所进士数量达到了84人,占卫所进士的69.42%。整体呈东西走向,集中在东北部,这与明廷在云南所设卫所的分布相近,且云南东北部正好与贵州西部相邻,贵州卫所进士则是西多东少,二省卫所进士较多者相邻分布,体现卫所进士在西南地区的部分聚集。北部和南部由于土司较多、位置偏远、交通闭塞、汉族人口较少、卫所较少,故大多未能产生进士。

云南的进士群体以汉族移民为主,陆韧考证认为:"整个明代约有27万卫所官军,加上家小,共80余万汉族人口因军事镇戍屯田等原因定居云南。"⑥在卫所移民之外,云南还是因罪贬谪官民的流放之地,流放此处的官绅士人凭借自身的文化修养,谋求生计。流放到临安府的人中浙江松阳人王奎和浙江山阴人韩宜可是典型代表,

---

① 吴宣德:《明代进士的地理分布》,第76页。
② 孙经纬:《明代军籍进士研究》,第4—6页。
③ 嘉靖《南诏野史》,《中国方志丛书·云南省》第150号,台北:成文出版社,1968年,第145页。
④ 陈文等纂修:《景泰云南图经志书校注》卷1《云南布政司·云南府·人物》,李春龙、刘景毛校注,昆明:云南民族出版社,2002年,第41页。
⑤ 周振鹤:《中国历史文化区域研究》,上海:复旦大学出版社,1997年,第328页。
⑥ 陆韧:《论明代云南士绅阶层的兴起与形成》,第64页。

韩宜可"以事同王景常(奎)谪戍,心行纯实,能诗文,一时绅士多多尊礼之,使弟子受学"①,遂在临安讲学十六年,"临安文学,倡于二公,郡人为立祠祀"②。天启《滇志》载明代流寓云南的杰出人士45人,其中以讲学为业或以学术闻名者33人③,这类人士分布于云南各地,虽然数量极少,但却成为儒学的传播者,对云南儒学和科举文化的兴起乃至进士的产生都发挥了较大作用。

永昌地区是西南边疆的边缘地带,三面环夷,地理位置险要。明初设有永昌府,后曾改为金齿卫、金齿军民指挥使司,在嘉靖元年(1522)复设永昌府时金齿司随之裁撤,置永昌卫④。当边疆稳定后,加强社会管理成为主要任务,而金齿司缺乏社会管理方面的人才,所以设置具有较强社会管理能力的行政机构成为一种趋势⑤。罗勇通过对永昌府儒学和举人的分析,认为在洪武年间永昌地区的军民子弟就已经有求学之意,儒学发展早已取得一定成就,还有谪戍至此的文官被千户请为老师的情况,嘉靖永昌改府更激发了军民子弟的学习热情,促进了永昌地区儒学的发展,在人口来源上,保山地区以江南大姓和贬官为主,其本身就具有一定的儒学修养,使得保山地区的儒学基础较好⑥。笔者统计金齿司生产了5名卫所进士,改府后产生卫所进士永昌卫16人、腾冲卫1人,与罗勇的结论相符合。

(三) 四川

因区划的犬牙交错,属于贵州都司的乌撒卫、永宁卫,属于湖广行都司的忠州所、瞿塘卫在本处呈现。四川共有进士1422人⑦,其中卫所进士108人,占四川进士总数的7.59%,低于全国平均水平(8.04%)。四川是西南地区中科举最发达的省份,所以卫所进士的占比较低。

时间分布上四川卫所进士与府州县所出进士的特点类似,都是前期少、中期多、后期少。前期少的原因是长期战乱使得四川人口凋敝,元末明初的战争导致四川人口损失很大。中期社会经济的增长和人口的恢复,加上教育体制的完善,使得四川的生员得到较多的机会,四川的科举实力位居中卷地区和西南云贵川三省之首⑧,在卫所进士数量上也较多,所以钱茂伟将四川划入科举"中势地区"⑨。万历之后,四川地方受播州杨应龙叛乱和农民起义影响,导致进士数减少。

---

① 天启《滇志》卷13《官师志·流寓》,《续修四库全书》,史部,第681册,第676页。
② 天启《滇志》卷13《官师志·流寓》,《续修四库全书》,史部,第681册,第676页。
③ 天启《滇志》卷13《官师志·流寓》,《续修四库全书》,史部,第681册,第674—676页。
④ 郭红、靳润成:《中国行政区划通史·明代卷》,第207、482—483页。
⑤ 罗勇:《明代云南金齿军民指挥使司设置研究》,第68—79页。
⑥ 罗勇:《明代永昌地区儒学发展及其原因探析》,《保山学院学报》2013年第1期,第24—31页。
⑦ 吴宣德:《明代进士的地理分布》,第74页。
⑧ 刘小龙:《明代四川进士群体研究》,硕士学位论文,福建师范大学,2015年,第28页。
⑨ 钱茂伟:《国家、科举与社会——以明代为中心的考察》,北京:北京图书馆出版社,2004年,第192—193页。

在地理分布上,四川的卫所进士主要集中在成都诸卫,包括成都前、后、左、右、中五卫和护卫、宁川卫、蜀府仪卫司,共 59 人,占四川卫所进士的 54.62%,符合成都作为四川政治经济军事中心的地位。叙南卫、保宁所、重庆卫进士数也在 10 人左右,整体都集中在科举较为发达的成都府以东地区。在汉族人口的主要聚居区产生较多的卫所进士。

根据曹树基的研究,洪武年间四川的民籍移民较多(多来自湖北),约 80 万人,而军籍移民较少,军人多自明玉珍的部下转化而来或是本地土著,军籍移民大约 12 万人①。明玉珍是湖北随州人,其部下多来自湖北,《孝感县志》载至正十六年(1356)"玉珍率兵袭重庆,称夏主,孝感人多随之入蜀"②。所以四川都司卫所人员的祖籍应以湖广或四川本地人为主,在 58 名有记载乡贯的卫所进士中,28 人乡贯为四川、7 人为湖广、6 人为山东。

西南地区少数民族众多,卫所进士多分布在军事移民的重点区域,各省的政治中心在经济、文化、卫所数上都具有显著优势,军事移民的主要路线及其距离乡试地点的远近往往能影响到卫所进士的多少,这就导致了省治的集聚效应在西南地区十分明显。

五、科举发达地区的另类——沿海卫所进士

沿海省份的卫所进士呈现出更加不均衡且数量稀少的特点,与府州县较为庞大的进士数量形成非常鲜明的对比。南直隶亦有漫长海岸线,但南直隶卫所进士前文已述,且其长江口以北沿海卫所非常少,故本处只讨论山东、浙江、福建、广东③四省。这四省沿海卫所分布特点相似,均为海岸一线卫所密集、内陆卫所较少,明代都遭受倭患。四省经济相对发达,府州县人口数量庞大且科举竞争力强,卫所人口基数小,卫所进士数量稀少,明代浙江、福建两省的科举之盛远超多数省份,但其卫所进士却并不突出。通过对 1582 年四省卫所数量的统计与对比,发现每个卫所平均产生进士大多不到一人,而且卫所数量较多的省治所产生的卫所进士数量也多不具有绝对优势,离散趋势较为显著,如广州的卫所进士数量(3 人)还不及孤悬海外的海南卫(9 人),福州的卫所进士数量也不如漳州府境内的镇海卫。北方沿海的山东与南方沿海地区相比,其卫所进士的分布也多有不同,山东西部有京杭大运河,卫所进士运河沿岸多沿海少,而其他三省还有许多交通不便的内陆地区,卫所进士沿海多内陆少。

---

① 曹树基:《中国移民史·明时期》,第 142 页。
② 光绪《孝感县志》卷 8《兵事》,《中国方志丛书》,华中地方 349 号,台北:成文出版社,1975 年,第 582 页。
③ 明代的广西未有沿海地区,但在总督巡抚辖区上广西与广东合并析置多次,两地在政区管理上具有较多共性。参考郭红、靳润成:《中国行政区划通史·明代卷》,第 797—810 页。加之两地都属于岭南,文化同宗,广西的卫所进士不多,故附于广东之后稍加说明。

（一）山东

山东布政司的范围比山东都司更广，属于后军都督府的德州卫、武定所和属于中军都督府的沂州卫也在本处呈现。同辽东类似，嘉靖十年(1531)，徐潮上奏一并解决了辽东生员和德州等卫生员的乡试地点问题："德州左等卫本是山东地方，而科举乃反附于顺天，事体人情通属未便，相应议处，臣等合候命下行移下行移山东布政司及移咨都察院，转行直隶提学并辽东巡按御史知会，今后德州左等卫儒学听山东提学官管辖，就山东布政司应试。"①自嘉靖十三年(1534)起德州诸卫生员附试山东，德州诸卫科举实力较强，附试山东后为山东贡献了23名卫所进士。

山东共有进士1734人②，因经济、人口、文化较为发达，总进士人数在北方仅次于北直隶。卫所进士116人，占山东总进士人数的6.69%，比例低于全国平均水平(8.04%)。山东的卫所进士较多，且广义军籍进士也较多，达到652人，仅次于南北直隶，卫所广义军籍107人，说明在山东进入府州县的原卫所人员或者与卫所相关的人员较多。

明代山东政治、经济、文化中心偏西，山东半岛等沿海地区较为落后，从户口数、总进士人数来看皆是西强东弱。"东昌、兖州两府内的运河流域地区与济南、青州两府间的鲁中地区是各具特色的两大商品经济相对活跃与发展的区域"③，再加上运河沿岸经济较为发达，所以济南、兖州、东昌、青州四府的进士最多。这一情况在元代时就已有所体现，根据高敏的研究，元代75名山东籍进士中，中西部的济南路、益都路(明青州府)、济宁路(明兖州府)就有进士34人，东部的莱州、文登、宁海仅有3人④。明代依然如此，"国家承平百余年，休养生息，济南、东、兖颇称殷庶，而登莱二郡、沂济以南土旷人稀，一望尚多荒落"⑤，莱州、登州二府进士骤减，呈递减趋势。卫所进士的地理分布与府州县进士不尽相同。

在地理分布上，山东卫所进士的分布分散，主要集中在两个区域：沿海、运河沿岸与内陆。运河沿岸与内陆地区以德州二卫(德州卫、德州左卫)为代表，卫所进士达到34人，二卫位扼运河，在北直隶与山东间的咽喉兼具军事镇戍、屯种、漕运、仓储多重职能，编制完备，人口众多。根据曹树基的研究，洪武九年(1376)德州的军籍移民人口超过民籍土著和移民人口的三倍⑥，张琳称其为军事移民城市⑦，依靠运河贸易

---

① 黄训编：《名臣经济录》卷26《礼部·仪制中·改便科举以顺人情疏》，景印文渊阁《四库全书》，第443册，第549页。
② 吴宣德：《明代进士的地理分布》，第72页。
③ 逄振镐、江奔东主编：《山东经济史·古代卷》，济南：济南出版社，1998年，第453页。
④ 高敏：《元代山东进士研究》，硕士学位论文，安徽大学，2021年，第57—58页。
⑤ 万表：《皇明经济文录》卷25《山东·总论》，《四库禁毁书丛刊》，集部，第19册，第207页。
⑥ 曹树基：《中国移民史·明时期》，第181—182页。
⑦ 张琳：《明代德州正左二卫初探》，硕士学位论文，天津师范大学，2018年，第1页。

经济相对发达。其下还设有卫学,故产生进士较多。

山东半岛沿海卫所数量众多,卫学也多,但进士数量有限,卫所进士最多的是与登州府同城的登州卫,有21人。沿海卫所进士有限的原因首先是山东半岛的社会经济较落后,其次是倭患带来的海防压力一直存在,万历朝鲜战争及与女真的战争也影响了明代后期当地的教育,张金奎认为在万历朝鲜战争和明清战争期间,登、莱二府的军民承担海运粮饷等繁重任务,加以海禁政策造成的海运废弛多年加大海运难度,使得登、莱二府不堪重负①。

以登州府境内的卫所进士分布情况为例,登州卫进士较多的原因一方面是胶东半岛的军事移民较多,《宁海州志》载"宁濒海,旧置两卫,军多于民,武弁习为暴"②。曹树基认为:"莱州府和登州府是一个以军卫人口为主的移民区……莱州、登州两府合计,洪武末年,共有9卫3所,约53 760名将士。合计有军籍人口约16万。在人口密集之区,卫所战士中有相当一部分是由当地人口充任的,所以属于军籍移民的肯定不止此数。"③也就是说实际上登州府的军籍人员较多,人口基数大,再加上登州卫下千户所较多,那么产生的进士多也就不足为奇。另一方面是登州卫人员方便进入府州县学学习,登州府较为弱势的经济文化反而使得登州卫能占据些许优势,而其他沿海卫所地处偏远,海防压力较大,少有条件求学。相比之下,笔者统计山东的11个卫所进士家族23人中,登州卫产生了3个卫所进士家族,涉及7人,也就是说三分之一的登州卫进士是出自进士家族。

(二) 浙江

浙江共有进士3 444人④,其中卫所进士44人,占比1.28%,远低于全国平均水平(8.04%)。浙江的沿海卫所较为密集,但卫所进士较少,则是由于府州县人数庞大、科举实力强,卫所多在海岸线上的偏远之地,又未有卫学,求学不易,且在明代中期最有可能获得科举上的成就时遭遇大倭患,导致卫所进士人数过少。

江浙一带所受倭患最为严重,且浙江比南直隶更为严重,根据汪义正的统计,明代浙江省发生的倭乱次数最多,达到266次,高发期在嘉靖三十一年至四十年(1552—1561),达185次⑤。宋烜将浙江海防分为三期,即早期(洪武至永乐)、中期(洪熙至正德)、后期(嘉靖及以后),其高峰期与汪氏的结论相同,嘉靖四十年后,倭患

---

① 张金奎:《明代山东海防研究》,第625—632页。
② 同治《重修宁海州志》卷12《职官志·知州》,《中国地方志集成·山东府州县志辑》,南京:江苏古籍出版社,1990年,第54册,第405页。
③ 曹树基:《中国移民史·明时期》,第175—176页。
④ 吴宣德:《明代进士的地理分布》,第70页。
⑤ 汪义正:《明代倭患的统计数据》,中国明史学会:《第十六届明史国际学术研讨会暨建文帝国际学术研讨会论文集》,北京:九州出版社,2015年,第17—27页。

在浙江逐渐减少,战场转向闽粤①。以初始最严重的嘉靖三十一年为界②,卫所进士数量为前期30人、后期14人。而未遭受倭患的河南卫所进士人数是后期(72人)多前期(62人)少,倭患较轻的山东卫所进士人数是前期(61人)比后期(55人)略多。

地理分布上,浙江卫所进士集中于杭州湾的南北两岸,杭州诸卫15人、绍兴卫6人、海宁卫6人、嘉兴所5人,合计32人,占浙江卫所进士的72.72%。杭州诸卫处于浙江的政治、文化中心,京杭大运河的南端,在杭州湾的最深处,是沿海卫所中位置最安全者。杭州湾两岸相对较多的卫所进士与当地发达的科举文化关联在一起。宁波、台州、温州三府境内的卫所则处于海防的前沿,除在府城的宁波、台州、温州三卫,其他卫所都较偏远,教育落后,故而卫所进士较少。

(三) 福建

福建共有进士2337人③,其中卫所进士57人,占比2.44%,远低于全国平均水平(8.04%)。福建倭患的高频时期自嘉靖三十四年(1555)起,在嘉靖三十七年(1558)后沿海已成为倭患的重灾区④,对此后福建卫所进士分布有较大的影响。在时间分布上,若以嘉靖三十四年为界,卫所进士数量前期为23人、后期为34人。后多前少的情况与浙江有所不同,时间分布的成因来源于地理分布的不均,因为倭患的破坏力存在地理差异。根据季平的研究,福州、兴化二府在嘉靖之后,进士数量大幅下降,相比之下泉州、漳州二府进士数量不降反升,显示出福建文化中心的南移⑤。这一趋势也体现在卫所进士的分布中,闽南泉州、漳州二府境内的进士合计911人,其中卫所进士36人;闽中北部的福州、兴化二府境内的进士合计1144人,其中卫所进士18人。福州、兴化二府在嘉靖及以前优势较大,所以前期(1552年之前)产生了13个卫所进士,多于泉州、漳州二府的8人,但在后期被反超。从进士数量来看,泉州、漳州二府处于落后地位,但在卫所进士数量上却能达到福州、兴化二府的两倍,由此可管窥倭患对卫所的破坏有地域差别。

闽南卫所进士较多的另一原因在于个别卫所的教育设施完备。福建镇海卫(不含所辖的六鳌、铜山、南诏三所)产生进士18人,为福建卫所之首。镇海卫素有"武功镇海疆,文教冠闽中"⑥之称,该卫规模较大,辖有五个千户所和三个守御千户所,庞大的规模和完备的防御体制使得镇海卫内部较为稳定。在经济方面,明代泉州港的衰落和漳州月港的兴起无疑也带动了镇海卫的发展,《嘉靖平倭通录》载"闽人通番,皆

---

① 宋烜:《明代浙江海防研究》,第165页。
② 倭患最严重的始发期,就已经对沿海卫所造成较大冲击,而这十年又是其他未遭受倭患卫所的高速发展期。
③ 吴宣德:《明代进士的地理分布》,第71页。
④ 驻闽海军军事编纂室:《福建海防史》,厦门:厦门大学出版社,1990年,第81—82页。
⑤ 季平:《明代福建进士的地域分布研究》,《教育与考试》2009年第6期,第44—48页。
⑥ 张山梁:《阳明学与镇海卫》,《贵州文史丛刊》2019年第2期,第79页。

自漳州月港出洋"①。在成化年间,镇海卫在文庙东边设立了讲堂,卫学设立后还得到了重修,王阳明的弟子、后学也曾被贬谪至镇海卫,并在此讲学,带动了镇海卫的教育。著名学者如陈九川②,镇海卫人感念其德,设寓贤祠祭祀,"卫人祀之者何?崇理学、御教化而春秋俎豆焉者"③。

(四) 两广

广东共有进士883人④,其中卫所进士17人,占比1.93%,远低于全国平均水平(8.04%)。广东卫所的分布以沿海岸线最为集中,其他内陆地区相对稀疏,这是由海防的重要性决定的,且设有远多于其他地方的守御千户所⑤。

在时间分布上,广东卫所进士的时间断层非常明显,嘉靖十七年(1538)之前卫所进士有16人,后期为1人。在所受倭患严重程度上,根据崔文超的研究,广东倭患的特点是时间长;在地理差异上,东路的潮州、惠州二府受害最严重,其次是西路的琼州府,中路的广州府最少,而西路的雷州等地由于交通不便、经济不发达,受害程度较小⑥。经历倭患之后,广东的整体进士数量有所下滑,直到崇祯年间才有所回升⑦。原本科举实力就十分薄弱的广东卫所在倭患的打击下很难产生进士。

广东卫所进士最多者为海南卫(9人),占琼州府进士(58人)的15.51%,是广州诸卫(3人)的三倍。原因首先是海南卫孤悬海外,条件较为艰苦,而且少数民族多,反而使海南的卫所教育形态类似云贵地区,人们通过科举实现社会地位攀升的愿望强烈,而海南逐渐发展的科举教育也为其提供了较好的教育质量,"应袭书馆,弘治初副使陈英立于卫治之东,设教读一人,专训武弁子弟"⑧,在各守御千户所设社学七个⑨。卫所人员除入社学外还可入府州县学,可见海南地方对于卫所的教育相当重视,琼州府的进士数量在广东排在第三即可见其教育水平。其次是海南卫所辖千户所等较多,1582年时不少于7个⑩,具备一定的人口基础。但海南卫在嘉靖十七年(1538)之后再未出现卫所进士,可见其受倭患影响极大。

明代广西共有进士209人⑪,其中卫所进士37人,占比17.70%,高于全国平均水平(8.04%)。广西与其他沿海卫所不同之处在于其少数民族多,科举落后,进士总数

---

① 佚名:《嘉靖东南平倭通录》,中国历史研究社编:《倭变事略》,上海:上海书店出版社,1982年,第3页。
② 《明史》卷189《陈九川传》,第5023页。
③ 黄剑岚主编:《镇海卫志校注》,黄超云校注,郑州:中州古籍出版社,1993年,第136页。
④ 吴宣德:《明代进士的地理分布》,第76页。
⑤ 郭红、靳润成:《中国行政区划通史·明代卷》,第631页。
⑥ 崔文超:《明代广东倭寇、海盗时空分布特征》,硕士学位论文,暨南大学,2015年。
⑦ 刘春梅:《明代广东进士研究》,硕士学位论文,陕西师范大学,2017年。
⑧ 正德《琼台志》卷17《社学·卫学》,《海南地方志丛刊》,海口:海南出版社,2006年,第390—391页。
⑨ 正德《琼台志》卷17《社学·所学》,《海南地方志丛刊》,第391页。
⑩ 郭红、靳润成:《中国行政区划通史·明代卷》,第643—646页。
⑪ 吴宣德:《明代进士的地理分布》,第77页。

位列全国倒数第二,仅多于贵州,其科举情形更接近云贵等西南地区。广西东部开发较早,流官较多,西部以土司为主,东部河流水网密布、交通便利,所以其中心偏东,特别是东北部开发较早、离中原较近的桂林府。在空间分布上,卫所进士集中于东部,以桂林府各卫为首(22人),其次是与桂林府较近、科举发达程度仅次于桂林府的柳州卫(8人),其余皆呈零星分布。

沿海卫所进士因所处布政司经济文化较发达,故数量较少,多分布在沿海一线,省治卫所往往不具有进士数量上的绝对优势,个别更重视卫所教育的卫所反而能产生较多进士,如镇海卫、海南卫。

六、中规中矩——中部卫所进士

(一) 河南

河南共有进士1 684人①,其中卫所进士有135人,占比8.02%,略低于全国平均(8.04%)。

河南原是北宋的政治中心,但是经历金、元的破坏,社会经济文化也已不复昔日盛景。河南作为腹地,无边防压力,卫所主要任务为维持地方稳定和轮班北边。在科举实力上,其情况更接近陕西、山西中南部地区。河南卫所进士在时间分布上较为均衡,正德至嘉靖年间偶有小高峰。在地理分布上也表现出一定的平均性,河南府境内卫所进士39人、归德府境内卫所进士29人、开封府境内卫所进士20人,除彰德府境内卫所进士只有1人外,其余府内皆达到10人以上。虽然河南卫所进士在府级政区上差别较小,但在县级政区上差别却较大,地处洛阳县的河南卫、洛阳中护卫等出现了35名卫所进士,洛阳县作为河南府的附郭县,其科举实力远远超过府内其他县,根据刘林坤的研究,洛阳县占全府进士比例达到47.51%②。河南处于腹里地区,且未设卫学,卫所人员皆就读于府州县学,而河南的科举中等发达,府州县人员的科举竞争不是很激烈,所以河南的卫所分布虽然稀疏,数量不多,但卫所人员因拥有一定的科举优势,产生进士较多。

(二) 湖广

湖广共有进士1 500人③,其中卫所进士109人,占比7.27%,略低于全国平均水平(8.04%)。湖广地区为科举中等发达地区,府州县人员的竞争不甚激烈,间有少数民族聚居地区,与四川类似,然其内部差异较大,笔者将之分为湖广北部、湖广南部两

---

① 吴宣德:《明代进士的地理分布》,第72页。
② 刘林坤:《明代河南府进士研究》,《洛阳理工学院学报(社会科学版)》2020年第6期,第1—11页。
③ 吴宣德:《明代进士的地理分布》,第73页。

地分别讨论。湖广设有湖广行都司、兴都留守司、湖广都司。湖广行都司设于鄂西北的多山地区,为加强控制而设,且内有瞿塘卫、忠州所突入四川布政司境内,其卫所进士已在四川呈现。

湖广北部共有进士1 020人①,其中卫所进士67人,占比6.57%,低于全国平均水平(8.04%)。明代湖广北部的鄂北地区有所衰落,鄂东地区凭借交通形势的演变成为经济文化中心,鄂南的变化相对缓和②,所以其进士总数的空间分布是东多西少、南多北少;在时间分布上,是前期少、中后期多,巅峰期在嘉隆之际③。

湖广北部卫所进士时间分布与整体进士分布基本一致。地理分布上有所不同,并未出现绝对的核心,而是呈散状分布,鄂东、鄂北、鄂中地区均产生10人左右的卫所进士,仅有湖广行都司驻地和施州卫这一实土卫所未能产生卫所进士。

湖广南部共有进士480人④,其中卫所进士42人,占比8.75%。在进士总数和卫所进士数量两个维度,湖广北部都多于南部。在元代湖广南部科举兴盛,蒋建国认为元代湖广南部的进士已占全国的1/11,从宋代的科举中等发达地区晋升为发达区⑤。其在明代的衰弱主要原因有三:元末明初的战乱导致人口的大量流失;元代兴盛的书院遭兵燹,直到明中期才逐渐重建,书院教育断层百余年;乡试中心在湖广北部武昌府,湖广南北狭长,对于湖广南部来说乡试地点较远,明代湖广南部社会经济不如从前,奔波至武昌乡试经济压力较大⑥。

清代陈鹏年提出湖广南部当自主开科:"洞庭之水自夏初至秋尽巨浸汪洋,绵亘数百里,狂风恶浪发作不常,每当大比之年,贫寒士子或十数人、或数人敛费僦舟,冲涛而往,一舟覆溺,则所损者多人,一番沦波,则各郡县引以为戒。于是湖南士子畏怯不前,有终身未见场屋者。动曰湖南人少,是因洞庭之险而少,非诸生额数少于湖北,郡县少于湖北,学册舆图历历可稽也。"⑦明代乡试地点的交通险远导致西南的部分卫所选择就近附试贵州,使得教育最发达的长沙府境内的长沙卫也难以产生较多卫所进士。湖广南部西高东低的地形又导致卫所进士多在东而不在西。

(三) 江西

江西共有进士2 756人⑧,其中卫所进士12人,仅占0.44%。与河南、湖广不同,

---

① 吴宣德:《明代进士的地理分布》,第73页。
② 张伟然:《湖北历史文化地理研究》,武汉:湖北教育出版社,1999年,第278—279页。
③ 张晓纪:《明清时期湖北人才地理分布研究》,博士学位论文,华中师范大学,2016年。
④ 吴宣德:《明代进士的地理分布》,第73页。
⑤ 蒋建国:《元代湖南科第盛况探析》,《湘潭工学院学报(社会科学版)》2022年第3期,第22—26页。
⑥ 邓洪波、蒋建国:《明代湖南科举述评》,《湖南大学学报(社会科学版)》2001年第1期,第8—11页。
⑦ 嘉庆《长沙县志》卷17《政绩·恳请再提分闱呈》,《中国方志丛书》,华中地方第311号,台北:成文出版社,1975年,第311册,第1653页。
⑧ 吴宣德:《明代进士的地理分布》,第70—71页。

江西是科举发达地区,"国初文运江西独盛,故时有翰林多吉水、朝内半江右之谣"①,江西的科举在嘉靖之后衰落。江西作为腹里地区,一旦地方稳定后就不需供养较多军队,所以在明初许多卫所或降为所或裁撤②。卫所数量少,人口不多,在科举发达地区不占优势,省治南昌府的南昌卫都未产生进士。

第三节 卫所进士的教育与社会流动

卫所进士的产生往往经历了两层含义的流动:社会流动,大部分卫所人员中进士后,就意味着社会地位的上升,或者是代际社会地位的保持;空间流动,因为卫所是以移民作为主体,虽然在笔者的统计当中,祖上进行过空间流动的进士比例为65.16%,由于史料记载的不均,实际上自身或者祖上进行过空间流动的进士比例应该更高。

最早通过对进士的定量分析来研究社会流动的学者是何炳棣,但通过卫所进士来研究卫所社会流动的成果还有所欠缺。进士的产生包括制度性和非制度性两大原因,此间都需要经历教育过程,如吴宣德所说进士的产生离不开教育,教育包括学校教育和类学校教育、社会教育三大体系③。教育原先多视家庭背景而定,宋代以后教育逐渐平民化④。明代官学的广泛设置为卫所人员乃至广大平民之家实现阶级跃升提供了基础,如果没有官学,那么社会地位较低的人员就缺乏读书的经济、文化基础。除此之外,也需要考虑家庭出身,由于史料的缺乏,进士履历当中多只写其祖上的任官经历和户籍,缺乏其他家庭类型的记载,所以辨别出身就只能从户籍和任官入手,户籍类别中的官籍在一定程度上可以反映出该进士祖上的出身,其次是记载其祖上的具体任职,无论文武,对于读书入仕而言都具有一定的优势。

一、何地不生材:卫所人员的教育

(一) 卫所人员的教育体系

根据《明史·选举志》,明代的教育体系分为儒学、宗学、社学、武学⑤(图4-3),其中社学不属于官办学校,儒学又分为中央的太学(国子监)和地方儒学(包括府州县学

---

① 张朝瑞:《皇明贡举考》卷1《开科·诏令》,《续修四库全书》,史部,第828册,第154页。
② 郭红、靳润成:《中国行政区划通史·明代卷》,第623页。
③ 吴宣德:《中国教育制度通史·明代卷》,济南:山东教育出版社,2000年,第37页。
④ 何炳棣:《明清社会史论》,第214页。
⑤ 《明史》卷69《选举一》,第1675—1690页。

和卫学），宗学针对宗藩子弟，武学设于京卫和边卫，对军户子弟进行军事教育。这些教育体系中，官办的儒学教育是卫所人员科举入仕的主要途径，武学的学生虽然也可以参加科举（文举），但由于武学自身的军事性质，所授课程对于文举并无多少帮助。随着明代中期卫所的逐渐松弛和偃武修文风潮的兴起，卫所人员开始重视科举，但卫所的儒学教育相对匮乏，所以卫所人员更加依赖于官办教育，主要是府州县和卫所设立的官学。府州县学和卫学为卫所人员提供了通过入学返回主流社会的途径[①]。卫学作为专为卫所人员提供的学校，其对卫所进士的产生具有十分特殊的意义，卫学不仅指卫指挥使司儒学，还包括各都司、行都司、卫、千户所、军民司各级所设儒学，统称为卫学[②]。卫所进士的入学地有国子监、府州县学和卫学。由于府州县学范围太广且内部差异较大，故本部分主要探究卫学和国子监与卫所进士产生的关系。

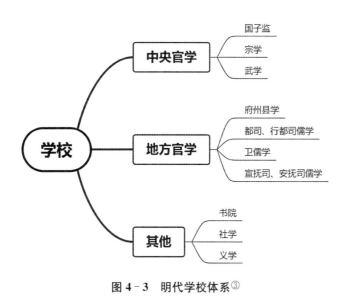

图 4-3　明代学校体系[③]

卫学创设的基础是各都司卫所的广泛设置和明太祖的劝学政策，其始于洪武年间，真正广泛而成建制的设置则是在宣德、正统年间，宣德七年（1432）林时上奏称：

> 文武并用，长久之术，故武臣子弟不可不知书。今天下军卫亦有开设学校者，而未设之处尚多。臣愚以为，卫所在诸府州县者，宜令武臣子孙及旗军俊秀子弟皆令入学读书，每五日一辍书，果有成效，皆许出身。如是，则皆知忠孝之

---

① 张金奎：《明代卫所军户研究》，第254页。
② 蔡嘉麟：《明代的卫学教育》，第6页。
③ 参考吴宣德：《中国教育制度通史·明代卷》，第37—38页。图为笔者根据吴氏所言明代教育体系制成。

道,备文武之才,庶几国家得人为用。①

他认为应该教化军户及其子弟,文武并用,推广卫所教育的益处大略可分作三点:可以提高军户的文化水平;促进忠君爱家的伦理观念深入人心;为国家提供人才。这三点互相联系、互相支持,林时的分析直中要害,故而得到宣宗支持。卫所人员的教育开始得到广泛支持。然而这其中也有波折,如景泰五年(1454)就曾有废边卫学之议:

> 陕西山丹卫儒学训导乔木奏:"各处祭祀品物,虽官给价钞市之,然物贵钞贱,其实征敛军民以补其不足。本卫地临极边,军士稀少,物价尤贵,每遇祭祀头会箕敛,喧呼争闹,人无报本之诚,神无来享之理。乞敕该部计议,今后祭祀品物宜依时值贵贱,官为市之,毋令取之于下。"事下户部议:山丹卫乃河外孤城,徒有学校之名而无可养之士,恐各边儒学似此不少,宜悉革罢以省妄费。帝曰:"何地不生材?奈何欲废卫学!且祭先师在诚不在物,今后边卫春秋止行释菜礼,不必用牲。著为令。"②

让偏远或者实土卫所的军户子弟获得教育,对于维持卫所的稳定和促进当地的社会发展有着重要作用,且卫所人员对于教育的需求难以阻挡,即使在未设有卫学的地方,卫所人员也会自发建立各种私学。

卫学的分布与府州县学有所不同,根据蔡嘉麟《明代的卫学教育》,约有110个可考的卫学,分布范围主要是九边、沿海、湖广、四川、贵州、云南等地(表4-8)。表4-8只统计出现卫学卫所进士的都司。

表 4-8 卫学卫所进士分布

都司	卫学数量(个)	卫学进士数(人)	各都司进士数(人)	占比(百分比)
贵州都司	16	13	41	31.71%
辽东都司	16	13	58	22.41%
陕西都司	11	12	114	10.53%
直隶后军	4	11	450	2.44%

---

① 《明宣宗实录》卷86,宣德七年春正月乙酉,第1991页。
② 《明英宗实录》卷238,景泰五年二月壬辰,第5183页。

续 表

都　　司	卫学数量(个)	卫学进士数(人)	各都司进士数(人)	占比(百分比)
福建都司	2	7	36	19.44%
万全都司	11	6	18	33.33%
云南都司	5	3	93	3.23%
陕西行都司	10	2	5	40.00%
大宁都司	1	2	31	6.45%
湖广都司	6	2	59	3.39%
山西都司	3	1	55	1.82%
直隶中军	2	2	162	1.23%
合　　计	**87**	**74**	**1 122**	**6.60%**

　　卫所中设置卫学者大多为实土卫所或者远离府州县的边防、偏远卫所，与府州县同城或者相近者多可附学。九边多为实土卫所，故多设卫学；西南地区（云南、四川、贵州、湖广）则府州县与土司并置，部分是实土卫所，或卫所在当地管理中扮演着重于府州县的角色，也会设有卫学；沿海卫所则是地处海滨，与府州县往来不便，故独自设学①。设置卫学最多且分布集中的地方是北方的辽东、万全、陕西、陕西行及西南的贵州共五都司，合计达到 64 所学校，占卫学总数的 58%；山东都司因沿海卫所多处于偏远之地，故多设卫学；四川行都司为实土卫所，亦多设卫学；山西行都司北边卫所、湖广和四川都司因间有偏远或少数民族聚居区需设卫学；其他都司及直隶后军、直隶中军卫所辖区，或仅有卫学，或未设卫学。

　　卫学除收卫所子弟外，还收当地少数民族或其他归附人口子弟，甚至也收府州县人员，如镇海太仓卫学、金山卫学等。卫学在育才养士、移风善俗等方面的作用不容忽视，但其在科举上的作用却似乎十分有限，根据蔡嘉麟的研究，卫学设置不足，卫学教育的推展也有颇多困难，在政策、经费、管理、生员等方面都有诸多欠缺，使其无法与府州县学相提并论②。蔡氏对于卫学的教育或科举作用倾向于定性研究，主要着重于卫学的设置、经费、师资等制度性和实际运行方面，在定量分析方面稍有遗憾，故本书将从卫学所出的进士数量来进行定量分析。

　　整体来看，卫学进士平均占各自所在都司进士仅 6.60%，且区域差异大。在各都

---

① 蔡嘉麟：《明代的卫学教育》，第 175 页。
② 蔡嘉麟：《明代的卫学教育》，第 197—205 页。

司中,卫学进士占比最高的是万全、贵州、陕西行、辽东、福建诸都司,除福建都司之外,其他四个都司都是卫学设置较多的边疆或者西南地区,多实土卫所,卫学是当地主要教育机构。福建都司仅有两个卫学,但卫学进士占比却较高,这说明这两个卫学教育质量较高,恰好与第二节所分析的福建镇海卫的情况相符合。在统计卫学出身进士时,还应考虑到有相当部分的国子生是自卫学入贡国子监或者中举后入监的。虽然卫学产生的进士数量整体不多,但不能就此否认卫学的教育质量,它们对明代边疆及偏远地区的文化发展都有重要作用。

在表4-8基础上扩充统计卫所进士的入学地形成表4-9,但是此表存在一个缺陷,就是对于卫所生员的划分,因史料所载详略不一,如其中军生、武生、官生等和地方儒学的生源廪生、增广生、附学生三种有所不同,而学生更是一种泛称,不过在纷乱之中起码能够清楚卫所入国子监、卫学、府州县学的人数,其中国子生最多,达967人,占有入学地记载的进士人数(1 536人)的62.96%,其次为府学生236人、州县学生224人、卫学74人、其他35人。单从数量来看,出自卫学的人数仅有4.82%。

表4-9 卫所进士入学地统计

入 学 地	生 员	卫所进士(人)
国子监	国子生	967
卫 学	卫学学生	45
	都司学生	7
	卫学军生	5
	卫学武生	4
	宣慰司学生	4
	卫学增广生	3
	卫学附学生	3
	都司学军生	1
	卫学官生	1
	所学生	1
	小　计	74

续 表

入 学 地	生 员	卫所进士(人)
府州县学	学生	309
	增广生	72
	附学生	50
	军生	23
	武生	5
	官生	1
	小 计	460
其 他	学生	10
	县学教谕	5
	武生	5
	廪生	3
	军生	3
	州学正	2
	县学训导	2
	附学生	2
	增广生	2
	翰林院生员	1
	小 计	35
合 计		1 536

国子生大致可分为官生(举人一般列入官生之中)、民生、军生三类。军生是由军卫选送到太学的学生,由于在洪武三十年(1397)另立京卫武学,专教武官子弟,又由于军卫子弟往往系籍府州县,随府州县学学生一同入太学,身份亦难区分,所以军生一般后来视作民生,不再另别一类。官生是指官宦家庭的子弟,基本包括三类,即一品至七品官的子弟、土官子弟和外国留学生,部分卫所武官的子弟也以官生的身份入学[①]。

---

① 吴宣德:《中国教育制度通史·明代卷》,第104—118页。

以往对国子监的研究大多认为国子监的教育质量在明代前期兴盛,甚至在洪武年间出现"乙丑、戊辰两科,上策进士,魁选恒在太学,得士大率三天下之二,大被褒赏"①,而到了明代中后期,随着景泰年间开始实行捐纳,"景泰元年,以边事孔棘,令天下纳粟纳马者入监读书,限千人止"②,国子生的数量急剧增加,质量也每况愈下,在这样的背景下,国子生也越来越难以考上进士。但卫所进士却似乎是个特例,近半有记载入学地的卫所进士都出自国子监。除了卫所进士质量较高外,也跟国子监的解额较多有关,"祖制,土著百名之外,中三十五名,其三十名胄监,而五名则流寓及各衙门书算杂流"③。

国子监卫所进士的数量也是呈现出一个前期少、中期多、后期衰落的情况,整体与卫所进士总数的时间分布相当接近(图4-4)。由于太学卫所进士的科年比整个卫所进士要少,所以有部分趋势在图中无法显示。两者主要的差别是卫所进士直到崇祯十六年(1643)还保持一定数量,但出身于国子监的在明代后期大大减少,万历四十一年(1613)后就基本消失殆尽了。

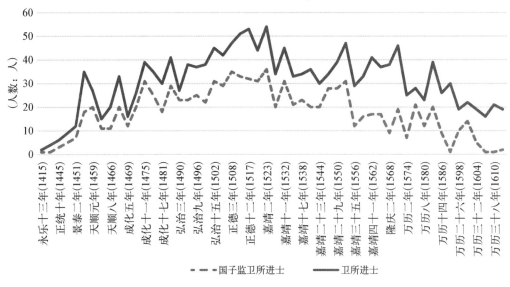

图4-4 国子监卫所进士时间分布图

由于国子监的进入途径较多,除非逐一详查卫所进士的生平事迹,否则难以判断该进士是中举前还是中举后入监。方便判断的是如果该进士乡试地点为十三省,然后又是国子生的身份,则可判断为中举后入监,此类人员有476人,确定在两京乡试的国子生有458人(大部分为京卫或者直隶中军、直隶后军的卫所),剩余11人无考。一半国子监卫所进士由于在两京乡试,无法判断其是入监前还是入监后中举,姑且不论(表4-10)。

---

① 黄佐:《南雍志》卷19《宋讷传》,台北:伟文图书出版社,1976年,第1499—1500页。
② 《明史》卷69《选举一》,第1682页。
③ 沈德符:《万历野获编》卷16《科场·乙酉京试冒籍》,第418页。

表 4-10 国子监卫所进士乡试地与户籍统计

乡 试 地	卫所进士数(人)	户 籍	卫所进士数(人)
顺天府	361①	军籍	553
应天府	97	官籍	313
山东	67②	匠籍	23
陕西	62	民籍	7
河南	61	无考	71
湖广	50		
云南(云贵)	65③		
四川	44		
山西	37		
广西	23		
浙江	21		
福建	19		
贵州	12		
广东	9		
江西	6		
无考	33		
合 计	967		

有 49.24% 的国子监卫所进士确定是在十三省进行的乡试,说明约一半的国子监卫所进士是中举后入监的。相比捐纳入监,举人入监的平均质量明显更高,甚至是国子监中最好的生员,卫所生员亦是如此,说明卫所人员入国子监者整体质量较高。

明代所设国子监对卫所进士的产生影响最大,府州县学次之,卫学最末。因国子监地位较高,在乡试上有解额照顾,还能吸引全国各地的人才入监,如自外省中举入

---

① 其中有 11 名进士来自辽东都司。
② 其中有 25 名进士来自辽东都司。
③ 其中有 8 名进士来自贵州都司。

监者是国子监生员中质量上佳者,加上国子监较好的教育资源,使得其产生了近半数的卫所进士。在国子监外,卫所人员入府州县学是第二选择。卫学因多设于实土或偏远卫所,教育水平无法与府州县学等相比,所以其进士较少,但不可否认卫学对于当地的文化发展仍然起到重要作用。

(二) 卫所进士的专经

大学士彭华言:"自国都及郡县,莫不设学以居俊秀之子弟。而学焉者,专之以《易》《书》《诗》《春秋》《礼》《乐》之经,会之以《论语》《大学》《中庸》《孟子》之书,翼之以周、程、张、朱诸大儒之说。秦汉以来,众技百家者流,一切黜而不讲。至于三年一大比,自乡举升于礼部,礼部举而进于大廷,惟经术焉是取。隋唐以来,明法、字算、秀才、童子诸科,诗赋墨帖浮艳浅陋之习,一切罢而不用。"①明代的科举考试不需博通五经,乡试与会试时专通一经便可,洪武三年(1370)便已有此制:"第一场试五经,各试本经一道,不拘旧格,惟务经旨通畅"②,可称为专经或者本经,旨在通过分经取士调节五经的选习平衡③。

在激烈的考试竞争和有限的教育资源之下,多数士子往往只能专习一经,地域的治学传统、家学传承、某些儒学教官或者经师的教育、提学官的倡导,以及某个时间段偶发的突出的科举成绩,都可能使一个地域士子专肆一经。如苏州府、鄞县、晋江、兰溪的《易》;常熟、慈溪、武进、漳浦的《诗》;无锡、莆田、嘉兴、吴江的《书》;安福、麻城、晋江、淳安、歙县、东莞的《春秋》;黄冈、山阳、余姚的《礼》④。对于卫所进士而言,因其多是移民后代,那么其治经到底是以家学传承还是以所处地域的治经传统为主,抑或是其他,是值得探讨的问题。

笔者共找到1 742名卫所进士的专经记载(表4-11),加以统计发现以《诗》《易》《书》《春秋》《礼》的顺序呈降序排列,与汪维真所统计的情况相近,汪维真统计的明代48科会试中,《诗》和《易》是备受青睐的经,且选择其为本经的人数呈上升趋势,占比皆在30%左右;《书》呈现出从明初的数量较多到中后期下降的过程,从明初的30%下降到明末的20%左右;选择《春秋》《礼》这类孤经的人数稀少,而且凭借此经典中进士的人数也在持续下降,《春秋》占比约8%,《礼》占比在7%—10%⑤。卫所进士也同普通的进士一样,趋易避难的情况在所难免,甚至选择孤经的人数比例比普通进士更少。

---

① 彭华:《成化二十年会试录序》,龚延明主编:《天一阁藏明代科举录选刊·会试录》上册,第484页。
② 朱元璋:《孝陵诏敕》,《明朝开国文献》,台北:台湾学生书局,1966年,第1863页。
③ 吴宣德、王红春:《明代会试试经考略》,《教育学报》2011年第1期,第99—112页。
④ 陈时龙:《明代的科举与经学》,北京:中国社会科学出版社,2018年,第67—115页。
⑤ 汪维真:《明清会试十八房制源流考》,《史学月刊》2011年第12期,第36—53页。

表 4-11 卫所进士专经时间分布

年 号	《诗》	《易》	《书》	《春秋》	《礼》
洪武	0	0	0	0	0
永乐	1	0	0	0	0
宣德	0	0	0	0	0
正统	6	3	4	4	5
景泰	12	10	17	3	4
天顺	20	10	15	10	7
成化	93	49	56	17	23
弘治	91	60	48	16	10
正德	71	58	46	7	5
嘉靖	184	159	108	37	36
隆庆	32	27	13	5	6
万历	105	86	60	21	18
天启	8	7	6	3	0
崇祯	15	10	8	3	4
合计	638	479	381	126	118
占比	36.65%	27.51%	21.88%	7.24%	6.78%

选择《诗》《易》《书》占比极大且较为稳定，合计占比都在70%以上，科举发达地区南直隶、浙江、福建、江西选择《春秋》《礼》比例都在13%以下，说明在科举发达区选择专经趋易避难的倾向更为严重，而在科举次发达区选择《春秋》《礼》的比重有所上升（表4-12），笔者认为这是因为科举发达区竞争过于激烈，卫所人员也要趋易避难才有更多机会，而在科举次发达地区，趋易避难的趋势有所放缓，军卫移民或流放至此的官宦将其经学带入卫所，帮助卫所人员取得成功，而贬谪官宦所专之经各不相同，所以其对于孤经的讲授在科举不发达地区也有一定市场，对于文化较落后的卫所而言更是珍贵。

表 4-12 卫所进士专经地域分布①

都司	《诗》(人)	《诗》占比(百分比)	《易》(人)	《易》占比(百分比)	《书》(人)	《书》占比(百分比)	《春秋》(人)	《春秋》占比(百分比)	《礼》(人)	《礼》占比(百分比)
北京京卫	159	37.24%	127	29.74%	92	21.55%	31	7.26%	18	4.22%
南京京卫	27	36.00%	23	30.67%	21	28.00%	2	2.67%	2	2.67%
北直隶	63	38.65%	45	27.61%	33	20.25%	8	4.91%	14	8.59%
南直隶	37	35.92%	39	37.86%	14	13.59%	7	6.80%	6	5.83%
辽东	30	46.15%	4	6.15%	26	40.00%	2	3.08%	3	4.62%
陕西	41	31.54%	29	22.31%	31	23.85%	20	15.38%	9	6.92%
山西	27	32.14%	20	23.81%	20	23.81%	9	10.71%	8	9.52%
贵州	8	17.39%	19	41.30%	7	15.22%	8	17.39%	4	8.70%
云南	34	31.48%	22	20.37%	29	26.85%	13	12.04%	10	9.26%
四川	42	45.16%	26	27.96%	17	18.28%	6	6.45%	2	2.15%
山东	45	45.92%	29	29.59%	13	13.27%	4	4.08%	7	7.14%
浙江	8	20.51%	14	35.90%	13	33.33%	2	5.13%	2	5.13%
福建	23	48.94%	10	21.28%	8	17.02%	4	8.51%	2	4.26%
广东	1	6.25%	4	25.00%	7	43.75%	0	0.00%	4	25.00%
广西	8	23.53%	13	38.24%	6	17.65%	4	11.76%	3	8.82%
河南	37	32.74%	39	34.51%	17	15.04%	5	4.42%	15	13.27%
湖北	29	50.88%	8	14.04%	15	26.32%	0	0.00%	5	8.77%
湖南	13	38.24%	6	17.65%	10	29.41%	1	2.94%	4	11.76%
江西	6	60.00%	2	20.00%	2	20.00%	0	0.00%	0	0.00%
合计	638	36.62%	479	27.50%	388	21.87%	126	7.23%	118	6.77%

在偏远的陕西河州卫,就形成了肄习《礼》的风气。王竑以《礼》得经魁,"正统四年第二甲三十名:王竑,贯湖广武昌府江夏县,军籍。河州卫学军生。治《礼记》……

---

① 《诗》占比指的是在同一地理范围内,卫所进士中《诗》的所占比例,如北京京卫的《诗》占比的计算方式是 159÷(159+127+92+31+18),其他专经同理。

曾祖景,元水军翼万户。祖俊卿,福州右卫百户……陕西乡试第四名,会试第五名"①。王竑习《礼》主要受到来自苏州的周璠的影响。嘉靖《河州志》载:"周璠,字叔鲁,直隶苏州人,随父戍河州,遂家焉。披经玩史,尤精医道,模范乡间,启迪后进。庄毅公(即王竑)少亦尝游门下。"②王竑以《礼》入仕,带动了当地治《礼》之风,其门人朱绅亦以《礼》中景泰五年(1454)进士,"朱绅……自幼聪敏,从庄毅公学,登进士"③。从周璠到王竑、朱绅,虽然只有二人成为进士,但三人皆出自河州卫,也正是卫所移民将文化发达地区的教育资源,特别是经学资源带到偏远的河州,使得孤经《礼》在河州也能形成科举风气,陈时龙认为河州卫《礼》的专经程度较高④。

根据丁修真的研究,明代中后期漳州府多以《诗》中举,而福州府多以《易》,兴化府以《书》⑤。笔者统计漳州府境内卫所进士中专经可考者共 20 人,其中 19 人肄习《诗》;泉州府可考者 8 人,其中 4 人习《易》;兴化府可考者 7 人全部习《书》。这表明卫所进士的专经若非有特殊机遇,否则大多与所在府州县相似。

二、卫所进士的社会流动性

明承元制,以各种户籍(或役籍)来对人口的类别进行划分,卫所进士的户籍类别可作为研究社会流动性的重要依据,已有通过军籍、官籍进士数量的对比来探讨卫所社会流动的研究案例⑥。根据廖英舜的研究⑦,明代卫所官籍的产生主要来自是武官世袭制度,当然官籍并不仅局限于武官。官籍凭借其较高的社会地位,比起普通的军籍、民籍还享有免除徭役等优惠,所以通过官籍与其他普通户籍的比较,一定程度上可以反映出社会流动的情况。但是,户籍只是明王朝为了方便管理而实行的一种较为固化的模式,明代中后期各种户籍已经出现了模糊化以及其他户籍的民籍化,使得单纯的辨别户籍具有一定局限性。

除了户籍之外,早在 20 世纪 50 年代,何炳棣就已规模使用登科录等资料的三代信息来考查明代进士的出身,这一方法一直为后人所沿用。如何炳棣所说,想全面考查进士的出身是不切实际的,但是通过进士三代中或者近亲的任官情况,一定程度上可以反

---

① 龚延明主编:《天一阁藏明代科举录选刊·登科录》上册,第 63 页。
② 嘉靖《河州志》卷 2《人物志》,《北京师范大学图书馆藏明稀见方志丛刊》,北京:北京图书馆出版社,2007 年,第 4 册,第 55—56 页。
③ 嘉靖《河州志》卷 2《人物志》,《北京师范大学图书馆藏明稀见方志丛刊》,第 4 册,第 53 页。
④ 陈时龙:《明代的科举与经学》,第 290 页。
⑤ 丁修真:《明代福建地区的科举竞争与地域专经》,《安徽师范大学学报(人文社会科学版)》2021 年第 5 期,第 69—79 页。
⑥ 参考覃朗:《明代贵州卫所进士群体浅谈》,第 8—16 页;于志嘉:《明代军户の社会的地位について——科举と任官において》,第 311—351 页。
⑦ 廖英舜:《明代官籍进士研究——以天一阁藏明代登科录为主》。

映出社会流动,并且提出军籍并不构成社会流动的障碍①。这一方法可以说是研究进士出身的充分条件,只要符合该条件的基本上都可以说是官宦家庭出身,但其美中不足在于样本较小,一是囿于史料不足,许多进士的三代履历未有保存,实际上出身较好的进士人数应大于等于何炳棣的统计结果。本章拟综合考量卫所进士的三代任官情况和户籍种类,对卫所进士的出身分为官宦家庭和平民家庭两类以考查卫所的社会流动性。

卫所的广义军籍主要分为两种类型:官籍、狭义军籍。五军都督府下都司卫所的武官计有:左右都督、都督同知、都督佥事、都指挥使、都指挥同知、都指挥佥事、指挥使、指挥同知、指挥佥事、正千户、副千户、百户(实授百户、试百户)、镇抚等,"旗"虽然仅分为总旗、小旗两种,但只有从总旗升至试百户之后,才算具有武官的身份②。如彭勇所说,旗籍虽然比普通军人身份要高,但并不具备武官的身份,且笔者在统计旗籍、官籍的卫所进士时也未发现卫所进士为官籍的情况下,其曾祖、祖、父最高职位为小旗或总旗者,彭勇的结论与笔者统计的结果相符③。据此笔者将旗籍划入军籍,而非官籍。既然官籍可以代表卫所武官,那也就可以用作出身的证明。

根据表4-13,官籍643人,占所有户籍可考卫所进士1811人的35.51%,官籍与军籍的卫所进士占绝大部分(95.53%),官籍与军籍之比约4∶6。在卫所中,武官及其家眷的数量远少于军士,武官数量与卫所设置数量呈正相关关系,卫所设置数量无疑是北京京卫最多,北京京卫官籍进士数量最多(146人)。考虑到籍别改动的滞后性,如个别卫所进士其实只是武官的旁支子弟,经济、教育资源优先级不是很大,但这类人数较少,因为能保留官籍就说明一般还享有免除部分徭役等优惠,所以官籍作为评判标准较为可靠。变动较大的反而是已有长辈在朝中任官的军籍进士,虽军籍未改,实际上这部分军籍进士的出身并不弱于官籍,也应和官籍卫所进士一样算入官宦家庭。

表4-13 卫所进士户籍统计

户籍	进士数(人)
军籍	1 087
官籍	643
匠籍	44
民籍	35

---

① 何炳棣:《明清社会史论》,第82—89页。
② 彭勇:《明代河南的军卫移民与文化传播》,《中州学刊》2014年第7期,第10—17页。
③ 之所以不以卫所进士旗籍者为例,是因为其先辈有可能因过失而降级,导致由官籍变为旗籍或者是军籍,或是由于未改籍而仍是军籍、旗籍的情况。

续 表

户　　籍	进士数（人）
女户籍	1
儒籍	1
空白	187
合　　计	**1 998**

卫所之外的府州县也有广义军籍进士[①]，府州县广义军籍人员是府州县人员的一部分，通过府州县与卫所同籍别进士的数量对比，可见在同籍别的情况下，卫所人员求取科举之不易（表4-14）。前文提到实土卫所较多或少数民族聚居区的广义军籍进士多出自卫所，如云南、贵州、辽东，卫所广义军籍进士的比例都超过八成，府州县广义军籍进士的比例在两成及以下；在南直隶、山东、陕西、山西等具有一定经济文化基础、科举中等发达地区，这一比例在七到八成；在科举发达地区，这一比例提高到了九成以上。所以在经济较发达的南方，广义军籍进士在府州县者比在卫所者更易中得进士。

表4-14　南方四省卫所广义军籍进士统计[②]

	浙 江	江 西	福 建	广 东
进士总数（人）	3 444	2 756	2 337	883
卫所进士（人）	44	12	57	17
广义军籍进士[③]（人）	452	335	581	225
比例1（百分比）	1.27%	0.43%	2.43%	1.58%
比例2（百分比）	90.27%	96.42%	90.19%	92.44%
卫所数（人）	52	15	36	69
卫均进士数（人）	0.85	0.8	1.58	0.2

因为户籍类别存在局限性，所以笔者以祖上三代任官为另一标准，统计《登科录》等相关资料有记载其伯叔任官也算作三代内有任官者，合计519人，所以祖上出身官

[①] 关于广义军籍进士的定义见第一节卫所军籍的归类和种类，简言之就是包括军籍、旗籍、校籍、官籍等所有相关军事户籍。狭义军籍进士则是在广义军籍进士的范畴内除去官籍进士。因对比卫所与府州县时无法专门对比官籍的情况，故选择广义军籍进士。

[②] 比例1指卫所进士占进士总数的比例，比例2指府州县军籍进士占比。

[③] 孙经纬：《明代军籍进士研究》，第4—6页。

宦家庭的卫所进士比例为25.98%。

将祖上三代任官情况与户籍类别中的等级划分相结合,计算卫所进士中的官宦家庭比例,其方法是两者相加。在相加之前需要扣除两者中重合的部分,只需要剔除祖上三代有任官者519人中的官籍出身者,得出的结果再与643名官籍卫所进士相加,即可得到最终出身官宦家庭的卫所进士数量。

祖上三代有任官者519人中有官籍者297人,扣除后得222人。将222人与全部官籍卫所进士643人相加,得865人。即865人出身于官宦家庭,占户籍可考卫所进士1811人①的47.76%。所以卫所进士中出身平民家庭者比例为52.24%,低于徐泓统计明代全部平民出身进士占比56%②,说明卫所的社会流动性相对较低,笔者认为实际上流动性还要低于这一数值,因为卫所进士存在更显著的幸存者偏差,与府州县相比,最大的差别在于逃亡的问题。卫所军户的逃亡现象自明代前期已有,到明代中后期愈演愈烈,卫所军户相比府州县民户其徭役明显繁重得多,所以其逃亡现象较民户为多,能留在卫所还能求取科举的家庭虽不是武官出身也多属于卫所豪强,而卫所的底层人员多已不堪重负逃亡而去,逃亡的人更不可能在卫所考取功名。所以真实的社会流动率应远低于52.24%。

以苏州卫彭氏为例,先祖彭学一,"江西临江府清江县崇学乡人,洪武间至苏州,隶苏州卫"③,后有从文倾向,第四世彭淳尝对其次子彭昉言"吾家世习武,子孙当由文显"④。彭淳卒后,彭昉之兄彭时和弟弟彭炜负责支撑家业,为彭昉解决后顾之忧,彭昉至42岁中正德六年(1511)进士⑤。但中得进士仍不能使彭氏免除军役,至第七世彭汝谐(彭时之孙)应试时险被勾补:

> 不肖,年十二,粗知文义。明年试府县见收,方待试督学,忽武弁某者以漕务摄旗役甚急。先妣日夕惊啼,谓不肖曰:"例未出幼,不应役此,第溪壑何厌之有?若不早自勖,未亡人不知死所矣。"卒无奈何,倾橐授之,乃已。而犹籍口曰:"是当贴役,余何有焉?"盖阴中以贴役,而耗蠹于甲者将尽责偿于不肖,祸且不测。⑥

幸得彭母朱氏出资解围,彭汝谐才得以求取科举,后于在万历四十四年(1616)中得进士⑦。相比府州县民户,彭氏一族明显受卫所军役之累,这对于求取科举而言不得不

---

① 此计算方式是基于有官籍记载的人,应以同样有户籍记载的1811人为基数,而不是以全部卫所进士1998人为基数。且有记载祖上任官者又缺载户籍的人数较少,故对于计算的结果影响很小。
② 徐泓:《〈明清社会史论〉——译注及其后续研究》,《中国社会历史评论》,2016年第17卷,第1—19页。
③ 《彭氏宗谱》卷1《世系》,清光绪九年衣言庄重刻本,南京博物院图书馆藏,第1页a。
④ 《彭氏宗谱》卷4《碑铭传述·彭至朴墓表》,第3页a。
⑤ 龚延明主编:《天一阁藏明代科举录选刊·登科录》中册,第248页。
⑥ 《彭氏宗谱》卷4《先妣朱硕人行述》,第28页a—28页b。
⑦ 李周望:《国朝历科进士题名碑录初集·明洪武至崇祯各科附》,第1175页。

说是较大的阻力。且苏州经济发达,故而彭淳能"善治生,以资雄里中"①,若非有足够的经济条件,彭氏一族恐怕难以送子弟入学读书,到彭汝谐时也可能直接被卫所勾补而去。这种情况无疑会影响到卫所进士及其家族的产生,产生第一代进士后,要么直接脱离卫所军役,使得后代脱离卫所,后代即使产生进士也不属于卫所进士的范畴,如彭汝谐的户籍记载已变成府州县②;要么承担卫所军役,不脱离卫所,如此后代的科举进程可能被中断。可见卫所军户求取科举之难。

三、卫所进士家族

关于什么是进士家族,学界历来多有讨论,较有说服力的为郭培贵的定义,即"五代直系亲属内有两名以上进士的家族",理由有三:一是五代直系亲属内只有一名进士显然不能撑起"进士家族"的称号,故至少应有两名进士;二是"直系亲属五代",依时间而言,大致有一百年的时间,在官本位和明代中后期铨选"独重进士"的背景下,其间如有两人考中进士,则对一个家族的发展与声望的提高及维持具有决定性的影响;三是认定进士家族起点不高于两名,因进士是功名体系中的最高一级,难度很大③。笔者以郭培贵的定义作为卫所进士家族的标准。据此笔者统计出卫所进士家族139个,产生卫所进士308人,分别占郭培贵所统计明代全部进士家族2 088个、进士4 970人④的6.66%和6.20%。可见在卫所中形成的进士家族较少,且每个家族平均产生的进士数量也较少。

(一) 卫所进士家族的类型

根据与卫所的关系远近和祖上任官情况为划分标准,笔者将卫所进士家族分为A、B、C、D四个基本类型。

A类指第一代卫所进士为非官籍且祖上三代未有任官记载,且第二代卫所进士也未改换户籍,主要由卫所普通军户组成,是卫所进士家族中社会地位最低、与卫所关系最密切的类型,共有家族54个、进士118人。

以河南归德卫侯氏为例子,先是侯执躬登万历十七年(1589)进士,后其堂弟侯执蒲中万历二十六年(1598)进士,侯执蒲的两个儿子侯恂(已脱离卫所成民籍)、侯恪也中得进士,一时显耀。侯执躬、执蒲兄弟二人的成功离不开其家族的支持:

---

① 《彭氏宗谱》卷4《碑铭传述·彭至朴墓表》,第3页a。
② 直隶苏州府吴县,军籍。参考李周望:《国朝历科进士题名碑录初集·明洪武至崇祯各科附》,第1175页。
③ 郭培贵:《明代进士家族相关问题考论》,《求是学刊》2015年第6期,第144—149页。
④ 郭培贵:《明代进士家族相关问题考论》,第144—149页。

> 太公(侯禹)之先,祥符人也,其自祥符而徙家商丘者,为始祖成……和生赠通奉大夫进,娶王夫人,是生太公。太公生而颖异……腹笥甚富,数困于有司弗售也。通奉公(侯进)倦勤,倚公为家督,入课农作,出应践更,供子职惟谨,而是时公之长君光禄公(侯执躬)玉立神清,公之犹子太常公(侯执蒲)幼孤,育于公,头角崭新非凡器,公自念既不得竟学,成吾志者,不在子辈耶?乃一意教督,人师乎有馆,经师乎有修,入其庭,闻伊吾之声琅琅四壁,于是光禄公以己丑成进士,奉常公(侯执蒲)以戊戌成进士,而奉常之子侍御(侯恂)及太史公(侯恪),以丙辰成进士……中州称鸣珂里者,必首侯氏,知公之拮据家政者,非独供子职而已也。①

自侯进开始就一边农作一边承担军事徭役,同时供给子弟读书,试图扭转重武轻文的风气。侯禹继续侯进的作风,严格要求子弟读书。侯禹过世后,侯执蒲回忆其事迹:"延师教伯兄弟及余,内外综理,井然秩秩……惨淡经营,艰难险阻靡不备尝。"②

B类指第一代进士祖上三代内有任卫所武官者和未记载祖上任官但户籍为官籍者,是卫所进士家族中典型且地位较高者,共有家族37个、进士78人。以山西都司太原左卫的进士侯纶、侯汝谅父子为例:

> 侯纶,贯山西太原左卫。官籍。直隶滑县人。府学生。治《易经》。字廷言,行二,年二十七,六月二十日生。曾祖礼,副千户。祖守贤,副千户。父盛,副千户。母张氏,封宜人。慈侍下。兄经,副千户。③

侯纶祖上最晚至曾祖时已进入卫所,世袭副千户,至侯纶这一代时,由其兄侯经任副千户,而侯纶则进入府学就读,正德六年(1511)中得进士。卫所出身的侯纶对于北边边防军士的疾苦较了解,嘉靖二十一年(1542)他任都察院右副都御史、整饬蓟州边备兼巡抚顺天,曾就月粮等问题提出建议④。其子侯汝谅也习《易》,并于嘉靖十七年(1538)中进士,后巡抚辽东。

C类指第一代进士祖上既有任卫所武官也有任文官,多是任文官者辈分在后,此类处于卫所人员中弃武从文的转型期,共有家族31个、进士68人。以成都前卫蒋氏家族为例,最早是嘉靖八年(1529)二甲第六十八名进士蒋芝:

> 蒋芝,贯四川成都前卫,官籍,陕西咸宁县人。成都府学附学生。治《春秋》。

---

① 董其昌:《容台集》卷9《墓表·侯太公墓表》,《中国古代书画家诗文集丛书》,杭州:西泠印社出版社,2012年,第513—514页。
② 转引自刘秀森:《商丘德文化》,郑州:大象出版社,2018年,第142页。
③ 龚延明主编:《天一阁藏明代科举录选刊·登科录》中册,第213页。
④ 侯纶:《侯张二公奏疏·钦奉御边疏》,陈子龙辑:《明经世文编》卷233,第2447页。

字世和,行七,年三十三,二月十五日生。曾祖文敬,千户。祖鉴,赠奉直大夫。父,弼,知府……兄琬,千户;英,通判;葵。弟芹,贡士;芷;芊。①

蒋芝的弟弟蒋芹的两个儿子蒋三近和蒋三益分别在1574年和1559年中得进士。成都前卫蒋氏家族一边承袭千户的职位,一边重视文教,由蒋芝的父亲蒋弼中得举人②,在蒋芝一代终于中得进士。

D类指第一代卫所进士祖上三代只有任文官的记录,主要是府州县军户和民籍中得进士后,其子孙进入卫所也中得进士(主要是进入锦衣卫),共有家族17个、进士44人,属于卫所进士家族的非典型类型。以规模较大的浙江余姚孙氏为例,五代后唐时,由时任三司使兼招讨大将军的孙岳自睦州迁移至余姚梅川乡,孙岳遂为孙氏入余姚之祖。宋代,孙岳七世孙应时登淳熙进士,文化有所发展。至元末明初已经繁衍已十几代,枝繁叶茂,元末十三世孙孙原彝任山阴教谕,并开始修族谱,原彝子孙锐,孙锐有四子,其长子泓精于《礼》,并于永乐二十二年(1424)高中进士,官拜御史,开启家族入仕之门。孙锐的次子、孙溥之孙孙燧,即孙泓的侄孙接续孙泓的事业,为进士家族的形成奠定了基础,弘治五年(1492)以《易》得乡试经魁,次年中进士,自此孙氏一门以《易》见长:

> 孙君名燧,字德成,浙之姚江人。其先自秦汉间济美闻人,至宋号烛湖先生者举淳熙进士……德成曾大夫曰原彝,教谕山阴。祖兄泓举永乐进士,称才御史。祖溥者逸成化间受诏冠带,以老督弟珩学,应贡为太仓教授。父新暨弟彬,初业举子,数奇弗值。德成方弱冠,岐嶷可畏……遂成《易》学……弘治壬子,果以所学魁浙省士,明年癸丑举进士。③

正德年间,孙燧巡抚江西,南昌是宁王朱宸濠的封地,时宁王反叛,孙燧就义于惠民门外,嘉靖皇帝即位后追赠为礼部尚书,谥忠烈,并"荫子堪锦衣卫世袭"④。孙燧的子嗣遂入籍锦衣卫,三子孙堪、孙墀、孙升,长子孙堪中嘉靖五年(1526)武会元,三子孙升中嘉靖十四年(1535)榜眼。原只有一子孙堪入籍锦衣卫,其他世系也多载为锦衣卫者当是亲属附籍或窜籍而入。

根据图4-5,图中椭圆框者是卫所进士,三角框者是府州县进士。孙氏一族记载为锦衣卫并中得进士者达8人,即卫所进士8人。此外还有族亲孙清在武清卫中得进士⑤,

---

① 龚延明主编:《天一阁藏明代科举录选刊·登科录》中册,第411页。
② 郭子章:《黔记》卷29《守令表》,《续黔南丛书》,第1辑下册,贵阳:贵州人民出版社,2012年,第1925页。
③ 夏良胜:《东洲初稿》卷1《求赠孙大参文引》,景印文渊阁《四库全书》,第1269册,第726页。
④ 焦竑:《献征录》卷61《都察院》,上海:上海书店出版社,1987年,第2601页。
⑤ 龚延明主编:《天一阁藏明代科举录选刊·登科录》中册,第107页。

以及未载卫所出身中得进士者4人,另有世袭锦衣卫千户或者中得武进士者若干。从孙燧这一代算起,至五世孙孙嘉绩,共有六代,绵延一百多年,直至南明时期。孙氏家族更是参与了明代中后期的重大事件,除了前文孙燧与宁王叛乱之外,还有"万历朝鲜战争"的孙矿、"东林党争"的孙鑨、"争国本"的孙如法、"晚明三大案"的孙如游、"鲁王抗清"的孙嘉绩等。孙氏祖孙三代皆得谥号,沈德符言:"弇州记父子得谥者以为盛事,然尚未有三世得之者,今于余姚孙氏见之。第一世右副都御史赠礼部尚书谥忠烈燧,第二世南京礼部尚书赠太子少保谥文恪升,第三世吏部尚书赠太子太保谥恭简鑨,则国朝二百余年来,海内仅此一家而已,且门宗贵盛,世以忠孝清白见称。鑨兄弟四人俱致位列卿,名德无玷,真熙朝盛事也。"①关于该望族的研究,吴仁安已有详细介绍②,兹不赘述。

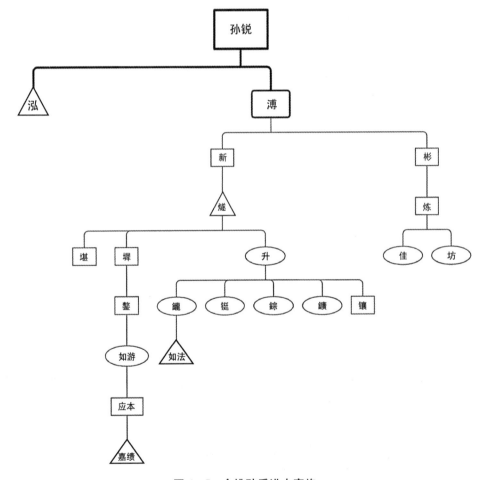

图 4-5 余姚孙氏进士家族

---

① 沈德符:《万历野获编》卷13《礼部·三世得谥》,第349页。
② 吴仁安:《明清江南著姓望族史》,上海:上海人民出版社,2009年,第209—219页。

余姚孙氏是考中进士后,以功荫得子嗣入锦衣卫,再兼习文武。即其家是承荫进入卫所,并非先出自卫所后考中进士,不能算是卫所进士的典型案例,此类是卫所家族进士中出身极高且文化优势明显的一列。

卫所家族进士中户籍可考者 286 人,其中官籍 114 人、军籍 160 人,官籍与军籍的比例约 5∶7,而前文统计所有卫所进士的官籍、军籍比例是 4∶6,很明显在卫所进士家族范围内,官籍的比重有所增加。

若只算家族数量,四种类型分别是 54、37、31、17 个,虽然 A 类数量最大,但 B、C、D 后三类皆是祖上已有一定的职位,三类数量合计超过 A 类,即使祖上只是不入品级的县学教谕,在科举上也有较大助力。若以此计算卫所进士家族中平民家庭出身的比例,只有 A 类符合平民家庭出身的标准,而 A 类只有家族 54 个、进士 119 人,分别只占全部卫所进士家族的 39.57% 和 40.90%,相较于全部卫所进士中平民家庭出身的比例(52.24%)为低。

(二) 卫所进士家族的地域分布

卫所进士家族的基础是家庭内的卫所进士(以下简称"家族进士"),这种家族的产生受到当地卫所进士数量的影响,整体呈正相关关系,但这种相关关系并不绝对,偶尔会存在特例。卫所进士家族的分布比卫所进士更加集中,主要分布在各都司治所或者是卫所科举兴盛之地(表 4-15)。在北京,锦衣卫就已经占据 13 个卫所家族,其中就有徐阶、张居正因担任过内阁首辅,借此将子嗣安排入锦衣卫,还有以善画入职锦衣卫者,如"复锦衣卫指挥佥事吕文英职,文英以画事历官,例革为百户,至是因自陈乞复之"①,其后人吕鸣珂②借此入锦衣卫官籍中得进士,并形成进士家族。两京京卫的地位显赫,使得其进士家族数量是在外卫所难以与之相比的,共有 38 个家族、90 名进士。

表 4-15 卫所进士家族分布状况

都　　司	家族数(个)	家族进士(人)	平辈(人)	2代(人)	3代及以上(人)	占比③(百分比)
北京京卫	36	85	6	25	5	17.82%
南京京卫	2	5	0	1	1	6.17%
直隶中军	8	16	2	6	0	13.22%
直隶后军	17	37	3	14	0	21.39%
河南都司	11	26	4	6	1	19.12%

---

① 《明武宗实录》卷 30,正德二年九月辛丑,第 758 页。
② 龚延明主编:《天一阁藏明代科举录选刊·登科录》下册,第 241 页。
③ "占比"指卫所进士家族的进士数占该都司卫所进士人数的比例,算法为家族进士÷全部卫所进士。

续 表

都 司	家族数（个）	家族进士（人）	平辈（人）	2代（人）	3代及以上（人）	占比（百分比）
山西都司	9	20	2	6	1	29.85%
山东都司	8	18	0	7	1	23.68%
陕西都司	8	16	2	6	0	11.94%
云南都司	7	14	2	5	0	11.29%
四川都司	7	14	3	4	0	14.58%
辽东都司	6	13	1	4	1	18.31%
大宁都司	5	10	1	4	0	27.03%
贵州都司	4	8	0	4	0	14.04%
浙江都司	3	5	1	2	0	12.82%
福建都司	2	5	0	2	0	9.26%
湖广都司	2	5	0	2	0	6.94%
广西都司	2	4	0	2	0	10.81%
湖广行都司	1	4	0	1	0	13.33%
兴都留守司	1	2	0	1	0	13.33%
合 计	**139**	**307**	**27**	**102**	**9**	**16.18%**

不论是在卫所进士家族数量还是家族进士数量上，整体分布上都往北部倾斜，直隶后军、河南都司、山西都司、山东都司的家族进士占比都在20%左右，而卫所进士数量并不逊色北方的四川、云南等西南地区家族进士占比在10%—15%，南部沿海一带则更低，甚至未产生卫所进士家族。

卫所进士家族的产生相比于单个卫所进士的产生而言，一般至少需要两代人的努力，所以家族的产生更依赖长期稳定的环境，而较重的军事压力和较大的战乱无疑会打断家族产生的进程。在北方地区，九边中除了辽东和直隶后军一带，其他如宣府、大同、延绥、宁夏、甘肃等地均未产生卫所进士家族，在不紧邻九边的卫所则产生较多卫所进士家族，如大宁都司治地诸卫、山西振武卫、太原诸卫、西安诸卫。

在东部地区，卫所进士家族大多沿运河分布，沿海地区则较少，但也有差别。北方沿海的登州卫因其卫所科举较为发达，故有三个进士家族。南方沿海地区的进士家族更少,最多者为海宁卫(两个),倭患对沿海卫所的教育影响较大,但紧邻科举发达地区,所以偶尔能产生进士家族。

在中部地区,则是河南都司一家独大,首先是因为河南卫所进士本就较多,其次是进士的集聚性更强,河南卫和洛阳中护卫同驻一地,卫所进士合计 35 人,其他卫所也多达到 10 人以上。相比之下,湖广地域广袤,卫所进士更加分散,很难产生进士家族。江西则由于其卫所进士过于稀少未能产生进士家族。

四、省际移民进士主力——双籍卫所进士

卫所人员以移民及其后裔为主,一名军人背井离乡来到一个新地方扎根生活,并在与原籍军户保持联系的过程中,不断发展,乃至子孙得以读书仕进。这是社会、空间的双重流动。在明代科举文献的记载中,有过迁徙的进士约半数出自卫所,以往的研究虽然注意到了双籍的现象和卫所有关,但未能就这一现象进行详细的解释。

有双籍卫所进士,自然就有单籍可言,即科举文献记载只说明了该进士的单一卫所,未说明其他府州县或者地区,此类进士数量并不太多,更多的卫所进士自身或者其祖辈进行过移民,所以有卫所和府州县的双重记载,由此形成了双籍卫所进士[①]。双籍进士一般以卫所或府州县及以上的政区流动为界。明代双籍进士的记载,实际上为我们提供了这些高学历者的祖先由甲地迁往乙地的线索,也就是今天所说的移民。根据沈登苗的研究,全部双籍进士共有 2 821 名,省内流动 1 009 人,省际流动 1 812 人,并依据一省的科举发达程度降序排列为 A、B、C 三类地区,见表 4-3,发现省内的流动中文化发达的州县具有聚集效应,但在省际流动中却是相反的[②]。本章统计的卫所进士中,有 1 302 人是双籍,占卫所进士的 65.17%,占沈登苗统计双籍进士的 46.15%。若只计算省际流动的双籍卫所进士,则是 1 037 人,占沈登苗统计省际流动进士 1 812 人的 57.23%,可以说省际流动进士以卫所进士为主。双籍进士是移民的代表,从社会自然移民来说,移民几乎无时无刻都在进行的,而其中的卫所进士占了近一半的比重,卫所进士又以军籍为主,相比自发的移民,卫所移民在科举上的优势在于其合法移民的身份,可以在迁入地卫所入籍,能够在当地参与科举考试。自发的移民则受到限制,嘉靖二十二年(1543)礼部规定:"乞于明年会试严加核究,但系先年冒籍,尝经恩赦者,许其首正。其他籍贯不明妄报中卷、北卷者,本部指名参退。仍行两京各省,凡遇乡试开科,提学考选生儒,不得将流移附籍之徒,一概滥收,以玷科

[①] 沈登苗提出,"这些既有户籍(现籍),又有乡贯(祖籍)的明代进士称之为双籍进士。"(沈登苗:《明代双籍进士的分布、流向与明代移民史》,第 313—326 页。)笔者根据其定义扩展成双籍卫所进士。

[②] 沈登苗:《明代双籍进士的分布、流向与明代移民史》,第 313—326 页。

目。违者奏请治罪。"①之后虽然有所放宽,但也有年限限制,贵州提学沈思充在万历年间提到"有以冒籍攻者,即按社籍为左券,查照先年题准事例,凡三十年已上不为冒籍,未及年者姑俟之"②,冯琦提到"如祖、父入籍二十年以上,坟墓、田宅俱有的据,本生声音相同,同袍保结不扶,并无违碍者,方许赴试"③。二十年、三十年的年限对于青壮年来说入籍考试的意义不大,所以自发移民至少需历经两代人才能在迁入地考试。

曹树基在研究明代移民史时,就发现:"明代的军籍移民是一个相当特殊的移民群体。由于户籍制度的限制以及职业的特点,这类军籍移民难以融入土著人口……需要指出的是,在从东北到西南边疆的广阔区域,军籍移民的迁入对于当地人口的影响甚大。他们不仅是边疆的保卫者,而且本身构成边疆人口的一部分。"④虽然军籍并不代表全部的卫所籍,但军籍人员作为卫所的基础,同时也是卫所移民的主体,其移民很大程度上代表了卫所移民的特征。卫所进士的省际流动涉及各省的科举实力差异,故本部分也使用沈登苗的科举分等表(见表4-3)。

(一)双籍卫所进士的时间分布

研究双籍卫所进士首先要了解其产生与发展的时间进程,根据吴宣德和沈登苗所统计的进士总数和双籍进士,再附以双籍卫所进士的分布,计算双籍卫所进士在各朝卫所进士和双籍进士的比重,分别作为比例1、比例2,形成表4-16和图4-6,由此也可将之分为三个阶段。

表4-16 明代历朝双籍卫所进士分布

年号	卫所进士(人)	双籍进士(人)	双籍卫所进士(人)	比例1(百分比)	比例2(百分比)
洪武	1	11	0	0.00%	0.00%
建文	0	0	0		
永乐	5	0	2	40.00%	
宣德	0	0	0		
正统	22	8	10	45.45%	125.00%
景泰	47	44	31	65.96%	70.45%

① 《明世宗实录》卷281,嘉靖二十二年十二月乙酉,第5468页。
② 万历《贵州通志》卷19《修文类·申饬学校事略》,《日本藏中国罕见地方志丛刊》,第18册,第447页。
③ 冯琦:《宗伯集》卷57《奏疏·为遵奉明旨开陈条以维世教疏》,《四库禁毁书丛刊》,集部,第16册,第10页。
④ 曹树基:《中国移民史·明时期》,第465页。

第四章 明代卫所进士的时空分布

续 表

年 号	卫所进士(人)	双籍进士(人)	双籍卫所进士(人)	比例1(百分比)	比例2(百分比)
天顺	62	33	27	43.55%	81.82%
成化	247	271	174	70.45%	64.21%
弘治	227	283	192	84.58%	67.84%
正德	243	315	189	77.78%	60.00%
嘉靖	564	596	364	64.54%	61.07%
隆庆	84	143	57	67.86%	39.86%
万历	378	689	210	55.56%	30.48%
天启	40	114	17	42.50%	14.91%
崇祯	78	314	29	37.18%	9.24%
合 计	1 998	2 821	1 302	65.15%	46.15%

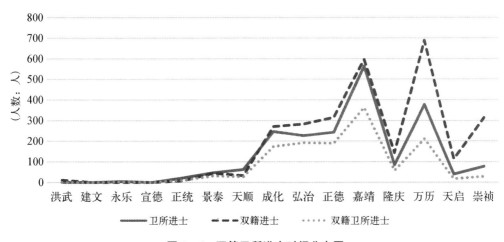

图4-6 双籍卫所进士时间分布图

洪武至正统年间是初始期。此时的双籍卫所进士数量极少,仅12人,在洪武、建文、宣德年间都未有中举。从流动方向来看,大多是省际流动,12人中有10人的流动方向是从A/B区去往B/C区,方向主要是向西、向北、向东到接近边疆的地方去。此时期由于明初卫所移民进入新卫所之后,先要专心于自身的工作和融入当地,往往需要经过几代人的积累之后,才能出现进士,所以卫所进士和双籍卫所进士数量都非常稀少。

景泰至嘉靖年间是成熟期。此时双籍进士与双籍卫所进士人数都有了爆发式的增长,虽然众多民籍和其他籍的移民中也出现了大量进士,但卫所进士占双籍进士的比重更大,为977人,占同时期双籍进士1542人的63.36%,占卫所进士的70.29%。从流动方向来看,省内流动仅有179人;省际流动有798人,占比超过八成。从流出地的相对数量来看,科举文教十分发达的南直隶和浙江流出的卫所进士最多,分别达到247人、139人,二省往北直隶流入了114人、80人;从流入地的相对数量来看,北直隶对外省卫所进士的吸收能力无与伦比,达到了384人。

隆庆至崇祯末是衰退期。此时期主要表现为双籍进士与双籍卫所进士人数全面下降但仍保持一定比例,所占全部进士和双籍进士的比例都有所下降,仅有313人。从流出地和流入地来看,情况和第二阶段较为相似,南直隶、浙江流出最多,北直隶流入最多。

(二) 双籍卫所进士的地理分布与流向

双籍卫所进士的分布与流向作表4-17,以布政司为基准,这是由于乡试整体上以布政司为单位,而不以都司卫所为基准。双籍卫所进士的分布非常广泛,他们的祖先从家乡迁至各地卫所,镇守一方的同时谋求其他职业选择,读书入仕以求取社会地位的稳步上升就是其中之一。

北直隶的双籍卫所进士最多,其省内流动和外省流入都是最多的,外省流入的479人之中,迁自南直隶、浙江等科举发达区域的接近一半。永乐年间大量北边的卫所和南直隶的富户、文武百官、卫所人员迁入北京,增加了北京的卫所人口,借助京卫的政治、文化优势,较容易取得功名;由南入北的卫所人员多来自科举较发达地区,文化优势显著,易在北京中得进士。

流出最多的是南直隶(包括南京),达到332人,净流出269人。其次是浙江、江西、湖广和山西、山东。南直隶人口众多,经济繁荣,又是明代的政治中心之一,洪武年间西南地区的卫所有一部分人口来自南直隶,永乐迁都又使得大量人口迁至北京。以南直隶为乡贯,则有39个卫所进士家族和70个家族进士。可见在双籍卫所进士中,江浙一带移民对于卫所的科举贡献较大。

双籍进士的流动分为省际流动与省内流动两种,在同一个省内,乡试、会试的名额是相对固定的。虽然省内的各府州县和各卫所的科举情况差异较大,但是省内的近距离流动与省际的长途跋涉相比,省际流动对于迁入地区域文化的影响更为明显,所以有必要分为两种流动模式。

两种流动模式中,双籍卫所进士省内流动仅264人,占20.28%;省际流动1038人,占79.72%。从流出地来看,南直隶、浙江、江西、山东、山西最多,这样的流入流出意味着人口的流动和文化的传播,但只提省际流动对文化传播的影响略显宽泛,而且也无法体现各地区发展的差异,所以本部分是根据沈登苗所分等的省份科举发达度表来进行的粗略考查。

第四章　明代卫所进士的时空分布

表 4-17　双籍卫所进士的分布与流向

迁出(人)＼迁入(人)	北直	南直	云南	陕西	山东	辽东	河南	贵州	四川	山西	湖广	广西	浙江	福建	广东	江西	省际流出	省内流动	流入合计	流动结果
北直	—	7	5	5	2	3	3	0	1	2	1	1	1	0	0	1	32	91	472	440
南直	127	—	47	24	25	9	19	24	6	23	13	2	4	2	4	3	332	54	63	-269
云南	0	1	—	0	0	0	0	0	0	0	0	0	0	0	0	0	1	1	100	99
陕西	18	3	1	—	0	0	2	2	8	0	0	0	1	1	0	0	35	23	64	29
山东	58	3	3	4	—	17	9	0	1	1	1	1	0	0	0	0	97	21	56	-41
辽东	1	0	0	0	0	—	0	0	0	0	0	0	0	0	0	0	1	1	54	53
河南	22	6	3	6	2	1	—	2	3	0	4	0	1	0	0	1	51	6	48	-3
贵州	0	0	0	0	0	0	0	—	0	0	0	0	0	0	0	0	0	0	43	43
四川	5	0	3	2	0	2	0	2	—	0	0	0	0	0	0	0	11	16	33	22
山西	59	2	5	6	7	5	4	0	2	—	2	0	0	0	0	1	88	9	29	-59
湖广	29	5	7	6	4	5	1	4	6	4	—	2	1	0	0	0	74	11	26	-48
广西	1①	0	0	0	0	0	0	1	0	0	0	—	0	0	0	0	2	3	9	7
浙江	104	13	20	10	5	8	4	5	2	1	2	3	—	1	1	0	179	10	8	-171
福建	18	2	2	1	2	0	0	2	2	0	5	0	0	—	1	0	31	13	6	-25
广东	6	0	0	0	0	0	0	0	2	0	0	0	1	1	—	0	7	3	4	-3
江西	31	21	6	2	9	11	7	4	2	0	2	0	1	1	0	—	97	2	5	-92
合计	479	63	102	66	56	56	48	45	33	31	26	9	8	6	5	5	1038	264	1020	-18

① 为安南进士，并入广西计算。

表 4-18　双籍卫所进士省际等级流动去向

流 出 地	流 入 地	流入人数(人)
A 区	A	49
	B	443
	C	143
小　计		635
B 区	A	36
	B	295
	C	68
小　计		399
C 区	A	1
	B	2
	C	1
小　计		4
合　计		**1 038**

由表 4-18 可知,流出地的进士人数中 A 类省份最多、B 类次之,C 类极其稀少,这说明双籍卫所进士的祖籍多数是来自科举文化较为发达、汉族人口较多的内地。而流入地最多的是 B 区,多是军事地位较重要的北方,其次流入的是边疆省份 C 区,A 区是最少的。也就是说,双籍卫所进士的整体流动方向是从科举文化发达的 A 区流向军事地位较为重要的北方和边疆地区,也就是以向下流动和平行流动为主,向上流动最少。这与双籍进士的省际分等流动情况整体相同。同时,这与明代乡试和会试在区域分配上的差异也有关系,甚至还因此产生"冒籍"现象。

B/C 区有 586 名卫所进士来自 A 区,反之则是 A 区为 B/C 区提供了 586 名卫所进士,以福建、浙江、江西这三个 A 区为例,三省的卫所进士都较少,却为 B/C 区提供了 266 名卫所进士。

双籍卫所进士的户籍类别中,有户籍记载的 1 150 人,其中狭义军籍(不含官籍)有 693 人,占比 60.26%,官籍 396 人,占比 34.35%。官籍所占比例不大,加上祖上三代有任官者 126 人,则为 522 人,双籍卫所进士中官宦家庭出身的比例为 45.39%,所以平民家庭出身的比例为 54.61%,略高于全部卫所进士平民家庭出身比例(52.24%)。在卫所移民这一群体当中,平民家庭出身者的机会反而较大。以移民较多的云南为例,其流入的 103 名卫所双籍进士,有 75 人来自 A 区。再从出身来看,官宦家庭出身者 31 人,占比仅 31.10%,低于双籍卫所进士的平均水平(45.34%)。云南与北京京卫相比,由南直隶、浙江这两个科举文化发达地区流入云南卫所而产生的进士更多,从出身来看也更加平民化。

小　　结

在时间分布上,卫所进士人数呈现不均衡态势。明前期战事频繁,卫所军户较为动荡,需要休养生息,且其地位较高,在主客观上不具备求取科举的条件与意愿。明中期,随着战事的逐渐平息、教育设施的完备、社会风气的转变,卫所军户地位下降,不论是卫所官户还是普通军户都将科举作为提升自身地位的主要途径之一,使得卫所进士人数达到长期平稳的高峰。明后期,随着明朝国势的日渐崩坏和卫所军士逃亡现象日趋严重,卫所进士人数逐渐下降。

在空间分布上,卫所进士人数也呈不均衡状态。整体上是两京京卫多,在外卫所少;北多南少,东西均衡。京卫凭借优越的地位获得全国最为优质的教育资源,且能享受国子监的乡试解额照顾,卫所进士最多。九边的前线卫所边防压力较大,故而卫所进士较少,处于二线的政治军事中心凭借稳定的社会环境、庞大的卫所人口基数、较好的教育资源产生较多进士。西南地区少数民族多,故而进士多分布在省会等军事移民的重点区域。沿海卫所长期遭受倭患,南方沿海卫所科举发达地区不占优势,导致进士数量较少。中部地区多是科举中等发达地区,卫所科举竞争力较强,故而进士较多。卫所进士分布与整体进士呈负相关关系,科举发达省份的卫所进士较少,科举中等发达和落后省份反而产生较多卫所进士。

在入学地方面,卫所进士数以国子监为最,府州县次之,卫学最末。卫学卫所进士虽少,但卫学对于当地的发展和卫所的稳定起到重要作用。在选择本经方面,卫所进士趋易避难的情况比府州县人员更加严重,且其择经主要受家学传统和当地府州县地域专经的影响。在家庭出身上,卫所进士中平民家庭出身比例较低,官宦家庭出身者能享受到更多的教育资源。在所产生的 139 个卫所进士家族中,两京京卫占比最大。从入学地、专经、家庭出身、卫所进士家族分布来看,卫所人员相比府州县人员劣势较大,更依赖于官宦家庭出身。

故此,卫所进士的数量与分布情况表明卫所人员在人口基数、教育资源、经济条件上都无法与府州县人员相提并论,故其求取科举往往需要付出比府州县人员更大的努力。卫所进士的产生与发展是对于明代中期以来偃武修文的社会风气的反映,提高了所在区域的整体文化素养,为国家提供了人才,在传播儒学文化、促进边疆与民族融合方面都起到重要作用。

第五章

明代卫所城墙遗址调研：以浙东沿海卫所为中心

明初卫所制确定后，延及明清两代，由于制度特征凸显出鲜明的与地理紧密结合的特征，有着丰富的文化遗存，并未随着清代废除卫所而消亡。六百年来，许多卫所的建筑依然挺立，人群文化特征也得以传承，为当今及后世留下一笔丰厚的文化财富。卫所文化遗产所包含的内容广泛，从物质文化遗产角度而言，主要有都司卫所与下属堡塞城墙、衙署、军营、宗教庙宇、军驿及屯田村庄等建筑、聚落遗存，以及碑刻、档案、文书等传世文献；非物质文化遗产方面同样内容丰富，涉及卫所有关宗教信仰与民俗活动、地方戏曲、服饰、民间传说等。在今日之地理上，我们能够观察到的最明显且数量最多的卫所遗存就是城池遗址。20世纪80年代以来，各地以自己境内卫所城池遗存为中心，从考古、文物、旅游、地方文化发掘等角度进行保护与利用。鉴于城墙本身是卫所城池最重要的建筑遗存，本书即围绕卫所城墙遗址展开调查。

本书所调查的城墙指卫与守御千户所治地城池的城墙，是卫所文化最主要的地理载体。明清卫所基本都有城墙，建筑材料、建筑样式等时代、地域特色更加突出，与府州县城池有一定区别。从城池与府州县政区治所关系来分，明清卫所城墙可以分为两种：一种是明清时期皆与府州县土司等行政治所共享的城墙，同城之下卫所各种特色及影响逐渐淡化，城墙在文献记载中多以府州县城池的一部分出现；另一种是明代卫所独立城池的城墙，在府州县境内或实土，根据入清以后的地方状况又可分为两类——一类在清代演变成为府州县政区城墙，另一类则在清代成为地方市镇或基层村落所在，或渐被废弃，这两类卫所城墙都被当作地方城池文化发展的重要阶段，是本书调查的主体对象。

之所以首选浙东沿海有独立城池的卫城与所城作为调查对象，一方面浙东在明代是倭患最严重的区域，卫所城池林立，与地方军事、社会历史紧密结合；另一方面当地卫所城墙保存、保护与利用状况各有不同，在目前全国同类遗址中比较有代表性。

明史学界与各地方政府从21世纪初开始强调卫所文化遗产的保护。第三次全国文物普查后，国家文物局提出海防遗址调研与保护计划，广东、上海、山东等地陆续

第五章　明代卫所城墙遗址调研：以浙东沿海卫所为中心

从考古文博角度出版了相应报告，其中都有涉及卫所城墙遗址①。近年来，随着文物与地方文化保护意识的增强和旅游业发展的需要，越来越多的地方开始重视与发掘卫所文化遗产。但是由于分布广泛且零散，经济发达区域卫所遗存少，偏远地区遗存多，保护与开发以地方政府为主体，缺乏大区域间的合作和全国性的规划，存在着一些问题。

第一节　明清浙江沿海卫所城池与城墙

万历以后浙江都司共有16卫、36守御千户所②，其中沿海卫所数占绝对优势，"浙为天下首藩，而宁、绍、台、温肆府尤滨临海陬，为浙之门户藩篱，所赖以捍御者城垣"③，再加上杭州湾西岸和北岸杭州府、嘉兴府，明末这六个沿海的府境内共有7卫、28所具有独立城池，因为有二所同治一城的现象，所以共有7卫城、26所城是本章的调查对象。从洪武十七年（1384）正月汤和巡视浙江沿海以备倭开始④，明朝已经有意突破浙江只在府州县城池设卫所的情况，准备在沿海一线建立完备的海防城池体系。至洪武二十一年（1388）十一月，汤和在浙江沿海修筑59座城池⑤，其中有独立的卫城7座、所城22座，洪武后期增3所城，成化五年（1469）又增1所城。这些卫所城池在明代少有迁移，因此可以说洪武时期城池选址决定了明代浙东沿海卫所城防布局。沿海卫所城池与其所在府州县城池一起构成了浙东的城防体系，并从明代沿用至清代，明末清初东南沿海的复杂形势及随之而来的迁界与展界、三藩之乱，使得卫所独立城池在受到一定重视后又趋向没落，康熙展界之后，东南事少，城池渐废。

一、洪武时期卫所独立城池的选址

沿海以海防为主要目标的军事地理之轻重缓急是由海陆自然地理、政区中心及市镇等重要聚落的位置、交通、防御对象的来源、区域策应关系等因素所决定的，在历史上既有很强的承继性，又因时代不同而有所变化。明代浙东沿海卫所虽也与漕运、朝贡贸易有关，但最重要的且贯穿明朝大部分时间的是防倭，因此当地卫所城池主要的功能是防御。沿海的军事城池除了地方治安外，无非是防范来自海上的威胁，洪武

---

① 广东省文物局：《广东明清海防遗存调查与研究》；上海市文物保护研究中心：《上海明清海防遗址调查报告》，上海：上海大学出版社，2016年；山东省水下考古研究中心：《山东明清海防遗址调查报告》。
② 郭红、靳润成：《中国行政区划通史·明代卷》，第657页。
③ 范涞：《两浙海防类考续编》卷6《修理城垣》，《中国方志丛书》，华中地方第482号，台北：成文出版社，1983年，第723页。
④ 《明太祖实录》卷159，洪武十七年正月壬戌，第2460页。
⑤ 《明太祖实录》卷187，洪武二十年十一月己丑，第2799页。

时汤和在浙东查勘的时间很短,因此宋元时期与军事有关的地方设置会对选址产生重大影响。前辈学者从海陆自然地理、明初备倭形势等角度对浙江沿海卫所城池多有分析,本书着重探讨前人关注较少的宋元建置等对选址的影响。

一地的军事地理重心会随着防守对象的来源等不同而改变,东南沿海则有所不同,宋元明历史上不管是金、蒙古等北方政权南向海路的进攻还是倭寇、海盗,其防御对象都来自海上,而来自内陆的动荡不是这一带的防守重点。陆海关系的稳定性及旧有军事、捕盗设置的相对成熟使得沿海的军事地理承继性更强。在府州县治所城池这种承袭比较清楚,如明代宁波府定海县城在宋元便为军事重地,"宋建殿前水军东、西寨,元设蒙古千户所"[1],洪武七年(1374)即调明州卫前所守御并筑石城,后改定海所,洪武二十年(1387)汤和改为卫,并展拓城池;温州府境平阳千户所同城之平阳县城(元为平阳州城),"元大德八年始建镇守千户,以温州路万户府各翼千户更番镇守"[2]。相对而言,明初在浙东沿海设有独立城池的卫所亦多在宋元旧有的与军事有关的位置上建造,以邻近或直接以宋(尤其是南宋)元军寨、巡检司为基础是其选址的重要条件。观海卫即邻近宋代以来的"向头、鸣鹤两水军寨",在鸣鹤场北十里许的涂田上建造[3]。松门卫、蒲岐所、蒲门所等在宋代均是军寨。宋元沿海的巡检司所在地也成为洪武时期浙东卫所城池建造地,有11个卫所城池建在旧的巡检司驻地,见表5-1,就洪武初年设有巡检司的石浦二所与爵溪所城池所在地而言,设所前都是先迁走巡检司衙署。

表5-1 浙东沿海部分卫所宋元建置

卫所名	宋元建置	资料来源
观海卫	向头、鸣鹤两水军寨	嘉靖《观海卫志》卷1
龙山所	定海龙头场石塘团	嘉靖《观海卫志》卷1
大嵩所	南宋庆元为寨,元大嵩场,有巡检司	成化《宁波府简要志》卷3、乾隆《鄞县志》卷6
穿山所	宋元穿山场	宝庆《四明志》卷6、成化《宁波府简要志》卷3
霩䂬所	宋置霩䂬驿	嘉靖《宁波府志》卷8
石浦前后二所	初置石浦巡检司,洪武二十年(1387)迁巡司于青山头。调昌国卫前后二所筑城戍守	嘉靖《宁波府志》卷8

[1] 嘉靖《定海县志》卷7《兵卫》,《中国方志丛书》,华中地方第502号,台北:成文出版社,1983年,第236页。
[2] 康熙《平阳县志·城池》,《中国方志丛书》,华中地方572号,台北:成文出版社,1983年,第59页。
[3] 嘉靖《观海卫志》卷1《建置》,《慈溪文献集成》第1辑,杭州:杭州出版社,2004年,第1页。

第五章 明代卫所城墙遗址调研：以浙东沿海卫所为中心

续 表

卫所名	宋元建置	资料来源
爵溪千户所	初置爵溪巡检司,洪武三十年(1397)迁巡司于姜屿渡。千户王恭筑城	嘉靖《宁波府志》卷8
乍浦所	南宋乍浦开港,有巡检司;元设乍浦提举市舶司	嘉靖《嘉兴府图记》卷3、天启《海盐县图经》卷6
澉浦所	宋为澉浦镇专通番舶,元设中万户府	嘉靖《续澉水志》卷1
临山卫	庙山寨(庙山巡检司)	光绪《余姚县志》卷3
三山所	先为虞家城,后置三山巡检司。洪武二十年(1387)千户刘巧住筑城	光绪《余姚县志》卷3、民国《临海卫志》卷1
定海卫	宋建殿前水军东西寨,元设蒙古千户所	嘉靖《宁波府志》卷8
海门卫	初置巡检司,洪武二十年(1387)迁巡司于长浦	万历《黄岩县志》卷7
新河所	宋名迁浦监,元改黄岩场监,元贞元年升盐司,洪武初设黄岩场衙门	嘉靖《太平县志》卷1、万历《黄岩县志》卷2
松门卫	宋为松门寨,元为巡检司	弘治《赤城新志》卷8、嘉庆《太平县志》卷7
楚门所	楚门港,洪武初有小鹿巡检司	嘉靖《太平县志》卷1、嘉庆《大清一统志》卷297
蒲岐所	宋筑蒲岐寨城,明初置蒲岐巡检司	光绪《乐清县志》卷3
宁村所	永嘉场	光绪《永嘉县志》卷首
金乡卫	金舟乡	雍正《浙江通志》卷24
蒲门所	宋设蒲门寨和巡检司,元立镇守司	隆庆《平阳县志》卷1

明初沿海倭情也是卫所选址的考虑因素,在绍兴府北部与上虞之间杭州湾南岸设置的临山卫,在宋元时期既是军寨也是巡检司所在,设城于此还要考虑的是余姚县城的防守需要。余姚城为县治所在,汤和以"余姚东北控大海,虑岛夷或窃发,上虞非要冲也。乃奏徙上虞故嵩城于余姚西北五十里庙山之上,并海而城之"①。由此记载可以推测,汤和最初是考虑以古屯兵之地的嵩城为卫址,后因嵩城尚在上虞西北且距沥海所近,不利余姚的海防,最终徙东晋初年所建嵩城的人口至余姚西北立临山卫②。

---

① 万历《绍兴府志》卷2《卫城》,明万历十五年刻本,绍兴市档案局藏,第13页a。
② 嘉靖《临山卫志》卷1《建置·本卫》,《中国方志丛书》,华中地方第564号,台北:成文出版社,1983年,第10页。所谓徙嵩城可能指徙嵩城民于临山卫。

唐以来因经济发展而形成的市镇及宋元时期由沿海大小盐场形成的村落,也是明初设置卫所时的选址重点考虑因素之一,以保障市镇的繁荣及经济的稳定。孙昌麒麟认为洪武时期汤和在江南建造卫所城池的选址主要有两种:改造既有城市、选地新建①,对于本书探讨的浙江沿海独立卫所城池而言,主要是后者,但多数也是在当地已有聚落基础上建造。最为典型的便是乍浦、澉浦二所城的选址。当地唐代以来已成市镇,南宋乍浦开港并设巡检司、澉浦专通番舶,元设乍浦提举市舶司、澉浦中万户府,是对外贸易的重地。元代两地还有鲍郎盐场和海砂盐场,因此明初"并置戍"②,设两守御千户所以为防守。盐场附近的村镇也易成为倭寇的攻击对象,在盐场设立卫所城池可以保障盐场的安全,还可以维护盐业运输,"俱在海滨脉络,共相连贯,所恃通行其间,使防汛无虞、盐货不阻者专藉"③,因此龙山所选址在"定海龙头场石塘团之址"④,观海卫、大嵩所、穿山所、新河所、宁村所等都建立在元代盐场上。

这些前代的军寨、巡检司、盐场所在地的地理位置有相对成熟的交通、市场网络和聚落基础,是在短时期内要建筑众多城池的汤和的首选。陆路交通条件对海岸线的卫所也非常重要,"必设于滨海通陆之地,以便策应"⑤,同时可以防止被围困时"即成绝地"⑥。明代浙东驿路主支以连接府州县城池为主要目标,沿海独立卫所城池有铺路与主支相通,同时它们都在海道的重要节点上,也是明代朝贡贸易中番船登陆的地方。

浙江沿海六府的府州县城池除定海、海盐、海门三城紧邻海岸线外,其余离岸线有一定距离,但均有水道与大海相连,因此在大的河口都会有卫所城池,以控扼通向区域行政中心的重要水路。浙东最大的河口当属钱塘江口,杭州湾两岸属于浙江都司的乍浦所、澉浦所、三江所、沥海所、临山所、三山所、观海卫诸城,与府州县治地的杭州前右二卫、海宁卫、海宁所一起护佑着嘉兴、杭州、绍兴、宁波四府。因大小河流众多,其余卫所城池也多与大小河口有关:沥海所与三江所城旁近钱清江与曹娥江江口,是绍兴府城的屏障;定海卫城守御着从宁波府城流来的鄞江入海口;海门卫与其前千户所城隔灵江口相对以守御台州府通海水路,"仅隔一水,两城对峙,势若辅车交扼互援,均为重地"⑦;盘石卫与宁村所城分守瓯江口南北岸,以御温州府城;沙园所与海安所城守御飞云江口,以备瑞安县城;温州府南部门户的蒲门所城亦守御在沿浦

---

① 孙昌麒麟:《江南沿海卫所城市平面形态比较及分类探析——基于旧日军大比例尺实测图的考察》,《都市文化研究》2016年第1期,第222页。
② 天启《海盐县图经》卷1《方域篇》,明天启四年刊本,复旦大学图书馆藏,第26页a。
③ 光绪《嘉兴府志》卷29《水利·吴徐开濬白洋北河议》,《中国方志丛书》,华中地方第53号,台北:成文出版社,1970年,第718页。
④ 嘉靖《观海卫志》卷1《建置》,《慈溪文献集成》第1辑,第1页。
⑤ 民国《台州府志》卷42《山水略三》,《中国方志丛书》,华中地方第74号,台北:成文出版社,1970年,第706页。
⑥ 民国《台州府志》卷42《山水略三》,《中国方志丛书》,华中地方第74号,第706页。
⑦ 雍正《浙江通志》卷98《海防四》,景印文渊阁《四库全书》,第521册,台北:台湾商务印书馆,2008年,第499页。

河口,是通往沿浦河上游的重要关口,同时控扼浙闽海上通道。多港口与村落、易倭寇登岸的海湾也是卫所城池防守重点,大嵩所、钱仓所城守御着象州湾,宁海县东三门湾外有昌国卫、石浦二所、健跳所城,乐清湾有盘石后所、蒲岐所、楚门所城,隘顽湾有隘顽所城,台州湾南侧还有松门卫城。明代非常重视浙江河口、海湾的防守,万历时范涞曾提出在危机时刻台州府可以舍桃渚所、松门卫,但是必保健跳、海门两港的海船配备[①]。

从微观地貌角度而言,浙东沿海卫所城池选址有一重要特征,即选择沿海平旷之地或山间平地,但尽可能倚山而立,"负群峰以为固"[②],此特征适用于东部海岸线上大部分卫所,显然是洪武二十年(1387)前后集中设置浙江、福建沿海卫所时的一个立城原则,后广东、山东亦遵循此法。浙东沿海本就多山,最著名的倚山为城的便是台州府城(即台州卫城),台州府城明之前已有千余年历史,在宋元已经初步形成。同样绍兴府城(绍兴卫城)内有府山等峰,温州府(温州卫城)城东、西、西北也均有山。这些明代之前已有的城池形制对负责筹划设置卫所的汤和而言应都有所启发。浙江沿海卫所城池倚山而立有三种情况:一为山包于城中,二为城墙枕于山上,三为山在城外不远。有的卫所城池是三种情况均有,金乡卫东北倚山(今名狮山),城内西侧还有一小山(今球山),城外南、东均为连绵山峰。倚山而立的最大好处在于利于防守,高处可供瞭望,城墙所枕之山的外侧一般不易攀登,而守城军士居高临下,山可以为居民提供藏身之处,在城池被围时还可提供一定的石块、柴草、木材等物资。明代已被废弃的壮士所城位于紧邻大海的山坳中,东临海湾,北以植被茂密的陡峭大山为墙,西、南两侧护城河外亦是大山,倭寇入侵时均是沿与护城河相连的通海小河从南侧攻入城中,没有从北部攻入过。现存城墙比较完整的蒲壮所城、桃渚所城都可以让我们切实感受到洪武时浙东卫所的倚山设计。

便于危急时刻的相互策应也是卫所选址的因素,浙东沿海卫所及其下烽墩分布相对均匀,相邻卫所在巡海及抗倭时都有合作、应援之责,这在明代后期的海防类文献中有很多讨论。洪武时期集中设置卫所时亦会考虑到这个问题。浙东沿海除海宁所外,其余守御千户所均隶于卫,形成了分明的以卫统守御千户所的层级及分防辖区局面,且在地理上与府级政区的辖境相对应,临山卫及其下二守御千户所对应绍兴府海岸,观海卫、定海卫、昌国卫及十所对应宁波府海岸,松门卫、海门卫及六所对应台州府海岸,金乡卫、盘石卫及六所、温州卫海安所对应温州府海岸,区域内的策应很多,但也有跨府的支援,绍兴府境内三山所在宁波府境观海卫、绍兴府境临山卫之间,地界两府,但"东西策应","应援地属慈溪,而辖于绍兴,犬牙势也,不欲以全险与宁波

[①] 范涞:《两浙海防类考续编》卷2《海港设备》,《中国方志丛书》,华中地方第482号,第157—159页。
[②] 嘉靖《观海卫志》卷1《形胜》,《慈溪文献集成》第1辑,第5页。

也"①,规划卫所时当已有此意。嘉靖中瑞安县令刘畿邀约瑞安、沙园、海安三所"有警则互相策应,余日则分守防御",并指出"此本国初设立之法"②,相互应援本是卫所应有之责。

浙东沿海影响城池选址的因素通常都是多种叠加,增强了军事地理的稳定性,所以洪武时期建造卫所城池之后变化较少,在明代只有昌国卫和桃渚所城有过迁移,壮士所在明中后期渐被遗弃,其他城池均稳定存在到了明末。

二、明代卫所城墙的建造与修缮

浙东与府县同治的卫所多在洪武前期设置,只有余姚、瑞安、平阳三个与县同治的守御千户所是随洪武十九年、二十年(1386、1387)集中设置海岸线卫所时增设的,永乐以后只有在成化年间移置了盘石后所于乐清以东,沿海卫所设置再无其他变化。浙东沿海有独立城池的卫所建城年代集中在洪武十九年至洪武三十一年(1386—1398),以洪武十九年、二十年为高峰。

明代浙东卫所城池整体形状以方形为基础,因山河地形而有的呈不规则状,方形、四门、十字街是城池基本布局,具体门数、是否有瓮城、护城河是否环绕、城墙用材等都也因自然地理、防守形势等各有差别。城池以方形为基础,结合地形进行调整,是明代独立卫所城池形状的首选,技术上便于建造与维护、节约费用是城池建造形制上方形胜过圆形的优势所在。

洪武浙东卫所建城时材料即多以石料为主,辅以砖、土,一般以土墙外包石料为基,城楼、城垛等石、砖均有。石料来源主要有采集与拆迁两种。浙江沿海多山地,各卫所选址地近旁多有山可供开采。观海卫城墙外包石块就来自城南的黄山,因筑城采石而形成石潭,"今山之麓有石潭,即采石处也"③。这种开采的石料多加工成长方体等规则的形状。由于洪武筑城时间短及后世维修时为节约成本,对石材规则度的要求不高,也有从附近山上或海边收集乱石,经过简单加工,堆砌成城墙,石块大小不一。今日所能看到的蒲壮所城、壮士所城、松门卫城、桃渚城遗址等外立面的石块并不规则,多是以"碎石砌成"④,但在转角、城门洞及其周围所用的都是比较整齐的石条。除了开采石料外,海岸边的碎石也是海岸卫所墙石来源,"乱石生于附近海岛,大汛之前卫所该管督令旗军采运,堆积于派垛之下,汛各一次。大者可为修理之资,小者可备抟

---

① 万历《绍兴府志》卷23《武备志一》,第24页a。
② 嘉靖《瑞安县志》卷6《兵防志》,明嘉靖三十四年刻本,温州图书馆藏,第3页b。
③ 嘉靖《观海卫志》卷1《山川》,《慈溪文献集成》第1辑,第7页。
④ 民国《台州府志》卷50《建置略一》,《中国方志丛书》,华中地方第74号,第790页。

击之用"①。

洪武二十年(1387)前后建筑的这批卫所城池如是自行开采或收集石料,还有一个原因,即州县城池距离较远。这是因为当时距离州县城池近的卫所有另一种快速获取合适石料的途径,即从州县城墙上拆石材。临山卫的城墙石是洪武建卫城时从上虞县和嵊县县城城墙上拆下来的,"国初信国公汤和拆上虞城石,改筑临山卫城,县城惟存土基"②,"信国公毁嵊城,移砖石筑临山卫城,由是城半圮"③;海门卫的城墙石则是从洪武初年建的黄岩县城城墙上拆下移用的④;乐清县城洪武六年(1373)时建筑了简陋城垣,"东西两档为石,至溪仍为木栅为壕……至二十年沿海设置卫所,城乃废不用"⑤,史料载是因筑盘石卫城"而邑之城遂废"⑥,推测应也是被拆了石料。朱元璋给的造城时间过短和倭寇频繁入侵迫使汤和用这种方法加快筑城速度,另外也是相信沿海卫所城防体系可以为靠内陆的县城构筑坚实的防线。除宁波府定海县城,在方国珍时已建好的余姚县城和温州府的瑞安、平阳二县城,因有卫所同治而城墙相对完好外,其余沿海县城在嘉靖之前或无城、或被拆、或废败,所谓防守只能依靠卫所城池。慈溪、奉化等县本没有筑城墙,萧山县旧城早已废坏,被移走石块、只剩土基的上虞县城和黄岩县城、乐清县城,成化中新立的太平县等都是嘉靖中后期倭寇扰掠后才又陆续开始筑城的。

因时间仓促,汤和在洪武筑城时对城砖也没有统一要求,加之后来都经过修葺,各地用窑不同,浙东沿海卫所城墙城砖在尺寸上并不统一,万历二十九年(1601)的文献记载:"楚门官造城砖长玖寸、阔叁寸肆分、厚壹寸捌分,重肆斤;海门砖长壹尺贰寸、阔伍寸、厚叁寸,重玖斤;隘顽砖长壹尺伍分、阔伍寸、厚壹寸叁分,重伍斤。两地统属壹区,砖式遂有不同。"⑦尺寸与重量相差比较大,可见虽然当时也有提议统一城砖的样式尺寸,但并未执行。

城墙高度在一丈五至二丈六之间,差别较大。汤和所建二丈以下城墙较多,有卫城也有所城,由此可以看出洪武筑城时高度无统一标准或层级差别。永乐时谷祥多有增筑,至明末约有五座城池的城墙高度在二丈以下,均为所城。城垣周长以盘石卫城与金乡卫城为最,约九至十里长,昌国卫城、松山卫城、海门卫城、乍浦所城、澉浦所城及原是昌国卫旧城的定海二所城的城围都在七里以上,临山卫、观海卫的城围则只有四至五里。卫城军多城大,但乍浦、澉浦二所城围也达八里许,这是二所选址在宋

---

① 范涞:《两浙海防类考续编》卷6《修理城垣》,《中国方志丛书》,华中地方第482号,第737页。
② 万历《绍兴府志》卷2《县城》,第9页b。
③ 万历《绍兴府志》卷2《县城》,第11页a。
④ 雍正《浙江通志》卷24《城池下》,景印文渊阁《四库全书》,第519册,第650页。
⑤ 雍正《浙江通志》卷24《城池下》,景印文渊阁《四库全书》,第519册,第659页。
⑥ 万历《温州府志》卷16《艺文三·乐清城记》,万历三十三年刻本,温州图书馆藏,第59页。
⑦ 范涞:《两浙海防类考续编》卷6《修理城垣》,《中国方志丛书》,华中地方第482号,第737页。

元的繁华市镇所决定的。其他各守御千户所城的城围多二至四里,最小的壮士城的城围只有二里许,且城池东西长,南北窄,南北直线宽度在200米内。有学者根据城周里数,将宁波府境内卫所城池(包括宁波卫同治的宁波府城)分为四个等级规模:与府同级的卫城(宁波府与宁波卫城)、与县同级的卫城(定海卫、昌国卫)、独立卫城(观海卫)、独立所城①,如果将地域扩大至浙东,各卫所城里数差距较大,这四级并不适用。各城墙厚度不一,薄的如石浦所城是八尺,宽的有如金乡卫是两丈,因城墙宽度以何处为测量标准可能存在差别,爵溪所就出现了城墙厚度是三丈的记载。

建城的钱财与民夫也多来自附近府州县,史料记载有三万五千名丁壮参加了筑城,虽然城池建成后汤和"发散州县钱及籍犯者、家物、工匠"②,但随之就是抽丁为军,"浙人颇苦之"③。

洪武时建筑卫所城池的时间短、速度快,埋下了质量隐患。永乐二年(1404)"观海卫城垣坍塌三百八十余丈",该卫城墙本就周四里三十步,可谓一半的城墙都塌了。盘石卫兵强但城不坚,以至于"城仅兢兢自守。夷中歌之曰:不畏盘石城,所畏盘石兵。盖是时天下初集也,上重于劳民,城草草矣,而士经百战,则有余勇,城以兵固有以也"④。观海卫、临山卫、三山所、龙山所城等城高本不足两丈,永乐十五年、十六年(1417、1418)时都指挥使谷祥在备倭时都加高至两丈余。

表5-2 浙东沿海独立卫所城池信息

卫所名	形 状	城 门	城倚山峰	城周、高、宽等
乍浦所	方形,护城河环绕	陆门四、水门一	城外南有九峰,今名九龙山	周八里三百三十二步,高二丈
澉浦所	方形,护城河环绕	陆门四、水门四	城外四面均有小山	周八里十七步,高二丈四尺五寸
三江所	近方形,东、南有护城河	陆门四、水门一、城楼四、敌楼三、月城三	浮山	方三里二十步,高一丈八尺
沥海所	方形,护城河环绕	陆门四、城楼四、角楼四、敌楼四、月城四	无	方三里三十步,高二丈二尺

---

① 于璐滢、李百浩:《行政与防御视角下明代宁波城市空间格局研究》,中国城市规划学会,《2022中国城市规划年会论文集》,第6页。
② 雍正《浙江通志》卷147《名宦二》,景印文渊阁《四库全书》,第523册,第32页。
③ 《明史》卷126《汤和传》,第3754页。
④ 万历《温州府志》卷16《艺文三·重修盘石城记》,第61页b。

第五章　明代卫所城墙遗址调研：以浙东沿海卫所为中心

续　表

卫所名	形　状	城　门	城倚山峰	城周、高、宽等
临山卫	近方形、不规则，东、南、西有护城河	陆门四、水门一、城楼八、敌楼十四、月城三	庙山	方五里三十步，高二丈三尺
三山所	近方形、护城河环绕	陆门四、月城四、城楼四、敌楼四、水门一	城北墙内倚浒山	方三里一百二十八步，高二丈二尺
观海卫	方形，护城河环绕	陆门六、水门二、城楼四、角楼四、敌楼二十八、月城六	卫城北一里有浪港山，城内东北有磨石山	周四里三十步，高二丈四尺
龙山所	近方形，护城河环绕	陆门三、水门一、城楼四、角楼四、月城三、敌楼十七	城外北有龙山，所因之得名；东南有石塘山	方四里二百七十步，高二丈二尺
定海中中、中左所	近方形、不规则，护城河环绕	陆门四、水门二、城楼四、敌楼十四、月城二	鳌山	周一千二百一十六丈，高二丈四尺，广一丈，延袤七里
穿山所	护城河自东绕南至西	陆门四，水门一，城楼四，敌楼六，月城一	睡龙宫山	周七百四十二丈，高二丈一尺，延袤四里有奇
霩䨇所	不规则，护城河北东南三面环绕	陆门三，水门一，城楼三，敌楼九，月城三，瞭远楼一	凤凰山	周四百八十八丈，高一丈九尺
大嵩所	近方，不规则，护城河三面环绕	陆门四，水门一，城楼四，敌楼二十，月城一	东北跨石山	周七百四十丈，高一丈七尺，延袤四里有奇
钱仓所	近方形，西面有壕	陆门四，水门一，城楼四，敌楼十二，月城一	三面际山	高二丈六尺，广一丈三尺，延袤三里
爵溪所	近方形，护城河半环绕	陆门三，城楼三，水门一，敌楼十一，月城一	西北依山	高二丈八尺，址广三丈，延袤三里
昌国卫	不规则、近长方形	陆门四，水门二，城楼四，敌楼三十六，月城二	东、北、西三面邻山	周七里一十步，高二丈三尺
石浦二所	其形如船，又俗称船城，护城河环绕	陆门三，水门二，城楼三，敌楼十一，月城二	西北因山	周六百七丈，高二丈三尺，广八尺

续　表

卫所名	形　状	城　门	城倚山峰	城周、高、宽等
健跳所	半城半壕	陆门二(西、北)	凤山	周三里二十七步，高二丈三尺
桃渚所	近方形，护城河西、南、东面环绕	陆门三，城楼三，敌楼二	北面依所后山	周二里七十步，高二丈一尺
海门前所	方形、半城半壕	陆门四		周三里六十九步，高二丈三尺
海门卫	近方形、不规则，护城河东、南、西面环绕	陆门五、水门三，城楼三，敌楼十一，月城二	东山、南门山	周七里有奇，高二丈五尺
新河所	半城半壕		北五龙山	周五里六十八，高二丈三尺
松门卫	近梯形、不规则，半城半壕	陆门四，城楼四，敌楼十一，月城四，瞭远楼一	鼓楼山	周围九里三十步，高二丈四尺
隘顽所	方形,不规则		西倚山	周五里三十步，高二丈四尺
楚门所	方形，护城河环绕	陆门三	西青山	周三里三十步，高二丈五尺
蒲岐所	近方，护城河围绕	陆门四，城楼四，水门一，敌楼十二		周六百丈，高二丈二尺，厚二丈
盘石后所	近方，护城河围绕	陆门四，城楼四，水门二		周四百丈
盘石卫	方形，护城河环绕	陆门四，城楼四，水门二	盘屿山	周一千五百五十四丈,高二丈
宁村所	方形，护城河环绕	陆门四，城楼四，水门一		周三里一百二十步
海安所	近方，护城河围绕	陆门四，城楼四，水门二	城外西、北有山	周六百丈,高二丈五尺
沙园所	近方，护城河环绕	陆门四，城楼四，水门一		周三里

第五章　明代卫所城墙遗址调研：以浙东沿海卫所为中心

续　表

卫所名	形　状	城　门	城倚山峰	城周、高、宽等
金乡卫	近方,不规则,护城河围绕	陆门四,城楼四,水门三	北城墙倚今狮山、城内西有球山	周一千四百二十四丈,高一丈九尺,址厚二丈
壮士所	不规则,西、南、东面有护城河	陆门三	北城墙倚山,西、南均有山	周二里有奇
蒲门所	近梯形,护城河南、东、西面环绕	陆门三,城楼三,水门三,敌楼六	北城墙倚龙山	周五里三十步,高一丈五尺,址阔一丈二尺

资料来源：嘉靖《浙江通志》、嘉靖《宁波府志》、嘉靖《太平县志》、嘉靖《观海卫志》、万历《温州府志》、万历《绍兴府志》、天启《海盐县图经》、崇祯《宁海县志》、乾隆《象山县志》、乾隆《温州府志》、乾隆《平阳县志》、光绪《平湖县志》、光绪《乐清县志》、民国《象山县志》、民国《金乡镇志》、民国《台州府志》、《两浙海防类考续编》、《温处海防图略》等。

根据雍正《浙江通志》卷23、卷24《城池》所载分析,永乐以后浙江沿海卫所城池修缮时间比较集中的有两次。永乐十五年(1417)浙江都指挥谷祥针对洪武时期所建城池的问题,对部分城墙进行加高加宽,不仅增加了上述几卫所的高度,还增加大嵩所、霩䨇所等城的敌楼城垛,修葺了昌国卫、乍浦所、石浦所城池,疏浚部分城池的护城河。嘉靖三十二年(1553)倭寇侵扰之后,由于昌国卫、临山卫、松门卫、乍浦所等城都被攻破,都指挥刘恩、梁凤及地方官员等陆续对昌国卫、盘石卫、爵溪所、石浦所、钱仓所、乍浦所等城池进行修葺。平时各任都指挥、卫所指挥、千户会根据自己所守城池的情况进行不时的修缮,如永乐四年(1406)千户徐升修缮钱仓所城,成化中昌国卫指挥张勇对爵溪所城进行整修。嘉靖之前也有倭寇攻破城池的情况,正统四年(1439)昌国卫、大嵩所被攻破,成化二年(1466)大嵩所又被攻破,每次敌退后城墙也都会被修补。

经历了嘉靖倭乱后的修城,至明末各城大修情况较少,万历二十九年(1601)兵巡绍台道副使的文书说明了台州诸沿海卫所的城垣状况：

> 沿海卫所孤悬,外邻岛屿,全借一城为障,比各腹里处所更宜修筑坚固。近访台区,卫所城垣多有倾颓,甚至不堪启闭。其弊不在不修,只缘向来监修卫所官侵渔冒破,苟且塞责,故随修随圮,又或骗领钱粮,经年径不修葺,殊可痛恨！仰查沿海卫所城垣几处,或委府佐,或委将领,亲读阅视某卫所城垣坚固,某城所坍塌。其坍塌者查……楚门所,四面皆壕,形势颇雄,而城身则薄,以故楼铺每因后墙坐塌致倾；隘顽所,城身原阔而楼铺多坚,垛多砖砌,古垛坚于今垛；松门卫,垛砌于壬子岁倭乱之时,皆如拳碎石砌筑,极为不坚,后有更以砖者,新垛固于旧

垛;新河所,城身高而垛倾者多;桃渚所,城身低而垛多坚固;海门卫,为水陆会冲,时加修葺,则损坏处少;前所,城身颇坚而垛皆低小;健跳所,城身最厚于诸城,而垛坍塌者多。以上皆半城半壕,各地城身皆无坍塌,而壕堑多淤,间有一二处裂有细缝……边海各城建今二百余载,年月久远,碎损处多。①

由台州诸卫所城墙万历后期的情况推之,在经历了嘉靖倭乱后的修葺,浙东卫所城池到明末虽然城垣破败,但状况尚可,城墙无大的崩塌。

在这篇文书中,还对浙东城墙的破坏因素进行了分析,除了屡年战争中的损坏外,不及时申报、推诿、贪污、派役不均等管理因素也是造成城垣不能得到及时修理的人为原因,另外自然方面的威胁为雨水、台风和草木。雨水渗入城墙内部,使土发胀,"水渗于中,城墙遂致不坚"②。台风季伴随的大雨破坏力更强,永乐七年(1409)八月间,松门、海门、昌国、台州四卫和楚门等所"飓风骤雨,坏城,漂流房舍",永乐八年(1410)七月,金乡卫"飓风骤雨,坏城垣公廨"③。城上的植被如不及时拔出,也会影响城墙的安全,"城身内外嵌生草木,日久不除,则根苗益长,益长则土石崩裂,崩裂则雨水浸渍,浸渍则城身坍塌随之矣,且可以借之攀扯登越"④。

三、清代以来卫所城池的命运

清军南下浙江后,在浙东与南明鲁王政权对峙了几年,后又与台湾郑氏政权在浙江、福建沿海胶着,海门卫、盘石卫等城池都被郑氏军队攻破过,沿海卫所城池破坏严重。基于浙江海防的严峻形势,顺治时大嵩所城等一些卫所城池曾一度得到修缮,但并不是全遵守明制。明代穿山所城742丈,顺治十八年(1661)因城大跨山,移城改小为395丈⑤,缩小了很多。

至顺治末年因迁界,除海宁卫、海宁所外,浙江沿海其他明代与县同城的卫所及有独立城池的卫所俱被废(位于府城的几卫同治、光绪年间才废除),动摇了卫所城池存在的根基。迁界中众多独立卫所城池经历人为毁城,"奉迁城坏"⑥,被弃为邱墟,又遭受了一次大的破坏。康熙九年(1670)展界后部分城池得以重修,昌国、观海、盘石、沥海、蒲岐、石浦、爵溪等原卫所遗留下的城池在康雍乾时期都得以修缮,有一部分城

---

① 范涞:《两浙海防类考续编》卷6《修理城垣》,《中国方志丛书》,华中地方第482号,第730—733页。
② 范涞:《两浙海防类考续编》卷6《修理城垣》,《中国方志丛书》,华中地方第482号,第730页。
③ 《明史》卷129《五行志二》,第472页。
④ 范涞:《两浙海防类考续编》卷6《修理城垣》,《中国方志丛书》,华中地方第482号,第736页。
⑤ 镇海县志编纂委员会:《镇海县志》第7编《军事·海防设施》,北京:中国大百科全书出版社,1994年,第259页。
⑥ 雍正《浙江通志》卷24《城池下》,景印文渊阁《四库全书》,第519册,第659页。

池的规模变小。原来周围十里的盘石卫城规模变小，改为"周六里"①。随着海疆的平静，这些卫所城池多变为寨，盘石卫城变为盘石寨城，海门卫、松门卫、金乡卫、沙园所、宁村所、蒲壮所城也都变为同名寨城，钱仓所城被隔出一半改为寨②，城池等级从明代可与府州县同等向村寨级下降，防御功能也大为降低。在迁界时，卫所原有居民被迁至靠内陆之地，展界后很长一段时间僻远的城池人口恢复缓慢，钱仓城"所于胜国时生齿最繁，沿山俱属民居，城废民迁，展复以来，寥寥十余家而已"③。这些寨城的地位与作用都无法与明朝卫所城池相比，终都难免崩坏。虽然卫所废除后，由于军事地理位置的重要性未变，卫所遗留下的城池多有绿营驻守，但由于防御形式的变化，城池不再是必须。相反，沿海县城的地位上升，城池的修葺受到重视，尤其是在迁界展界之后县城地位更加稳固。

大嵩城在顺治十五年（1658）及乾隆十六年（1751）曾小修过，乾隆二十八年（1763）秋大风雨使城墙崩塌三段共二十五丈九尺，城楼、城垛多有损坏，乾隆四十六年、四十七年（1781、1782）两次又塌了五十三丈，但当时朝廷将城池修缮重点放在府州县城池上，"卫所城垣俟各省郡县城垣次第修竣后再行议修"，以至于当时人分析"今承平无事，海波不扬，兴筑似非急务"④。蒲壮所城在嘉庆元年（1796）受台风影响崩塌五十五丈，平阳知县请修，同样没有获得批准，地方士绅只好募捐修城⑤。楚门所城在乾隆年间也已塌圮⑥。

同治十二年（1873），慈溪知县程云俶经过勘察后认为："所辖观海卫城塌坏多年，城门无从启闭，因无关保障，无仓库、监狱"，早已"久经停修"⑦，没有维持城垣的必要。清代后期慈溪名士冯汝霖《过观海卫城诗》写道："镞锈全埋荒垒恨，角声犹带暮潮哀。清时浪港山前路，落日荒烟剩戍台。"⑧所描绘的破败的观海卫城景象是清代后期所有浙东沿海卫所城池所共有的。康熙四十七年（1708）临海卫城重修，"官守不严，未十年而女垣之砖毁者几半矣"⑨，至光绪年间，"其城垣兴废久置不问，颓圮日甚矣"⑩，三山所也是"城门、窝铺存，城楼、女墙圮"⑪。等级的下降，使这些城池乏人管理，地方百姓在建造房屋等时会经常取用城墙砖石，也加速了城墙的损毁。

---

① 乐清市地方志编纂委员会：《乐清市志》卷25《军事·军事机关与设施·军事设施》，北京：中华书局，2000年，第786页。
② 乾隆《象山县志》卷2《城池》，《中国方志丛书》，华中地方第476号，台北：成文出版社，1983年，第175页。
③ 乾隆《象山县志》卷2《城池》，《中国方志丛书》，华中地方第476号，第175页。
④ 乾隆《鄞县志》卷6《海防》，清乾隆五十三年刻本，华东师范大学图书馆藏，第32页a。
⑤ 民国《平阳县志》卷6《建置志二》，《中国方志丛书》，华中地方第72号，台北：成文出版社，1970年，第61页。
⑥ 乾隆《温州府志》卷5《城池》，《中国方志丛书》，华中地方第480号，台北：成文出版社，1983年，第278页。
⑦ 光绪《慈溪县志》卷2《建置一·城垣》，清光绪二十五年刻本，陕西省图书馆藏，第25页a。
⑧ 光绪《慈溪县志》卷2《建置一·城垣》，第25页a。
⑨ 光绪《余姚县志》卷3《城池》，《中国方志丛书》，华中地方第500号，台北：成文出版社，1983年，第107页。
⑩ 光绪《余姚县志》卷3《城池》，《中国方志丛书》，华中地方第500号，第107页。
⑪ 光绪《余姚县志》卷3《城池》，《中国方志丛书》，华中地方第500号，第108页。

浙东沿海卫所城池的衰败还和清代以来局部岸线的变化有关。对于绍兴、宁波二府北面的观海、临山二卫及其下千户所城池而言,受钱塘江南岸在清代以来淤涨的影响,本来距卫所城池不远的岸线向北推进,光绪年间

> 近百余年来海堨沙涨二十余里而遥,洋舶不能近岸。道光辛丑英吉利初入寇,轮船驶至观海卫西胜山头,为沙所胶,夷首悉被擒获,自后相戒,指为畏途。故今之防海者但置重兵于镇海、大小浃江等口,而卫所诸城遂无有过而问者。①

同样,沿浦河河口岸线的淤涨也使得蒲壮所城离海湾越来越远,盘石后所、海安所、浦岐、桃渚、楚门、隘顽、昌国等地海岸线地貌也在变化。

清末民国时期钱塘江口南岸经济发展较好区域的卫所城池损毁得更快,观海城墙在清末已经塌坏,民国时期城中"商业繁盛,人烟稠密,道路平坦,行人如织"②,城镇的发展加速了城墙残存的消失。有意思的是,1935年浙江省财政厅清理旧宁波府的官产,竟然将观海卫全城屋基都指为官产,让四千余户百姓交费,依据为这些都是明代观海卫的财产,士绅申辩观海卫600年前的地基就是寺庙捐的滩涂田地,并非官产,还列举卫志记载为证③。海门卫城也在民国时期因建厂、开路、便利防空疏散等原因被大部分拆除④。抗战时期,浙东遭日寇侵袭,乐清一带曾遭大规格空袭,因盘石城外是深水港,屡次被炸,日军占领后建机场又拆毁了部分⑤,蒲岐所与盘石后所城址也遭到日军轰炸。

20世纪50年代以后至80年代,由于不重视保护,卫所城墙被撤除了很多,盘石城残余部分于"1953年至1958年拆毁,今存城基痕迹"⑥。新河所城在50年代拆除了南城,后西、东、北也陆续夷平⑦,松门卫城墙也被拆除⑧。

一些偏僻处的城池依然是地方区域内经济中心,城池破坏相对较慢,桃渚与蒲壮所城均属于此。1939年,桃渚城城堡依旧,"城内外均有街道,惟商店规模甚小。据云以北四五里之居民,均至此集市,亦北岸经济中心之一"⑨。

---

① 光绪《慈溪县志》卷2《建置一·公署》,第26页a。
② 《七邑实业近闻:观海卫驶行轻车声》,《宁波旅沪同乡会月刊》1925年第28期,第2页。
③ 《会务纪要:官产处指观海卫为官产案》,《宁波旅沪同乡会月刊》1935年第141期,第9—11页。
④ 椒江市志编纂委员会:《椒江市志》第28编《文化·文物管理·保护·维修》,杭州:浙江人民出版社,1998年,第744页。
⑤ 乐清市地方志编纂委员会:《乐清市志》卷25《军事·军事机关与设施·军事设施》,第786页。
⑥ 乐清市地方志编纂委员会:《乐清市志》卷25《军事·军事机关与设施·军事设施》,第786页。
⑦ 温岭县志编纂委员会:《温岭县志》第15篇《城乡建设·新河镇》,杭州:浙江人民出版社,1992年,第467页。
⑧ 温岭县志编纂委员会:《温岭县志》第15篇《城乡建设·松门镇》,第469页。
⑨ 仁:《临海县桃渚花桥二区视察记》,《力行半月刊》1939年第2卷第3期,第11—14页。

清代康熙以后大多数明代遗留下来的卫所城址未变，但城墙都有一定的变动。因此，在调查、保护卫所城墙遗址时必须认识到现在遗址是明清两代叠加的产物，需加以细致区分。

第二节　浙东卫所遗址现状与保护

浙东沿海有独立城池的7卫、26所城在入清以后经过迁展、改建等，情况颇为复杂，现存城墙遗迹十分丰富、类型多样，既拥有全国卫所城墙共有的特性，又有区域特性。

一、全国卫所城墙遗址分布地理

据笔者不完全统计，留存至今的明代卫所城池与城墙遗址有236处，其分布十分广泛，今北京、上海、辽宁、河北、山西、内蒙古、陕西、甘肃、宁夏、四川、云南、贵州、湖北、湖南、广西、广东、福建、海南、浙江、安徽、山东等省、自治区、直辖市均有遗存，这与明代在全境广建卫所的历史相映照。其中分布密集区域为北方长城沿线，东部山东、浙江、福建、广东沿海和西南云川贵、湖南南部，这三块区域在明代俱是卫所密集区域，明清以来地方人口、局势、发展等与中部地区不同，遗迹保留较多。

这三块区域能够保存较多遗址首先是它们明代均属陆海边地，北方边患、东南倭患，西南则是多民族聚居区域，统治者建立了大量卫所，且多有实土与准实土性质，拥有独立城池的较多。另一共同点是入清以后相当长一段时间内其发展相对缓慢。据曹树基的估计，辽东地区在明末大乱之前约有300万人口，经过与女真长时间的拉锯战之后，人口也不过50万人左右[①]。清军入关以后，又以东北为"龙兴之地"修建柳条边，禁止内地汉民迁入屯垦，到乾隆四十一年（1776）时，占据辽东大部的奉天府还不到40万人[②]。长期地广人稀的境况也就意味着辽东地区的开发缓慢。南明鲁王、隆武、绍武政权及郑芝龙、郑成功父子活跃于东南海域，清朝因此有迁界、展界之举。迁界对东部沿海地区的社会经济发展造成了巨大的破坏。西南地区活跃着永历朝和大西军余部，与清军在云贵川桂湘等省展开长期对峙，使本就经历了奢安之乱后尚未来得及恢复的地方社会更加残破。康熙中期又有三藩之叛，西南各省再次陷入战乱之中，等到战事结束，当地已是人口锐减，民生凋敝。一方面具有军事防守功能的卫所

---

① 曹树基：《中国人口史·明时期》，第269页。
② 曹树基：《中国人口史·清时期》，上海：复旦大学出版社，2001年，第454页。

城池在战争和地方行政管理中仍有作用,能够得以维持;另一方面一部分卫所城池被废,成为荒地。这样一来,卫所城池反而更能较为完整地保留下来。

今明长城一线的卫所城墙遗址也相当丰富。这一线实土与准实土卫所的数量大,府州县的设置却少。毛亦可归纳清朝针对不同类型的卫所分别采取了四种处理办法:并入其他卫所;裁撤;归并邻近府州县;改设新府州县,这一类主要是实土卫所的处理政策①。长城沿线的实土卫所由此多被直接改设府州县,以原有的卫所城池为府州县城池的基础,得到一定的维护。近代以来长城沿线经济发展缓慢,对于城墙破坏较小,不少卫所城池得以保留下来。明长城之外也保有一些洪武时期设置的卫所城墙遗址,永乐以后卫所内迁,城池废弃②,周边逐渐成为蒙古牧民的牧场,入清以后亦然,长期无人关注,卫所遗址受到的破坏程度小,大部分保存较完整。

东部沿海则由于卫所原在府州县境,裁撤时大多直接废除,只有少数城池被改设为县城。西南地区也是两种情况均有,明代已有府州县设置的区域,卫所归并时基本是省入方针;贵州、四川境内的实土卫所城池也与清代当地政区设置及城池关联在一起。当卫所城池不再是地区行政和军事中心后,降级为乡镇、村庄一级的小型聚落点,反而因祸得福,多因开发速度缓慢而得以保留。今天的卫所遗址调研结果也表明这些地区留存的卫所遗址在数量、保存完整程度上都较其他地区要好。

明代内陆各省或多或少均有卫所设置,但独立城池卫所零星,数量远不如上述三块边地,因此今天中部地区省份卫所遗存很少甚或不见遗存。

二、浙东卫所城墙遗址现状

从浙东沿海现存卫所城池保存情况来看,大致可分为三种:其一是城池保存基本完整,即四周城墙未被拆除,城门、瓮城等留存,受到破坏不多或较小;其二是仍保有相当一部分明代建筑的遗址,这一类主要是留存有不完整的一段或几段城墙(有些留存护城河)及一处或几处城门遗迹,其中不少遗址还在附近保有相关的防御设施遗址(如烽火台等),虽然受到一定程度的破坏但还有所保留;其三是城池遗址留存不多甚至基本无存的,这类遗址基本只保留少数城墙或城门基址,主体建筑已不复存在,城内古建留存也极少,即使还有,大多也经过完全的翻修甚至在旧址上新修,被破坏程度相当大。

笔者实地考察、查阅相关地方文献,对现存浙东卫所遗址清代以来的变化、保留情况进行了细致的梳理,兹列表5-3如下:

---

① 毛亦可:《清代卫所归并州县研究》,第76—77页。
② 达力扎布:《明代漠南蒙古历史研究》,海拉尔:内蒙古文化出版社,1998年,第28—41页。

第五章 明代卫所城墙遗址调研：以浙东沿海卫所为中心

表5-3 浙东卫所城墙遗址统计

卫所名	现 状	城池演变与留存情况	保护与修缮	开 发 情 况
桃渚所	保存完整	明代多次迁移，最终定于今地，当地称为"上旧城"。清初因"迁海令"废，为绿营驻地，设寨汛，同治时开辟北门，民国时北门废塞。1958年拆西门瓮城，南门瓮城也被拆部分城外墙，1971年南城墙一处敌台因公路拓宽而被拆除，但整体保存仍十分完整。现存城墙1 300余米①。	1963年列入浙江省文物保护单位。从1987年起，对该古城加强保护，修筑保护性软墙。2001年列入全国重点文物保护单位，2003年台州市政府拨款整修，2012年重建桃渚城东西两面城墙敌台各一座②。2021年当地政府曾组织修缮桃渚城城墙。	已开发为旅游景区
蒲壮所	保存完整	清康熙年间设蒲壮营，同治间撤防，因其靠海，常受台风侵袭，城防设施遂日益破损③。东、西、南三面城墙保存较为完整，北面城墙受损严重，城墙残高1—3米不等，敌台保存状况也很糟糕，大部分只存基址可辨认，北面因围山而建，不设城门，其余三门城门则都有不同程度的损坏，西门损坏最为严重，拱券结构与城楼建筑均不存。	1983年列入苍南县文物保护单位，1989年列入浙江省文物保护单位，1996年列入全国重点文物保护单位。从2000年起，当地有关部门开始对城墙的修缮工作，2002年对西门进行了恢复性修建，2016—2017年，温州文物考古所两次对蒲壮所城北城墙进行考古发掘，2018年对北城墙进行了彻底的修复与维护，2023年又对南门进行了修缮。	已开发为旅游景区
壮士所	保存较为完整	明正统年间因屡被倭寇攻破而废弃，今城墙高3—7.2米不等，周长1 580余米，东面城墙受损严重，西门瓮城仍清晰可见，拱券结构与城楼已不存，南面城墙保存最好，北面城墙近些年塌毁情况严重，特别是树木与草丛的生长以及人为的活动对北面城墙的破坏最为剧烈。	1997年列入苍南县文物保护单位，2006年归入蒲壮所城，成为国家重点文物保护单位。2016—2017年，浙江省文物考古所与温州市文物考古所联合对其进行了考古发掘，2023年对东面城墙进行修缮。	紧邻景点

---

① 临海市地方志编纂委员会：《临海市志(1986—2012)》第32编《文化遗产·文物史迹》，杭州：浙江古籍出版社，2020年，第1256—1257页。
② 临海市地方志编纂委员会：《临海市志(1986—2012)》第32编《文化遗产·文物史迹》，第1257页。
③ 民国《平阳县志》卷6《建置志二》，《中国方志丛书》，华中地方第72号，第61页。

续　表

卫所名	现　状	城池演变与留存情况	保护与修缮	开发情况
澉浦所	保存较多遗迹	20世纪70年代尚保存完整，后因长山河工程而大部被拆，仅有1 000余米的城墙及西城门留存至今。	1991年对西城门进行过抢救性修复。2001年这段城墙遗址被列入海盐县文物保护单位，2003年又升格为县重点文物保护单位。2015年对西城门及其瓮城、护城河进行整修。2018年又开启肃武门（即西门）公园的整治工作，2022年重建了北城门并新修了50米长的城墙。	为南北湖风景区的一部分
大嵩所	保存较多遗迹	清前中期多次修缮，后屡遭自然与人为破坏，至1956年大部塌毁，今仅在其北部凤凰山存700余米长的城墙，顶部坍塌严重①，东城门保存较为完好。	2017年列入浙江省文物保护单位。2023年发布招标公告，计划对现存城墙遗址及炮台山烽火台进行保护与修复工作。	2017年修建历史陈列馆
石浦二所	保存较多遗迹	留存东南段城墙及东城门。	县级文物保护单位。21世纪初在残存东城门基础上修建了城楼与瓮城，2023年石浦渔港古城二期规划开展，对古城进行新一轮的保护与修缮。	2005年开发为旅游景点。2023年被浙江省确定为第三批千年古城复兴试点单位之一。现为国家4A级景区，国家历史文化名镇
爵溪所	保存较多遗迹	明清多次重建，民国时已局部毁坏，1956年台风刮塌东城大部，拆西城修补，70年代拆毁南城，现存北面依山一段约600米及东面滨海段城墙400余米②，另有石城门、敌台各一座。	1956年、1978年为防海潮两次重修加固东段城墙③。1986年列入县级重点文物保护单位。2017年爵溪抗倭城墙修缮工程（东门段）开启。	规划旅游开发
蒲岐所	保存较多遗迹	康熙九年展界后修砌如故，咸丰十一年（1861）曾有乡绅组织重修。20世纪六七十年代城墙被拆毁，四座城门及瓮城均得以保留④。	1983年列入乐清县重点文物保护单位。1990年西门受台风影响有坍塌的危险，县政府维修⑤。2021年修缮东城门。2022年修复南城门与西城门。	已进行旅游开发

---

① 浙江省鄞县地方志编委会：《鄞县志》第29编《文化·名胜古迹》，北京：中华书局，1996年，第1640页。
② 象山县地名志编纂委员会：《象山县地名志》卷10《胜迹地名·古遗址》，杭州：浙江人民出版社，1995年，第582页。
③ 象山县地名志编纂委员会：《象山县地名志》卷10《胜迹地名·古遗址》，第582页。
④ 乐清市地方志编纂委员会：《乐清县志》卷32《文化·文物》，北京：中华书局，2000年，第961页。
⑤ 乐清市地方志编纂委员会：《乐清县志》卷32《文化·文物》，第961页。

第五章 明代卫所城墙遗址调研：以浙东沿海卫所为中心

续 表

卫所名	现 状	城池演变与留存情况	保护与修缮	开发情况
健跳所	保存较多遗迹	南山脚至北门山脚的城墙被拆毁，为现代建筑物所取代，其他地段的城墙则保存完好①。	1984年列入县级文物保护单位②。2011年，健跳所城与清代设立的莆西巡检司城一同被列入浙江省文物保护单位。	未开发
临山卫	保存部分遗迹	现存部分城墙基址及南城门遗址。	2017年曾开展小城镇环境综合治理，对城内十字街进行了仿古修复。	2019年临山卫印象馆落成
霩䨇所	基本无存	城墙在抗战时期就遭到破坏，至20世纪70年代，随着城内居民的繁衍，残存古城墙遂大部被拆除。今仅存留部分城墙基址，城外总台山上有多处烽火台遗址。	2000年以来对所城外烽火台遗址进行了三次修缮。	2015年，建立非物质文化遗产陈馆，同年被评为"宁波市历史文化名村"
三江所	保存部分遗迹	原保存有不少遗迹，2000年遗址所在的三江村被划入工业园区，遭到较大破坏，2014年三江村列入旧村改造规划中，整体搬迁，在这一过程中，遗迹再次遭到破坏。今仅保留东城门及部分城墙遗址。	2011年被列入绍兴市文物保护单位。2021年当地政府建立文物保护长效机制，定期巡查。同时又将城门与残存城墙遗址合并，共同列入越城区文物保护单位。	未开发
龙山所	保存部分遗迹	北城门在抗战中被日军炸毁，其他城门也分别在1967年、1969年、1979年予以拆除，城墙上的条石和墙砖也被移作他用，唯夯土得以保留，是故轮廓仍可分辨。	1986年4月被列入慈溪县文物保护单位。	未开发
海门卫	保存部分遗迹	清康熙四十一年（1702）整修，民国初年南门与西门均塌毁，1929年拆除北城墙修筑路，1939年拆除东山城墙，1971年拆除西山南段扩建中学操场，1988拆除南城墙西段。今仅有东门"晏清门"遗址及部分城墙基址留存③。	2008年"晏清门"列入椒江区重点文物保护单位。2017年在旧有城墙基址上修复了一段古城墙，现已修复完成向公众开放。	2017年当地政府开始打造海门卫城历史文化旅游区

---

① 三门县志编纂委员会：《三门县志》第23编《文化·文物 胜景》，杭州：浙江人民出版社，1992年，第778页。
② 三门县志编纂委员会：《三门县志》第23编《文化·文物 胜景》，第778页。
③ 椒江市志编纂委员会：《椒江市志》第28编《文化·文物管理·保护·维修》，第744—745页。

续 表

卫所名	现 状	城池演变与留存情况	保护与修缮	开发情况
昌国卫	保存部分遗迹	因"迁界令"废毁，康熙二十三年(1684)复建，乾隆二十一年(1756)重修。20世纪50年代城池尚保存完整，后遭破坏。今残存一段城墙及卫城南水门遗址。		
新河所	保存部分遗迹	20世纪50年代以后基本拆除，只残存原西城门附近约14米长、7米高、11米宽的一段墙体。	温岭市文物保护单位，墙上乱石堆砌、杂草丛生。	
海安所	保存部分遗迹	城墙在70世纪初尚保存较为完好，50年代前后城墙与城门遭破坏，今仅存东门宾阳门附近约10米长、2米高的城门遗址①。		
金乡卫	保存部分遗迹	城墙很早就因年久失修而毁坏严重，今仅存部分城墙基址与北门望京门、西门来爽门遗址及南水门遗址②。	1983年列入苍南县文物保护单位③。	2013年当地政府对残存遗迹进行修复，并在西门附近修建了一段仿古城墙。同年成为浙江省4A级景区镇，2023入选浙江省"千年古城复兴试点单位"
松门卫	保存部分遗迹	展界后为绿营驻地，改设寨汛。今城墙基本无存，当地民居建筑可以清晰看出是建在原城墙基址之上。保留有卫城南门遗址，该门在抗战时曾遭日军轰炸垮塌，后复建，已非原貌。	2002年列入温岭市文物保护单位。	未开发
盘石卫	保存部分遗迹	城墙早在1934年即因被当地政府拆作铺路的石材，抗日战争期间，日军又拆下东北城墙用于修建机场，20世纪六七十年代，残余城墙也被彻底拆毁，今仅存西门与北门城址。		

① 瑞安市地方志编纂委员会：《瑞安市志》卷28《文化·文物》，北京：中华书局，2003年，第1450页。
② 苍南县志编纂委员会：《苍南县志·文化·文物》，杭州：浙江人民出版社，1997年，第634页。
③ 苍南县志编纂委员会：《苍南县志·文化·文物》，第634页。

第五章 明代卫所城墙遗址调研：以浙东沿海卫所为中心

续 表

卫所名	现 状	城池演变与留存情况	保护与修缮	开发情况
三山(浒山)所	保存部分遗迹	1954年成为慈溪行政中心后城墙逐渐遭到拆除。现存北门遗址，高3.1米、宽3.8米、进深5米①。	2003年列入慈溪市文物保护单位。	
沥海所	基本无存	城墙1956年即全部拆除，只保留部分基址，多建有民居。	建有海防博物馆。2022年起当地政府计划将护城河内区域进行保护与开发。	2022年申报为绍兴市爱国主义教育基地
观海卫	基本无存	该城民国时已遭破坏，20世纪50年代末将城墙彻底拆除。		
穿山所	基本无存	民国后期留存东城墙和南城墙，20世纪50年代末被毁。今尚存部分古城墙基址。		
钱仓所	基本无存	因"迁界令"而废，康熙年间恢复，并建寨汛，由于规模较小，只截取原城一半为寨，乾隆二十一年(1756)整修，后经多次改建。今仅存部分残垣，长满杂草树木。		
楚门所	基本无存	雍正六年(1728)展界，卫城仍有残碟、谯楼遗存，后改设寨汛。之后逐渐圮塌，今已难见遗存。②		
宁村所	基本无存	20世纪50年代前城墙保存完整，五六十年代被拆毁。今可从当地部分民居的建筑基址中看到以前城墙的孑遗。		
沙园所	基本无存	城墙于1940年遭到破坏，日伪瑞安县长下令拆除部分城墙用于填海，之后残存城墙进一步圮塌，2000年以后当地建设良田基地，城基被彻底挖掘一空。		

从表5-3中可以看出，城墙保存完整或较为完整的卫所遗址只占10.7%，而保存遗迹较多的卫也只占到21.4%，两者相加只有现存城墙遗址数的三分之一，而基本

---

① 慈溪市地方志编纂委员会：《慈溪市志(1988—2011)》第47编《文物·文物保护》，杭州：浙江人民出版社，2015年，第2106页。

② 玉环县志编纂委员会：《玉环县志》第19编《军事·军事设施》，上海：汉语大词典出版社，1994年，第507页。

无遗存的则达 28.5%,剩下三分之一强则是保有部分遗迹的卫所遗址。

  大部分卫所遗址的塌毁是一个长期的过程,是在多种因素综合作用下导致的。从清代开始,不再作为重要军事据点的卫所城池逐渐淡出官方视野,行政力量的退出造成卫所城墙无人维护,在浙东因人口增长与经济恢复缓慢,卫所城池还能得到一定程度的保留。到清中后期,一些原设寨汛的卫所城池因防守形势的变化不再作为海防据点,驻军先后撤出。逮至民国,卫所城池彻底无人管理,受到自然侵蚀和人为毁坏,特别是抗日战争期间,日军在浙东炸毁拆毁许多卫所城墙。20世纪五六十年代对于卫所城池的拆毁又达到了一个高峰。由于明清以来城墙外部多包砖石,所以当地居民往往将之拆下用于修桥、铺路、建房,笔者在实地调研中就发现,在许多原卫所城池发展而来的村镇中,可以明显看到许多民居建在城墙基址上,或是其外墙、地基以城墙拆下的城砖、条石为建筑材料。

  保存完好的卫所遗址有一相同点,就是交通不便,远离地方行政与经济中心,笔者曾亲往蒲壮、壮士、桃渚等古城考察,发现这几个地方地处僻壤,道路等基础建设相对落后,公共交通不发达。也正因此,这几个地区经济发展相对缓慢,仍以农业为主,年轻人多外出务工。古城中随处可见年代久远的老屋,卫所城墙与民居也保存较好。共处一城的大同右卫与玉林卫在清雍正三年(1725)合并改设为右玉县,城墙作为县城得以保存,1972年县政府迁往今驻地,原右卫城改为右卫镇①,不再作为右玉的行政中心,而右玉本身又是国家级贫困县,直到2017年才脱贫,故右卫城墙得以完整保存。

  与之相反,距离行政中心近、经济发展好的卫所城墙保存状态较差,观海卫与临山卫二城在民国以来的际遇是典型个案。这种情况并非个例,他地亦然。金州卫城在明代是辽东半岛战略要地,周长4000米,城高池深,入清以后城周有所缩小②。清末大连因其独特的地理位置和重要的战略地位,先后沦为沙俄和日本的殖民地,为了经营大连,对金州卫城已有一定的破坏。从1948年起,金州古城陆续被拆除,开辟了从城南到南站的新区。80年代以来大连城区规模日渐扩大,金州区的定位为"以机械工业为主的大连市卫星城镇"③,因此金州卫城城墙在百年来的发展中毁坏无余,只残留东北角的小段城墙。

三、浙东卫所遗址的保护

  中国古代对于文物保护虽有一定的意识但并不强。步入近代,西方有关文物保

---

① 右玉县志编纂委员会:《右玉县志》,北京:中华书局,2018年,第62—63页。
② 大连市史志办公室:《大连市志·文化志》,大连:大连出版社,2003年,第217页。
③ 大连市史志办公室:《大连市志·城市建设志》,北京:方志出版社,2004年,第482页。

第五章 明代卫所城墙遗址调研：以浙东沿海卫所为中心

护的思想传入国内，官方开始有一些文物保护的立法工作，但卫所城池遗址未被考虑在内。20世纪50年代一系列文物保护法规的出台，使部分卫所城池遗址被列入省级或省级以下文物保护单位，1963年，桃渚所城被列为浙江省文物保护单位。80年代起卫所遗址引起各地有关部门的关注，越来越多的城址开始进入各级文物保护单位名录。然而，彼时地方对卫所城址重视度并不高，实质性的保护工作较少，相当一部分在此之后因为经济发展让步等缘故而遭到一定的损毁。仅有少数经济较为发达的地区卫所城墙遗址的保护与开发做得较好，深圳大鹏所古城就是一个代表。早在1993年深圳市政府就对古城城墙做了一次抢修加固工作，1996年成立以文物保护、历史研究和旅游开发为宗旨的"大鹏古城博物馆"，1999年修复古城的南城楼和东城楼[①]，2005年立项投资开启对大鹏古城的保护与修缮工作，近年来又多次组织部分城墙的修复工程。在这期间，大鹏古城先后被列为"全国重点文物保护单位"、"中国历史文化名村"、广东省爱国主义教育基地，吸引了大批游客，成为卫所遗址保护与开发的典范。就浙东沿海卫所城墙及城池遗址而言，因原遗址的保存状况、各地方政府的经济条件、对文物重视程度等的不同，保护及开发差异较大。

浙东卫所遗址有15处被列为各级文物保护单位，现有国家级2处、省级2处、市级2处、县级9处。列为全国重点文物保护单位的蒲壮所城、桃渚所城遗址得到了较好的保护与利用，经过多次修缮，被开发为旅游景区。其他级别的遗址情况就比较多样，保护状况也不一而足，一般是经过旅游开发（包括建设为博物馆、陈列馆或公园）的会受到更多关注，有关部门会给予一定经费进行修缮。至于未被开发的遗址，即使列为文物保护单位，保护力度也不足，不少乏人维护。最典型的便是三江所，2000年当地建设工业园区，导致遗址遭到毁坏，2011年三江所被列为绍兴市文物保护单位，到2014年整村搬迁时未见保护措施，致使遗迹又遭破坏，最后仅剩东城门，仍有受自然侵蚀而塌毁的迹象，2021年有关部门才采取行动进行巡视与修缮。

而受到保护修缮与开发的卫所遗址同样存在各种问题，首当其冲的是过度修复，前文提到壮士所城早在明正统年间就弃守不用，因此得以较为完整的保留，但其东城墙损坏严重，近年来当地重修了该段城墙，重修后的城墙与原存古城墙在石料、色彩等细节上有明显差异，没有达到文物修复中"修旧如旧"的标准。另外，在卫所保护过程中还存在技术问题，即明清城墙分层。浙东的卫所城墙在清前期都经过一定的修葺，造成明清两层重叠，在目前的保护与修缮过程中，似乎未见对该问题的关注。

卫所城墙遗址保存较好的地方都比较偏僻，交通和其他服务设施不到位。蒲壮、桃渚等都有交通不便的弊病，通往景区的公共交通班次少、耗时长，路况条件也比较

---

① 深圳市龙岗区地方志编纂委员会：《龙岗区志（1993—2003）》第九篇《文化·文物》，北京：方志出版社，2012年，第844页。

差,直接导致景区游客少。笔者认为,在基础设施建设并不完备的情况下,将卫所遗址盲目开发为旅游景点,得不偿失,不仅无法回收成本,还会在开发过程中对文物造成破坏。修缮资金的匮乏是卫所遗址保护与开发过程中的最大难题,多处遗址限于财政问题,提出的保护与修缮的规划最终不了了之。

小　　结

城墙遗存只是卫所文化遗产的一部分,因有实体存在,相较于其他类型文化遗产而言,保护相对容易,但目前全国的卫所城墙遗产均面临重视不足,或过度修复开发,或随其自行消亡等问题。而其他类型卫所文化遗产的保护更加不易。笔者认为急需做三项工作:一是对卫所文化遗产进行全面梳理,确定定义、分类,厘清当下的保护现状,这样有利于其特征的凸显,以区别于其他明清文化遗存;二是卫所文化遗产地理分布散,现在的保护以所在地方市县政府为主,因此加强更大区域范围的联合保护与开发是必须;三是加大宣传,提升公众对卫所及其文化遗产的认知。

浙东因其经济发展较为迅速,在卫所遗址保护与开发方面条件更优越。在其他地方,有些卫所遗址的保护只能做到定期巡视,偏远地区只能寄希望于当地志愿者。卫所遗址如何妥善保护与修缮、应不应该开发以及如何开发等问题,都是值得国家与地方长远规划的。

余 论

一、卫所地理区的划分

在提及卫所地理的划区时，按五军都督府、都司分区是最基础的制度性军事地理分区，但明人经常会根据地理位置、防守形势等打破这种分区，最常见的即是以京师为中心的"在内"（在京）与"在外"划分。由于边患、屯田比例、班军、运粮、充军与流放等常涉及卫所地理分区，在明代官方及私人文献中还常常把"腹里卫所"与"边方卫所"对称[①]，"边方卫所"也称为"边卫"[②]"边境卫所"[③]"边疆卫所"[④]。同一段文献中如果只出现"腹里"与"边方"，一般是把陆海边地卫所均按边方计，有时需根据上下文进行判断。但是包括《明会典》在内的大部分文献中以边地、腹里来划分卫所地理时，还是会区分陆海，将天下卫所分为"腹里卫所""沿海卫所""沿边卫所"三区（种）[⑤]。除此之外，还有以南北来分区的，如刘大夏因京操与运粮就将天下卫所分为"江北卫所""江南卫所"[⑥]，在《明会典》中也经常以江南、江北来分区，抑或以南方与北方来分区。从使用量来讲，还是将卫所分为腹里、沿海、沿边三区最为普遍，这与明朝北边和沿海的长期边患及国家治理政策中的分区有关。

[①] "……或曰边方卫所该守御，腹里卫所该运粮……"（胡宗宪：《筹海图编》卷11《经略一·清屯种》，景印文渊阁《四库全书》，第584册，第316页。）

[②] "……旗校舍余人等发边卫充军。"（舒化：《大明律附例》卷1《名例》，明刻本，上海图书馆藏，第8页b。）

[③] "国朝之制：腹里卫所二分守城八分下屯，边境卫所三分守城七分下屯。"（成化《中都志》卷3，《四库全书存目丛书》，史部，第176册，第187页。）

[④] "……西北边疆卫所……"（王文禄：《策枢》卷1《振兵策·足饷》，《丛书集成新编》，第26册，第250页。）

[⑤] "腹里并西北一带沿边，及山东沿海卫所……"（傅汉臣：《风纪辑览》卷4《发落类》，明嘉靖十年刻本，中国国家图书馆藏，第59页a。）；"沿边、沿海及腹里府州县与卫所同住一城及卫所自住一城者……"（万历《大明会典》卷166《刑部八·律例七·兵律一》，第852页。）；"在西北设有沿边卫所，以防虏患；在东南设有沿海卫所，以防倭患。"（杨博：《杨司农奏疏·边饷渐增供亿难继酌长策以图治安疏》，陈子龙辑：《皇明经世文编》卷389，《四库禁毁书丛刊》，集部，第28册，第67页。）；"自各边、沿海以至腹里都司一体造报。"（万历《大明会典》卷133《兵部十六·镇戍八》，第679页。）

[⑥] "江南卫所困于运粮，江北卫所困于京操。"（陈洪谟：《治世余闻录》上篇卷2，《续修四库全书》，史部，第433册，第287页。）

20 世纪 80 年代,顾诚在明人卫所地理分区基础上,以"地理单位"的视角分卫所为"沿边""沿海""内地""在内"四种地理类型,其中"在内"与古人对京卫的地域称呼相同,其余三种即古人之"在外"。"沿边"指从东北到西北、再到西南的边疆地区;"沿海"指东部除辽东以外沿海地区;其余为"内地卫所"①。郭红提出的北边"重镇型"、西南"交通型"、东部"海岸型"三种地理分布模式是根据卫所大的区域特征而定的,她认为内地卫所"分布相对零散,没有显著的地理特点",故未对内地卫所进行概括②。《明史·地理志》"实土"与"无实土"③及郭红提出的"准实土"④,严格而言是与疆土管理、政区有关分类,并不是分区⑤。

受明代陆海边防形势的影响,不管是明清还是今人对卫所的地理分区都以边地与腹里为标准。从本书所讨论的五个地理层面而言,笔者认为可以在顾诚分区的基础上,结合相关特征,划分为腹里区、沿海区、北边区、西南边区、省际边区五区。以下是各区地理特征。

(一) 腹里区

主体区域指山西太原府、北直隶保定府以南,山东青州府以西,河南南阳府及湖广襄阳府、荆州府、常德府以东,湖广衡州府、江西吉安府以北,含浙西及南直隶大运河以西。这一区域卫所设置早,地理稳定度高、内部差异小,与府州县关系紧密。

区域内卫所以与府州县同治卫所为主,尤以府卫同治较多,政区治所、交通主路、卫所治地重合度极高,无行都司、军民司等设置,说明属于国家治理成熟、平稳的区域,且内部地方防守形势近似度高。从教育与科举而言,这一带卫所有府州县学可就,多未设置卫学,卫籍进士地理接近区域内进士整体地理特征。因历史上军民融合较快,加之少有独立卫所城池,卫所文化遗产留存很少。

(二) 沿海区

明人的沿海卫所是指山东登、莱二府至广东廉州府境沿海的卫所,本书即以此为沿海区,包括山东、南直隶、浙江、福建、广东沿海各府州县境内大部分卫所,辽东虽亦有海防之责,但在明人文献中经常与九边其他卫所一样被称为边卫。沿海区卫所均位于府州县境,府治多在洪武前期已设卫,海岸线上林立的卫所则多设于洪武十九年(1386)之后,守御千户所尤多。海岸线上的卫所有近似的时空特征,对明清区域地理

---

① 顾城:《明帝国的疆土管理体制》,第 135—150 页。
② 郭红、靳润成:《中国行政区划通史·明代卷》,第 259 页。
③ "卫所有实土者附见,无实土者不载。"(《明史》卷 40《地理一》,第 884 页。)
④ 郭红、靳润成:《中国行政区划通史·明代卷》,第 261 页。
⑤ 施剑在回顾"军卫制度分区研究"时对制度上的分区与研究中的分区有一定综述,见施剑:《明代浙江海防建置研究——以沿海卫所为中心》,硕士学位论文,浙江大学,第 7—8 页。

影响深刻。

沿海区同治卫所以与府同治为主,县级政区治所只有宁海州、太仓州、海盐县、福清县、电白县与卫同治,电白县还是成化三年(1467)才迁来与卫同治的,太仓州则是弘治十年(1497)增设。设守御千户所同治的县级政区城池也不多。洪武十九年(1386)后集中所设卫所以紧邻岸线为主,而沿海的府州县治所城池多不在海岸一线,因此境内存在大量不同治卫所。同治卫所在驿路主路上,不同治卫所则以铺路与主路相连。海防是临海区的军事主责,因此卫所均属各都司管辖,无行都司之属。因沿海区卫所均在府州县境内,独立设卫学的极少,因此科举表现远不如腹里卫所。明代沿海地处偏远,州县稀疏且人口少,有独立城池的卫所推动了当地社会发展,保存至今的城墙等遗址及非物质文化遗产引人注目。独立卫所城池清代以来除少部分改为县级治所外,随着康熙以后海防形势的平缓,多不再被重视,保存状况参差不齐。千户所城池多离政治中心远且偏僻,区域开发较慢,遗存较丰富,以山东半岛南部、浙江台温、福建闽江口以南最为集中。

明代浙闽沿海区当地所征之军"互徙"①,正统九年(1444)后两地徙、流等充军也是"杂犯死罪者,浙江发福建、福建发浙江沿海边卫充军"②,人员交流频繁,卫所人口及其所带来的民间信仰等方面的关联,使文化地理特征有近似性,至康熙初展界,又有一批闽南人进入台、温,更增强了这一点。山东沿海虽与浙闽地域相隔,因为都有防倭与海运之责,在海防体系等方面近似之处较多。本书虽未探讨卫所民间信仰地理变迁,但沿海区卫所在这一方面也呈现相似性,如天后、关公信仰的传播都与卫所人口的军事性质与海上安全需求有关,山东与东南沿海的戚继光信仰则与抗倭有关。

(三) 北边区

以九边为中心,主要区域为辽东至北直隶保定府、山西太原府以北,西至陕西都司、行都司,以北直隶北部及宣大一带卫所最为密集,有众多实土卫所,也有府州县境卫所。北边主要问题为边患,因此有府的区域同治、不同治的卫所俱多,洪武初除了防守外,维护腹里与边地的交通也是主责,因此设置重南北纵向分布,永乐后边墙一线的交通维护也受到重视,顺天府、宣大一带卫所横向联系加强。陕西行都司属实土,是明代河西的保障,故未出现湖广、福建二行都司的废除之议。九边是明代卫学分布集中区域,一是实土卫所设有卫学,二是府州县境不同治的卫所也多设卫学,卫

---

① "甲午。诏互徙浙江、福建沿海土军。初闽浙滨海之民多为倭寇所害,以指挥方谦言,于沿海筑城置卫,籍民丁多者为军以御之,而土人为军反为乡里之害。至是有言于朝者,乃诏互徙之。既而以道远劳苦,止于各都司沿海卫所相近者令互居之。"(《明太祖实录》卷233,洪武二十七年六月甲午,第3404—3405页。)

② 万历《大明会典》卷37《户部二十四·课程六》,第269页。

所籍进士数量以位于边防二线的卫所为多。北边区独立卫所城池多，因此清代改设为府州县治所的城池亦多。

(四) 西南边区

主要区域为四川龙安府至成都府以西、重庆府以南，云南、贵州、广西一带。卫所在地方管理中占重要地位。对于四川，本书将其西部与南部归入西南区，成都平原及其以东可视为腹里区的一部分，四川与湖广交界处可视为省际边区。明代广西之上虽有两广总督之设，但从民族、边疆形态而言与云贵更为近似，王士性以其为"西南诸省"一分子，因此本书亦将其卫所归入西南边区。明初卫所的设置是汉族移民大量进入西南的开端，卫所在地方政区地理、聚落地理、社会地理等形成中有重要作用，是明清当地发展过程中一个不容忽视的角色。

设置之初维护国家交通主脉是西南边区卫所的主责之一，西部卫所密集的弧形地带自北向南的、由四川行都司入境云南及川贵滇交界处的驿路至昆明会合，将三省紧密联系在一起。卫重郡轻是当地同治之地的共同特征，贵州部分同治为先有卫所后有府州县。卫学以贵州、四川行都司为多，四川西北部、云南中西部亦有零星分布，明代云贵卫籍进士在二省进士中占到50%以上。到明代后期，拥有独立城池的卫所主要分布在四川行司与贵州，清代绝大部分成为府州县城池，城墙有叠压、规制等改变。

(五) 省际边区

主要包括湖广西部与南部、四川东部，广东西部，福建行都司及广东、福建、江西交界区域，在地图上呈 U 形。明代各省都有自己的中心与边缘，本书所选省际边区均属民族复杂或流民问题严重的多山之区，这个特征使得当地本处于腹里省份的卫所地理表现不同，也是福建、湖广二行都司得以设置的原因。当流民问题基本解决后，嘉靖、万历年间二行都司共同面临存废争议。

该地域与腹里省份其他地方相比，府州县治所外卫所相对较多，但有地域差异。由于本就处于各省教育落后的偏远地区，卫学又少，进士数量稀少。独立城池的卫所在清代大部分没有被改为府州县城池，因此城墙遗存较多，卫所对当地文化地理影响相对较少。

五区建立在明代卫所地理特征及明人的分区认识基础之上，仍是以大区域为切入点，各区域内部还可分为若干亚区。五区地理上有过渡，并没有明确的边界。本书研究只涉及五个地理层面，看似关系较远，其实每个地理要素间都有密切的关联，在分析其中任何一个时，不能忽视其他要素的影响。如分析同治地理时会考虑交通地理,分析进士地理时也要考虑同治与交通地理,各层面均有叠加影响。这五个地理层面并不是卫所地理的全部,但由于卫所地理综合性的特征,虽本书没有分析卫所文化地理、移民地理、经济地理等,但笔者认为五个基础区也适用于其他层面的卫所地理分区。

影响卫所地理分区的主要因素是明代的陆海边防形势,祖制与长期的边防需求使得卫所设置非常稳定。各区不同的社会发展状态也影响了区域内卫所的地位。对于西南边区而言,元代四川、云南都是行省,元朝重视两行省间驿路交通的维护,使得其地理一体性加强。明初贵州卫所沿交通线的设置及洪武十五年(1382)前贵州卫与四川的隶属关系,相似卫所与民族分布地理、嘉靖十四年(1535)贵州独立开闱前云贵的科考关系等都强化了贵州与四川、云南的地理一体性,笔者认为这是历史上人们对于西南地理整体认同形成的一个关键因素,其中以卫所地理为基础的贵州地域成为融合剂。

二、卫所与明清人文地理

卫所地理是明清人文地理的重要组成部分,在其构建与延续中,无疑扮演着复杂的角色。

卫所的广置及所带来的长期性人口流动使明代疆域内不同区域的交流空前增多,地方管理、教育、经济、民间信仰等地理变化使得政治与文化的趋同性加强,儒家思想在边地及省际边区持续传播,增强了明清疆土内的国家认同感与中原王朝的凝聚力。虽然卫所制走向衰败,但不能否认其对边疆地理及区域发展的重要意义。

卫所地理的多层表现增强了明清人文地理的丰富性。每个卫所都有自己的综合地理辐射区,陆海边地和省际边区卫所对区域地理都有深刻影响,因此也可以说卫所的设置增强了许多区域内部发展的差异和区域内外的不同。最典型的例子便是贵州,卫所的进入打破了原有的政治、人口和民族地理格局,从嵌入到浸染,使区域地理更为复杂。

卫所鲜明的地理特征使明清时期人们更加关注不同区域的差异,这也是嘉靖以后出现大量地理著述的推动力之一,并成为王士性、徐霞客等人重要的记述内容。同时,卫所地理增强了明清时期人们自然地理与人文地理统一性的认识。卫所带来的不同区域交流的加强,使明人对疆土进行区域划分时除自然因素外,越来越多考虑人文影响,王士性在《广志绎》以两都、江北诸省、江南诸省、西南诸省为分卷,即为两者皆重的分区,明人常言之江南卫所、江北卫所、沿海卫所、边方卫所亦是如此。

本书从五个层面对卫所地理进行分析,时段以明为主,只在城墙遗址现状部分涉及当代,显然还不是卫所地理的全貌。时段上,元明清卫所地理要素承继性强,清代在各方面又有新的特征出现,都值得细致探讨。内容上,明清卫下普通千户所的数量与驻扎、屯田地理、明代后期的卫所军数及分布、移民与民间信仰地理等都可以借助卫所地理信息数据化进行研究,地域分区与分层也可以继续细化。同时跨专业合作的加强,亦有利于在数据整理与分析方面有更深的发展。这些都是未来卫所地理研究可深入的方向。

参考文献

一、历史文献

(一) 基本史料

《明太祖实录》,台北:"中央研究院"历史语言研究所,1962年。

《元史》,北京:中华书局,1976年。

《清史稿》,北京:中华书局,1977年。

万历《明会典》,北京:中华书局,1989年。

《大明一统志》,西安:三秦出版社,1990年。

张廷玉:《明史》,北京:中华书局,2013年。

万斯同:《明史》,《续修四库全书》,上海:上海古籍出版社,2002年。

《皇朝文献通考》,景印文渊阁《四库全书》,台北:台湾商务印书馆,1986年。

《钦定大清会典》,钦定四库全书影印本,浙江大学图书馆藏。

赵士喆:《建文年谱》,上海:商务印书馆,1935年。

谈迁:《国榷》,北京:中华书局,1958年。

沈德符:《万历野获编》,北京:中华书局,1959年。

李周望:《国朝历科进士题名碑录初集·明洪武至崇祯各科附》,北京:中华书局,1962年。

《孝陵诏敕》,《明朝开国文献》,台北:台湾学生书局,1966年。

朱保炯、谢沛霖:《明清进士题名碑录索引》,上海:上海古籍出版社,1980年。

沈榜:《宛署杂记》,北京:北京古籍出版社,1980年。

吴廷燮:《明督抚年表》,北京:中华书局,1982年。

辽宁省档案馆、辽宁省社会科学院历史研究所:《明代辽东档案汇编》,沈阳:辽沈书社,1985年。

《明太祖文集》,景印文渊阁《四库全书》,台北:台湾商务印书馆,1986年。

谷应泰：《明史纪事本末》，景印文渊阁《四库全书》，台北：台湾商务印书馆，1986年。
孙承泽：《春明梦余录》，景印文渊阁《四库全书》，台北：台湾商务印书馆，1986年。
钱穀：《吴都文粹续集》，景印文渊阁《四库全书》，台北：台湾商务印书馆，1986年。
倪岳：《青溪漫稿》，景印文渊阁《四库全书》，台北：台湾商务印书馆，1986年。
朱鹤龄：《禹贡长笺》，景印文渊阁《四库全书》，台北：台湾商务印书馆，1986年。
金幼孜：《金文靖集》，景印文渊阁《四库全书》，台北：台湾商务印书馆，1986年。
黄训：《名臣经济录》，景印文渊阁《四库全书》，台北：台湾商务印书馆，1986年。
俞汝楫撰，林尧俞纂：《礼部志稿》，景印文渊阁《四库全书》，台北：台湾商务印书馆，1986年。

《御批资治通鉴纲目》，景印文渊阁《四库全书》，台北：台湾商务印书馆，1986年。
黄宗羲：《明文海》，景印文渊阁《四库全书》，台北：台湾商务印书馆，1986年。
章潢：《图书编》，景印文渊阁《四库全书》，台北：台湾商务印书馆，1986年。
杨一清：《关中奏议》，景印文渊阁《四库全书》，台北：台湾商务印书馆，1986年。
徐宏祖：《徐霞客游记》，景印文渊阁《四库全书》，台北：台湾商务印书馆，1986年。
嵇璜等撰：《钦定续文献通考》，景印文渊阁《四库全书》，台北：台湾商务印书馆，1986年。

夏良胜：《东洲初稿》，景印文渊阁《四库全书》，台北：台湾商务印书馆，1986年。
焦竑：《献征录》，上海：上海书店出版社，1987年。
宋濂：《翰苑别集》，《宋学士文集》，《四部丛刊初编》，上海：上海书店出版社，1989年。

贺钦：《医闾先生集》，《丛书集成续编》，台北：新文丰出版社，1989年。
王士骐辑：《皇明驭倭录》，北京图书馆古籍出版编辑组：《北京图书馆古籍珍本丛刊》，北京：书目文献出版社，1989年。
张学颜：《万历会计录》，北京图书馆古籍出版编辑组：《北京图书馆古籍珍本丛刊》，北京：书目文献出版社，1989年。
李贽：《续焚书》，长沙：岳麓书社，1990年。
《全明文》，上海：上海古籍出版社，1992年。
邓士龙：《国朝典故》，北京：北京大学出版社，1993年。
冯梦龙：《冯梦龙全集》，南京：江苏古籍出版社，1993年。
唐树义等编：《黔诗纪略》，《贵州古籍集粹》，贵阳：贵州人民出版社，1993年。
冯应京：《皇明经世实用编续集》，《四库全书存目丛书》，济南：齐鲁书社，1997年。
徐学聚：《国朝典汇》，《四库全书存目丛书》，济南：齐鲁书社，1997年。
王圻：《续文献通考》，《四库全书存目丛书》，济南：齐鲁书社，1997年。
焦竑：《焦氏笔乘续集》，《四库全书存目丛书》，济南：齐鲁书社，1997年。

欧阳必进：《交黎剿平事略》，《四库全书存目丛书》，济南：齐鲁书社，1997年。
郑晓：《端简郑公文集》，《四库全书存目丛书》，济南：齐鲁书社，1997年。
毛伯温：《毛襄懋先生奏议》，《四库全书存目丛书》，济南：齐鲁书社，1997年。
唐枢：《木钟台集》，《四库全书存目丛书》，济南：齐鲁书社，1997年。
刘基：《大明清类天文分野之书》，《四库全书存目丛书》，济南：齐鲁书社，1997年。
顾炎武：《昌平山水记》，《四库全书存目丛书》，济南：齐鲁书社，1997年。
郭子章：《蠙衣生黔草》，《四库全书存目丛书》，济南：齐鲁书社，1997年。
安世凤：《燕居功课》，《四库全书存目丛书》，济南：齐鲁书社，1997年。
何乔远：《闽书》，《四库全书存目丛书》，济南：齐鲁书社，1997年。
王士性：《广志绎》，《四库全书存目丛书》，济南：齐鲁书社，1997年。
谢纯：《漕运通志》，《四库全书存目丛书》，济南：齐鲁书社，1997年。
李维桢：《大泌山房集》卷134《武职事宜条件》，《四库全书存目丛书》，济南：齐鲁书社，1997年。
赵钺：《无闻堂稿》，《四库全书存目丛书》，济南：齐鲁书社，1997年。
安世凤：《燕居功课》，《四库全书存目丛书》，济南：齐鲁书社，1997年。
何景明：《雍大记》，《四库全书存目丛书》，济南：齐鲁书社，1997年。
沈思孝：《秦录》，《四库全书存目丛书》，济南：齐鲁书社，1997年。
张时彻：《芝园别集》，《四库全书存目丛书》，济南：齐鲁书社，1997年。
王世懋：《王奉常集》，《四库全书存目丛书》，济南：齐鲁书社，1997年。
尹耕：《塞语》，《四库全书存目丛书》，济南：齐鲁书社，1997年。
秦金：《安楚录》，《四库全书存目丛书》，济南：齐鲁书社，1997年。
朱国桢：《皇明大事记》，《四库禁毁书丛刊》，北京：北京出版社，1997年。
陈际泰：《已吾集》，《四库禁毁书丛刊》，北京：北京出版社，1997年。
陈仁锡：《皇明世法录》，《四库禁毁书丛刊》，北京：北京出版社，1997年。
许论：《九边图论》，《四库禁毁书丛刊》，北京：北京出版社，1997年。
陈建：《皇明通纪集要》，《四库禁毁书丛刊》，北京：北京出版社，1997年。
余子俊：《余肃敏公奏议》，《四库禁毁书丛刊》，北京：北京出版社，1997年。
金光辰：《金双岩中丞集》，《四库禁毁书丛刊》，北京：北京出版社，1997年。
陈子龙：《明经世文编》，《四库禁毁书丛刊》，北京：北京出版社，1997年。
陈九德：《皇明名臣经济录》，《四库禁毁书丛刊》，北京：北京出版社，1997年。
文翔凤：《皇极篇》，《四库禁毁书丛刊》，北京：北京出版社，1997年。
涂山：《明政统宗》，《四库禁毁书丛刊》，北京：北京出版社，1997年。
陈建：《皇明从信录》，《四库禁毁书丛刊》，北京：北京出版社，1997年。
万表编：《皇明经济文录》，《四库禁毁书丛刊》，北京：北京出版社，1997年。

冯琦：《宗伯集》，《四库禁毁书丛刊》，北京：北京出版社，1997年。

《四川各地勘案及其他事宜档册》，北京图书馆古籍出版编辑组编：《北京图书馆古籍珍本丛刊》，北京：书目文献出版社，2000年。

杨锡绂：《漕运则例纂》，《四库未收书辑刊》，北京：北京出版社，2000年。

宋诺：《宋金斋文集》，《四库全书存目丛书补编》，济南：齐鲁书社，2001年。

张邦翼：《岭南文献》，《四库全书存目丛书补编》，济南：齐鲁书社，2001年。

中国第一历史档案馆、辽宁省档案馆编：《中国明朝档案总汇》，桂林：广西师范大学出版社，2001年。

《御制大诰三编》，《续修四库全书》，上海：上海古籍出版社，2002年。

顾炎武：《天下郡国利病书》，《续修四库全书》，上海：上海古籍出版社，2002年。

瞿九思：《万历武功录》，《续修四库全书》，上海：上海古籍出版社，2002年。

张朝瑞：《皇明贡举考》，《续修四库全书》，上海：上海古籍出版社，2002年。

陶永庆校正，叶时用增补：《大明一统文武诸司衙门官制》，《续修四库全书》，上海：上海古籍出版社，2002年。

过庭训：《本朝分省人物考》，《续修四库全书》，上海：上海古籍出版社，2002年。

王鸣鹤：《登坛必究》，《续修四库全书》，上海：上海古籍出版社，2002年。

茅元仪：《武备志》，《续修四库全书》，上海：上海古籍出版社，2002年。

邓元锡：《皇明书》，《续修四库全书》，上海：上海古籍出版社，2002年。

郑晓：《吾学编》，《续修四库全书》，上海：上海古籍出版社，2002年。

杨嗣昌：《杨文弱先生集》，《续修四库全书》，上海：上海古籍出版社，2002年。

黄景昉：《国史唯疑》，《续修四库全书》，上海：上海古籍出版社，2002年。

朱廷立、史绅等：《盐政志》，《续修四库全书》，上海：上海古籍出版社，2002年。

毕自严：《度支奏议》，《续修四库全书》，上海：上海古籍出版社，2002年。

敖文祯：《薛荔山房藏稿》，《续修四库全书》，上海：上海古籍出版社，2002年。

陈全之：《蓬窗日录》，《续修四库全书》，上海：上海古籍出版社，2002年。

方孔炤：《全边略记》，《续修四库全书》，上海：上海古籍出版社，2002年。

王琼：《漕河图志》，《续修四库全书》，上海：上海古籍出版社，2002年。

范景文：《昭代武功编》，《续修四库全书》，上海：上海古籍出版社，2002年。

焦竑辑：《国朝献征录》，上海：上海古籍出版社，2002年。

贾贵荣：《九通拾补》，北京：北京图书馆出版社，2004年。

邱濬：《大学衍义补》，海口：海南出版社，2004年。

顾祖禹：《读史方舆纪要》，北京：中华书局，2005年。

王阳明：《公移告谕五种》，《中国古代地方法律文献》，北京：世界图书出版公司，2006年。

《唐律疏议》,北京:商务印书馆,2006年。

刘昆:《南中杂说》,《丛书集成新编》,台北:新文丰出版公司,2008年。

陶晋英:《楚书》,《丛书集成新编》,台北:新文丰出版公司,2008年。

李东阳:《李东阳集·文后稿》,长沙:岳麓书社,2008年。

吴振棫:《黔语》,《黔南丛书》第10辑,贵阳:贵州人民出版社,2010年。

黄宗羲:《明夷待访录》,北京:中华书局,2011年。

顾炎武:《顾炎武全集》,上海:上海古籍出版社,2012年。

朱国桢:《涌幢小品》,上海:上海古籍出版社,2012年。

郭子章:《黔记》,《续黔南丛书》第1辑下册,贵阳:贵州人民出版社,2012年。

董其昌:《容台集》,《中国古代书画家诗文集丛书》,杭州:西泠印社出版社,2012年。

沈乃文主编:《明别集丛刊》,合肥:黄山书社,2016年。

梁份:《秦边纪略》,赵盛世等校注,西宁:青海人民出版社,2016年。

许孚远:《敬和堂集》,张琴校点,《儒藏(精华编)》,北京:北京大学出版社,2016年。

王世贞:《弇山堂别集》,许建平、郑利华主编,吕浩校点,上海:上海古籍出版社,2017年。

严如熤:《三省边防备览点校》,西安:西安交通大学出版社,2018年。

范钦:《嘉靖事例·仍设陕西布按管粮管屯官》,明钞本,中国国家图书馆藏。

(二) 地方志

洪武《苏州府志》,《中国方志丛书》华中地方第432号,台北:成文出版社,1983年。

洪武《永州府志》,长沙:湖南人民出版社,2013年。

洪武《靖州志》,明抄本,中国国家图书馆藏。

洪武《平阳府志》,明洪武十五年刻本,中国国家图书馆所藏。

《洪武京城图志》,民国十八年影印本,中国国家图书馆所藏。

成化《湖州府志》,《日本藏中国罕见地方志丛刊》,北京:书目文献出版社,1991年。

成化《山西通志》,《四库全书存目丛书》,济南:齐鲁书社,1997年。

成化《中都志》,《四库全书存目丛书》,济南:齐鲁书社,1997年。

弘治《上海志》,上海:中华书局,1940年。

弘治《永平府志》,《天一阁藏明代方志选刊续编》,上海:上海书店出版社,1990年。

弘治《湖州府志》,《四库全书存目丛书》,济南:齐鲁书社,1997年。

弘治《八闽通志》,《四库全书存目丛书》,济南:齐鲁书社,1997年。

弘治《贵州图经新志》,《中国地方志集成·贵州府县志辑》,成都:巴蜀书社,2006年。

弘治《重刊兴化府志》,福州：福建人民出版社,2007年。

正德《金山卫志》,上海：传真社,1932年影印本。

正德《姑苏志》,《天一阁藏明代方志选刊续编》,上海：上海书店出版社,1990年。

正德《琼台志》,《海南地方志丛刊》,海口：海南出版社,2006年。

嘉靖《辽东志》,《辽海丛书》,沈阳：辽沈书社,1934年。

嘉靖《南诏野史》,《中国方志丛书·云南省》,台北：成文出版社,1968年。

嘉靖《青州府志》,《天一阁藏明代方志选刊》,上海：上海书店出版社,1982年。

嘉靖《定海县志》,《中国方志丛书》华中地方第502号,台北：成文出版社,1983年。

嘉靖《临山卫志》,《中国方志丛书》华中地方第564号,台北：成文出版社,1983年。

嘉靖《太仓州志》,《天一阁藏明代方志选刊续编》,上海：上海书店出版社,1990年。

嘉靖《广东通志初稿》,《四库全书存目丛书》,济南：齐鲁书社,1997年。

嘉靖《山东通志》,《四库全书存目丛书》,济南：齐鲁书社,1997年。

嘉靖《徽州府志》,北京图书馆古籍出版编辑组：《北京图书馆古籍珍本丛刊》,北京：书目文献出版社,1998年。

嘉靖《广西通志》,北京图书馆古籍出版编辑组：《北京图书馆古籍珍本丛刊》,北京：书目文献出版社,1998年。

嘉靖《辽东志》,《续修四库全书》,上海：上海古籍出版社,2002年。

嘉靖《宁夏新志》,《续修四库全书》,上海：上海古籍出版社,2002年。

嘉靖《观海卫志》,《慈溪文献集成》第1辑,杭州：杭州出版社,2004年。

嘉靖《河州志》,《北京师范大学图书馆藏明稀见方志丛刊》,北京：北京图书馆出版社,2007年。

嘉靖《马湖府志》,《天一阁藏历代方志汇刊》,北京：国家图书馆出版社,2017年。

嘉靖《瑞安县志》,明嘉靖三十四年刻本,温州图书馆藏。

《南雍志》,台北：伟文图书出版社,1976年。

《一统路程图记》,《四库全书存目丛书》,济南：齐鲁书社,1997年。

万历《郧台志》,台北：台湾学生书局,1987年。

万历《郧阳府志》,台北：台湾学生书局,1987年。

万历《贵州通志》,《日本藏中国罕见地方志丛刊》,北京：书目文献出版社,1991年。

万历《高州府志》,《日本藏中国罕见地方志丛刊》,北京：书目文献出版社,1991年。

万历《广东通志》,《四库全书存目丛书》,济南:齐鲁书社,1997年。

万历《湖广总志》,《四库全书存目丛书》,济南:齐鲁书社,1997年。

万历《绍兴府志》,明万历十五年刻本,绍兴市档案局藏。

万历《温州府志》,万历三十三年刻本,温州图书馆藏。

万历《重修常州府志》,明万历四十六年刻本,南京图书馆藏。

万历《宁国府志》,明万历刻本,上海图书馆藏。

《闽书》,《四库全书存目丛书》,济南:齐鲁书社,1997年。

天启《海盐县图经》,《四库全书存目丛书》,济南:齐鲁书社,1997年。

天启《滇志》,《续修四库全书》,上海:上海古籍出版社,2002年。

《后湖志》,《南京稀见文献丛刊》,南京:南京出版社,2011年。

康熙《平阳县志·城池》,《中国方志丛书》华中地方572号,台北:成文出版社,1983年。

康熙《湖广郧阳府志》,《稀见中国地方志汇刊》,北京:中国书店,2007年。

康熙《天津卫志》,清康熙十三年刻本,上海图书馆藏。

雍正《河南通志》,景印文渊阁《四库全书》,台北:台湾商务印书馆,1986年。

雍正《浙江通志》,景印文渊阁《四库全书》第521册,台北:台湾商务印书馆,2008年。

乾隆《象山县志》,《中国方志丛书》华中地方第476号,台北:成文出版社,1983年。

乾隆《温州府志》,《中国方志丛书》华中地方第480号,台北:成文出版社,1983年。

乾隆《池州府志》,《中国地方志集成·安徽府县志辑》,南京:江苏古籍出版社,1998年。

乾隆《海澄县志》,《中国地方志集成·福建府州县志辑》,上海:上海书店出版社,2000年。

乾隆《德州志》,《中国地方志集成·山东府县志辑》,南京:凤凰出版社,2004年。

乾隆《德州志》,《中国地方志集成·山东府县志辑》,南京:凤凰出版社,2004年。

乾隆《鄞县志》,清乾隆五十三年刻本,华东师范大学图书馆藏。

嘉庆《长沙县志》,《中国方志丛书》华中地方第311号,台北:成文出版社,1975年。

道光《济南府志》,《中国地方志集成·山东府县志辑》,南京:凤凰出版社,2004年。

咸丰《安顺府志》,《中国地方志集成·贵州府县志辑》,成都:巴蜀书社,2006年。

同治《重修宁海州志》,《中国地方志集成·山东府州县志辑》,南京:江苏古籍出版社,1990年。

光绪《嘉兴府志》,《中国方志丛书》华中地方第53号,台北:成文出版社,1970年。

光绪《孝感县志》,《中国方志丛书》华中地方349号,台北:成文出版社,1975年。

光绪《余姚县志》,《中国方志丛书》华中地方第500号,台北:成文出版社,1983年。

光绪《慈溪县志》,清光绪二十五年刻本,陕西省图书馆藏。

民国《台州府志》,《中国方志丛书》华中地方第74号,台北:成文出版社,1970年。

民国《平阳县志》,《中国方志丛书》华中地方第72号,台北:成文出版社,1970年。

《奉天通志》,沈阳:文史丛书编辑委员会,1983年。

温岭县志编纂委员会:《温岭县志》,杭州:浙江人民出版社,1992年。

三门县志编纂委员会:《三门县志》,杭州:浙江人民出版社,1992年。

黄超云校注:《镇海卫志校注》,郑州:中州古籍出版社,1993年。

镇海县志编纂委员会:《镇海县志》,北京:中国大百科全书出版社,1994年。

玉环县志编纂委员会:《玉环县志》,上海:汉语大词典出版社,1994年。

象山县地名志编纂委员会:《象山县地名志》,杭州:浙江人民出版社,1995年。

苍南县志编纂委员会:《苍南县志·文化·文物》,杭州:浙江人民出版社,1997年。

椒江市志编纂委员会:《椒江市志》,杭州:浙江人民出版社,1998年。

乐清市地方志编纂委员会:《乐清市志》,北京:中华书局,2000年。

陈文等纂修:《景泰云南图经志书校注》,李春龙、刘景毛校注,昆明:云南民族出版社,2002年。

瑞安市地方志编纂委员会:《瑞安市志》,北京:中华书局,2003年。

大连市史志办公室:《大连市志·文化志》,大连:大连出版社,2003年。

大连市史志办公室:《大连市志·城市建设志》,北京:方志出版社,2004年。

深圳市龙岗区地方志编纂委员会:《龙岗区志(1993—2003)》,北京:方志出版社,2012年。

唐咨伯:《潼关卫志校注》,西安:三秦出版社,2015年。

右玉县志编纂委员会:《右玉县志》,北京:中华书局,2018年。

临海市地方志编纂委员会:《临海市志(1986—2012)》,杭州:浙江古籍出版社,2020年。

(三)民国报刊

《宁波旅沪同乡会月刊》

《力行半月刊》

二、今人论著

（一）著作

王毓铨：《明代的军屯》，北京：中华书局，1965年。

黄清连：《元代户计制度研究》，台北：台湾大学出版中心，1977年。

吴晗：《读史札记》，北京：生活·读书·新知三联书店，1979年。

中国历史研究社编：《倭变事略》，上海：上海书店出版社，1982年。

谭其骧：《长水集》，北京：人民出版社，1987年。

于志嘉：《明代军户世袭制度》，台北：台湾学生书局，1987年。

周振鹤：《体国经野之道——新角度下的中国行政区划沿革史》，香港：中华书局（香港）有限公司，1990年。

驻闽海军军事编纂室：《福建海防史》，厦门：厦门大学出版社，1990年。

唐文基：《明代赋役制度史》，北京：中国社会科学出版社，1991年。

杨正泰：《明代驿站考》，上海：上海古籍出版社，1994年。

中国公路交通史编审委员会：《中国古代道路交通史》，北京：人民交通出版社，1994年。

靳润成：《明朝总督巡抚辖区研究》，天津：天津古籍出版社，1996年。

周振鹤：《中国历史文化区域研究》，上海：复旦大学出版社，1997年。

周振鹤：《地方行政制度志》，上海：上海人民出版社，1998年。

达力扎布：《明代漠南蒙古历史研究》，海拉尔：内蒙古文化出版社，1998年。

逄振镐、江奔东主编：《山东经济史·古代卷》，济南：济南出版社，1998年。

张伟然：《湖北历史文化地理研究》，武汉：湖北教育出版社，1999年。

路遇、滕泽之：《中国人口通史》，济南：山东人民出版社，2000年。

吴宣德：《中国教育制度通史·明代卷》，济南：山东教育出版社，2000年。

曹树基：《中国人口史》，上海：复旦大学出版社，2000年。

肖立军：《明代中后期九边兵制研究》，长春：吉林人民出版社，2001年。

陆韧：《变迁与交融——明代云南汉族移民研究》，昆明：云南教育出版社，2001年。

《永宁古卫城文化研究》编委会编：《永宁古卫城文化研究》，福州：福建人民出版社，2001年。

蔡嘉麟：《明代的卫学教育》，《明史研究丛刊》，台北：乐学书局，2002年。

中国军事史编写组：《中国历代战争年表》，北京：解放军出版社，2003年。

冷遇春、冷小平：《郧阳抚治两百年》，武汉：湖北人民出版社，2004年。

钱茂伟:《国家、科举与社会——以明代为中心的考察》,北京:北京图书馆出版社,2004年。

刘海峰:《科举学导论》,武汉:华中师范大学出版社,2005年。

王毓铨:《王毓铨史论集》,北京:中华书局,2005年。

陈宝良:《明代儒学生员与地方社会》,北京:中国社会科学出版社,2005年。

万明:《晚明社会变迁问题与研究》,北京:商务印书馆,2005年。

彭勇:《明代班军制度研究:以京操班军为中心》,北京:中央民族大学出版社,2006年。

杨正泰:《明代驿站考(增订本)》,上海:上海古籍出版社,2006年。

党宝海:《蒙元驿站交通研究》,北京:昆仑出版社,2006年。

伍莉:《明清时期云南藏缅语诸族关系研究》,昆明:云南人民出版社,2007年。

张金奎:《明代卫所军户研究》,北京:线装书局,2007年。

范宗兴等:《方志与宁夏》,银川:宁夏人民出版社,2008年。

吴宣德:《明代进士的地理分布》,香港:香港中文大学出版社,2009年。

彭勇:《明代北边防御体制研究:以边操班军的演变为线索》,北京:中央民族大学出版社,2009年。

华林甫:《中国历史地理学》,济南:山东教育出版社,2009年。

吴仁安:《明清江南著姓望族史》,上海:上海人民出版社,2009年。

于志嘉:《卫所、军户与军役:以明清江西地区为中心的研究》,北京:北京大学出版社,2010年。

阳城历史名人文存编委会:《阳城历史名人文存》,太原:三晋出版社,2010年。

王文光、段红云:《中国古代的民族识别》,昆明:云南大学出版社,2011年。

奇文瑛:《明代卫所归附人研究——以辽东和京畿地区卫所达官为中心》,北京:中央民族大学出版社,2011年。

顾诚:《隐匿的疆土——卫所制度与明帝国》,北京:光明日报出版社,2012年。

赵现海:《明代九边长城军镇史》,北京:社会科学文献出版社,2012年。

宋烜:《明代浙江海防研究》,北京:社会科学文献出版社,2013年。

广东省文物局:《广东明清海防遗存调查与研究》,上海:上海古籍出版社,2014年。

刘景纯:《明代九边史地研究》,北京:中华书局,2014年。

张金奎:《明代山东海防研究》,北京:中国社会科学出版社,2014年。

周小棣、李向东、董欢等:《负山阻海 地险而要——明长城防御体系之辽东镇卫所城市》,南京:东南大学出版社,2014年。

赵树国:《明代北部海防体制研究》,济南:山东人民出版社,2015年。

郭培贵：《中国科举制度通史·明代卷》，上海：上海人民出版社，2015年。

刘庆：《中国长城志·军事》，南京：江苏凤凰科学技术出版社，2016年。

李新峰：《明代卫所政区研究》，北京：北京大学出版社，2016年。

上海市文物保护研究中心、上海大学文学院编：《上海市明清海防遗址调查报告》，上海：上海大学出版社，2016年。

龚延明主编：《天一阁藏明代科举录选刊·登科录》，宁波：宁波出版社，2016年。

龚延明主编：《天一阁藏明代科举录选刊·会试录》，宁波：宁波出版社，2016年。

周振鹤：《中国行政区划通史·先秦卷》，上海：复旦大学出版社，2017年。

郭红、靳润成：《中国行政区划通史·明代卷》，上海：复旦大学出版社，2017年。

陈贤波：《重门之御：明代广东海防体制的转变》，上海：上海古籍出版社，2017年。

毛亦可：《清代卫所归并州县研究》，北京：社会科学文献出版社，2018年。

杨申茂、张玉坤、张萍：《明长城宣府镇防御体系与军事聚落》，北京：中国建筑工业出版社，2018年。

魏琰琰、张玉坤、王琳峰：《明长城辽东镇防御体系与军事聚落》，北京：中国建筑工业出版社，2018年。

王琳峰、张玉坤、魏琰琰：《明长城蓟镇防御体系与军事聚落》，北京：中国建筑工业出版社，2018年。

刘建军、张玉坤、谭立峰：《明长城甘肃镇防御体系与军事聚落》，北京：中国建筑工业出版社，2018年。

李严、张玉坤、解丹：《明长城九边重镇防御体系与军事聚落》，北京：中国建筑工业出版社，2018年。

刘秀森：《商丘德文化》，郑州：大象出版社，2018年。

陈时龙：《明代的科举与经学》，北京：中国社会科学出版社，2018年。

何炳棣：《明清社会史论》，徐泓译注，北京：中华书局，2019年。

范熙晅、张玉坤、李严：《明长城军事防御体系规划布局机制研究》，北京：中国建筑工业出版社，2019年。

宫凌海：《明清浙江海防体制变迁与地方互动：以温州卫所为中心》，哈尔滨：黑龙江教育出版社，2019年。

钟铁军：《明代浙江沿海海防地理研究》，《中国边疆研究文库·海疆卷》，哈尔滨：黑龙江教育出版社，2019年。

郭红：《明代卫所与"民化"：法律·区域》，上海：上海大学出版社，2019年。

谭立峰、张玉坤、尹泽凯：《明代海防防御体系与军事聚落》，北京：中国建筑工业出版社，2019年。

宋怡明：《被统治的艺术》，北京：中国华侨出版社，2019年。

韩虎泰：《明代广东海防指挥体系时空演变研究》，北京：中国社会科学出版社，2020年。

曹迎春、张玉坤：《明长城宣大山西三镇军事防御聚落体系宏观系统关系研究》，北京：中国建筑工业出版社，2020年。

陈文俊：《明代陕西行都司建置与土官研究》，北京：光明日报出版社，2020年。

杜洪涛：《戍鼓烽烟：明代辽东的卫所体制与军事社会》，上海：上海古籍出版社，2021年。

宫凌海：《控扼东南：明代浙江卫所与海洋管理研究》，上海：上海人民出版社，2021年。

吴才茂：《明代卫所制度与贵州地域社会形成研究》，北京：中国社会科学出版社，2021年。

胡凡：《明代九边形成及演变研究》，北京：高等教育出版社，2021年。

广西文物保护与考古研究所编：《明清时期广西边海防重要遗存》，南宁：广西科学技术出版社，2021年。

张磊：《明代卫所与河西地区社会变迁研究》，北京：光明日报出版社，2021年。

周振鹤：《中国历史政治地理讲义》，上海：上海人民出版社，2022年。

曹树基：《中国移民史》，上海：复旦大学出版社，2022年。

郭红：《军亦吾之民：明代卫所民化研究》，上海：上海大学出版社，2022年。

周政旭、封基铖：《黔中地区屯堡聚落调查研究》，北京：中国建筑工业出版社，2022年。

孙昌麒麟：《江南寻城：上海卫所城市历史形态研究》，上海：上海书店出版社，2022年。

范玉春：《明代广西卫所体制与地方社会》，南宁：广西人民出版社，2023年。

山东省水下考古研究中心编：《山东明清海防遗址调查报告》，北京：科学出版社，2023年。

赵红：《明清山东海防研究(1368—1912)》，济南：山东人民出版社，2023年。

陈博翼：《防海之道：明代南直隶海防研究》，北京：社会科学文献出版社，2023年。

（二）研究论文

清水泰次：《大宁都司の内徙につきて》，《东洋学报》1918年第8卷第1号。

鸯渊一：《关于建州左卫的设立年代》，《历史与地理》1930年第26卷。
鸯渊一：《关于建州左卫的迁住地》，《桑原教授还历纪念东洋史论丛》1931年。
孟森：《建州卫地址变迁考》，《国学季刊》1932年第3卷第4期。
顾颉刚、谭其骧：《发刊词》，《禹贡》1934年第1卷第1期。
张维华：《明辽东"卫"、"都卫"、"都司"建置年代考略》，《禹贡》1934年第1卷第4期。
张维华：《明代辽东卫所建制考略》，《禹贡》1934年第1卷第7期。
李晋华：《明代辽东归附及卫所都司建制沿革》，《禹贡》1934年第2卷第2期。
谭其骧：《释明代都司卫所制度》，《禹贡》1935年第3卷第10期。
和田清：《建州本卫的移动》，《满鲜地理历史研究报告》1937年第15号。
王文山：《明代地方行政制度之研究》，《经世》1937年第1卷第6期。
解毓才：《明代卫所制度兴衰考（二）》，《说文月刊》1941年第2卷第10期。
王毓铨：《明代的军户》，《历史研究》1959年第8期。
侯仁之：《历史地理学刍议》，《北京大学学报》1962年第1期。
李洵：《试论明代的流民问题》，《社会科学辑刊》1980年第3期。
吴智和：《明代职业户的初步研究》，《明史研究专刊》1981年第4期。
陈国安、史继忠：《试论明代贵州卫所》，《贵州文史丛刊》1981年第3期。
南炳文：《明初军制初探（续）》，《南开史学》1983年第2期。
刘如仲：《明代贵州卫所的建置》，《中国历史博物馆馆刊》1984年。
顾诚：《明前期耕地数新探》，《中国社会科学》1986年第4期。
于志嘉：《试论族谱中所见的明代军户》，《历史语言研究所集刊》1986年第57本第4分。
杜玉亭：《明四川行都司土司制度未因元制说》，《内蒙古社会科学》1987年第6期。
顾城：《卫所制度在清代的变革》，《北京师范大学学报》1988年第5期。
顾城：《明帝国的疆土管理体制》，《历史研究》1989年第3期。
顾城：《谈明代的卫籍》，《北京师范大学学报》1989年第5期。
于志嘉：《明代军户の社会的地位について——科挙と任官において》，《东洋学报》1990年第71卷第3、4号。
丛佩远：《试论明代东北地区管辖体制的几个特点》，《北方文物》1991年第4期。
赵明：《明代兵制研究六十年之回顾》，《中国史研究动态》1993年第8期。
韩光辉、李新峰：《北京地区明长城沿线聚落的形成与发展》，《长城国际学术研讨会论文集》，长春：吉林人民出版社，1994年。
张大伟：《明代辽东都司辖下安乐、自在二州之分析》，《北方文物》1998年第2期。

梁志胜：《洪武二十六年以前的陕西行都司》，《中国历史地理论丛》1999年第3期。

松本隆晴：《论永乐、宣德时期的北部边境》，赵毅，林凤萍主编：《第七届明史国际学术讨论会论文集》，长春：东北师范大学出版社，1999年。

张金奎：《明代山西行都司卫所、军额、军饷考实》，《大同职业技术学院学报》2000年第3期。

韦占彬：《论明成祖对北部边防的调整与改造》，《石家庄师范专科学校学报》2000年第3期。

邓洪波、蒋建国：《明代湖南科举述评》，《湖南大学学报（社会科学版）》2001年第1期。

张金奎：《明承元制与北边供饷体制的解体——以山西行都司为例》，《明史研究》第7辑，北京：中国大百科全书出版社，2001年。

郭红：《明代贵州都司建置研究》，《贵州文史丛刊》2002年第1期。

张金奎：《二十年来明代军制研究回顾》，《中国史研究动态》2002年第10期。

郭红：《别具特色的地理单元的体现——明清卫所方志》，《中国地方志》2003年第2期。

郭红：《明代卫所移民与地域文化的变迁》，《中国历史地理论丛》2003年第2期。

郭红：《山西行都司建置沿革考实》，《中华文史论丛》第72辑，上海：上海古籍出版社，2003年。

钟铁军：《释明代贵州之"州卫同城"》，《中国历史地理论丛》2004年第1期。

郭红、于翠艳：《明代都司卫所制度与军管型政区》，《军事历史研究》2004年第4期。

成一农：《宋、元以及明代前中期城市城墙政策的演变及其原因》，中村圭尔、辛德勇编：《中日古代城市研究》，北京：中国社会科学出版社，2004年。

沈登苗：《明代双籍进士的分布、流向与明代移民史》，《历史地理》2004年第1期。

武安东、吕燕平：《屯堡方言初探》，《安顺学院学报》2004年第1期。

南炳文：《论张居正大力裁革冗官及其失败的原因》，《史学集刊》2005年第3期。

张士尊：《明代辽东都司人口问题分析》，《第十届明史国际学术讨论会论文集》，北京：人民日报出版社，2005年。

张金奎：《明代卫所司法简论》，《故宫学刊》2006年第1期。

吴玉鸣：《空间计量经济模型在省域研发与创新中的应用研究》，《数量经济技术研究》2006年第5期。

刘志伟：《从乡豪历史到士人记忆——由黄佐〈自叙先世行状〉看明代地方势力

的转变》,《历史研究》2006 年第 6 期。

彭勇:《明代卫所制度流变论略》,《民族史研究》第 7 辑,北京:中央民族大学出版社,2007 年。

肖立军:《明初行(大)都督府浅探》,《第十二届明史国际学术研讨会论文》,大连:辽宁师范大学出版社,2007 年。

谢忠志:《明代的五行都司》,《明史研究专刊》第 16 期,台北:大立出版社,2008 年。

肖立军:《明代屯堡分布密度及修建规制浅探》,《明长陵营建 600 周年学术研讨会论文集》,北京:社会科学文献出版社,2009 年。

林丽月:《科举竞争与天下之"公":明代科举区域配额问题的一些考察》,《二十世纪科举论文研究选编》,武汉:武汉大学出版社,2009 年。

郭培贵、孙珊珊:《明代辽东进士考述》,《第十三届明史国际学术研讨会论文集》,长沙:湖南人民出版社,2009 年。

陆韧:《论明代云南士绅阶层的兴起与形成》,《云南师范大学学报(哲学社会科学版)》2007 年第 1 期。

邓庆平:《卫所制度变迁与基层社会的资源配置——以明清蔚州为中心的考察》,《求是学刊》2007 年第 6 期。

王继红、罗康智:《论明代贵州卫所建置的特点及其职能》,《贵州大学学报(社会科学版)》,2007 年第 6 期。

邓庆平:《明清卫所制度研究述评》,《中国史研究动态》2008 年第 4 期。

马顺平:《明代陕西行都司及其卫所建置考实》,《中国历史地理论丛》2008 年第 2 期。

张士尊:《明代辽东都司与山东行省关系论析》,《东北师大学报(哲学社会科学版)》2008 年第 2 期。

张晓东:《甘肃明代双籍进士的分布》,《甘肃联合大学学报(社会科学版)》2008 年第 1 期。

李永菊:《从军户移民到乡绅望族——对明代河南归德沈氏家族的考察》,《中国社会经济史研究》2008 年第 1 期。

徐恭生:《再谈郑和下西洋与〈卫所武职选簿〉》,《海交史研究》2009 年第 2 期。

宋永志:《明代河南怀庆卫军户对地方社会的认同与塑造》,《历史教学》2009 年第 5 期。

邓庆平:《华北乡村的堡寨与明清边镇的社会变迁——以河北蔚县为中心的考察》,《清史研究》2009 年第 3 期。

邓庆平:《卫所与州县——明清时期蔚州基层行政体系的变迁》,《历史语言研究所集刊》2001年第八十本第二分。

季平：《明代福建进士的地域分布研究》，《教育与考试》2009年第6期。

庞乃明：《评〈明代交通设施管理研究〉》，《鲁东大学学报（哲学社会科学版）》2010年第1期。

孙兆霞、雷勇：《在国家与地方社会之间——基于贵州明代卫学社会影响的考察》，《教育文化论坛》2010年第5期。

张小稳：《明清时期道的分类及其功能演变——现代行政督察专员区公署制渊源的视角》，《云南社会科学》2010年第3期。

张生寅：《河湟边地社会的军户家族——以西宁卫郭氏家族为个案》，《青海民族大学学报（社会科学版）》2011年第3期。

张士尊：《永乐皇帝放弃大宁的前因后果》，《紫禁城》2011年第2期。

吴春宏：《明清时期黔楚边境的府卫纠纷——以黎平府与五开卫为例》，《中国历史地理论丛》2011年第2期。

刘永安：《郧阳抚治形成时期的三位一体结构及其历史地位》，《湖北大学学报（哲学社会科学版）》2011年第4期。

马顺平：《明代都司卫所人口数额新探——方志中两组明代陕西行都司人口数据的评价》，《苏州科技学院学报（社会科学版）》2011年第4期。

吴宣德、王红春：《明代会试试经考略》，《教育学报》2011年第1期。

汪维真：《明清会试十八房制源流考》，《史学月刊》2011年第12期。

谢湜：《明代太仓州的设置》，《历史研究》2012年第3期。

谭立峰：《明代沿海防御体系研究》，《南京林业大学学报（人文社会科学版）》2012年第1期。

罗勇：《明代永昌地区儒学发展及其原因探析》，《保山学院学报》2013年第1期。

高寿仙：《关于明朝的籍贯与户籍问题》，《北京联合大学学报（人文社会科学版）》2013年第1期。

张金奎：《明初海防建设与山东半岛人口的迁移》，《明代国家与社会——明史研究论丛》第十一辑，北京：故宫出版社，2013年。

彭勇：《明代河南的军卫移民与文化传播》，《中州学刊》2014年第7期。

曹迎春、张玉坤：《基于Voronoi图的明代长城军事防御聚落空间分布》，《河北大学学报（自然科学版）》2014年第2期。

刘小龙：《明代四川双籍地进士与移民初探》，《绵阳师范学院学报》2014年第3期。

杜洪涛：《明代辽东与山东的关系辨析——兼论地方行政的两种管理体制》，《中国边疆史地研究》2014年第1期。

谢湜：《"以屯易民"：明清南岭卫所军屯的演变与社会建构》，《文史》2014年第4期。

张兆裕：《〈大明清类天文分野之书〉索隐》，《明史研究论丛》第12辑，北京：中国广播电视出版社，2014年。

陈晓珊：《从地域认同的角度看明代"辽东隶于山东"现象的演变》，《民族史研究》第11辑，北京：中央民族大学出版社，2014年。

罗勇：《明代云南金齿军民指挥使司设置研究》，《中国历史地理论丛》2015年第1期。

何一民、吴朝彦：《明代卫所军城的修筑、空间分布与意义》，《福建论坛（人文社会科学版）》2015年第1期。

郭培贵：《明代进士家族相关问题考论》，《求是学刊》2015年第6期。

覃朗：《明代贵州都司卫城浅述》，《贵州文史丛刊》2015年第3期。

李鹏飞：《明代陈州卫军户教育状况研究》，《周口师范学院学报》2015年第4期。

郑宁：《明代黔东南的府卫设置与配合——以思州府为个案的研究》，《民族史研究》第12辑，北京：中央民族大学出版社，2015年。

汪义正：《明代倭患的统计数据》，中国明史学会：《第十六届明史国际学术研讨会暨建文帝国际学术研讨会论文集》，北京：九州出版社，2015年。

尹泽凯、张玉坤、谭立峰：《明代海防层次和聚落体系研究》，《建筑与文化》2016年第1期。

崔永红：《明代青海疑难历史地理问题考证》，《青海民族大学学报（社会科学版）》2016年第1期。

常玮：《宁夏地区明长城军事防御聚落的修筑特点与演变》，《齐鲁学刊》2016第1期。

孙昌麒麟：《江南沿海卫所城市平面形态比较及分类探析——基于旧日军大比例尺实测图的考察》，《都市文化研究》2016年第1期。

李新峰：《明代同城实土卫所的区划》，《中国历史地理论丛》2016年第2期。

武强：《基于空间计量方法的明清时期河南进士地理格局演变分析》，《中国历史地理论丛》2016年第3期。

舒时光、邓辉、吴承忠：《明后期延绥镇长城沿线屯垦的时空分布特征》，《地理研究》2016年第4期。

郭红、王文慧：《明代贵州卫学与地域文化》，《贵州文史丛刊》2016年第4期。

邓涛：《明代兵变的转折点——嘉靖朝时局与甘州兵变》，《宁夏大学学报（人文社会科学版）》2016年第4期。

蔡亚龙：《明代设置的军民指挥使司考论》，《中国历史地理论丛》2016年第4期。

刘文华：《明代甘肃巡按辖境考——兼谈清初陕西分省问题》，《史志学刊》2016年第5期。

姜建国：《明代云南驿道交通的变迁及其原因》，《烟台大学学报（哲学社会科学版）》2016年第6期。

彭勇：《卫所制度与边疆社会：明代四川行都司的官员群体及其社会生活》，《文史哲》2016年第6期。

彭勇：《建文政局与明前期都司卫所管理体制的变革》，《中州学刊》2016年第6期。

徐泓：《〈明清社会史论〉——译注及其后续研究》，《中国社会历史评论》，2016年第17卷。

蔡亚龙：《明初金齿军民指挥使司建立考论》，《民族史研究》2016年。

覃朗：《明代贵州卫所进士群体浅谈》，《长江师范学院学报》2017年第2期。

杨园章：《明代福建行都司的设置与裁撤缘由探析》，《中国历史地理论丛》2017年第3期。

潘艳丽：《明代四川行都司初探》，《长江丛刊》2017年第24期。

傅祥林：《"实土卫所"含义探析》，韩宾娜主编：《丙申舆地新论——2016年中国历史地理学术研讨会文集》，长春：东北师范大学出版社，2017年。

吴才茂：《20世纪以来明代卫所制度研究述评》，《中国社会历史评论》第18卷，天津：天津古籍出版社，2017年。

蔡亚龙：《明代军民指挥使司建置标准考论》，《中国历史地理论丛》2018年第1期。

颜丙震：《明代"司卫同城分隶"现象与改隶之议——基于永宁、乌撒地区的考察》，《中国历史地理论丛》2018年第1期。

姜建国：《明代贵州驿道交通变迁及其原因》，《历史地理》2018年第1期。

张萍：《地理信息系统（GIS）与中国历史研究》，《史学理论研究》2018年第2期。

彭勇：《从"边区"到"政区"：明代湖广行都司的制度运行与社会秩序》，《求是学刊》2018年第3期。

华林甫：《改革开放40年来的中国历史地理研究》，《中国史研究动态》2018年第6期。

谭立峰、张玉坤、林志森：《明代海防驿递系统空间分布研究》，《城市规划》2018年第42期。

黄彩文：《明代澜沧卫与滇西北交通沿线社会重构》，赵敏、廖迪生：《云贵高原的"坝子社会"道路、资源与仪式诠释》，昆明：云南大学出版社，2018年。

周松：《明初经略甘肃之举措及其历史影响》，《北方民族史》2019年第1期。

张山梁：《阳明学与镇海卫》，《贵州文史丛刊》2019年第2期。

孟凡松：《论卫所与屯堡研究之通路——第十九届明史国际学术研讨会暨首届明代屯堡国际学术研讨会综述》，《安顺学院学报》2019年第2期。

陆韧、夏自金：《交通安全与边疆稳定：明代乌撒道的特殊作用与交通管控模式探析》，《中国边疆史地研究》2019年第4期。

宋传银：《明代湖北双籍进士的地域流动探析》，《华中师范大学学报（人文社会科学版）》2019年第4期。

张金奎：《游牧文明因子与明朝卫所体系中的亲军卫——以锦衣卫为中心的考察》，《文史哲》2019年第6期。

蓝勇：《近70年来中国历史交通地理研究的回顾与思考》，《中国历史地理论丛》2019年第7期。

廖荣谦、常海星：《论明代科举制度在贵州民族地区的开展及人才分布》，《贵州民族研究》2019年第7期。

孙治勇、史良：《嘉靖大同镇兵变问题浅析》，《山西广播电视大学学报》2020年第2期。

蔡亚龙：《明初广西置废军民指挥使司考论》，《中国边疆史地研究》2020年第3期。

欧阳琳浩、谢湜、梁育填：《明清时期军屯制度对南岭山地乡村聚落变迁的影响——以蓝山县南部村落为例》，《中国历史地理论丛》2020年第3期。

刘林坤：《明代河南府进士研究》，《洛阳理工学院学报（社会科学版）》2020年第6期。

张程娟：《明代镇海太仓卫学教育发展初探》，《苏州教育学院学报》2020年第6期。

夏自金：《明代川滇黔三省分治下乌撒地区军政管控与交通护卫探析》，《地方文化研究》2020年第6期。

黄彩文：《明清时期永北高氏土军与滇川交通线管控模式变迁》，《广西民族大学学报（哲学社会科学版）》2020年第6期。

周政旭、王念、封基铖等：《明代黔中卫所屯堡聚落体系研究——兼与长城和海防沿线卫所比较》，《现代城市研究》2020年第12期。

彭勇：《30年来明代卫所制度研究的进展与突破》，《明清论丛》2021年第20辑第1期。

吴春宏：《明清时期黔东地区的府卫归属变迁》，《贵州文史丛刊》2022年第2期。

李慧宏、杨园章：《山海并立：明清时期福建行政区划调整的基础与原则》，《福建史志》2021年第3期。

黄谋军：《明代锦衣卫进士群体的构成特点及其成因》，《中国文化研究》2021年第4期。

丁修真：《明代福建地区的科举竞争与地域专经》，《安徽师范大学学报（人文社会科学版）》2021年第5期。

黄谋军：《明代官籍再探》，《中国史研究》2022年第1期。

颜丙震：《"犬牙相制"与明代西南土司治理》，《中国历史地理论丛》2022年第3期。

蔡超：《明长城对北京北部山区聚落空间格局的影响研究》，《北京建筑大学学报》2022年第2期。

张玉坤、李松洋、李哲：《明长城居庸关防区军事聚落空间布局研究》，《西部人居环境学刊》2022年第2期。

蒋建国：《元代湖南科第盛况探析》，《湘潭工学院学报》（社会科学版）2022年第3期。

陈龙：《明代秦州卫考略》，《天水师范学院学报》2022年第4期。

吴春宏：《军事管理与郡县历程：卫所制度在贵州东部的实践》，《保山学院学报》2022年第6期。

张玉坤、李松洋、谭立峰等：《明长城居庸关防区军事聚落与驻军聚集特征》，《中国文化遗产》2022年第6期。

周超、王可欣、黄楚梨等：《明代贵州军事聚落的布局与选址研究》，《中国园林》2022年第12期。

于璐滢、李百浩：《行政与防御视角下明代宁波城市空间格局研究》，中国城市规划学会：《2022中国城市规划年会论文集》。

武沐、王慧娟：《从陕西行都司的置废看明初治藏策略的形成》，《中国边疆史地研究》，2023年第1期。

孟艳霞、裴永亮：《明中期辽东都司人口规模考述》，《渤海大学学报（哲学社会科学版）》2023年第2期。

孟祥晓、赵洁：《"天下之要"与王府同城：明代彰德卫的建置特色》，《南都学坛》2023年第3期。

郑榕：《诘戎问伍：明代文官介入福建卫所管辖权之例证》，《中国社会经济史研究》2023年第3期。

马楚婕：《以府辖卫：明代军民府的制度嬗变》，《历史地理研究》2023年第3期。

倪千惠、龙奕、刘文炯：《州卫并置背景下的蔚州城民居空间模式研究》，《建筑史学刊》2023第2期。

陈文元：《从"卫治"到"府治"——明代贵州都匀府设置始末》，《历史教学》2023

年第 7 期。

范同寿：《明代屯堡导致历史上贵州经济重心的转移》，《当代贵州》2023 第 43 期。

范同寿：《明代屯堡与贵州城镇兴起的历史关联》，《当代贵州》2023 年第 44 期。

李海林：《明代大同城的修筑》，《长城学研究》第 2 辑，秦皇岛：燕山大学出版社，2023 年。

(三) 学位论文

吴建华：《明代官冗与官缺研究》，厦门大学博士学位论文，2001 年。

邓庆平：《州县与卫所：政区演变与华北边地的社会变迁——以明清蔚州为中心》，北京师范大学博士学位论文，2006 年。

李大伟：《明代榆林镇沿边屯田与环境变化关系研究》，陕西师范大学硕士学位论文，2006 年。

肖海博：《大鹏所城研究》，河南大学硕士学位论文，2007 年。

宋长琨：《家庭背景与明代徽州双籍进士的地位升迁》，中国人民大学博士学位论文，2008 年。

曹循：《朱元璋崛起的轨迹——明朝建立前朱元璋集团的人事与制度》，兰州大学硕士学位论文，2008 年。

李永菊：《明代河南的军事权贵与士绅阶层》，厦门大学博士学位论文，2008 年。

马莎：《明代云南进士考论》，云南师范大学硕士学位论文，2008 年。

何庆平：《论明代世军制下清勾制度的失败及其原因》，东北师范大学硕士学位论文，2009 年。

宋建莹：《明代陕西行都司历史地理研究》，陕西师范大学硕士学位论文，2010 年。

王蕊：《明代山西行都司建置研究》，陕西师范大学硕士学位论文，2010 年。

张虎：《明代陕西政区建置研究》，陕西师范大学硕士学位论文，2010 年。

陈凌：《明清松江府进士人群研究》，上海社会科学院硕士学位论文，2010 年。

张鹏：《明代山西行都司设置军事地理研究》，中央民族大学硕士学位论文，2010 年。

廖英舜：《明代官籍进士研究——以天一阁藏明代登科录为主》，台湾东吴大学硕士学位论文，2010 年。

孙珊珊：《明代辽东的教育与科举》，辽宁师范大学硕士学位论文，2010 年。

段希莹：《明代海防卫所型古村落保护与开发模式研究——以深圳大鹏村为例》，长安大学硕士学位论文，2011 年。

罗一南:《明代海防蒲壮所城军事聚落的整体性保护研究》,浙江大学硕士学位论文,2011年。

曹锦云:《明代山西都司研究》,陕西师范大学硕士学位论文,2011年。

孙经纬:《明代军籍进士研究》,辽宁师范大学硕士学位论文,2011年。

孙兵:《明代湖广地区城池修筑研究》,武汉大学博士学位论文,2011年。

冯玉新:《界域变动与地方社会——以明清民国时期黄河上游农牧交错带为中心》,陕西师范大学博士学位论文,2011年。

李新成:《明代辽东与山东关系研究》,辽宁师范大学硕士学位论文,2011年。

毕洪娜:《明初辽东都司人口及其地理分布探究——以〈辽东志〉为中心》,东北师范大学硕士学位论文,2012年。

孔德静:《印迹与希冀——明清山东海防建筑遗存研究》,青岛理工大学硕士学位论文,2012年。

齐香君:《明代山西进士群体构成研究》,辽宁师范大学硕士学位论文,2012年。

周元刚:《明代河洮岷地区交通研究》,陕西师范大学博士学位论文,2013年。

曹象明:《山西省明长城沿线军事堡寨的演化及其保护与利用模式》,西安建筑科技大学博士学位论文,2014年。

尹泽凯:《明代海防聚落体系研究》,天津大学博士学位论文,2015年。

张小永:《明代河套地区汉蒙关系研究》,陕西师范大学博士学位论文,2015年。

刘小龙:《明代四川进士群体研究》,福建师范大学硕士学位论文,2015年。

崔文超:《明代广东倭寇、海盗时空分布特征》,暨南大学硕士学位论文,2015年。

严欢:《明福建沿海卫所防御体系的空间量化研究》,华东理工大学硕士学位论文,2016年。

唐莉:《明代贵州省建置研究》,中央民族大学博士学位论文,2016年。

李励:《石浦港域海防体系研究及海防遗产保护策略》,华中科技大学硕士学位论文,2016年。

张晓纪:《明清时期湖北人才地理分布研究》,华中师范大学博士学位论文,2016年。

胡捷昭:《明代福建海防长乐梅花所城聚落形态研究》,福州大学硕士学位论文,2017年。

孙晓琪:《文化线路下明清沿海卫所聚落构成体系与价值评估初探》,华东理工大学硕士学位论文,2017年。

钟振林:《明朝四川政区建置沿革及管理》,陕西师范大学硕士学位论文,2017年。

郑榕:《14—18世纪闽南的卫所、户籍与宗族》,闽南师范大学博士学位论文,2017年。

刘春梅：《明代广东进士研究》，陕西师范大学硕士学位论文，2017年。

马文睿：《从披甲力田到巾弁合一：明代永春屯军家族的资源整合》，厦门大学硕士学位论文，2017年。

李丽：《明代陕西巡抚与地方治理》，西北大学硕士学位论文，2017年。

张琳：《明代德州正左二卫初探》，天津师范大学硕士学位论文，2018年。

王珊琼瑶：《明清湘西军事卫所与城镇发展研究》，江西师范大学硕士学位论文，2018年。

丘晓蕾：《阳原—蔚县盆地盆地地域景观研究》，北京林业大学硕士学位论文，2018年。

徐凌玉：《明长城军事防御体系整体性》，天津大学博士学位论文，2018年。

王者：《天津地区明清海防文化景观研究》，天津大学硕士学位论文，2019年。

樊一铭：《安顺古城变迁及建筑空间研究》，东南大学硕士学位论文，2019年。

王少鹏《明代甘肃巡抚研究》，西北师范大学硕士学位论文，2019年。

王友华：《明清时期：山西都司卫所屯田研究》，陕西师范大学硕士学位论文，2019年。

邢浩：《明福建地区海防军事聚落布局研究》，天津大学硕士学位论文，2019年。

邓晗：《黔中地区屯堡聚落空间形态及适应性研究》，北京建筑大学硕士学位论文，2019年。

陈婉蓉：《北京延庆地区明长城城堡型村落保护研究》，北京建筑大学硕士学位论文，2019年。

李帅：《传统历史卫所的综合保护与发展设计研究——以浙江省苍南县蒲壮所为例》，北京林业大学硕士学位论文，2019年。

李晓宇：《安顺旧州古镇街巷空间结构与形态特征研究》，深圳大学硕士学位论文，2020年。

苏锰：《明清长三角地区海防聚落体系研究》，天津大学硕士学位论文，2020年。

李一鸣：《基于叙事空间理论的大鹏所城保护和利用策略》，哈尔滨工业大学硕士学位论文，2020年。

施瑶：《明大同镇长城军事聚落适应性特征研究》，北京林业大学硕士学位论文，2020年。

王慧明：《明代募兵制研究》，东北师范大学博士学位论文，2021年。

高敏：《元代山东进士研究》，安徽大学硕士学位论文，2021年。

任柳：《明清时期蜀道交通地理研究》，西南大学博士学位论文，2021年

孙畅：《烟台海防系列遗产的整体性保护与活化利用研究》，青岛大学硕士学位论文，2021年。

孔德成：《明代陕西进士群体考论》，宁夏大学硕士学位论文，2021年。

张雨枫：《历史移民空间网络中的镇远古城建筑文化与保护展示研究》，重庆大学硕士学位论文，2021年。

王习智：《基于历史文化重塑的卫所型村落保护发展模式研究——以青岛市即墨区鳌山卫为例》，青岛理工大学硕士学位论文，2021年。

徐娅茹：《雄崖所古城文化资源景观的展示设计研究》，南京航空航天大学硕士学位论文，2021年。

周秀秀：《类型学下明清闽浙海防卫所聚落空间形态比较研究》，华东理工大学硕士学位论文，2021年。

闫慧鹏：《黔中屯堡聚落空间分布特征及其影响机制》，华中科技大学硕士学位论文，2021年。

彭恩：《明清贵州城镇地理研究（1368—1850）》，西南大学博士学位论文，2022年。

曾杰：《明代庆阳卫研究》，兰州大学硕士学位论文，2022年。

李杏华：《明代怀庆卫研究》，河南师范大学硕士学位论文，2022年。

隆龚：《山西岢岚城空间格局复原研究》，中央民族大学硕士学位论文，2022年。

林凡彬：《卫所制度与明代贵州边地内化研究》，山东大学博士学位论文，2023年。

后 记

　　构造一个综合性卫所地理平台,突破传统卫所地理研究存在重区域与个案、轻整体的特征,使整体性和区域性研究相结合,并尽可能多地包含各种相关地理要素,为深入的空间探讨奠定基础,明晰卫所制对于明清人文地理的意义,是本书的出发点。

　　全书五章从历史地理学角度分别对卫所与府州县同治关系、卫所与驿路交通、行都司、卫所进士、卫所城墙文化遗产这五个方面进行了分析,一方面研究内容有限,尚不足以全面体现卫所地理的丰富性,另一方面在研究过程中,我们利用GIS尝试初步构建卫所地理信息平台,并在数字化地图与数据分析基础上对明代卫所时空地理变迁进行探讨,但平台仍在建设过程中,在本书中未得到充分体现,期望以后有机会在研究内容与方法上有进一步的突破。

　　本书是团队研究成果,写作分工如下:绪论由郭红、韦玉婷、欧阳芳欣、程士远撰写;第一、第二章、余论由郭红撰写;第三章由程丽萍(义乌市绣湖中学)撰写;第四章由高炳达(昆山市锦溪高级中学)撰写;第五章由郭红、程士远撰写。全书由郭红统稿。

郭　红

2024年10月7日